陕西理工学院科研计划资助项目（SLGKYQD2-35）

独孤及研究

金晶 著

中国社会科学出版社

图书在版编目(CIP)数据

独孤及研究/金晶著 . —北京：中国社会科学出版社，2016.10
ISBN 978 – 7 – 5161 – 7654 – 2

Ⅰ.①独… Ⅱ.①金… Ⅲ.①独孤及(725～777)—人物研究
Ⅳ.①K825.6

中国版本图书馆 CIP 数据核字(2016)第 227539 号

出 版 人	赵剑英	
责任编辑	周晓慧	
责任校对	无 介	
责任印制	戴 宽	

出 版	中国社会科学出版社	
社 址	北京鼓楼西大街甲 158 号	
邮 编	100720	
网 址	http://www.csspw.cn	
发 行 部	010 – 84083685	
门 市 部	010 – 84029450	
经 销	新华书店及其他书店	

印 刷	北京君升印刷有限公司	
装 订	廊坊市广阳区广增装订厂	
版 次	2016 年 10 月第 1 版	
印 次	2016 年 10 月第 1 次印刷	

开 本	710×1000 1/16	
印 张	21.5	
插 页	2	
字 数	305 千字	
定 价	78.00 元	

凡购买中国社会科学出版社图书,如有质量问题请与本社营销中心联系调换
电话:010 – 84083683

目　录

Content

Abstract

Du Gu-ji（725 – 777）, Luoyang, Henan. He had great reputation from Tian-bao to Da-li period. People at that time regarded him as "the generation's master". He as well as Li Hua was all be praised as the leader of the literary firmament. Du Gu-ji had associated with a great deal of literary men from Tian-bao to Da-li, such as Li Hua, Gao Shi, Cen Sen, Jia Zhi, Li Bai, Cui You-fu, Huang Fu-zeng, Huang Fu-ran, Liu Chang-qing, Zhang Ji, Qian Qi, Quan Gao, Wang Ji-you, Yu Ti, Li Jia-you and so on. He also fostered lots of excellent students, such as Liang Su, Cui Yuan-han, Zhu Ju-chuang, Chen Jing, Qi Kang, Gao Sen, Zhao Jing, Quan De-yu. It is thus clear that Du Gu-ji had great influence power and reputation at that time; however, the famous writer of Tang dynasty had been ignored for a long time—maybe it is partly due to the changing times and the change of personal aesthetic taste. But through the "fall" during his lifetime and after his death, we just have the chance to observe the popular aesthetic fashion and understand the new aesthetic trend of next time. The paper regarded Du Gu-ji as a special case, and tired to discuss that how was he turn to a people who is good at literature, Confucianism and executive ability.

In addition to "introduction", the paper can be divided into five parts. Chapter 1 is an overview of Du Gu-ji's time. We tired to point out that the time is an important period of rethinking rebellion of An and Shi. Consequently, some Confucian intellectuals with a sense of responsibility insisted that Confucian thoughts must be performed to unite the people. Du Gu-ji is the representative of the special time.

Chapter 2 mainly discusses Du Gu-ji's extraction, lifetime and giving some additional remarks about his ideological system of Confucianism, Taoism and Buddhism. Du Gu-ji's extraction can retrospect to Dai bei aristocracy during the time of Han and Wei. But the aristocracy has been Chinesizing since Han dynasty, and converted into a characteristic aristocratic family of "literator-Confucianist" until Du gu-tong-li—Du Gu-ji's father. Although Confucianism is Du Gu-ji's predominant thinking, but he did not reject Taoism and Buddhism. Taoism is the final aim of his Confucianism, and Buddhism had been transformed by his Confucianism to a certain degree.

Chapter 3 explores Du Gu-ji's essays. *Pi Ling collections* includes 17-volume essays, and it supplies a rich collection of historical and cultural records. Du Gu-ji's writings memorial to the throne have substantial power which is based on full arguments; His prefaces ahead of poems and the narrations show up exquisite skills of narrating events and characters; His inscription on the tablet exhibit a characteristic of realistic writing; His elegiac address presents the theme of complaining the heavens and creating unparallel prose. Although people can not avoid talking about Han Yu and Liu Zong-yuan when discussing Du Gu-ji's position in history of literature, but the significance of Du Gu-ji makes him be attached more focuses.

Chapter 4 explores Du Gu-ji's poetries. The title of Du Gu-ji's poetry which are keen to narration embodied the interim characteristics from Sheng-Tang to Zhong-Tang. Some of his poetries has the characteristic of "creating poetry and using the technique of prose", and pay more attention to the interest of narrating realistic life rather than poetry's flavor; He also has some poetries embodied the style of "Gao Gu", and reacted against the style of gingerbread in Da Li consciously.

2

Chapter 5 mainly discusses the relationship of Du Gu-ji and "Classical literary movement", and questions the viewpoint that regarding Du Gu-ji as "the pioneer of Classical literary movement". Reviewing three prefaces which writing for his friends; we can find that he did not react against all kinds of parallel prose. In fact, he does oppose the extravagant style rather than the parallelism in form. Although he created many prose which narrating matters, describing people and presenting individual value of the intellectual, but these writings are in relation with "man's wake" actually. In another word, creating prose is a conclusion of unconscious choice, and also a natural development progress of literary history. So the natural Choice can not be expressed a "Movement".

By today's view of literary history, Du Gu-ji maybe is not the most conspicuous in Tian Bao and Da Li. But we have to regard him as a lively case of persuasion in that time.

Keywords: Du Gu-ji; three changes of Tang Wen; Classical literary movement; the pioneer of Classical literary movement

绪　　论

　　独孤及（725—777），字至之，河南洛阳人，天宝十三年以道举补华阴尉。在天宝、大历时期的文坛上享有盛名。梁肃《独孤公行状》说，当时享誉文坛的李华、苏源明称独孤及为"词宗"；权德舆在《唐故尚书兵部郎中杨君文集序》中，还将他与李华并称为"狎主时盟"的"词体龟龙"。这些推举虽不无溢美之词，但亦可见独孤及在当时文坛上的影响和声望。此外，从现有的文献资料还可以看到，独孤及与天宝、大历年间的许多文人都有交往唱和，如李华、高适、岑参、贾至、李白、崔祐甫、皇甫曾、皇甫冉、刘长卿、张继、钱起、权皋、王季友、于逖、李嘉祐等。他还喜荐拔后进，梁肃、崔元翰、朱巨川、陈京、唐次、齐抗、高参、赵憬、权德舆等人都曾得到他的提携和帮助。并且梁肃、崔元翰、权德舆等人，可以说皆在相当程度上继承了他的文学观念。在陆贽知贡举时，梁肃推荐八人，皆入选，时称"龙虎榜"。这其中就包括后来在贞元、元和年间驰骋于文坛的韩愈、李观、崔群等著名文人——这些文人的文学思想与梁肃、独孤及可以说是一脉相承的，这又从另一个侧面说明了独孤及在当时文坛上的实际影响力不容小视。

　　然而，这位在当时声名远播的文坛"盟主"，身后却论者寥寥，这不能不成为文学史研究中一个引人关注又耐人寻味的话题。同时，我们也庆幸独孤及接受史上的这种特殊性，他可以为我们提供一个视点，使我们从他文学观念上的所"破"，看到他所鄙薄、所对抗的流行时风；从他的所"立"，看到那个时代士人竭力追求的审美理想；从他身前身后接受上的急转直下，透析这种审美理想在后世的发展变化。所以，虽然在现今通行的各类文学史教材中，独孤及只占豆腐块大小的篇幅，但从这位文学史上"不大不小"的作家身上，我们亦可窥见唐宋之交中国文人的精神奥秘。

独孤及一生创作颇丰，有《毗陵集》20卷存世，其中诗3卷、文17卷。《毗陵集》是大历时期唯一一部留存至今，仍以原貌传世的唐人文集，具有很高的历史和文献价值。然而，通观现今的独孤及研究，对于这位有如此丰硕的精神财产传世的作家，或是存在许多研究的误区，需要进一步订正；或是存在许多研究的不足，需要进一步补充。本书试图通过对独孤及生平、思想、诗文创作进行全面研究，廓清错谬、弥补不足，并以文学史发展为依托，力图还原一个更真实的独孤及形象，并通过独孤及这一研究个案解读一些重要的文学史课题，下面就从独孤及的研究现状谈起。

一 中国古代的独孤及研究

中国古代的独孤及研究包括对独孤及文学史地位、宗经复古思想、艺术追求与艺术风格等多方面的研究，其中诗文研究为一大宗。而在诗文研究中，又以文的研究成果最为丰硕。在文的研究中，又以清代学者为研究重镇，研究成效也最为显著。

（一）唐、五代的独孤及评论

由于更接近于自己的时代，唐、五代学者对于独孤及的评论大抵能代表时人对其文学史地位的评估。而从时人对独孤及的认同上，我们亦可看出在贞元、元和年间士人们的价值取舍和审美趋向。

唐、五代的独孤及评论主要着眼于对其宗经、复古思想的强调。崔祐甫在《独孤公神道碑铭》中说，独孤及"遍览五经，观其大意，不为章句学"①。梁肃在《独孤公行状》中亦有相似的话，称其

---

① （清）董诰：《全唐文》卷四〇九，中华书局1983年版，第4195页。

"博究五经，举其大略，而不为章句学"①。梁肃的《〈毗陵集〉后序》说得更加详细，"天宝中作者数人，颇节之以礼。洎公为之，于是操道德为根本，总礼义为冠带，以《易》之精义，《诗》之雅兴，《春秋》之褒贬，属之于辞……天下凛然，复睹两汉之遗风。"②这些都是对独孤及宗经思想的概括。独孤及的"宗经"思想如此突出，又如此引起关注，可见，他是十分理性地、自知地将儒家经典融会为自己为人、为文的灵魂的。

李舟在《独孤常州集序》中回忆了父亲对他说过的话："吾友兰陵萧茂挺、赵郡李遐叔、长乐贾幼几，洎所知河南独孤至之，皆宪章六艺，能探古人述作之旨。"③权德舆在《唐故常州刺史独孤公谥议》中，称独孤及"立言遣辞，有古风格"④。五代王定保的《旧唐书·韩愈传》这样说道："大历、贞元之间，文字多尚古学，效扬雄、董仲舒之述作，而独孤及、梁肃最称渊奥，儒林推重。"⑤这又是对独孤及复古思想的概括。从独孤及备受"儒林推重"的状况可以看出，他提倡复古并不是形单影只，周围是聚集着一批拥护者的。他的宗经复古思想至少代表了当时一大批知识分子的心声和思想动态，无疑，独孤及是这批士人中的佼佼者。

与思想上宗经复古的评价相伴而生的是唐、五代学者对其艺术追求与文章风格的两点认定：一是肯定他对儒家"文质彬彬"的审美理想的自觉遵守。崔祐甫在《神道碑铭》一文中说："常州之文，究其元本，质取其深，艳从其损。"梁肃在《〈毗陵集〉后序》中说："肃仰公犹师，每申之以话言，必先道德而后文学。且曰：'后世

---

① （唐）梁肃撰，胡大浚、张春雯整理校点：《梁肃文集》，甘肃人民出版社2005年版，第197页。

② 同上书，第37页。

③ 《全唐文》卷四四三，第4570页。

④ （唐）权德舆撰，郭广伟校点：《权德舆诗文集》，上海古籍出版社2008年版，第772页。

⑤ （后晋）刘昫：《旧唐书》卷一六〇《列传》卷一一〇，中华书局1975年版，第4195页。

虽有作者，六籍其不可及已。荀孟朴而少文，屈宋华而无根，有以取正，其贾生、史迁、班孟坚云尔。'"可见，按独孤及"取正"之文的标准，荀子、孟子、屈原、宋玉都是或偏于质或偏于文的。而远学"六籍"，近学"两汉"是独孤及在"文质彬彬"的儒家审美框架下主动的艺术追求。二是肯定他文章创作的儒家致用精神。崔祐甫《神道碑铭》云："公之文章，大抵以立宪诫世、褒贤遏恶为用，故论议最长。"梁肃《〈毗陵休〉后序》说其"论文无虚美，比事为实录，天下凛然复睹两汉之遗风。"权德舆《谥议》亦称其文"辩论裁正，昭德塞远"。这种求真务实、积极用世、长于论议、褒贬讽谕的精神显然是与先秦儒家的社会观、伦理观一脉相承的。

从独孤及的宗经复古思想以及在宗经复古的框架下所折射出的艺术追求与文章风格里可以看出：儒家思想是他的生命底色，亦是他自己和他同时代许多文人努力构建的一种人生姿态。唐、五代士人对这种人生姿态倍加关注，想必又是与当时世风衰敝、时风颓丧，迫切要求士人挺身而出以"立宪诫世、褒贤遏恶"为人生使命有着密切关联。

（二）宋、元、明、清的独孤及诗研究

从现今可查的资料来看，最早从宏观上概括独孤及诗歌特色的是元代辛文房的《唐才子传》。有意思的是，无论唐人多么推崇独孤及的创作，但未有一篇单论独孤及诗歌的作品。可见，独孤及同时代的人还是把他作为"以文名家"的文章家来看待的，故他的"诗名"被掩盖在"文名"之下，他的诗歌就很少进入唐人的视野了。再者，唐代诗人成就卓著者多不胜数，独孤及尽管不乏优秀的诗篇，但无论是在创作数量上还是在作品质量上，都不具备吸引唐人视线的能量，故他的诗歌论者寥寥也就不难理解了。

纵观古代独孤及的诗歌评论，主要有两大研究方向：一是对具体诗歌的评价。宋代刘克庄《后村集》全文引入独孤及的《观海》诗，并评此诗"虽高雅未及陈拾遗，然气魄雄浑与岑参、高适

相上下"①。明陆时雍《唐诗镜》用"语气凝重""气厚""风趣最饶"②等语，明代钟惺《唐诗归》又以"古""孤远""清奥而远""气味窈然、音响亦奥"③等语来评价入选集中的独孤诗。可见，"气势雄浑""意境深远"基本上是后人对独孤及诗歌优秀篇什的一个共识。清代学者对于独孤及诗《早发龙沮馆寄东海徐司仓郑司户》的关注，体现了清人对"诗法"进行规律性总结的兴趣，而独孤及的这首诗正是一个鲜明的个案。清人李兆元的《律诗拗体》称此诗"全以古调入律者"④。费经虞《雅伦》评此诗"以古奥出之"⑤。而清吴乔则将此诗并入"七律未离古诗气派者"⑥之列。这里，不仅从作诗技法上指出该诗兼"七律"与"七古"两种笔墨，而且从风格上亦一语道破独孤及此诗的不同流俗之处，即有意地打破律诗的纤丽整饬，注入一股劲健清旷之气。从清人的发现可见，独孤及并不是一个循规蹈矩的"腐儒"，在诗歌艺术方面，他是敢于做出大胆的创新与尝试的。

　　二是对独孤及诗总体艺术特色的把握。辛文房在《唐才子传》中评独孤及的诗"格调高古，风尘迥绝"⑦。清代乔亿在《剑溪说诗》中说："萧功曹颖士、李员外华、独孤常州及诗，皆以格胜，不欲与流辈争妍。"⑧无论是辛文房所说的"格高"还是乔亿所说的"格胜"，都是从迥异于"流辈"而言的。按，大历文风浮靡夸艳，独孤及又对于六朝沿袭下来的"枝对叶比，拳拳守之"的形式主义十分反感，故可看出他正是以艺术表现上的超群卓绝来表达对时风的不屑的。另外，值得注意的是，钟惺在《唐诗归》中对独孤诗的评价是毁誉

---

① （宋）刘克庄：《后村集》卷一七八，四部丛刊影旧抄本。
② （明）陆时雍：《唐诗镜》卷二八"盛唐第二十"，清文渊阁四库全书本。
③ （明）钟惺：《唐诗归》卷二四"盛唐十九"，明刻本。
④ （清）李兆元：《律诗拗体》卷四，清道光二年刻本。
⑤ （清）费经虞：《雅伦》卷十一，清康熙四十九年刻本。
⑥ （清）吴乔：《围炉诗话》卷二，清借月山房汇钞本。
⑦ （元）辛文房撰，孙映逵校注：《唐才子传校注》，中国社会科学出版社1987年版，第465页。
⑧ （清）乔亿：《剑溪说诗》卷上，清乾隆刻本。

参半的。他说:"少不喜此君诗,冗累处甚不好看,故所选止此,然其高处已似元道州矣。……使此君止传数诗,亦盛唐好手。"①这里既切中了独孤诗的要害,其诗确有冗沓芜杂的毛病。但称其高处"已似元道州",则是看到了独孤之"高古"与元结复古诗风的共通之处。

以上是中国古代独孤及诗研究的两大基本路数,而这两大路数又可以说是殊途同归,无论是对具体某首诗的评论,还是对独孤诗的总体把握,最终都归于"高古"诗风的定评上。然而,这种定评又轻易掩盖了问题的实质,即可以称为独孤及"高古"诗风的诗歌,不仅包括他的"古体",还包括像《早发龙沮馆》这样的"以古调入律"的"律体"。和元结排斥律体不同,独孤及不仅创作律诗,还创造性地参与了"以古入律"的律体改良实践。所以,独孤及所追求的"古"与元结所要求的"古"在标准与尺度上绝对是有差别的。我们经常笼统地将独孤及归为"复古"作家的行列,而忽略了他不反近体的创作态度,这的确是一个需要走出的误区。

(三) 宋、元、明、清的独孤及文研究

似乎从《毗陵集》问世之日起,这部巨作就很难逃离为后人忽略的历史运命。它就好比是抛入大海里的一粒石子儿,在晚唐、宋元之际略引起了小小的涟漪,随后即尘封于茫茫的书海里,静寂无声。直到明人吴宽(1435—1504)将其抄出于内府,《毗陵集》文字的真貌才重新浮出水面,但也只有少数热心的藏书家和学者才有机会一睹此集的真颜。所以,宋、元、明时期虽然对独孤及文创作有星星点点的评论,但数量上实在有限。这些评论或是唐人说法的原话复制,或在提及唐文发展史时将独孤及一笔带过,或集中在对其《直谏表》《吴季札论》等少数篇章的政治性、伦理性研究上,整体研究的开拓性不强。如《新唐书》《唐才子传》均称独孤及为文"必彰明善恶,长于议论"。比之唐人崔祐甫的说法,实质上并无发展。

---

① (明)钟惺:《唐诗归》卷二四"盛唐十九",明刻本。

再如《唐文粹》的作者姚铉对独孤文做出了高度评价，称"至于贾常侍至、李补阙翰、元容州结、独孤常州及、吕衡州温、梁补阙肃、权文公德舆、刘宾客禹锡、白尚书居易、元江夏稹，皆文之雄杰者欤？"①但独孤及也只是列举的一群作家名字中毫无个性的一个而已。再如，北宋石介针对《吴季札论》中独孤及对季札让国的批评，加以极力反驳。他说："与其奉先君已没之命，孰若存先王大中之教；与其全一国将坠之绪，孰若救万世篡弑之祸。"②明人湛若水评《直谏表》一文时说："独孤及悯时哀穷上疏，极言欲其急思所以救之之术，可谓尽忠于代宗者也。至读剥肤及髓，茹毒饮痛之言，则为之掩卷太息流涕，不忍复观之矣！"③这些都是对独孤及单篇文章进行的评论，不多以赘举。

　　直到清人赵怀玉（1747—1823）以明吴宽抄本为底本的亦有生斋刊本于乾隆五十六年（1791）问世，独孤及文才愈来愈多地被清代批评家所重。与前代或浮泛或单一的讨论不同，清代学者多将其文放在唐代文学史的大格局中进行考察、对比和辩论，故而此时的独孤及文研究也呈现出深入之势。下文仅就清人独孤及文研究的热点及问题进行分析整理，以便更清晰地复现出清人的研究路数与心态。

　　1. 独孤及与韩愈师承关系的讨论

　　面对尘封已久，又刚刚重现天日的《毗陵集》，清代批评家首要的任务即是将此集还原于历史，评估其文学成就，并做出精恰的文学史定位。为了更方便地言说自我或他人，人们总是倾向于寻找一个公认的参照系作为言说过程的价值标尺，否则，这种言说会因缺少可靠的价值支撑而不为人信服。由于独孤及所处的时代与韩愈接近，从身份上来看独孤氏又是韩愈老师（梁肃）的老师，特别是他们又都秉有强烈的宗经复古思想。所以，一旦还原于历史，对于独孤及的评论就很难不受在清人眼里已有定评、以文冠绝中唐的古文

────────────

① （宋）姚铉：《唐文粹》，浙江古籍出版社 1986 年版，第 2—3 页。
② （宋）石介：《徂徕集》卷一一，文渊阁四库全书本。
③ （明）湛若水：《格物通》卷九七，文渊阁四库全书本。

家韩愈的左右。于是，韩愈与独孤及、韩文与独孤文的关系即成了清代学者津津乐道的话题。对于这一话题的讨论，又分为以下几种情况：

第一种情况是标举独孤及、梁肃、韩愈三人一脉相承的关系，进而称赞独孤及。例如，清人赵怀玉在他的《重刻独孤宪公〈毗陵集〉序》一文中，向不熟悉《毗陵集》的读者推介独孤及时说："退之起衰卓越八代，泰山北斗，学者仰之。不知昌黎固出安定（梁肃）之门，安定实受洛阳（独孤及）之业。公则悬然天得，蔚为文宗，大江千里始滥觞于巴岷，黄河九曲肇发源于星宿。"①从这段话中可以看到赵怀玉的营销之术，他指出独孤文与韩文实乃"源"与"流"的关系，不能单单看到韩文之如"大江千里"般深阔博大，如"黄河九曲"般曲折变化，就忽略了他所获得的得天独厚的文学资源。韩文并非是横空出世，其师梁肃、师之师独孤及的肇始之功实不可没。赵怀玉的分析颇有历史感，避免了孤立地看问题的狭窄与偏见。但他在自己新校刊的版本序中如此抬举独孤及，未免有借韩愈来炒作独孤及，以扩大独孤及的知名度之嫌。

第二种情况是认同独孤及与韩愈的师承关系，并在此前提下指出独孤文与韩文的"差距"。如《四库全书总目提要·〈毗陵集〉提要》由清代著名大才子纪昀主笔，在此文中他先称许了独孤及等人"斫雕为朴"的创作功绩，然后又说："《唐实录》称韩愈学独孤及之文，当必有据。案此据晁氏《读书志》所引。特风气初开，明而未融耳。"②按，《唐实录》的这部分内容已经散失，晁公武《郡斋读书志》所引仅一笔带过，未具体展开韩愈何时、何地、如何谈起或如何学习了独孤文，也未谈及独孤文对韩愈的影响程度，据此便确信书中所言，似乎纯属一厢情愿。作者之所以这么说，恐怕还是为独孤及作为韩愈的先声"风气初开"的筚路蓝缕之功做注脚。而从"风气初开，明而未融"的说法可见，纪氏在肯定独孤文的开拓意义的

① （清）赵怀玉：《亦有生斋集》（文卷二序），清道光元年刻本，第1932页。

② （清）永瑢：《钦定四库全书总目·集部三·别集类三》卷一五〇，中华书局1965年版，第1285页。

同时，也指出了与后来居上的韩、柳相比，其创作还是有差距的。清张文虎在《十八家文选序》中说："……独孤（及）、梁（肃）、权（德舆）规模粗具而犹苦肥重。惟昌黎氏原本六经，下参史汉，错综变化冠绝百世，要其学出安定（梁肃）而实渊源于毗陵（独孤及），则未尝无所因也。"①此处不仅道出独孤文与韩文的渊源关系，亦指出了二人为文的"差距"，并对独孤及等人仍抱有过于"肥重"的骈俪余风进行了有保留的批评，认为与"冠绝百世"的韩文相比，韩愈诸先辈的创作要逊色得多。清王礼培《小招隐馆谈艺录初编》言："独孤及文质相辅能，以气胜而稍窘边幅，未能弘毅。《唐实录》称昌黎学独孤及，能自得师。……但昌黎才力弘大，远过其师。"②此处，王氏对独孤及文进行了有保留的称许。和《〈毗陵集〉提要》的作者一样，他亦确信《唐实录》所言属实。但紧接着又话锋一转，指出韩文乃青出于蓝而胜于蓝，韩愈之才力远胜过其"私塾之师"。虽然这两则评论都隐约地指出了独孤文创作上的不足，但可以看到研究者的基本立场都在于肯定独孤文的奠基作用。此外，对独孤及进行有保留的评价的作品还有清姚鼐的《惜抱轩书录》（卷四）③、清何焯的《义门读书记》（卷五）④、清蔡世远的《古文雅正》（卷四）⑤ 等。其中清王士祯《跋独孤常州集》说得最为详尽："予按皇甫湜《谕业》一篇历评唐人文章，称独孤之文如危峰绝壁、穿倚霄汉、长松怪石、颠倒溪壑，今读其文殊不尽然。大抵序记犹沿唐习，碑版叙事稍见情实，《仙掌》《函谷》二铭、《瑯邪溪述》、《马退山茅亭记》、《风后八阵图记》是其杰作……"⑥很显然，王士祯认为，皇甫湜对独孤文的总体风格做出了过高的，并不符合实际的评价。而他自己只是将独孤及的少数几篇文章列为杰作，并很有

① （清）张文虎：《十八家文选序》，（清）葛士濬：《清经世文续编》卷五"学术五"，清光绪石印本。

② （清）王礼培：《小招隐馆谈艺录初编》卷四，民国本。

③ （清）姚鼐：《惜抱轩书录》卷四，光绪五年桐城徐宗亮刻本。

④ （清）何焯：《义门读书记》卷五，清乾隆刻本。

⑤ （清）蔡世远：《古文雅正》卷四，清文渊阁四库全书本。

⑥ （清）王士祯：《带经堂集》卷九一，清康熙五十年程哲七略书堂刻本。

保留地肯定了其碑版类文章的创作。当然，王士禛得出的结论较皇甫湜的说法来得更加客观。然而称其"序记犹沿唐习"，则没有看到独孤及序文、记述文创作中迥异于唐习的"新元素"，而正是这一"新元素"使得独孤及在唐代文学发展史上显得格外重要。关于这一点在本书的第三章、第五章会有详细的论述。

第三，也是最通常的一种情况是，在评价韩愈之文的时候，列举出韩愈所师承的一系列先辈，诸如李华、萧颖士、元结、独孤及、权德舆、梁肃等。而独孤及就是这一连串姓名当中毫无个性的一个。这样的例子很多，如王士禛《带经堂集》"跋孙可之皮袭美二则"①、"金素公问学集序"②，清李元度《天岳馆文钞》"气机"条③，清钱谦益《牧斋有学集》所载《复李叔则书》④，清嵇璜《续通志》⑤，清王之绩《铁立文起》⑥等，此处概不赘述。

由此可见，当清代学者把独孤及还原到唐代文学史的大背景中进行考察时，很难避开时代稍后而有"文起八代之衰"之称的韩愈。但由于研究者的出发点和心态不同，所得出的结论也各有侧重。他们或是借用独孤及与韩愈的师承关系，来抬高独孤及的文学史地位；或是以韩愈为参照，指出独孤文与韩文的"差距"；或是将独孤及作为说明韩文之集大成的一个陪衬和附属品。当然，这里也存在着一些问题：

第一，以韩愈为参照来考察独孤及文的价值，固然有助于对独孤文的文学成就做出相应的历史评价，但这也在一定程度上限制了清人的研究思路，使得独孤及从未被作为一个特殊的、生动的个体出现在清人的视野当中。

第二，清代大多数学者都确信韩愈师从过独孤及，这个结论的

---

① （清）王士禛：《带经堂集》卷九二，清康熙五十年程哲七略书堂刻本。
② （清）王士禛：《带经堂集》卷七四，清康熙五十年程哲七略书堂刻本。
③ （清）李元度：《天岳山馆文钞》卷三八，清光绪六年刻本。
④ （清）钱谦益：《牧斋有学集》卷三九，四部丛刊影清康熙本。
⑤ （清）嵇璜：《续通志》卷五五六文苑传，清文渊阁四库全书本。
⑥ （清）王之绩：《铁立文起》前编卷七，清康熙刻本。

得出恐怕过于轻率，当然，这也是"以韩愈来定位独孤及"的一个必然结果。也有人提出质疑，清刘熙载在《艺概》中说："《唐实录》称韩愈师其为文，乃韩则未尝自言，学于韩者复不言，《唐书本传》亦仅言梁肃、高参、崔元翰、陈京、唐次、齐抗事之，而韩不与焉。要其文之足重，固不系于韩之师也。"①盛中唐之交以至宋代，是非常看重文学团体的，韩愈似乎并未有意地向已逝先师独孤及靠拢，韩愈的后学者众，亦未有人提及韩愈为文受独孤及的影响。宋人的《新唐书·独孤及传》在列举独孤及的追随者时亦未提及韩愈，宋人推崇韩愈备至，不应该对韩愈的师承关系如此疏忽。故如刘熙载所言，称韩愈学独孤之文，实在证据不足。当然也有一种可能，《唐实录》所言为实，韩愈的确学习了独孤的文章，但其影响的程度恐怕并不足以一提。《旧唐书》的作者对韩愈为文"标新立异"颇多微词，韩愈自己也说要"自树立，不因循"。故韩文之于独孤文，师承的部分恐怕很少，"欲自振于一代"的倾向可能更多。

2."唐文之变"与独孤及的文学史定位

"唐文三变"说首倡于梁肃，清代学者继续沿用此种说法，并在梁肃提出的"三变"基础上再作文章。梁肃在《赵郡李君前集序》中说："唐有天下几二百载，而文章三变：初则广汉陈子昂以风雅革浮侈；次则燕国张公说以宏茂广波澜；天宝以还，则李员外、萧功曹、贾常侍、独孤常州比肩而出，其道益炽。"②梁肃的这段话与其是说唐文的三次大变革，不如说是唐文在革新齐梁遗风过程中一次变革所包含的三个波澜壮阔的推进，其结果是"其道益炽"！而这里的"道"即是矫正齐梁之"华而无根"的"儒道"！梁肃把独孤及、李华等人放了变革齐梁、恢复儒道最后一浪的浪尖儿上，可见对前贤师辈的推崇。

梁肃、陆贽等人执掌文坛的时代，韩愈刚刚崭露头角，尚未大显身手。故梁肃的论述也不可能扩及韩愈。宋人的《新唐书》则结

---

① （清）刘熙载：《艺概》卷一，清同治刻古桐书屋六种本。

② （唐）梁肃撰，胡大浚、张春雯整理校点：《梁肃文集》，甘肃人民出版社2000年版，第41页。

实地把韩愈放在了第三变中。而清人再回视"唐文三变"说的时候，由于与所论的时代拉开了"距离"，故又出现许多值得玩味的新看法。比如清姜宸英在《湛园札记》中这样说道：

> 唐有天下几二百载，而文章三变：初则广汉陈子昂以风雅革浮侈；次则燕国张公说以宏茂广波澜；天宝以还，则李员外、萧功曹、贾常侍、独孤常州比肩而出，其道益炽。韩退之，肃所取士。是时韩、柳之文未行，故以萧、李之徒当之，至韩、柳文盛，而无三变之论矣。①

姜宸英几乎一字不落地复制了梁肃的话，最后又添上一句，直截了当地说明一旦韩、柳出世，之前几代人的努力都变得不值一提了。可见，独孤文在梁肃的时代被推崇备至，而后人却报以冷淡，实在是由于其后辈韩、柳的光环遮盖了独孤氏曾经的辉煌。

另外，值得一提的是清蒋湘南对于"唐文三变"的论述，视角颇为独特。为了能够更好地理解蒋氏的意思，其文引入如下：

> ……是以六经之语有奇有偶，文不瓶而道大光也，三代以后之文或毗于阳，或毗于阴，升降之枢转自唐人。唐以后之文，主奇毗于阳而道歆，此欧、苏、曾、王之派所以久而愈漓；唐以前之文主偶，毗于阴而道怛，此潘、陆、徐、庾之派所以浮而难守。唐之文凡三变，初则王、杨、卢、骆沿六朝之格而燕许为大宗，继则元、梁、独孤牵东汉之绪，而萧、李为最雄。至昌黎韩先生出，约六经之旨，然后炳焉与三代同风。②

首先，他认为三代之前的文章，有骈有散、有奇有偶、有文有道。而三代之后的文章在不同程度上则各有偏失了：唐以前的文章

---

① （清）姜宸英：《湛园札记》卷三，清文渊阁四库全书本。
② （清）蒋湘南：《七经楼文钞》卷六，清同治八年马氏家塾刻本。

偏于文、偏于骈；唐以后的文章偏于道、偏于散，都不如三代之文不刻意骈散、有骈有散、骈散结合。基于这样一个理论构架，蒋氏对唐代文章每一"变"的态度就一目了然了。第一变：四杰、张说、苏颋等人仍沿六朝之格，毗于阴，偏于骈，偏于文，失于道；第二变：元结、梁肃、独孤及、萧颖士、李华等人乃牵东汉之绪，相比第一变，他们复古的脚步走得更远了，而且他们的复古在一定程度上矫正了前人之过"骈"。而到了第三变，韩愈的文章，复古之路走得彻底了，直与三代同风！这才真正做到像六经之语一样不刻意骈散、有骈有散、文道兼备。而韩愈时代骈与散、文与道的平衡一旦打破，就又走向了与六朝相对的另一个极端了。宋欧、苏、曾、王的文章就有些矫枉过正，偏于散、偏于道，而失之于文了。

蒋湘南对唐宋文发展的理论框架不一定严谨，但站在"尊韩"的立场上，他对韩愈与三代之文的理解却别具一格，那就是他并未把韩愈定位为散文大家！他在另一篇文章中说"浅儒但震其（韩愈）起八代之衰，而不知其吸六朝之髓也。"①这都在说明韩愈所倡的"古文"并不必须排斥六朝的"骈文"。

通过分析蒋湘南的"唐文三变"说，可以看到：一、站在"尊韩"的立场上，独孤及等人的文章创作被看成是韩文复古的一个前期准备，从这个角度上看，独孤及乃是"韩文复古的先驱"。二、独孤及等"第二变"的人物与韩愈等"第三变"的人物都力图以复古来矫正骈文，却从未试图废弃骈文，所以独孤及又可以看成是韩愈文道相配、骈散结合得恰到好处的一个前驱。

蒋湘南的观点并不是清人的主流观点，清陈绍箕的《鉴古斋日记》这样说道："独孤及、梁肃始变为散文而未成，韩昌黎继之而开古文一派，古文始于昌黎，盛于欧苏，此亦因骈文之积弊有不能不变者。"②清赵翼的《廿二史札记》中有"唐古文不始于韩柳"条，说："愈之先早有以古文名家者，今独孤及文集尚行于世，已变骈

---

①　（清）蒋湘南：《七经楼文钞》卷四，清同治八年马氏家塾刻本。
②　（清）陈绍箕：《鉴古斋日记》卷三，清光绪二十八年刻本。

体为散文，其胜处有先秦、西汉之遗风，但未自开生面耳。"①清王玉树《经史札记》中"唐古文非倡自昌黎"条，说法与赵翼的表述几乎如出一辙，但文末"但未自开生面耳"句却更明确地改成了"然则独孤及者为有唐文路之前驱，实昌黎先声之嚆矢也"②。无论是陈绍箕所说的"古文始于昌黎"还是赵翼、王玉树所说的"不始于昌黎"，本质的差别仅在于独孤及等人的"变骈为散"是否成功，但有一点是一致的，即他们都认为韩文之变即"驱骈复散"之变，从这个角度上来看，独孤及等人与其说是"韩愈古文的先驱"，不如更具体地说是"韩愈散文的先驱"。

把"古文"简单地理解为"散文"，并定独孤及为"唐古（散）文的先驱"自清代始，这种观念一直持续到民国时期，直到胡适提出了"古文运动"的概念。受胡适白话文学观念的影响，"古文运动"成了"从六朝隋唐骈文向宋元白话文转变时的一种'过渡'或者'革命'"，那么顺理成章地，独孤及又被定为"古文运动"（反骈文运动）的先驱了。

以上都是站在"尊韩"立场上考察独孤及先驱地位的，也有从"贬韩"的立场上考虑问题的。比如，清宋翔凤《过庭录》引裴度《寄李翱书》一文，文后有宋氏对裴文的评论。裴度在他的文中批评了韩愈、李翱等人的文风，宋氏则认为，裴度的批评切中了韩、李之要害，他称："裴之论文可云备矣，其于昌黎之文独致贬辞，则以摹古太甚，矫时过当，如樊述之险怪无理……"这里的"时文"指的是"骈文"，"矫时过当"即是矫正骈文，反而矫枉过正的意思。然后，宋氏又说："唐之初叶，王、杨、卢、骆四杰竞兴，然犹循徐、庾之遗，则振陈、隋逸响，华美则有余，典重则不足；张说、苏颋操笔朝廷，制作宏钜，可以消荡淫靡，黼黻隆平，唐之文斯为极盛。如杨炎、独孤及、权德舆、常衮之俦皆足方轨，齐足同驰康庄……"③可见，宋氏不喜欢独孤及后辈韩愈的"摹古太甚"，亦不

---

① （清）赵翼：《廿二史札记》卷二〇，清嘉庆五十年湛贻堂刻本。
② （清）王玉树：《经史札记》卷六，清道光十年芳棪堂刻本。
③ （清）宋翔凤：《过庭录》卷一六，清咸丰浮溪精舍刻本。

欣赏张说之前"四杰"循六朝之格，他认为，唐文最辉煌的时期乃是"燕许大手笔"之追求文质相配的时代。而对比张说稍后登上文坛的独孤及等一批作家，宋氏认为，他们的文章是按着燕、许铺平的道路健康发展的。可见，站在贬低韩愈的立场上，宋氏将独孤及等人的创作划归为更接近于文质彬彬的燕、许之阵营，而韩愈却被从这个第一流作家的阵营中划除出去了——当然，这样的观点并不符合他们各自的创作实际，在清代实属少数。

综上分析，我们可以得出结论，清人热衷于把独孤及放在"唐文之变"中进行考察，由于批评家们对韩愈的看法不同，独孤及的地位也随之升降沉浮。或是从宗韩的角度，认为韩文光华万丈，而独孤及不值一提；或是认为独孤及是韩愈古文的有力先驱（这里又分为两种情况：一是认为独孤及是韩愈文章文质相配、骈散结合得恰到好处的一个前驱；二是认为独孤及是韩愈散文的前驱）；或是从贬韩的立场上，认为独孤及的文章更接近于"文质彬彬"，地位要超过韩愈。

清代学者关于独孤及的这些大相径庭的论述乃至南辕北辙的结论不乏真知灼见，然而却不能使我们忽略这样一个事实：清人对独孤的评价，总是与对韩愈的评价相呼应。那么，一旦对韩文的理解有误，对独孤之文的理解也就可能有误，这也是从韩愈入手定位独孤及的危险之所在。

二　近、现、当代的独孤及研究

经过清代学者的努力，独孤及越来越进入近世学者的批评视野。尤其是对于独孤及《毗陵集》的研究考证，经岑仲勉、罗联添、傅璇琮、蒋寅、赵望秦、刘鹏等学者的努力已经取得了显著的成果。2006年，蒋寅先生的两位硕士刘鹏、李桃校注的《毗陵集校注》出版，可以说在《毗陵集》研究史上是具有划时代意义的一笔。这为以后的独孤及研究奠定了一个扎实的资料性基础。然而，文本考证研究与文学史、思想史研究的严重脱节，使得近世的独孤及研究仍然存在着许多误区和问题，下面就独孤及研究的热点、新的增长点与存在问题几个方面来谈一谈近年来独孤及研究的进路。

（一）独孤及研究的热点及问题

独孤及研究的第一大热点即是学界多把他放在"古文运动"中加以考察，肯定独孤及在反骈文方面所做的贡献。这方面的代表作品有：谢无量的《中国大文学史》（第9卷）、钱基博的《中国文学史》、刘国盈的《唐代古文运动论稿》、孙昌武的《唐代古文运动通论》、陈寅恪的《论韩愈》、范文澜的《中国通史》，等等。此外，从古文运动来考察独孤及的文学史价值，还出现了一批单篇的学术论文如罗芳芳、方胜的《独孤及与唐代古文运动》、魏丽萍的《论独孤及古文革新理论及影响》等。此类专著和论文数量极其繁多，占据了独孤及研究的大部分，并且多数《中国文学史》《唐代文学史》都持此种观点，在此不一一列举。

这些作品受胡适古文运动、白话文运动观念的影响，不加分辨地将韩愈的"古文"等同于"散文"，又把韩愈的"散文"简单地等同于具有"文学史进步意义"的"白话文"，从而将韩愈定位为"以散矫骈"的大家。同时又认为，韩愈提倡"古文"不会是空穴来风，势必有前驱的准备与积累。于是独孤及、萧颖士、李华、梁肃等一批文人因为与韩愈同有宗经复古的思想，所以被理所当然地纳入这场"反骈文运动"的前驱队伍中。可需要注意的是，以上看似严密的逻辑推理，其逻辑起点是成问题的，韩、柳不但亲身创作了大量的骈文，而且"韩柳'古文'不但不比同时代的骈文'白话化'，反而更难句读"①。如果说韩、柳都未排斥骈文，那么把独孤及等人视为反骈文的先驱的说法就不攻自破了。

这样的一个研究路数也发生在中国港台及海外学者身上。中国台湾学者罗联添的《独孤及年谱》为之后的独孤及研究扫清了许多

---

① 朱刚：《"古文运动"覆议——研究史和问题点》，《中国古代散文学会简报》第15期。

障碍，然而，罗联添先生亦是把独孤及作为唐代古文运动的先驱来考察其"上承萧、李，下启梁、韩"的历史地位的。这方面的研究还包括钱穆先生的《杂记唐代古文运动》和何寄澎的《唐宋古文新探》，等等。日本学者户崎哲彦的《略论唐代古文运动的第二阶段》，从萧颖士、李华、独孤及与韩愈、柳宗元等人的差异入手，避免了长期以来将他们的文学观念混为一谈的现象，然而，其基本的研究立场还是把独孤及放在骈文的对立面上的。

把独孤及视为反骈文的先驱，是学界长期以来对独孤及的误读，而对于这个问题的矫正必须从"根"上，即"古文运动"概念的提法上加以清理。能跳出学界长期以来的思维定势来考察"古文"的含义和"古文运动"的提法的，有张安祖先生的《韩愈"古文"含义辨析》和朱刚教授的《"古文运动"覆议——研究史和问题点》。这两篇文章皆通过扎实的分析将学界长期的误读揭示开来，但遗憾的是面对横亘学术领域近八十年、已成定评的"古文运动"的提法，他们的努力似未引起学界足够的重视。以上两篇虽然不是专门讨论独孤及文章的，但其所提供的文学史视角对于我们跳出古文运动的思维定势，正确理解独孤及有很大的帮助。

有些学者的论述虽然未明确提及"古文运动"，但古文运动就像是盘旋在独孤及研究之上的一个潜在的阴影，人们总是不自觉地从独孤及的文论中断章取义地找到他反对骈文的证据。对于独孤及文论思想研究最权威的著作即是王运熙和顾易生主编的《中国文学批评史》（隋唐五代卷）。当代许多学者的学术论文都可以说是在这卷文学史的基础上衍生出来的，与王、顾的观点大同小异。王运熙先生将独孤及以下的说法，作为他正面、直接、明确地抨击骈文的有力证据，进而为证明其反骈文先驱者的地位做立论上的准备："其风流荡而不返，乃至有饰其词而遗其意者，则润色愈工，其实愈丧。及其大坏也，俪偶章句，使枝对叶比，以八病、四声为梏拳，拳拳守之，如奉法令。"（《检教尚书吏部员外郎赵郡李公中集序》）然而，仅凭这段话就证明他反对骈偶声律——骈文之所以安身立命的根本，未免有断章取义之嫌。实际上，通观独孤及所有的文学言论，他从未明确地反对骈偶声律，只是反对内容空洞、过分藻饰罢了。之所以产生对独孤及如此的误读，恐怕是因为先有了"古文运动"的理念，然后理念先行，认为往前追溯，必有前导者，于是将倡导"古文"理论的队伍扩大化了。总而言之，将独孤及视为"古文运动先驱"的提法是值得商榷的。然而，王运熙先生的另外一部著作，他晚年编辑整理的《中古文论要义十讲》，通过扎实的材料引证，则向我们证明从东汉直至初唐，甚至贯穿整个唐代，骈俪文学的语言之美一直都是文人评价文学作品所考虑的最重要的艺术特征。王运熙先生的论述为我们理解中唐的古文理论提供了一个朴素的生态学视角，进而为我们正确理解盛、中唐之交独孤及的文学主张提供了有益的帮助。

　　独孤及研究的第二大热点即是对其各体文章进行分体研究。此方面的论文有魏丽萍的《试论独孤及的奏议文——兼论独孤及古文创作的贡献及地位》和《斫雕复朴，风流自得——论独孤及的序文创作》二文。此外，对独孤及某一类文体的创作特色的研究，还以专章、专节的形式散见于许多唐代文学文体研究的硕、博论文中，如何李的《唐代记体文研究》，胡燕的《盛唐散文研究》，张红运的《唐代诗序研究》，綫仲珊的《唐代墓志的文体变革》，张志勇的《唐代颂赞文体研究》、王烨的《唐人赠序研究》，等等。可见，在单项研究方面，独孤及的许多文体都被纳入了研究视域，但是对于独孤及各类文体进行总体的综合性研究尚不多见。郭树伟的《独孤及研究》一书专节介绍了独孤及的散文创作，但因为篇幅的限制，作者也只粗略地列出了论说文、传记文、记述文、铭文、赠序文等文体的创作特征，将奏议文、墓志文、祭文等文体都放在论说文、传记中加以论述，显得不够精细。所以，对独孤及《毗陵集》留存下来的诸文体进行全面而细致的研究，至今尚未出现。

　　独孤及研究的第三大热点是对独孤及交游情况的研究。近年来，随着独孤及考证研究的深入，对与独孤及有关的生平、事迹、交往情况的研究，取得了骄人的成绩。在岑仲勉先生的《独孤及系年录》（《唐人行第录·唐集质疑》）研究的基础上，台湾罗联添先生的《独孤及考证》，蒋寅先生的《独孤及文系年补正》在这方面做出的成绩尤为突出。另外，近年来，关于萧颖士、李华、梁肃、权德舆、李嘉祐等文人交游情况的论文相继出现，这些文章中不乏对上述名士与独孤及往来唱和的考证。然而，由于并非以独孤及为原点的交游情况研究，所以也不可能顾及其广大的交友圈子。郭树伟的《独孤及研究》书后附录了独孤及的交游情况。该书作者以独孤及为中心，从独孤及与师生、同学交往，与长官部属交往，与方外之友交往，与同游唱和的友人交往等多个角度系统地将独孤及的交游圈子与交游活动勾勒出来，可以说是迄今为止对独孤及交游情况进行研究最为完备的作品。上述对独孤及交游情况的研究，有助于使独孤及这位一代文坛盟主的形象更全面地浮出水面，从而更清楚地看到他在当时文坛上的作用与影响力。

　　独孤及研究的第四大热点是有关独孤及和《毘陵集》的文献及考证问题。据赵望秦先生《〈毘陵集〉板本考略》一文考，成书于南宋咸淳四年（1268）的《咸淳毗陵志》卷七独孤及传已载"有文集刊于郡斋"，但世罕流传，直到明代吴宽将此集自内府抄出，世间方有传本。即便如此，在赵怀玉亦有生斋刊本问世之前的300年间，《毘陵集》仍只是少数藏书家拥有的秘籍。[1] 即便是赵本行世之后，此集通行于世，但论及者仍然不多。《毘陵集》是独孤及去世之后，由梁肃编辑整理的。梁肃先撰《后序》，李舟后撰《集序》，崔祐甫作《神道碑并序》。在李舟的《集序》中，有"遗文三百篇，安定梁肃编为上下帙，分二十卷，作为后序"之语，对比今天所看到的赵怀玉本也是20卷，因此《毘陵集》很可能是唐代少数能以原貌流传下来的文集之一。

　　对独孤及的系年与考证，岑仲勉先生的《独孤及系年录》（《唐人行第录·唐集质疑》），罗联添先生的《独孤及考证》，姚薇元先生的《北朝胡姓考》，蒋寅先生的《独孤及文系年补正》（《大历诗人

---

[1]　赵望秦：《〈毘陵集〉板本考略》，《中国典籍与文化》2003 年第 2 期。

研究》下编），陶敏、李一飞、傅璇琮先生的《唐五代文学编年史·中唐卷》先后作了详博精洽的考订和辩证。至此，独孤及的行年和作品系年已颇为完善。2006年，蒋寅先生的两位硕士刘鹏、李桃校注的《毗陵集校注》一书出版，可以说是在《毗陵集》研究史上具有划时代意义的一笔，填补了一项研究的空白。此外又有赵望秦先生的《唐文学家独孤及生平二事祛伪》《〈毗陵集〉板本考略》，刘鹏的《独孤及未任郑县尉补说》《独孤及行年及作品系年》（上）和《独孤及行年及作品系年》（下），卢燕新的《独孤及系年续补》、郭树伟的《唐文学家独孤及生平考证一则》等文，均运用了有说服力的证据还原出独孤及的生平真相。还有两篇单篇，是针对著名散文《马退山茅亭记》著作权进行考证的文章，即黄权才的《试论独孤及的美学思想，兼考证其〈马退山茅亭记〉的著作权》和徐翠先的《〈马退山茅亭记〉的作者是独孤及》，对于《马退山茅亭记》长期被混入柳宗元的集子并认为出于柳宗元之手笔进行了订正。由上可见，目前学界对于独孤及生平和《毗陵集》的考证已经颇为翔实。迄今为止，独孤及未任郑县尉、未任吏部员外郎、《马退山茅亭记》的作者是独孤及而非柳宗元等说法已经成为定评，这为以后的独孤及研究奠定了一个扎实的资料性基础。

关于独孤及文的史料价值，当代学者的研究亦有许多可圈可点之处。赵望秦先生《〈毗陵集〉史料价值述略》一文，搜集了数条《毗陵集》中翔实可靠的记载，分析其史料价值。如《毗陵集》卷十一《唐故特进太子少保郑国李公墓志铭》一文，记载了墓主李遵追随肃宗北上灵武、辅助肃宗自立为帝，后又卷入张皇后、李辅国的政治斗争当中，最终被贬而死的经过。这篇志文对研究唐中期统治阶级内部的政治斗争有较高的参考价值。又卷十二《唐故右金吾卫将军河南阎公墓志铭》一文有这样的记载："迁右卫郎将，知引驾仗。金吾将军李质上殿不解佩刀，公呵下殿陛，请按以法，左右皆震惊，自是环卫加肃。先是，有司以三卫执扇殿陛，登殿引蹕。公奏曰：'三卫皆趫悍有材力，不当长阶陛迩御座，请以宦者代。'上曰：'可。'遂为故事。"这条资料对研究唐代宫廷仪卫制度的变化提供了很好的借鉴。①

冻国栋先生的《读独孤及〈吊道殣文〉书后》一文则比较详尽地分析了《毗陵集》卷十九《吊道殣文并序》的史料价值。② 该祭文序曰：

> 辛丑岁大旱，三吴饥甚，人相食。明年大疫，死者十七八，城郭邑居为之空虚，而存者无食，亡者无棺殡悲哀之送。大抵虽其父母妻子，亦啖其肉而弃其骸于田野，由是道路积骨相支撑枕藉者，弥二千里。《春秋》已来不书。或谓县官处师旅饥殣之弊，宜穰灾于未然，既将不时赈恤，又苦之以杼轴，故及是。及以为不然，当阳九之厄，阴阳错而灾沴降，天也非人也。于是延陵包佶，作《道殣文》，盖《小雅·云汉》之流。及亦斐然献吊，且告之运命云。

正文又曰：

> ……北自淮沂，达于海隅。札瘥夭昏，亦既毒痛。匪蹈密网，匪罹崔蒲。
>
> 饥馑降丧，沦胥以铺。人生寄世，孰非远客？嗟尔赋命，天年逼迫。
>
> 生不糊其口，死不掩其骼。旷野茫茫，僵尸累累。髑髅峥嵘，如堆如坻。

对于此次大旱及大疫，《毗陵集》卷八《唐故太子宾客兼御史大夫洪州刺史洪吉八州都防御观察处置使平原郡开国公张公（镐）遗爱碑颂并序》亦有所言及：

---

① 赵望秦：《〈毗陵集〉史料价值述略》，《唐史论丛》1998 年第 2 期。
② 冻国栋：《读独孤及〈吊道殣文〉书后》，《魏晋南北朝隋唐史资料》2005 年第 12 期。

是岁也（宝应元年），三吴饥，民相食，厉鬼出行，札丧毒痛，淮湖之境，骼胔成岳。

然而，如此被独孤及大书特书的灾难，新、旧《唐书》仅略作提及："江东大疫，死者过半。"《资治通鉴》亦一笔带过："江淮大饥，人相食。"

尽管独孤及将此次大旱、大疫归结于"运命"，以近似"愚民"的观点对灾难造成的民不聊生的惨状作神秘主义的解释，但是从他的记录中我们则可以看到唐史中漏掉的重要内容。第一，独孤及记载大疫之后"死者十七八"，而两《唐书》仅作"死者过半"。从中我们可以看见此次瘟疫危害之重、之难于控制。第二，独孤及对灾疫之中百姓乞生的惨状给予了生动的描述。对于灾疫的后果，《资治通鉴》仅作"人相食"。独孤及却写出了此次灾难之史无前例，其中最惨不忍睹之处即是饥饿的本能吞没了人性，求生的欲望消灭了最基本的伦理纲常，"大抵虽其父母妻子，亦啖其肉而弃其骸于田野，由是道路积骨相支撑枕藉者，弥二千里。"第三，独孤及记录了此次瘟疫蔓延之广。从"北自淮沂，达于海隅"，"淮湖之境，骼胔成岳"句可知，瘟疫波及的范围不仅是"三吴"之地，还包括北至淮河流域、东至海隅的大片区域。第四，从独孤及所反驳的观点可知，百姓对唐政府可以说是怨声载道。"或谓县官处师旅饥殣之弊，宜禳灾于未然，既将不时赈恤，又苦之以杼轴"句至少为我们透露出三点信息：一是百姓埋怨政府官员在战争之际未能防患于未然；二是唐政府面对这样的灾疫无赈恤之举，灾难面前政府无作为；三是百姓已苦不堪言，朝廷却赋税不减。由此，这场灾难的后果我们可想而知，政府的无作为无疑会加深官民矛盾、对政府的仇恨和不信任；饥饿催生暴民，社会必定盗乱四起，滋长不稳定因素。可以说，《吊道殣文并序》对于我们了解上元二年至宝应元年发生的"《春秋》已来不书"的大旱、大疫，对于我们了解安史乱后唐政府对赈灾的态度和李唐王朝的社会矛盾保存了生动的史料。

郭树伟博士的《独孤及的"口赋法"是唐代两税法的前期探索的研究》一文，从《毘陵集》卷十八独孤及《答杨贲处士书》一文对于舒州人口实际情况的记录入手，分析了独孤及在舒州试行"口赋法"的原因、必要性、遇到的阻挠、受到的诘难和收获的效果；并指出独孤及的改革"和其后杨炎两税法的精神也是一致的。他的'口赋法'改革在时间上距两税制改革较近，而且已在一州的范围中取得了实施，因此，它对两税制改革有更直接的先驱作用"①。可见，《答杨贲处士书》使我们知道唐两税法并不是横空而出的，此文为我们考察唐两税法的前身形态提供了重要史料。另外，赵望秦先生就此文还看到了，安史乱后户口的流徙变迁所引起的人口密度的重新分布。文中曰：

> 昨者据保簿数，百姓并浮寄户，共有三万三千，比来应差科者，唯有三千五百。其余二万九千五百户，蚕而衣，耕而食，不持一钱，以助王赋。

据两唐书载，舒州地区天宝有 35353 户，与独孤及所记百姓与浮寄户的总数基本相同。而安史乱后，该地的纳税户骤减，浮寄户却骤增的现象，为我们考察这一时期江淮地区人口的流入、流出提供了重要史料。

当然，独孤及作为一位有 20 卷文集传世并在唐代有实际影响力的作家，在他身上仍有许多留待我们去揭开的谜底。本书试图在前人考证与研究的基础上提出新的问题点、做出相应的补充，并且力图不仅仅止于问题的揭示，而是针对选取的问题点，并结合历史、政治、文化背景进行深入的厘析。

（二）独孤及研究新的增长点

近年来，随着独孤及研究的全面深入，也出现了许多值得称道

---

① 郭树伟：《独孤及的"口赋法"是唐代两税法的前期探索的研究》，《安徽农业科学》2009 年第 3 期。

的新的研究趋势。

首先是对独孤及思想构成的研究。在通常意义上，独孤及被看成是正统的儒家思想的代表，但近年来许多学者都发现了独孤及思想的复杂性。这方面的代表作有郭树伟的两篇文章《唐代古文家独孤及与佛学北宗》《唐代古文家独孤及的道家思想》，此二文俱收入《独孤及研究》一书。这两篇文章通过独孤及洞晓玄经科及第，为高僧作塔铭、与许多诗僧有交往唱和，处处标举宗经、复古、宏道的儒家思想等言行经历，分析了三家思想在独孤及心中的整合性与复杂性，分析得非常细致。另外，四川师范大学杨熙的硕士论文《独孤及散文研究》，从政治、经济、文化思想三个方面对独孤及文的思想价值进行阐述，在儒、道、佛三家思想之外又对于独孤及的祥瑞思想、忠孝思想、尊祖报本的观念有所阐析，然由于篇幅的限制，尚不能紧密结合独孤及的人生经历、写作实践展开，只是点到为止。作为盛中唐之交由礼乐神学向道德"人学"转向的"新人"，我们如果抛开政治功利主义视角下对独孤及思想和行为的认知，作为一个活生生的儒家知识分子个体，他身上功成身退观念和经世致用的人生理想，都为我们理解盛中唐之交的知识分子的自我期待提供了宝贵的精神资源，值得深入厘析，这是在未来的研究中需要加以补充的。

其次是对独孤及诗歌的研究。对独孤及诗的评论历来都不是学界讨论的重点，这可能与独孤及的大部分诗歌个性特色不是很鲜明，比较"平实"有关。也可能是独孤及"比兴宏道"的理想太过迫切，以致对经世致用的"文"的创作更加关心，故他的"文名"也部分地转移了学界对于他的诗歌的注意力。进入 21 世纪，这方面的文章数量有所增加。蒋寅的《大历诗人研究》辟专章介绍了"作为诗人的独孤及"，该文多着眼于独孤及作诗的主观心态，亦指出了他诗歌的散文化、议论化倾向，对独孤及诗歌的总体评价并不高。另外，郭树伟的《沉雄劲健：唐代诗人独孤及诗歌艺术散论》，罗芳芳、方胜的《唐代古文名家独孤及的诗歌创作》，从独孤及诗歌的艺术特色角度进行分析，主要集中于独孤及某一类较有个性特色的诗，虽然分析深入，但难以概括独孤及诗的全貌。故对独孤及诗进行总体的、相对公允的评价，是今后进行独孤及研究的一个新的学术生长点。从宏观上对独孤及整体诗学观念把握得比较深入的是美国学者宇文所安的《盛唐诗》，该书在谈到盛唐第三代诗人时，敏锐地发现了这样一个问题，即在独孤及的诗论中谈到了他对王维的喜爱，而对他的诗友李白、高适则只字未提。特别是独孤及还肯定了沈佺期、宋之问在律诗定型上的功绩，这与当时在文坛上另外一位有影响力的复古诗人——元结排斥律体的观念大相径庭。而且与元结不同，独孤及本人也写近体诗。宇文所安虽未在他这一重大发现的基础上深入下去，但却给我们后来的研究以重大的启示。独孤及爱王维，诗却与同时代宗王维的大历十才子的诗的"华俗"之风迥然不同；独孤及与元结的诗都被冠之以"高古"之风，但他却不像元结那样片面地排斥近体；我们是不是可以作这样的推测，他有意识地寻找大历"华俗"之风和元结"复古"之风之间的平衡点——这亦符合他"比兴"与"声律"兼备的诗学观念。独孤及的大多数诗歌没有太多的个性风采，这也可能正是他在大历十才子与元结复古诗风之间寻找平衡点的结果。

　　最后是学界越来越倾向于从独孤及具体的文章创作出发，而不是从生硬的学术概念出发还原、考察独孤及文真实的创作情况。如郭树伟的《独孤及研究》，该书第四章主要是把独孤及视为唐代文化史上的"新人"形象加以论述的。该章明确地道出"以独孤及为代表的古文学家并没有特别要反对骈体文，他自己也写了一部分骈体文，他只是反对那些浮华无根的文章，并没有在骈散的形式上刻意地分离区隔"①。并以《马退山茅亭记》《琅琊溪述》《慧山寺新泉记》等多部作品提出的"美不自美，因人而彰""物不自美，因人美之""人实宏道、物不自美"的美学思想为例，建设性地提出"理解唐代古文运动要从古代中国'人'和'文'一体观念入手，从人学意义的讨论入手，从文化史角度入手，才能切中肯綮，析理通情"②。其

---

① 郭树伟：《独孤及研究》，中州出版社 2011 年版，第 141 页。

② 同上。

实，这里已经隐约地告诉我们，独孤及等人的文章成就与盛中唐之交的"人学"转向是密切相关的，而与采取骈或散的语言形式无涉。然而，稍微有些遗憾的是，虽然指出独孤及等人并不刻意骈散，但作者还是把中唐的"人"与"文"的结合放在"古文运动"（散文运动）的大框架下加以讨论的。如果把独孤文的"人学"转向与天宝至大历年间自然而然地由骈入散（无需任何人为的运动）的散体文学蓬勃发展的历史进程联系起来，我们则可以看到以人为中心的艺术对于长于叙事性、戏剧化的散文语言方式的表达有多么大的影响，我们亦可以发现从韩愈《毛颖传》《送穷文》、唐传奇、宋话本到明清小说，叙事性文学开拓性进展需要一个多么漫长的文学积累，而这一积累与中国古代文学"人学"的转向有多么息息相关的联系。

综上所述，我们有必要对独孤及思想、文论、诗文创作情况进行全面、深入的厘析，从当时的文坛领袖到后人的反应冷淡，独孤及思想特征、生活圈子、地位升降变化可以帮助我们最好地理解当时文坛的通行风尚和后世接受思潮的变化；同时我们也有必要就后世对独孤及的研究进行再研究，从他被追捧、被忽略、被误读中发现并解决许多文学史上存在的重大问题。在唐三百年的文学长河中，独孤及也许微不足道，但是他身上的"人学"转向完全可以为我们提供一个视点，使我们得以窥见整个唐代文学发展史的全貌。

三　本书研究的目的、意义与创新点

经过以上对唐代以来独孤及研究的梳理，我们可以发现在研究热点和新气象背后尚有许多值得深入探讨的话题：

第一，当代学者对于独孤及生平、创作的考证研究已经非常丰富，但是对于所考证的问题背后复杂的政治与文学生态尚留有一定的研究空间。

第二，中国古人习惯于从"唐文三变"的角度评价独孤及文的创作，这类评价的好处是为后来的独孤及文研究提供了一个纵深的文学史视角。然而，面对自唐以来不同学者看似相同、实则存在细微变化的"唐文三变"说，一直尚未出现从差异论入手的理论研究文章。

第三，对于独孤及诗歌讨论的文章，近些年来有兴起之势。但至今尚未出现对其诗题、诗歌艺术的不足进行专门讨论的作品。尤其对其诗题与诗歌内容上共有的"存事"特征与盛中唐之交文人对自我生存状态的关注存在何种精神关联，目前尚讨论较少。

第四，在各类文学史、学术论著及学术论文中，独孤及一般不会占很大篇幅，然"其风流荡而不返，乃至有饰其词而遗其意者，则润色愈工，其实愈丧。及其大坏也，俪偶章句，使枝对叶比，以八病、四声为梏拳，拳拳守之，如奉法令"（《赵郡李公中集序》）句的高引用率却不能不引起我们的重视。通常人们引用此句作为独孤及反骈文的证据。然而，独孤及果真反骈文吗？抑或这是对独孤及文学主张断章取义的理解？另外，如果独孤及不反对骈文，按照通行的古文运动定义，还可以把他列为古文运动的先驱者之一吗？假若独孤及不反对骈体是真实的情况，那么对这种误读的订正就格外迫切了。

第五，我们也要注意到，独孤及一方面创作骈体文，另一方面与同时代的作家相比留下了更多的散体文。如果他不刻意反"骈"，却自觉地为"散"，则必有骈、散文学背后深层的文化原因。所以从骈文与散文各自形而上学的基础出发，并结合独孤及文的"人"学走向来分析盛中唐之交的文化新气象，可能会为"古文运动"的提法提供更可靠的理论视角。

通过突出以上几个问题点，本书力求客观完整地还原独孤及及其《毗陵集》的创作真貌，从而以独孤及为个案研究盛中唐之交的文人创作与时代思考贡献微薄的力量。

第一章　独孤及所处的时代

严迪昌先生在《心态与生态——也谈怎样读古诗》一文中指出："'知人'，是为具体切实把握创作主体的心态，'论世'则能尽量贴近创作主体即诗人们生存与生活状态。……生态的考辨似尤重要，因生态即生存、生活状态的把握，隐性的甚而曲深的心态每易迎刃得解。"①其实，通过对生态的审辨，不仅可以帮助我们读懂某一首古诗，走进某一位创作主体的内心，推而广之，也可以帮助我们理解整整一代人的精神风貌。我们在讨论盛中唐之交士人的精神面貌时，不能不提到曾经在他们心灵深处打上沉重烙印的安史之乱。这场起于玄宗天宝十四载（755）并历时八年的浩劫，使得当时的一大批知识分子尝尽了四处飘泊的苦头。强盛的帝国骤然坍塌、大好的年华被蹂躏于战火之中，亦使他们经历了理想破灭的挣扎与阵痛。这其中不乏正当盛年的文人。天宝十四年，李华（715？—774？）40岁左右，萧颖士（717—759）39岁，贾至（718—772）38岁，元结（719—772）37岁。独孤及（725—777）出道较晚，于天宝十三年道举及第，此时31岁。而立之年的独孤及刚刚踏入仕途，还未来得及大展宏图就赶上了这场动乱，过上了举家逃亡的生活。可以想见，对于盛世的怀想与追念、对于自己生不逢时的无奈与悲哀，使得乱后承受着肉体与心灵双重创痛的文人怎能不痛定思痛，冷静地思考这场动乱的起因以及如何力挽狂澜再振李唐王朝的辉煌？

---

① 严迪昌：《心态与生态——也谈怎样读古诗》，《古典文学知识》1993年第3期。

第一节　"安史之乱"后李唐王朝的政治焦虑

一般认为，安史之乱是唐由盛而衰的转折点。其实，安史之乱前李唐王朝混乱的政治局面已经发出了行将走向衰败的讯号，不过仍需要安史之乱这枚催化剂给予沉重一击罢了。天宝六载发生的几件大事就足以让想要经由文事登上仕途的知识分子意识到自己的仕路多艰。此时，凭"吏能"登上相位的李林甫为排除异己，严厉地打击在朝文士。天宝六年正月，李林甫将李邕"传以罪，杖杀之"①，李邕之友裴敦复受株连，亦遭杖杀。他甚至赶尽杀绝，指使人诬告李邕之子适，将其"杖死于河南府"。听闻李林甫的狠毒，"李适之忧惧，仰药自杀"。给事中房琯素与李适之友善，坐贬宜春太守。在短短的几个月里，李唐王朝朝野上下已被李林甫搞得一片白色恐怖。同年，玄宗欲广求天下文士，开制科举考试，李林甫"恐草野之士对策斥言其奸恶"，从中作梗，使得无一人中举，还表贺玄宗"野无遗贤"②，而此次元结和杜甫都在应举的考生之列。一些清醒的文人如元结已经意识到了时局的变化，他在《喻友》一文中，不仅记录了李林甫科场弄权的经过，而且还说服欲留于长安"依托时权，徘徊相谋"的同乡"与元子偕归"，并提出了"人生不方正忠信以显荣，则介洁静和以终老"的处世原则，表现出正直的士人宁可不"显荣"，也决不与奸佞之臣同流合污的气节。结尾还指出了此文的写作目的："因喻乡人得及林甫言"，毫不畏惧李林甫恐怖专权的政治危势。

虽然在乱前李林甫长期专权，使得士人们对自己的政治前途充满了忧虑，然而，这种忧虑毕竟只属于正直的知识分子群体。他们实现自己政治理想的路虽然被封死了，但至少还有"介洁静和以终

---

① （清）曹寅：《全唐诗》卷一一五"李邕诗人小传"，中华书局1960年版，第1168页。

② （宋）司马光：《资治通鉴》卷二一五，"天宝六载"条，中华书局1956年版，第6785页。

老"持守名节、全然身退的路。他们将自己的不平与怒气也只是投向那几个弄权之臣而已，并未影响他们对整个王朝的信任。而安史之乱的爆发，则使他们感到退都无路可退了。在奔走逃亡之中，他们感受到的不再仅仅是个人的忧患，而是整个国家骤然倾倒的恐慌。虽然盛中唐之交的大多数士人从未丧失重拯山河的雄心和对李唐王朝的忠心，但是胡人的铁骑却毫不留情地践踏了唐王朝上上下下泱泱大国的自信，在某种程度上，这种自信在安史之乱后再也没有在中原大地上重现。所以，从安史之乱后唐士人"衰疲"的心态这个角度来讲，把安史之乱看成是中国封建社会由盛而衰的分界点一点也不为过。

《旧唐书·安禄山传》载："安禄山，营州柳城杂种胡人也，本无姓氏，名轧荦山。"①又《旧唐书·史思明传》载："史思明，本名窣干。营州宁夷州突厥杂种胡人也。"②另外，《新唐书·韦见素传》载："禄山表请藩将三十二人代汉将，帝许之。"③可见，安史之乱叛将多为胡人或藩将。由此，在总结安史之乱爆发的原因时，当时的士人们很容易将其归结为"胡人乱华"。将致乱的根源推向玄宗的宠妃——杨玉环这一"红颜祸水"，也许是时人缓解精神创痛将祸乱之源引向"他者"的一个最好的说法。对于这个问题，陈寅恪先生在其著作《金明馆丛稿初编》中这样说道："安史为西胡杂种，藩镇又是胡族或胡化之汉人，故当时特出之文士自觉或不自觉，其意识中无不具有远则周之四夷交侵，近则晋之五胡乱华之印象，'尊王攘夷'所以为古文运动中心之思想也。"④他在另一部著作《元白诗笺证稿》中亦有相似的论述："唐代当时之人既视安、史之变叛，为戎狄之乱华，不仅同于地方藩镇之抗拒中央政府，宜乎尊王必先

---

① （后晋）刘昫：《旧唐书·列传一百五十》，中华书局 1975 年版，第 5367 页。
② 同上书，第 5376 页。
③ （宋）欧阳修、宋祁：《新唐书·列传四十三》，中华书局 1975 年版，第 5676 页。
④ 陈寅恪：《论韩愈》，《金明馆丛稿初编》，三联书店 2001 年版，第 329 页。

攘夷之理论，成为古文运动之一要点矣。"①虽则陈寅恪先生的这两段话都是为了论述"古文运动"，但是亦道出了当时唐代士人的立场和心态：只有在特别强调"我民族"身份的前提下，积极维护汉民族（包括汉化的民族）的民族本位，才能够举国上下团结一心，同仇敌忾，共同对付"他族"的入侵。王忠先生在《安史之乱前后文学演变问题》一文中这样说道："安禄山亦昭武九姓之羯胡，曾利用其混合血统胡人之资格笼络诸不同之善战胡族以增强其武力，故安史乱起，士大夫皆视为胡族乱华，民族意识自觉而亢张……"②这种"民族意识"在和平年代并不突显，尤其是在大一统的初、盛唐时期。要之，唐本"源流出于夷狄"③。初唐统治者以胡人身份在马上得中原之后，虽然在政治上依然依傍胡汉杂糅、尚武偃文的"关陇贵族"，可是，对于汉民族和其他少数民族基本上能做到平等相待、一视同仁。唐太宗李世民就曾不无骄傲地夸耀自己的民族政策说："自古皆贵中华，贱夷狄，朕独爱之如一，故其种落皆依朕如父母。"这样的民族政策，一方面有利于李唐王朝日益亲近处于强势地位的汉文化，于是经过几代人的汉化，到武周、玄宗朝的承平之日，"关陇贵族"的武勇传统逐渐黯然失色，绝大部分"关陇贵族"的后裔亦能与时俱进成功转型，转变成为以科举入仕的文章之士，④成为典型的"汉化的胡人"，于是"汉化的胡人"与汉人的差别日益消弭；另一方面，这样一种民族政策又便于李唐王朝形成一个开放的、兼容并包的政治胸怀。由是各国宗教（诸如佛教、景教、袄教），各种思潮，各族艺术（包括音乐、舞蹈、绘画）一齐涌入长安，唐都长安俨然成了各国、各族文化云集，有"进口"、有"出口"，"进出口平衡"的文化集散地。如此，以华夏统治者自居的李唐王朝，因拥有着浩浩华夏文明而建立起了强大的自信。更重要的是，这种自信又强势到具有海纳百川的力量，可以包容起多元的

---

① 陈寅恪：《元白诗笺证稿》，三联书店2001年版，第150页。
② 葛兆光主编：《清华汉学研究》第3辑，清华大学出版社2002年版，第16页。
③ 黎靖德编：《朱子语类》，中华书局1986年版，第3245页。
④ 李浩：《唐代关中的文学士族》，《文学遗产》1999年第3期。

文化。

　　尽管在任何情况下，汉文化的主导地位都没有使唐王朝失去自己的文化价值核心，但是深受"礼乐"文化、"和"文化熏染的初、盛唐统治者及士人对于不同的文化采取"尊重""宽容""和平共处"及"共存共荣"的态度是无可非议的——而这种态度正是大国胸襟的表现。安史之乱使得久已告别战乱的中原大地再次生灵涂炭、百姓流离失所。此时，中原本位的观念在夷狄入侵的刺激下再次觉醒。先秦《左传》"非我族类，其心必异"的提醒，使得久居中原的汉民族（包括汉化的胡人）不得不对"他族"产生警惕和防范，再不能掉以轻心。而此时李唐王朝脆弱的国防也着实不能让中原百姓完全放心。据《旧唐书·吐蕃传》载，安史之乱后"潼关失守，河洛阻兵"，于是只好"尽征河陇、朔方之将镇兵入靖国难"。调河陇、朔方的精锐部队增援中原，这样一来便导致边境驻防单弱，由是吐蕃乘机蚕食大唐的国土，"乾元之后，吐蕃乘我间隙，日蹙边城，或为虏掠伤杀，或转死沟壑。数年之后，凤翔之西，邠州之北，尽蕃戎之境，淹没者数十州"①。在与李唐王朝对峙的过程中，吐蕃几次请和又几次背信弃义，如永泰元年三月，吐蕃请和，而秋九月，叛将仆固怀恩即"诱吐蕃、回纥之众，南犯王畿"。《旧唐书·回纥传》对李唐的这次损失记录得更为详细："永泰元年秋，（仆固）怀恩遣兵马使范至诚、任敷将兵，又诱回纥、吐蕃、吐谷浑、党项、奴剌之众二十余万，以犯奉天、醴泉、凤翔、同州等处，被其逆命。"②吐蕃这等出尔反尔的行径深为李唐王朝儒家知识分子所不耻。永泰二年四月，吐蕃为表与唐修好的诚意，"遣首领论泣藏等百余人随（杨）济来朝，且谢申好"。正是此次，独孤及在为唐代宗起草的《敕与吐蕃赞普书》中，以唐帝王的口吻义正词严地表达了对吐蕃背信弃义的不满："自我国家有安禄山、史思明之难，朕谓言赞普必有恤怜救患之意，岂知乘我之釁，恣其侵轶，煞略河湟

---

　　①　（后晋）刘昫：《旧唐书》卷一九六上《列传》第一四六上，中华书局1975年版，第5219页。

　　②　（后晋）刘昫：《旧唐书》卷一九五上《列传》第一四五上，第5195页。

之人，争夺（开）陇之地？又与朕叛臣仆固怀恩共扇诱回纥等诸蕃，同恶相济，犯我都邑，三年之间，三至城下。此实赞普苟窥分寸之利，自弃一家之信，不念婚姻之好，忍绝甥舅之欢，累代亲邻，一朝（并）弃。有目有耳者，皆为赞普羞之。"①仅短短一年之后，吐蕃再次犯境。独孤及一句"有目有耳者，皆为赞普羞之"，即可以见出唐王朝士人面对他族首领所表现出的道德品质的优越性。因着"回纥、吐蕃、吐谷浑、党项、奴剌之众"的频频骚扰，夷狄与中原的矛盾自然不断升级，夷狄在中原人的眼中亦自然是劣等民族。

再者，动乱虽然在代宗朝被平定，而安史部将却仍长期盘踞河北。中晚唐时期，"天下指河朔若夷狄然"②。如此这般割唐帝国的肉，河北三镇即使不反，也让唐王朝心有余悸。安史叛乱的八年浩劫、吐蕃回纥等外族的侵扰、藩镇割据，这一系列接踵而来的内忧外患着实使唐王朝应接不暇，顾首顾不了尾——而这一切都与胡汉矛盾有关。一旦"自我"受到"他者"的强烈冲击，那么站在"我民族"的立场上去评价"他族"的时候，"我"眼中的"他者形象"往往就会遭到"妖魔化"，"我"区别于"他者"的价值优越性亦会不断地被放大。在社会危机面前，以汉民族为首的中原文化迫不及待地需要"自我型建"，在说明"自我"的同时与"他者"划清界限，在对抗"他者"的过程中实现"自我群体"的凝聚力和向心力，安史乱后特定的政治环境和历史背景无疑会滋生汉民族中心主义的情绪。

社会危机常常引发思想上的震荡，社会的危机亦迫切地需要统一的价值标准以维护涣散的人心。所以将安史之乱仅仅归结于夷狄凌铄华夏这一典型的外因，显然不能完全满足唐代士人的要求。他们还需要找到引起祸乱的内因，并在否定此"内因"的基础上树立起一套神圣的价值——这种价值既要求其权威性必须被历史反复地

---

① 刘鹏、李桃校注，蒋寅审订：《〈毗陵集〉校注》，辽海出版社2006年版，第393页。

② （宋）欧阳修、宋祁：《新唐书》卷一四八《列传》第七十三，中华书局1975年版，第4790页。

证明，又必须具备足够的现实说服力和可操作性来满足国家统一、思想统一的政治诉求。

儒、道、佛三教是贯穿于近两千年来中国思想文化史上的三股重要洪流。一般来讲，儒乃统治者的治乱之术，儒家之纲常伦理常常是维护封建秩序不可或缺的法宝。佛、道则皆引人出世，可以用来"养心"，却不能直接施政和治民。战火使人们对于人的自律能力、人心之恶的潜能和人心深处欲望的深渊不可能再保持乐观，故此道家"无为而治"的政治观念在乱后这样一个礼崩乐坏、人心不古、私欲泛滥的年代，无疑只能助长野心家们的嚣张气焰。故而"无为—秩序"——道、儒二家政治观念之分野，使得致力于拯救时弊的唐代政治家型的知识分子们更倾向于以儒道中兴唐王朝。而佛乃"夷"之教，在动荡不安的政治局面所引起的社会焦虑与文化焦虑面前，在维护我民族文化（儒家文化）的迫切需要面前，佛教在一部分唐代士人眼里也只能是等而下之的"他族"的精神产物。

安史之乱后，儒、佛二家的思想争锋日趋激烈，其结果是佛教在社会政治领域备受攻击。韩愈是中唐著名的古文家，《原道》篇是他复古崇儒、排斥佛老的代表作。该文在批判佛教时特别强调其所原之"道"乃是在古老华夏大地上所承传之"道"，是"尧以是传之舜，舜以是传之禹，禹以是传之汤，汤以是传之文、武、周公，文、武、周公传之孔子，孔子传之孟轲，轲之死，不得其传焉"[①]的儒家之道。可见，他对佛教的批判即是站在中原文化本位的立场上的。他又说："孔子之作《春秋》也，诸侯用夷礼，则夷之；进于中国，则中国之。经曰：'夷狄之有君，不如诸夏之亡。'《诗》曰：'戎狄是膺，荆舒是惩。'今也，举夷狄之法，而加之先王之教之上，几何其不胥而为夷也？"[②]可知，韩愈排佛的一个重要原因即是佛教不是本土的，乃是"夷教"。这里，韩愈继承了先秦《论语》《诗经》《左传》中就有的贵中华、贱夷狄的思想，夷狄乃是等而下之的

---

① （唐）韩愈撰，岳珍、刘真注：《韩愈文集汇校笺注》，中华书局 2010 年版，第1 页。

② 同上书，第 2 页。

异族。韩愈认为，如果中原民族亦信奉夷狄之法而未坚守住自己的民族之"道"，那么"几何其不胥而为夷也"，中原民族不也沦落为夷狄了？可见，韩愈无意于在佛理上驳斥佛教，而是认为与夷狄为伍是人所不齿之事，韩愈之所以在文中有这样大胆的反问，恐怕不屑与夷狄为伍在时人的心中还是非常有市场的。他的《论佛骨表》一文亦有与此相似的论述。他说："伏以佛者，夷狄之一法耳。""佛本夷狄之人，与中国言语不通，衣服殊制。口不道先王之法言，身不服先王之法行，不知君臣之义、父子之情。假如其身尚在，奉其国命，来朝京师，陛下容而接之，不过宣政一见，礼宾一设，赐衣一袭，卫而出之于境，不令惑于众也。况其身死已久，枯朽之骨，凶秽之馀，岂宜以入宫禁！"①这口气俨然一副瞧不起"佛"的样子，将这位异邦之"神"的地位不仅置于"先王"之下，亦排在了唐帝王之后。韩愈正是用这种亵渎异邦神的方式，来宣扬自己的"尊王攘夷"的观念。"攘夷"是为了防乱，"尊王"则是为了治乱。"攘夷"是为了树立区别于他族的中原文化的自我价值体系，"尊王"连同对于这种"自我的价值体系"的认同则是国家在政治、经济元气大伤之后，举国上下团结起来一致对外的不二法门。无独有偶，韩愈的嫡传弟子李翱也斥佛礼为"戎礼"，为"夷狄之术"；白居易在《策林·议释教僧尼》中亦说："区区西方之教，与天子抗衡，臣恐乖古先惟一无二之化也。"②同样是从"尊王攘夷"的角度立论的。

有意思的是，韩愈排佛却亦与佛门高僧交好；李翱并不完全排斥佛教，他的《复性说》可以说是援佛入儒的思想结晶；白居易则是一个虔诚的佛教徒，他自称"在家出家"，自号"香山居士"，与佛门弟子往来更是密切。他们的文章与实际生活难道是自相矛盾吗？实际上，他们都未从佛教本体论的角度来排佛，对于佛教修身养性的精神内核他们并不反对。他们所反对的是佛教对社会所产生的破坏性，比如白居易说："况僧徒月益，佛寺日崇。劳人力于土

---

① （唐）韩愈撰，岳珍、刘真注：《韩愈文集汇校笺注》，中华书局 2010 年版，第2904 页。

② （唐）白居易：《白居易集》，中华书局 1979 年版，第 1368 页。

木之功，耗人利于金宝之饰，移君亲于师资之际，旷夫妇于戒律之间。"（《议释教僧尼》）即是指责佛教的劳民伤财，有违人伦。故"排佛宗儒"对于中唐士人来讲更是一种政治而非信仰。从社会伦理的角度必须排佛，而只要不因嗜佛而破坏社会生产，参悟佛理不过是个人行为，对于家国的统一是无关紧要的。这就是他们一方面大声疾呼排佛，一方面又与佛教保持千丝万缕关系的原因。所以以"尊王攘夷"为政治背景的"复兴儒道"，恰恰是在社会政治层面上的当务之急——"排佛"恰恰合乎这一当务之急。故此可见，韩愈等人的"文学复古"正是"我族中心主义"观念在政治制度方面的投影，是中原士人在自己的土地上向下扎根，寻找汉民族文化根基的结果。

要之，安史之乱后动荡的政治局面毕竟与西来之佛经无直接的瓜葛，故士人们因"攘夷"而排佛，却为崇佛作为个体的信仰留有余地。盛中唐之交主张"宗经复古"的大儒如李华、独孤及、梁肃无不崇佛，崇佛丝毫不影响他们以儒道复兴唐帝国的政治理想。然而，虽然他们并没有像后辈韩愈、白居易那样有过激烈的排佛言词，但如若我们仔细考察他们的佛教思想，就会惊异地发现，在他们佛教思想的外衣下面掩藏的是深层次的儒家思想内核，他们的佛教观念在相当程度上被儒家化、本土化了——这又是对外来文化无意识的价值偷换。

最后我们可以得出结论，在安史之乱后的价值观领域，昔日唐帝国容纳百川的大国胸襟衰退了。由于再无回天之力在政治、军事上呈压倒之势地唯我独尊，曾几何时，唐帝国对于夷狄那般乐观积极的自信被对异族的疑忌所取代。从某种程度上讲，这种大国的自信在中原大地上再未重新复燃。考之元清两代的民族等级政策、明清两代的"闭关锁国"政策，再考之明清两代对于西方宗教入华的拒斥，我们就可以想见，安史之乱后大国胸襟的衰退对于构筑中唐以后驻居于中原大地诸民族保守的文化心态有多大的影响。本书所讨论的独孤及正是生活在安史之乱后这个急需以本土的儒家思想作为向心力来实现举国上下团结一心"尊王攘夷"、挽救走向败落的唐王朝这一历史关键点上，时代给予的焦虑感与复兴唐王朝的政治使命感使得独孤及这一辈儒家知识分子自觉地承担起了兴道、传道、行道、践道的文化使命。

第二节 "安史之乱"后唐代"文儒"的时代风神

安史之乱后，一批"文儒"型知识分子在寻找致乱之根源时，很自然地将叛乱归结为儒家礼法的被破坏。一旦考之唐代用人制度的历史进程，对于这批知识分子的时代风神和所肩负的历史使命，我们就可以一目了然了。

对于"文儒"的研究见诸当代学者的研究视域中，当首推葛晓音先生的《盛唐"文儒"的形成和复古思潮的滥觞》一文。"文儒"作为一个合成词，其意为"儒学博通及文词秀逸"者。葛晓音使用这一概念，借指"盛唐活跃于政坛和文坛上的一批文词雅丽、通晓儒学的文人"①。这批文人有什么特点呢？李德辉先生在其著作《唐代文馆制度及其与政治和文学之关系》中有一番细致的描述："其特长是既精于经史之学，又文才出众；既能出侍乘舆，入陪宴私，即兴赋诗，又能入掌纶诰，发挥宸翰，其中杰出者甚至能在政务决策过程中发挥作用。他们既达到了相当高的仕宦成功度，又拥有优等文化，具有政治的与文化的双重身份，政坛骨干与文坛精英双重属性。"②而这种集学识、文才与政治上的高位于一身的三栖型文士也只能出现于张说、张九龄等文儒以重道尊儒、礼乐雅颂的政治理想来辅佐帝王的玄宗朝早期。

另外一篇值得注意的学术论文是李伟的《初唐史官对"文儒"的认识》，该文分析了初唐史官的"文儒"型气质以及他们在协调文学与政治、审美与教化之间复杂关系的过程中，所奏出的迈向盛唐气

① 葛晓音：《盛唐"文儒"的形成和复古思潮的滥觞》，《文学遗产》1998 年第 6 期。
② 李德辉：《唐代文馆制度与及其与政治和文学之关系》，上海古籍出版社 2006 年版，第 350 页。

象的时代先声。① 其实，尽管初唐史官将"儒"与"文"结合起来的观念对于形成盛唐"文儒"兴盛的局面有一定的奠基作用；尽管初唐统治者以六朝、隋亡为鉴，确立了以儒家学说作为其执政的指导思想；尽管唐太宗李世民大力实行文治，提出了"朕虽以武功定天下，终当以文德绥海内"的守业思想，但要注意的是初唐统治者在起用人才时仍更注重的是其解决实际事务的能力："唐太宗登基以后，对吏能的重视更为突出。因为如何能不重蹈周、隋或者南朝的覆辙，除了在思想上端正、凝聚人心外，更需要有切实能力的俊才来治理百废待兴的国家，巩固政权。"②虽然此时一批起决策作用的贞观重臣如魏徵、房玄龄等实干之相在文学才能上亦毫不逊色，但还不具备将"文"和"儒"结合起来的现实条件，我们也只能称他们为"儒吏"，而不是"文儒"。这种现实条件只有在政治稳定、文化繁荣、物质基础足以支撑精神生活的升平之世才能够实现。

在初唐太宗朝重"儒吏"与盛唐玄宗朝起用"文儒"之间还有一段重要的历史时期，那就是高宗、则天时期。据《旧唐书·儒学传》载："高宗嗣位，政教渐衰，薄于儒术，尤重文史。于是醇醨日去，毕竟日彰，犹火销膏而莫之觉也。及则天称制，以权道临下，不吝官爵，取悦当时。其国子祭酒，多授诸王及驸马都尉……至于博士、助教，唯有学官之名，多非儒雅之实。……因是生徒不复以经学为意，唯苟希侥幸。二十年间，学校顿时隳废矣。"③可见，高宗时期儒术不举，武后时期儒官多为虚职、学校隳废、经学式微。尤其是武后执政时期，为了打压李氏王朝所依傍的关陇士族，她进一步强化科举制。科举制一方面打破了士族门阀制度，使得寒素之士亦可步入仕途，为武后培养出属于自己的人才库；另一方面又可以削弱"关陇集团"尚武偃文的政治危势，形成武后柄政以来重文轻武的用人特色。又由于武则天本人喜爱辞赋，故尤对进

---

① 李伟：《初唐史官对"文儒"的认识》，《山东大学学报》2009 年第 3 期。
② 夏晴：《以"文儒"视角审视贞观重臣》，《求索》2010 年第 5 期。
③ （后晋）刘昫：《旧唐书》卷一八九上《列传》第一百三十九上《儒学上》，中华书局 1975 年版，第 4942 页。

士科非常重视。重进士而轻明经、重文辞而轻经术亦导致了当时经学的式微和文学的繁盛。这样的局面在玄宗朝前期得以改观，其标志是玄宗起用著名的文儒张说为相，主持礼乐大典。张说早在武周之时便显露出提倡礼乐的思想，但并未被重视和采纳。他在东宫侍读时，努力用这种思想影响玄宗。针对武后时期重文轻儒、学校隳废的情况，张说上书曰：

> 臣某等启，臣闻安国家、定社稷者，武功也；经天纬地、礼俗者，文教也。社稷定矣，固宁辑于人和；礼俗兴焉，在刊正于儒苑。顺考古道，率由旧章。……臣愚伏愿崇太学、简明师、重道尊儒，以养天下之士。今礼经残缺，学校凌迟，历代经史，率多纰缪，实殿下阐扬之日，刊定之秋。伏愿博采文士，旌求硕学，表正九经，刊考三史，则圣贤遗苑，粲然可观。况殿下至性神聪，留情国体，率以问安之暇、应务之余，引进文儒，详观古典，高略前载，讨论得失。（《上东宫请讲学启》）①

这里张说明确地提出了他崇礼兴学、重道尊儒的文化方针和"引进文儒"的人才政策。可见，武后时期的"轻儒"，是对太宗朝"重儒"的否定；玄宗初期接受"文儒"所提倡的礼乐之道，则是对武周时期"重文轻儒"的否定。

然而，礼乐昌明的弊端则是官僚体制的烦冗虚浮、王朝支出极其庞大。玄宗后期出于务实的需要，在用人制度上做出了重大改变，开始起用"吏能"取代"文儒"之士。张说、张九龄的先后罢相，李林甫、杨国忠先后登上相位，无不意味着"文儒"政治的告退，"吏能"时代的到来。自然，"吏能"登上政治舞台又是对"文儒"之道的否定。

生长于开元，主要活跃于安史之乱后的一批"文儒"，他们年轻

---

① （唐）张说：《张燕公集》，上海古籍出版社1992年版，第127页。

时深受张说、张九龄主持的礼乐盛世的影响，以文士身份参与当时的政治文化建设是他们的终生理想。而就在他们刚刚踏上仕途之际，政治气候却发生了变化："吏能"当道使他们前路举步维艰；安史之乱更让他们感到生不逢时，礼乐雅颂的政治理想在残酷的战争面前显得那样的脆弱与虚空，难于挽回世道人心。在平定战乱紧急形势的要求下，统治者在用人方面更加务实。贺兰进明、崔圆、第五琦等吏能之士"在盛世时，他们多为一般宦吏，为人卑俗，无清望之名，也不为世人所重。但是，在乱世之秋，他们却能以其吏才与钻营之术，不断提高自身的地位。这三人先后都位及宰臣，这表明他们更适应乱世政治环境。与此相反，名士文化却充当了悲剧角色。"①

孔子说："敬鬼神而远之。"只有在社会风气整体上都"敬鬼神而不远之"的情况下孔子才有必要说出这样的话。同理，也只有在整个国家都离经叛道到一定程度的情况下，才会有一批士人集体站出来振臂疾呼倡导儒学复兴。安史之乱的爆发为政治上备受压抑的"文儒"之士争取一席政治空间提供了口实和契机。他们首先要做的就是借反思安史之乱来复兴儒道，从而对"吏能"政治进行全面反击。所以乱后的"文儒"相对于盛唐"文儒"更多了一种战斗性和反思性，他们所肩负的使命就是要为自己所信仰的价值竭力争辩。李华在《杨骑曹集序》中反思安史之乱时说："开元、天宝年间，海内和平君子，得从容于学，以是词人材硕者众。然将相屡非其人，化流于苟进成俗，故体道者寡矣。"②可见，他把"将相屡非其人"与"体（儒）道者寡"联系起来，指出将相易人导致执政方针的变化是儒道不举的根本原因。萧颖士在《登宜城故城赋》中更是将世风之浇薄归结为统治集团偏离儒家之道。他说："甚乎！昔先王之经国，仗文武之二事。苟兹道之不堕，实经天而纬地；邦家可得而理，祸乱无从而至。今执事者反诸，而儒书是戏，蒐狩鲜备。忠勇

---

① 查屏球：《江左名士文化与李白晚年悲剧》，《中国文化》1997年第15—16期。
② （清）董诰：《全唐文》卷五五八，中华书局1983年版，第3198页。

翳郁，浇风横肆；荡然一变，而风雅殄瘁。故时平无直躬之吏，世难无死节之帅。其所由来者尚矣！不其哀哉！"①这段饱含感情色彩的议论将矛头直接对准"今执事者"。"今执事者"为谁？恐怕胆敢作《伐樱桃树赋》忤逆李林甫的萧颖士在这里仍痛心疾首的是吏能之士的"儒书是戏"。

另外，安史之乱后的"文儒"还集中地对人才引进的渠道进行了反思。广德元年（763），杨绾上《条奏贡举疏》说："近炀帝始置进士之科，当时犹试策而已。至高宗朝，刘思立为考功员外郎，又奏进士加杂文，明经加帖经，从此积弊浸而成俗。幼能就学，皆诵当代之诗，长而博文，不越诸家之集，递相党与，用致虚声，六经则未尝开卷，三史则皆同挂壁，况复征以孔孟之道，责其君子之儒哉！"②指出科举考试的弊病：进士考试重诗赋、轻典籍，明经考试重字句、轻精义，都是造成儒道衰落的原因。这里值得注意的是，杨绾认为，科举之"积弊"绝非一代两代人之事，是从高宗朝至今"浸而成俗"的结果。对于杨绾的上书，代宗命诸司通议，"给事中李庚、给事中李栖筠、尚书左丞贾至、京兆尹兼御史大夫严武所奏议状与绾同"③。贾至在《议杨绾条奏贡举疏》中说："今试学者以帖字为精通，而不穷旨义，岂能知迁怒、贰过之道乎？考文者以声病为是非，而惟择浮艳，岂能知移风易俗化天下之事乎？……夫先王之道消，则小人之道长；小人之道长，则乱臣贼子由是生焉。臣弑其君，子弑其父，非一朝一夕之故，其所由来者渐矣！渐者何？谓忠信之陵颓，耻尚之失所，末学之驰骋，儒道之不举……四人之业，士最关于风化。近代趋仕，靡然同风，致使禄山一呼而四海震荡，思明再乱而十年不复。"④贾至亦指出世风浇薄非一朝一夕之故。他还将科举之弊、儒道之衰与安史之乱三者联系起来，认为中兴唐王朝必须从整顿士风开始，而整顿士风之根本即是把好人才引

①　（清）董诰：《全唐文》卷三二二，第3260页。
②　（清）董诰：《全唐文》卷三三一，第3356页。
③　《旧唐书》卷一一九《列传》第六十九，第3432页。
④　（清）董诰：《全唐文》卷三六八，第3735页。

入的关口用儒道来净化和提升士人的道德情操。有意思的是，贾至于玄宗开元二十三年乙亥科状元及第，杨绾乃是天宝十三年以文、诗、赋俱佳"词藻宏丽"科制举第一及第。而此时他们却要严厉抨击他所达致仕途的考试制度。李栖筠于天宝七载举进士，他的《贡举议》亦"病有司诗赋取士，非化成之道"①。李栖筠之孙李德裕回忆自己的祖父时，称其考中进士后，"家不藏《文选》"。从这批乱前登第的士人身上就可以看出，在他们看来，诗赋之能只是一门技艺而非信仰，只是一种工具而非价值。当他们一旦拿到了通往仕途的通行证，也就获得了精神上的自由去为自己的信仰主张竭力申辩。

考察六朝至中唐各个时期儒家思想的兴衰，我们大体可以拟制出如下表格。

六朝	初唐太宗朝	高宗、则天朝	玄宗朝前期	玄宗朝后期	安史之乱后及中唐
重文轻儒	重儒轻文*	重文轻儒	结合文、儒	吏能政治	文、儒、实干并举

*吸取齐梁、隋亡之教训，初唐统治者对于浮艳之文风在政治上保持着警惕，然而私下里对江南文学又非常喜爱，齐梁之风在此时并未消亡。魏徵提出合南北文学之两长的目标，是当时比较通达的看法。

初唐至中唐，儒家思想兴衰涨落的进程有点类似于黑格尔的"否定之否定规律"，高宗、则天朝之"重文轻儒"是对太宗朝"重儒"的反对，而玄宗朝初期结合"文""儒"既是对高宗、则天时期"重文轻儒"的反对，又是对太宗与高宗、则天两个时期的否定性统一。玄宗后期"吏能"统治是对前期"文儒"政治的否定，而安史之乱后及中唐的"文儒"为自己所信奉的儒家之道竭力争辩，又是对玄宗后期"吏能"政治排斥"文儒"的否定。同时，他们反对以往科举取士制度，亦是对高宗以降（包括则天、玄宗朝前后期）人才选拔策略"重文轻儒"的不满。就像葛晓音先生所说的："'文儒'原

---

① 《全唐文》卷四九三，第 5034 页。

不是一个稳定的合成词，它之所以出现在盛唐，就因为'文'与'儒'能够以平衡求结合。一旦失去其平衡的时代条件，便会发生向不同方向倾斜。总的来说，开元文儒较重视文，而天宝文儒则多侧重于儒。'文'与'儒'已有分离之势。"①失去了开元盛世主持礼乐大典、撰写雅颂之文的时代条件，在安史之乱后的天宝文儒心里，"儒"作为一种治乱的政治信仰，其地位已经远远超过"美盛容"的"文"。

　　与盛唐文儒高谈阔论礼乐大道不同，安史之乱后及中唐的文儒身上更多的是乱世所赋予他们的务实色彩。值得注意的是，他们在对"吏能"政治进行反击的同时，对其实干精神有所吸收。如代宗时的杨绾因德行雅望而受代宗的器重，代宗用他来制衡奸相元载，直至大历十二年三月元载被诛杀。作为文儒，他"素以德行著闻，质性贞廉，车服俭朴，居庙堂未数月，人心自化"（《旧唐书·杨绾传》）②。在任职期间，他反对铺张浪费，提倡节俭。受他柄政时政治风气的影响，御史中丞崔宽，拆毁了在皇城之南的豪华别墅；中书令郭子仪听说杨绾拜相，大大减少了行营内的歌舞宴乐；京兆尹黎干出入府衙，随从车马多至百辆，后遂裁减为十多骑。在处理具体事务上，杨绾亦功劳卓著，在人事管理方面，他奏请裁减各道观察判官的人数，撤销团练使、守捉使官号，以消除地方官员重复设置、权责不分的状况。此外，他还提出改变自开元以来各州刺史由各道采访使任免的制度，调整平衡刺史俸银，等等，均得到了代宗的认可。在大历、贞元年间，备受"儒林推重"的独孤及与杨绾同年及第，历任濠、舒、常三州刺史，均政绩卓著。特别是在他刺舒州、常州时推行的"口赋法"，可以说是后来杨炎"两税法"的试点，却要比杨炎"两税法"的建言早10余年。③"口赋法"的实施不仅保证了朝廷的税收，还改变了"富倍优，贫倍苦"的不公平现状，

---

① 葛晓音：《盛唐"文儒"的形成和复古思潮的滥觞》，《文学遗产》1998年第6期。
② 《旧唐书》卷一一九《列传》第六十九，第3434页。
③ 郭树伟：《独孤及的"口赋法"是唐代两税法的前期探索研究》，《安徽农业科学》2009年第3期。

集中体现了独孤及面对棘手问题所表现出的沉着果敢的吏干之才。值得注意的是，据梁肃的《独孤及行状》所载，当时独孤及任礼部员外郎之职，可是，他好端端地文职官员不当，却"求为郡守，以行其道，除濠州刺史"。可见，独孤及是不介意从中央来到地方度过他长达10年的循吏生活的，因为他正是要在方寸之地"大行其道"，实现他儒家仁政爱民的思想。独孤及不仅自己脚踏实地勤政为官，对于有吏能之才的友人也大加肯定，《送长洲刘少府贬南巴使牒留洪州序》一文在为友人刘长卿被贬南巴鸣不平时，亦称赞了刘长卿的政治才干："曩子之尉于是邦也，傲其迹而峻其政，能使纲不紊，吏不欺。夫迹傲则合不苟，政峻则物忤，故绩未书也，而谤及之。"①指出刘长卿正是因其突出的吏干之才而遭人谗谤的。

综上所述，不同于盛唐文儒，安史之乱后及中唐的文儒在提倡儒道时更多地与现实的政治、经济、社会结合起来。儒家思想成了他们处理政务的指导方针，而实干家的才能又确保他们将这一方针切实有力地贯彻下去。他们不再钻进故纸堆里清高地研究先王典籍，而是更加务实地发挥儒家思想在社会实践领域的经世致用精神。这种包含着儒家根柢的经世致用精神，正是他们身处乱世之秋在与庸俗的吏能之士争夺政治空间的过程中，适应时世变化所积累的政治资本。同时又确保了他们区别于庸俗吏能之士所具备的饱满的价值支撑、充实的精神动力和高尚的人格情操，从而在仁政惠民、淳化世风方面有根有基地完成自我社会价值的体认。可见，安史之乱后天宝、大历年间的文儒又是对玄宗朝前期"重文儒"和后期"重吏能"的否定性统一。可以说，唐代文士的儒家思想走的正是一条"正—反—合"的道路，正是这样一个历程造就了安史之乱后天宝、大历年间的文儒既能文，又通儒，又能将儒家之道发挥到社会实践领域的才能。本书所讨论的独孤及就是在安史之乱后这一特殊时代风气孕育下的能文、能儒又具吏干之才的代表人物。

---

① （唐）独孤及撰，刘鹏、李桃校注：《〈毗陵集〉校注》卷一四，辽海出版社2006年版，第325页。

小　结

　　安史之乱后特殊的历史境遇严重地践踏了唐帝国昔日的自信，安史叛乱的八年浩劫、吐蕃回纥等夷族的侵扰以及藩镇的割据，一系列的内忧外患滋生出唐士人集体性的政治焦虑。而"儒术不兴"又作为唐代"文儒"反思祸乱之源的内因重被提上日程。与盛唐"文儒"高谈礼乐大道不同，安史之乱后及中唐的"文儒"在大倡儒术的同时，身上更多了一层乱世赋予他们的务实色彩。这种包含儒家根柢的务实色彩，既为他们与庸俗的吏能之士争夺政治空间提供了保障，又使得他们区别于庸俗的吏能之士，具备了饱满的价值支撑、充实的精神动力和高尚的人格情操。本书所讨论的独孤及就是在安史之乱后这一特殊时代风气孕育下的能文、能儒又具吏干之才的代表人物。

第二章　独孤及的生平与思想

第一节　独孤及的家世

独孤及是盛、中唐之交非常具有影响力的政治家和文学家。他逝世后，门人梁肃收集整理其遗文 300 篇，故有《毘陵集》传世。由于《毘陵集》保存完整而且大部分作品可以系年，再加上他的同学、门生多著文悼念回忆他的一生，故而我们今天可以看到较为详细完整的独孤及生平资料。

一　独孤及家族的历史渊源

关于独孤及的家世起源问题存在着诸种争议，其最直接、最翔实的材料当为独孤及为其父独孤通理所作的《唐故朝散大夫颍川郡长史赠秘书监河南独孤公灵表》（下文简称《独孤公灵表》）。除此以外还有四种材料，分别为独孤及为叔父独孤屿作的《唐故大理寺少卿兼侍御史河南独孤府君墓志铭》、为伯姊郑夫人作的《唐故亳州刺史郑公故夫人河南独孤氏墓版文》（下文简称《墓版文》）和梁肃为独孤及二姐李夫人作的《衢州司士参军李君夫人河南独孤氏墓志铭》、为独孤及七弟独孤正作的《恒州真定县独孤君墓志铭》。相比于《独孤公灵表》，后四种材料叙述更加言简意赅，内容上大同小异，均为独孤及撰述或其门生对其撰述的转引。故《独孤公灵表》的叙述实在缺少外人有力的旁证，自然，其可信度令人生疑。对于独孤及对自己家族起源的叙述，罗联添、姚薇元等学者都做出了证明或证伪。下面笔者即结合上述学者的研究，参照独孤家族的墓志，对于这一家族起源的真实情状进行补说，并兼谈独孤及表述自己家族起源时的个人心态。

（一）先祖为"汉皇后裔"说

我们首先来看独孤及为父撰写的《灵表》，他对自己家族的谱系叙述如下：

> 公讳某，其先刘氏，出自汉世祖光武皇帝之裔。世祖生沛献王辅，辅生釐王定，定生节王正（本作丐，据《后汉书》改）。正生长子广，嗣王位；次子廙，仕汉为洛阳令。廙生穆，穆生进伯，为度辽将军击匈奴，兵少援不至，战败，为单于所获，迁居独孤山下。生尸利，单于加以谷蠡王之位，号独孤部。尸利生乌和，乌和生二子。长曰去卑，为右贤王。建安中，献帝自长安东归，有李傕、郭汜之乱，右贤王率其部卫车驾还洛，遂徙许，复归国。卒，次弟猛代立，生嗣论。嗣论生路孤，路孤生眷，眷生罗辰，从魏文帝迁都洛阳，遂为司州洛阳人。始以其部为氏，用勋伐锡爵永安公，位征东将军、定州刺史。征东生万龄，官至廷尉，谥曰贞。廷尉生稽，字延平，善左右射，学究金匮之奥。魏世祖初，从平滑台，以功授散骑常侍，历守冀、定、相三州。时新定律令，慎选廷尉，征公拜焉。再世为法官，俱以廉平不苛显名，当时荣之。加镇东将军，薨谥曰文。镇东生归，辩聪而才，又为镇东，薨赠太尉。太尉生冀，字希颜，以博学侍讲东宫，历安南将军定州刺史，赠司徒。司徒生永业，以文武兼备，佐齐王入洛定邺，都督幽、洛二州，由行台尚书令升司徒，封临川郡王，语在《齐史》。临川王生子佳，在齐为劲弩将军，在周为仪同三司，在隋守清远（一作怀朔）镇，握节死难，赠并州刺史。并州生义顺，武德中历户部侍郎、尚书左丞、光禄大夫，封洛南郡公。洛南生左千牛备身讳元庆，公之祖也。千牛生朝散大夫定州长史讳思暕，公之父也。二十

三叶之德善，钟其人（一作仁）于公。①

这里，独孤及相当详密地开列出独孤氏二十三代人的谱系，并且将自己的祖宗追溯到汉光武帝刘秀。台湾学者罗联添在他的《独孤及年谱》一文中即认同独孤及对其家族的叙述，并认为《古今姓纂》卷十独孤条下云："其先本姓刘氏。当后汉北蕃右贤王刘去卑之先，尚汉公主，从母姓刘氏。"这一说法，不知去卑祖进伯乃刘汉子孙，可谓疏略之甚。②

又《新唐书》卷七十五下《宰相世系五下》载：

独孤氏出自刘氏。后汉世祖生沛献王辅，辅生釐王定，定生节王丐。丐二子：广、虘。虘，洛阳令。生穆，穆生度辽将军进伯，击匈奴，兵败被执，囚之孤山下。生尸利，单于以为谷蠡王，号独孤部。尸利生乌利。二子：去卑、猛。猛生副论。副论生路孤，路孤生眷，眷生罗辰，从后魏孝文徙洛阳，为河南人，初以其部为氏，位定州刺史、永安公。生廷尉贞公万龄。万龄生稽，字延平，镇东将军、文公。稽生镇东将军归，归生冀。

《新唐书》对于独孤氏世系的归纳恐怕还是节自独孤及为父所作的《灵表》，除了人名有所出入之外（"乌和"写成"乌利"、"嗣论"写成"副论"），家族谱系的排列与《灵表》如出一辙。

但独孤及开列的这样一个家族谱系实在让人产生疑问。首先，缺乏有说服力的史料来支撑独孤及的叙述：

（1）受姚薇元先生《北朝胡姓考》的启发，我们查考《后汉书》卷七十二沛献王辅传，发现此传载"节王正立，十四年薨，子孝王广嗣。广薨，子幽王荣嗣……"并没有关于节王正第二子刘虘、孙

---

① （唐）独孤及撰，刘鹏、李桃校注：《〈毗陵集〉校注》卷十，第223页。
② 罗联添：《唐代六家诗文年谱》，《独孤及年谱》，（台湾）学海出版社1986年版，第6页。

刘穆、曾孙刘进伯的记载。[①]

（2）据《魏书·刘罗辰传》载，刘罗辰子殊晖袭其爵位、殊晖子求引、求引子尔头、尔头子仁之。并没有关乎他其他子孙的记载，自然没有万龄或万龄这一支脉发展情况的相关记述。所以我们几乎无法从史书中摄取独孤及笔下刘万龄这一支脉后代绵延的历史旁证。[②]

其次，逻辑不通之处比比皆是。

（1）汉皇室孙刘进伯为降将，匈奴单于如何能把谷蠡王的荣尊之位赐于汉室裔孙的下一代呢？还有匈奴贵族如何放心让这一降将的家族发展得那么迅速呢？到刘进伯的曾孙刘去卑的时代，刘去卑已官居右贤王了。据《史记·匈奴传》载：匈奴冒顿单于"置左右贤王，左右谷蠡王，左右大将，左右大都尉，左右大当户，左右骨都侯。匈奴谓贤曰'屠耆'，故常以太子为左屠耆王。自如左右贤王以下至当户，大者万骑，小者数千，凡二十四长，立号曰'万骑'。……左右贤王、左右谷蠡王最为大，左右骨都侯辅政。"[③]可见，在当时的匈奴王朝，左右贤王、左右谷蠡王乃一人之下万人之上的尊位，这样的尊位匈奴贵族怎能赐给非皇氏成员呢？按，"骨都侯"乃"异姓大臣"之义。[④]可推见，匈奴皇氏成员之外的异姓大臣至高不过能达致辅政的地位，奈何一异姓降将的后代即能坐上谷蠡王、右贤王的高位呢？反过来讲，如若尸利果真为谷蠡王、刘去卑果真为右贤王，那么他们必有匈奴皇氏血统，而不可能是汉室裔孙刘进伯的后代。如果说刘去卑的时代还有可能因外戚的地位而跻身高位，而父辈刚投靠匈奴的尸利被加于谷蠡王，则有些太不可思议了。

---

① 姚薇元：《北朝胡姓考》，中华书局 2007 年版，第 40 页。

② （北齐）魏收：《魏书》卷八三上《列传》外戚第七十一上，中华书局 1974 年版，第 1813—1814 页。

③ （西汉）司马迁：《史记》卷一一○《匈奴列传》第五十，中华书局 2011 年版，第 2891 页。

④ 华喆：《阴山鸣镝·匈奴在北方草原上的兴衰》，兰州大学出版社 2011 年版，第 12 页。

（2）独孤及称祖刘罗辰"从魏文帝迁都洛阳，遂为司州洛阳人"。姚薇元先生《北朝胡姓考》对此提出质疑。据《魏书·刘罗辰传》载，刘罗辰生于魏太祖即位之初，魏太祖于登国元年春正月（386）即位，而魏文帝即北魏孝文帝迁都洛阳乃太和十八年（494）之事。上下相差100多年。

（3）另外一处时间逻辑上的错乱是，独孤及称先祖独孤稽"字延平，善左右射，学究金匮之奥。魏世祖初，从平滑台，以功授散骑常侍，历守冀、定、相三州。"据《魏书》，魏世祖太武皇帝焘于泰常八年（423）即位，那么独孤稽应该是在424年前后被册封的"散骑常侍"之职。而《独孤公行状》却载，独孤稽的祖父刘罗辰于494年从魏文帝迁洛。孙子生活的年代在祖父之先，显然不符合时间逻辑。独孤及此处所记必有阙误。

（4）再者，独孤及称祖刘罗辰"从魏文帝迁都洛阳……始以其（独孤）部为氏"。魏孝文帝迁都之后，积极推行汉化政策。禁止鲜卑贵族穿胡服，改穿汉服；禁止鲜卑贵族讲鲜卑语，改讲汉语。496年，他又下令改变鲜卑贵族的姓氏，并率先把自己皇族的姓氏拓跋氏改为元氏。在这样的历史背景下，追随孝文帝迁洛的刘罗辰实在没有必要逆时代之潮流将自己的汉姓改回胡姓。况且，《北史》中所载的刘库仁的侄子、刘眷的儿子是刘罗辰而不是独孤罗辰。

综上，独孤及对自己六世祖独孤永业之前家族事件的叙述可以说是漏洞百出，那么从这样的叙述中我们可以得到什么启示呢？

（1）独孤及的叙述重点：祖先姓刘，还是姓独孤？

我们不妨参考独孤及所撰的另外一篇文章。在独孤及为伯姊撰写的《唐故亳州刺史郑公故夫人河南独孤氏墓版文》中说："夫人河南洛阳人也。其先刘氏，出自沛献王辅，其裔孙因山命氏。中复刘，自献王十九世至齐行台尚书永业，始复为独孤氏。"这里独孤及指出，自己家族的姓氏曾由刘氏改为独孤氏（因山命氏），又曾由独孤氏恢复刘氏，至北齐大将独孤永业时又改回独孤氏至今的历程。和《独孤令灵表》不同，这里独孤及将自己家族初以独孤为姓氏的时间推前到匈奴统治时期，将终改回以独孤为姓氏的时间推后到北齐独孤永业时期。在北魏灭亡之后、孝文帝改革的风声渐退的北齐又改回胡姓，独孤及为伯姊写的墓版文在时间逻辑上更为合理。但这又证明了独孤及自己写的两篇文章对自己的家族渊源的叙述都自相矛盾。

还有一个有意思的疑问是，独孤及为伯姊作《墓版文》在先，作于大历三年（768）戊申十一月；而独孤及为父亲作《独孤公灵表》在后，作于大历四年（769）己酉七月。时间相差不到一年，可见，在为父亲作《独孤公灵表》之先，独孤及对自己家族的传承就已经有了思考。为何独孤及将《墓版文》逻辑上更为合理的家谱叙述——到独孤永业时"始复为独孤氏"改为《独孤公灵表》上刘罗辰时期"始以其部为氏"呢？恐怕还是因为对于自己家族何时以山名氏，何时复刘，又何时改回独孤这样一个相当复杂过程，独孤及自己脑子里也是一片混乱。所以到作《独孤公灵表》时，他就干脆回避家族姓氏上来来回回的变化，采取一刀切的办法，直述罗辰以降"始以其部为氏"了。这样的说法亦可以省去解释自己近祖独孤永业为何恢复独孤姓氏的麻烦，而且也回避了姓氏上来来回回的变化影响描述的可信度。独孤及之所以不介意这两篇文章叙述上的差异，恐怕对于独孤及来讲什么时候改回独孤之姓并不重要，重要的是要说明自己家族是由刘姓改为独孤姓的，更重要的是要说明自己家族是汉皇裔孙的后代。

（2）独孤及的叙述心态：实事求是，还是有意伪造？

《独孤公灵表》的确有许多缺漏之处，而独孤及自己似乎浑然不觉。因为如若他本意硬要牵强附会出一个家谱和光武帝刘秀扯上关系的话，至少不会在系年上犯低级的错误。对于自己近祖的谱系，独孤及很可能有家谱为据，故叙述得详细而确切，但对独孤永业以前先祖的事迹恐怕他手头并没有确凿的资料，故有想象的成分；而对于自己远祖的情况恐怕他就只能从长辈那里得到了，存在着误传或误听的可能性。但不管怎么样，对于自己家族为汉之苗裔、对于自己家族成员的光荣历史，独孤及必定是非常自信的，以至于转达起来根本无需理性的过滤。又独孤霖为独孤骧作的《唐故兖海观察支使朝散大夫检校秘书省著作郎兼侍御史河南独孤府君墓志铭（并序）》载："故缀哀而实录云：光武皇帝子曰沛献王，传三世至洛阳令。其孙渡辽将军居独孤山，因而命氏，以河南洛阳为望。历魏晋始大。拓跋氏之世继有令人，名载国史。北齐司徒尚书令、封临川郡王讳永业，功忠之盛，独擅一时。由是以临川为房首。君讳骧，字希龙，临川八世孙也。曾祖讳道济，蔡州长史，赠秘书少监。祖父讳恬，皇考讳寔也。尚书膳部员外郎国子博士；夫人博陵崔氏。"①亦认为独孤氏出自汉室刘氏。又从该墓志铭可知，独孤霖乃独孤骧的堂弟，独孤骧乃独孤恬之孙，故可知独孤霖与独孤骧同为独孤恬之孙。而独孤及又是独孤恬的堂兄，那么独孤及就是该墓志铭主人（独孤骧）及作者（独孤霖）的从祖父。可见，不管是不是出于一厢情愿，祖"光武皇帝子沛献王"已成了独孤家族世世代代不可动摇的信条。

另《千唐志斋藏志·大唐我府君故汉州刺史独孤公墓志铭（并序）》载，独孤信之玄孙独孤炫："其先汉之裔胄，及大盗乱常，神器中绝，全身避地，保姓□山……六代祖俟尼，与后魏西（南）迁洛阳，封东平王，束马悬车，归于乐土……五代祖库者，魏第一领人长，追赠司空，隋赠太尉……高祖信。"②此铭文称独孤炫为"先汉之裔胄"，那自然认为他的六世祖俟尼、五世祖库者、高祖独孤信都为汉之裔胄了。另据《北史·独孤罗传》载，独孤信仓促之际舍弃父母妻子随北魏孝武帝西归长安，后其长子独孤罗长期被高欢所囚，直至独孤信被宇文护诛杀。"（独孤）罗始见释，寓居中山，孤贫无以自给。齐将独孤永业以宗族之故，见而哀之，为买田宅，遗以资畜。"③可见，独孤信与独孤永业乃是同宗，差不多是同一时

① 隋唐五代墓志汇编编纂组：《隋唐五代墓志汇编》陕西卷第2册，天津古籍出版社1991年版。

② 武汉大学中国三至九世纪研究所编：《魏晋南北朝隋唐史资料》第17辑，武汉大学出版社2000年版，第142页。

③ （唐）李延寿：《北史》卷六一《列传》第四十九，中华书局1974年版，第2170页。

代的人。由上二则材料我们可以推知，不仅独孤永业这一支脉坚信自己为汉之裔胄，与他同宗的独孤信这一支亦有此确信。这样的确信不可能是在一两代人身上形成的，而是长久以来的家族信仰——虽然其真实性有待更多的史料和证据。[①] 总而言之，独孤及并不是一个东拉西扯的伪君子，否则独孤及不会一下子伪造出这么长的一个家谱，身为汉室裔孙不仅是他亦是整个独孤家族的信仰。

（二）先祖为"胡汉混血"说

《新唐书》卷七十一上《宰相世系一上》"河南刘氏"条，给出了与上文所引《新唐书》卷七十五下《宰相世系五下》"独孤氏"条不同的家族世系，如下：

> 河南刘氏本出匈奴之族。汉高祖以宗女妻冒顿，其俗贵者皆从母姓，因改为刘氏。左贤王去卑孙库仁，字没根。后魏南部大人、凌江将军。弟眷，生罗辰，定州刺史、永安敬公。其后又据辽东襄平、徙河南。罗辰五世孙环儁，字仲贤，北齐中书侍郎、秀容懿公。弟仕儁。

此为唐宰相刘崇望的家族世系。在这个谱系里亦出现了左（右）贤王刘去卑、刘眷、刘罗辰的名字，与独孤及家谱里的叙述非常相似。又据《魏书·刘罗辰传》载，刘库仁确为刘眷的长兄、刘罗辰的伯父。故此河南刘氏与独孤氏祖上应为一家，而这里却说"河南刘氏本出匈奴之族"与独孤及和《宰相世系五下》"独孤氏"条所述独孤氏源于汉皇裔孙完全不同。但是从此文亦可看出，该刘氏与东汉皇室又并非完全没有瓜葛，刘氏（独孤氏）的祖先乃是汉高祖刘邦的外孙。

另《元和姓纂》"独孤氏"条载："其先本姓刘氏，当后汉北蕃右贤王刘去卑之先，尚汉公主，因从母姓刘氏。后魏王北三十六部有伏留屯。为部大人，居于云中。和平中以贵人子弟镇（武）川，因

---

① 郭树伟：《独孤及研究》，中州古籍出版社 2011 年版，第 8 页。

家焉。伏留屯之后有俟尼，生库者，后魏司空。生信。河南洛阳人。"①《元和姓纂》在叙独孤信这一支脉的家世时，亦使用了"从母姓刘氏"的说法。按当时的父系社会，可以说，独孤家族的祖先是"胡汉混血"，与东汉皇室有血缘关系。然这种说法又难以解释为何有一拨匈奴单于与汉公主的"混血后裔"放弃高贵血统的标志"刘"，改成了"独孤"，而另外一拨如刘崇望的家族却没有改姓呢？

（三）先祖为"屠各贵种"说

姚薇元先生在《北朝胡姓考》一书中认为，独孤及对自己家族世系的叙述纯属无稽，并通过严密的考证得出结论："独孤氏乃屠各之异译，本匈奴单于之贵种。自刘渊进窥中夏，遂冒认汉后，改姓刘氏。入后魏为三十六部之一，号独孤部。孝文南迁，依旧改为刘氏。魏末又复旧姓，而亦有未复者，故匈奴刘氏与独孤氏，并见史册，为北朝盛族。后世姓学家谓独孤氏本姓刘氏，出自炎汉者，特为刘雄碑、独孤墓表等所始耳。"②在这里，姚薇元先生合理地解释了匈奴刘姓、独孤姓两姓并存史册的原因，并且排除表面迷雾，深刻体察到独孤家族与匈奴贵种之间的关联。细读初唐史书会发现，北朝贵族"冒认刘姓"的事件频频出现。如《晋书·刘元海传》即载："初，汉高祖以宗女为公主，以妻冒顿，约为兄弟，故其子孙遂冒姓刘氏。"③永兴元年，刘元海（刘渊）僭即汉王位时，追尊刘禅为孝怀皇帝，立汉高祖以下三祖五宗神主而祭之，并下令曰："昔我太祖高皇帝以神武应期，廓开大业。太宗孝文皇帝重以明德，升平汉道。世宗孝武皇帝拓土攘夷，地过唐日。中宗孝宣皇帝搜杨俊乂，多士盈朝。是我祖宗道迈三王，功高五帝，故卜年倍于夏商，卜世过于姬氏……"④可见，刘渊俨然以汉室裔孙自居来证明由他做皇帝名正言顺。另外，刘渊卧疾时托付辅佐太子的重臣刘欢乐、刘洋、刘延年、刘聪，亦都托姓为刘。刘渊之父刘豹为左贤王时，

---

① （唐）林宝：《元和姓纂》卷十，清文渊阁四库全书本。
② 姚薇元：《北朝胡姓考》，中华书局 2007 年版，第 46 页。
③ （唐）房玄龄：《晋书》卷一一〇 "载记第一"，中华书局 1974 年版，第 2645 页。
④ 同上书，第 2648 页。

"魏武分其众为五部，以豹为左部帅，其余部帅皆以刘氏为之"①。可见，除刘豹一部外，其他四部亦都托姓为刘。若果如姚薇元先生所考，独孤及的从祖刘库仁与刘渊同族同宗，那么独孤及的先祖就极有可能在托姓为刘的队伍当中。

　　姚薇元先生说："后世姓学家谓独孤氏本姓刘氏，出自炎汉者，特为刘雄碑、独孤墓表等所始耳。"②指出独孤及的《独孤公灵表》是误导后世姓学家产生错误认知的始作俑者。诚然，由于独孤及在盛中唐之交的影响力，落实于文字是这样的，但是如我们上文也提到的祖沛献王辅不可能是一代两代人的信条，而是多少代人口耳相传的家族信仰。如果把独孤家族的一系列墓志放回独孤及的时代，在那个时代特有的人文生态中来考察，我们亦可推测独孤家族认定自己为汉室裔孙更深层、更隐秘的心理，恐与维护家族的尊严有关。我们可以试想，以博学多识著称的独孤及不会不知晓初唐史书上的记载，时人亦有私下议论其家族冒认汉姓的可能，即北朝贵族冒认刘姓的那么多，独孤氏称自己本于刘氏是不是冒认呢？如若自己引以为豪的家族信仰却被质疑成冒认，那就太伤独孤家族的体面了。故独孤及在《独孤公灵表》里的认祖归宗虽缺少必要的史料支撑，其隐密的内心亦可能是对自己家族冒认刘姓的公开否认，把家族源自刘姓变成板上钉钉的事实——其根本就是维护自己家族尊严的体现。

　　以上三种不管是哪一种说法，其共性都可以证明：（1）独孤家族在南北朝和隋唐时期是地位显赫的勋阀贵族。这个家族杰出的历史人物如独孤罗辰、独孤永业、独孤信、隋文帝独孤皇后等。最有意思的是，独孤信是历史上著名的三朝国丈，北周明敬皇后、隋文献皇后、唐元贞皇后都是他的女儿。杨广、李渊、宇文化及都是他的外孙。（2）独孤氏为代北虏姓，北魏迁洛时迁入河南，以河南洛阳为郡望。（3）尽管对独孤家族汉室裔孙的身份存在着不同的看法，但是自刘去卑以降，独孤及所述的家谱人物如刘猛、刘嗣

---

① （唐）房玄龄：《晋书》卷一〇一"载记第一"，中华书局1974年版，第2652页。
② 姚薇元：《北朝胡姓考》，中华书局2007年版，第51—52页。

（副）论、刘眷、刘罗辰、独孤永业在史书中都有据可查。故此家谱所列的人物谱系应为属实——这为我们研究北朝少数民族的汉化过程提供了宝贵的史料。

二　独孤及家族的文化转型

（一）独孤及家族的三个发展阶段

考察《独孤公灵表》所开列的二十三代人的名单，刨除度辽将军刘进伯之前的汉室王孙外，我们大致可以将独孤及家族的发展划分为三个阶段：

第一个阶段，从匈奴谷蠡王尸利到独孤（刘）万龄，共计八代。他们的特点是以少数民族贵族领袖的身份拥有极其显赫的军政地位。无论是史书中所记载的匈奴支系铁弗部首领左贤王刘去卑，后来统领黄河以东地区的最高匈奴首领刘库仁、刘眷兄弟，追随北魏道武帝拓拔珪累立军功的北魏外戚刘罗辰；还是独孤及笔下率其部卫护送汉献帝车驾还洛的右贤王刘去卑，以勋阀锡爵永安公、位征东将军的刘罗辰，都说明了独孤及的祖先在军事上不可动摇的地位。柳芳《氏族论》说："关中之人雄，故尚冠冕。代北之人武，故尚贵戚。……尚冠冕者，略伉俪，慕荣华。尚贵戚者，狗势力，亡礼教。"①刘库仁、刘眷之父刘路孤归顺鲜卑之后，娶鲜卑首领耶律女儿为妻，后生刘库仁、刘眷兄弟；刘眷的女儿、刘罗辰的妹妹乃北魏道武帝拓拔珪的皇后。可见，代北之人"尚贵戚""狗势力"的特点在独孤及的先祖身上亦表现得非常明显。在易代频繁的征伐动荡时期，"尚贵戚"无疑为少数民族勋阀贵族保证其家族的军事实力提供了政治庇护。

第二个阶段，自独孤稽以降到独孤思睞，亦计八代。他们的特点是依旧拥有他们祖先的军政地位，然而，因深受汉文化的影响而不再仅仅是一介武夫，亦能做到文武双全。兹从独孤及对其家族世系的叙述中拣取文武兼备者的代表如下：

---

① （宋）欧阳修、宋祁：《新唐书》卷一九九《列传》第一百二十四《儒学中》，中华书局 1975 年版，第 5676 页。

（独孤）稽，字延平，善左右射，学究金匮之奥。魏世祖初，从平滑台，以功授散骑常侍，历守冀、定、相三州。时新定律令，慎选廷尉，征公拜焉。再世为法官，俱以廉平不苟显名，当时荣之。加镇东将军，薨谥曰文。

（独孤）冀，字希颜，以博学侍讲东宫，历安南将军定州刺史，赠司徒。

（独孤）永业，以文武兼备，佐齐王入洛定邺，都督幽、洛二州，由行台尚书令升司徒，封临川郡王，语在《齐史》。

在《独孤公灵表》中，独孤及特指出这三代祖先"学究金匮之奥""以博学侍讲东宫""文武兼备"的特点。可以看到，独孤及家族的优秀先祖正从追求单纯的武功事业向兼具文武之才转型。首先，独孤及家族的这种转型当属历史之必然。我们上文提到过新兴匈奴贵族刘渊（元海）在汉魏之际觊觎华夏，僭即汉王位。而匈奴贵族若要实现其谋取中原的政治野心，其前提必然需要对中原文化了如指掌。另外，中原文化的特殊魅力，亦驱使他们对华夏文明心向往之。据《晋书》载，刘渊"幼好学，师事上党崔游，习《毛诗》、《京氏易》、《马氏尚书》，尤好《春秋左氏传》、《孙吴兵法》，略皆诵之，《史》、《汉》、诸子，无不综览。"[1]可见，匈奴统治高层因其极高的政治地位，而拥有着优先汲取汉文化营养的文化特权，故他们对汉文明的推崇也自上而下地推动了代北少数民族的汉化进程。由此可推知，作为代北少数民族显贵之一的独孤家族，正是在逐鹿中原的过程中不断地亲近汉文明，并与时俱进地实现代北士族的武勇精神与中原大地悠远文化传承的完美结合。这一过程是政治与文化互动的必然结果，独孤家族的文化转型亦是代北少数民族汉化过程的一个缩影。

其次，值得注意的是，独孤及家族的这种转型经历了几代人的

---

① （唐）房玄龄：《晋书》卷一〇一"载记第一"，中华书局1974年版，第2649页。

持守与传承。除了独孤稹、独孤冀、独孤永业以外，独孤及其他可考的近祖可以说绝大部分都是文武全才。在《独孤公灵表》中，独孤及述其五世祖独孤子佳时说："在齐为劲弩将军，在周为仪同三司，在隋守清远（一作怀朔）镇，握节死难，赠并州刺史。"着重指出其军功之卓著。而在独孤思敬的墓志铭《大唐故朝散大夫行定五府掾独孤府君墓志铭并序》中，除了历述独孤子佳的军职之外，还指出他"出忠入孝，经文纬武。衔珠为列将之荣，执玉为诸侯之贵"①，即文、武、荣、德俱备的才能与品行。

《独孤公灵表》中独孤及叙其高祖独孤义顺"武德中历户部侍郎、尚书左丞、光禄大夫，封洛南郡公"，似任的都是文职官员。而独孤思贞墓志《大周朝议大夫行乾陵令上护军公士独孤府君墓志铭并序》在叙思贞祖义顺时说：

> 祖义顺，唐右光禄大夫，太仆卿，凉州都督，虞、植、简三州刺史，上柱国，洛南郡公。②

独孤思敬墓志记思敬祖义顺：

> 皇朝义旗初，授大将军司马参军、户部侍郎、太仆卿、光禄大夫。③

独孤婉墓志《大唐都水监独孤丞长女墓铭》记独孤婉曾祖义顺：

> 皇朝太仆卿，凉州都督。④

---

① 周绍良主编：《唐代墓志汇编》（景龙030），上海古籍出版社1992年版，第1102页。
② 周绍良主编：《唐代墓志汇编》（神功012），第921页。
③ 周绍良主编：《唐代墓志汇编》（景龙030），第1102页。
④ 周绍良主编：《唐代墓志汇编》（永昌004），第782页。

凉州是中国古代"通一线于广漠，控五郡之咽喉"的军事战略要地，从独孤义顺曾担任此地的最高军事长官中，我们可以推测他在李渊李唐王朝创建的过程中很可能军功卓著，故此才被封为"上柱国"——作为勋级，唐初"上柱国"是对作战有功之人的最高表彰。虽然从史料里我们无法知道独孤义顺是否具备文学才能，但从其出可为一员武将，入又能管理国家内务里可以推测此人才能的均衡性和处理事务的灵活性，很有可能亦是"能文能武"的全才。

对于独孤及的祖父独孤元庆，《独孤公灵表》记载得较少，只记其官至左千牛备身——此官职在"府兵制"兴盛的唐初乃是身份显赫的高级武官。但是从现有墓志中可知，独孤及的从祖父、独孤元庆的伯兄独孤元恺官至给事中，为朝廷起草过重要的文书。独孤思敬墓志称赞他"立德光朝，含章映俗。南宫起草，拖鸣玉于重闱；东掖司纶，振华缨于禁闼"[1]可见他的文章造诣极高。而独孤及的从祖父、独孤元庆的仲兄独孤元康则是文武全才，独孤思贞墓志称赞他"挟翼世诰，文以六化，武以四攘"[2]。可见，独孤元庆这一辈人同样是文的能文，武的能武，亦不乏文武双全的通才。

无论是从《独孤公灵表》还是从现在掌握的史料来看，对独孤思睐的记述都相当之少。《独孤公灵表》载其官至定州长史，《元和姓纂》《新唐书·宰相世系五下》载其官至鄂令。但是从现存思睐的从兄（弟）独孤思敬、独孤思行、独孤思贞的墓志来看，独孤及家族的这一辈人似都做到了文武兼善。独孤思敬墓志称其"修身践行，无违于礼义之经；奉上事亲，必由于忠孝之域"，从侧面指出了其学养的深厚与品行的高尚。独孤思行墓志（《唐故扬州刺史独孤府君墓志铭并序》）称赞其"归己武称，将军乃精舍白虎；冀同文显，秘监乃争蕴蛟龙"，指出他"文武兼材，仁明称远"的特点。[3] 独孤思贞墓志载思贞"八岁受诗礼，十五学击剑，廿博综群籍"。思敬、

---

① 周绍良主编：《唐代墓志汇编》（景龙030），第1102页。
② 周绍良主编：《唐代墓志汇编》（神功012），第921页。
③ 隋唐五代墓志汇编编纂组：《隋唐五代墓志汇编》陕西卷第三册，天津古籍出版社1991年版。

思行、思贞都主要生活在高宗则天时期，思敬"以门调任□亲卫"、思行"以门调解褐授太子左千牛"、思贞"解褐以门调补太子进马"。可见，独孤及家族因其代北士家大族的贵胄血统和武勇的门风，即便是入唐日久，其家族成员依然享受着更多的政治特权。另外，独孤思睐的另一从兄独孤思庄在则天时期官至左金吾大将军、曾任魏州刺史。当时的魏州乃是抵御契丹的战略要地，虽然独孤思庄因不具备狄仁杰的谋略与才干，而被武则天调回由狄仁杰代任，但从侧面亦可看出，即便是在极力打压李唐王朝所倚重的关陇、代北利益集团的则天统治时期，独孤家族凭借其家族世代的武功业绩，其家族成员依然是皇朝面临外患时首先考虑起用之将，独孤家族在初盛唐之交的军政领域还占有着相当的分量。然而，在国家承平日久，难以再凭军功建功立业的年代，就需要这一家族再度顺应时变，进行第二次转型了。

这第二次转型的起点正始于独孤及之父独孤通理。独孤通理主要生活在玄宗统治时期。他初登仕途之时，正逢玄宗励精图治，接受张说等"文儒"崇儒兴学的思想以振兴唐帝国早期。据《旧唐书·儒学传》载：

> （玄宗）在东宫，亲幸太学，大开讲论，学官生徒，各赐束帛。及即位，数诏州县及百官举通经之士，又置集贤院，招集学者校选，募儒士及博涉著实之流。①

我们不知道独孤通理有没有拥有像父辈那样"以门调解褐"的机会，但在崇礼兴学、"引接文儒"政治气候的感召下，独孤通理也进入了科举考试的大军。通过独孤通理的性情、学养、仕进经历，我们可以看到，他与张说所提倡的"文儒"型知识分子（"儒学博通及文词秀逸"）的条件相当吻合。首先我们来看独孤通理在科举中的表

---

① （后晋）刘昫：《旧唐书》卷一八九上《列传》第一百三十九上《儒学上》，中华书局1975年版，第4942页。

现。据《独孤公灵表》记：

> 太极元年，诏举文可以经邦国者，宣劳使源乾曜以公充
> 赋。时对策者数百人，公与荣阳郑少微特冠科首，起家拜同州
> 郃阳县尉。

可见，独孤通理之所以能够实现其家族由逐鹿中原的一介武夫向羽
扇纶巾的儒雅文士的成功转型，除了他自己当仁不让的学识与才华
之外，还有就是他的家族作为高门大族得天独厚的人脉资源。另
外，独孤通理的一举成名又不能不让我们联想到他祖先几代人积累
起来的深厚的家学渊源——这样的人脉资源和家学渊源着实是让一
般的寒素阶层企羡难及的。另外，据《独孤公灵表》可知，独孤通
理既刚正又儒雅的文士形象是表里如一的。在叙述独孤通理的为
人、为学、为文时独孤及这样说道：

> 公刚方廉清，贞信弘宽，德厚性和，与四时气侔。非天下
> 直道不行，非先王之法言未尝言。当出处去就之间，非抑与不
> 苟求；与朋友交，非同道不敬合。至守王事，临大节，非其
> 正，虽临大兵不惧。恪德危行，居易中立，不可得而亲，不可
> 得而疏。读书观忠孝大略，不索隐赜；属词止乎礼义，不止咏
> 性情而已。①

独孤通理于天宝二年（743）去世，当时独孤及年仅18岁。独孤及为
父亲作《独孤公灵表》已是大历四年（769）的事了，此时，他已经44
岁。经历了安史之乱，在思考如何抚救世道人心的过程中，在与李
华、萧颖士、贾至等大儒彼此交往的过程中，此时独孤及脑海里宗
经、崇儒、复古、宏道的观念已经相当成熟。故在叙述父亲的事迹经
历时，独孤及仍是以父亲的躬行儒道为叙述重点，指出父亲为人行直

---

① 《〈毗陵集〉校注》卷十，第223页。

道、交友交同道、为学不教条、为文重礼义，性格恬淡却刚烈，恪守道德而不结党的儒家风范。从这里，一方面我们可以看出独孤通理的人格操守对于日后走上政坛和文坛的独孤及建立复古宏道的思想体系有多么深远的影响；另一方面我们也可以看到代北少数民族贵胄后裔浸淫中原文化日久，至盛唐已经极大地淡化了他们的胡人血统，而以汉文化作为他们的文化归属和最高价值认定。

我们或可怀疑独孤及对父亲的理解恐怕有着他自己无意中的过度诠释，即不经意之间"以意逆志"地在说明父亲的同时重复自我的价值信条。然而，《独孤公灵表》所记的独孤通理的仕进经历则可以进一步证明独孤及笔下的父亲形象还是具有相当可信度的。该文载：

> 初，公为御史，尝以直忤吏部侍郎李林甫，至是林甫当国，尝欲骋憾于我，而五府三署每有高选，群公皆昌言称公全才，且各以藏文窃位自引，由是免咎。然十年再迁，位不离郡佐，或劝公卑其道，可以取容于世。公曰："可卑非其道也，屈伸天也，非人也，人如予何？"

独孤通理乃严格恪守儒家道德规范的知识分子，李林甫则是"吏能"派的代表。李林甫一旦独揽大权，就对张说、张九龄引进"文儒"的人才方针加以极力打压。李林甫最痛恨"文儒"，他不肯放过通理，必定是对于通理身上的"文儒"气非常反感。也正是这个原因，"群公"怕引火烧身，才居心叵测地将祸水引到通理身上。独孤通理被卷入"吏能"与"文儒"之争的旋涡之中，并且表现出不卑不亢的高尚气节，完全可证明通理浸淫儒道并不是装装样子而已，而是他真诚的价值信仰。总而言之，独孤通理已经脱离了独孤家族祖先的军人传统，他文、儒双全，在玄宗朝张说、张九龄的时代已转型为标准的"文儒"型知识分子。

独孤通理向文儒型知识分子的转型对他的儿孙影响非常大。通理共七儿两女，兄弟七人中独孤及排行第四。独孤及从小就受到父亲良好的教育，七岁时通理授以《孝经》，独孤及一览成诵。通理惊异于他的聪敏，于是问曰："汝志如何句?"及答曰："立身行道，扬名义，是所尚也。"可见，儒家恪德守行、积极用世的思想在儿时的独孤及身上即打下了深深的烙印，以致他一生都把体道、行道、宏道作为自己的信条。他的弟子梁肃对他有这样的盖棺论定："本仁祖义，而文以礼乐，乃至温良能断，应用不滞。达识足以表微，厚德足以载物。……其茂学博文，不读非圣之书。非法之言，不出诸口。非设教垂训之事，不行于文字。而达言发辞，若山岳之峻，极江海之波澜，故天下谓之文伯。"(《独孤公行状》)① 与父亲一样，独孤及也是一个表里如一的文儒。而独孤及身上深厚的文人气质使得他与祖上的武勇精神进一步断裂，崔祐甫《独孤公神道碑铭》记，江淮都统使户部尚书李峘曾上奏独孤及为掌书记，授左金吾卫兵曹参军。然"军旅之事，非其所好，未几，返初服"。可见，独孤及对军旅之事没有多大兴趣，宁愿赋闲在家。独孤及叔兄独孤憕，独孤及为其作墓志称：

　　君沈毅果断，聪敏好学，弱岁专《左氏春秋》，工于书，尤善音律。②

五弟独孤丕，独孤及撰其墓志称：

　　少聪明，有志操，好学博古，年十五能属文，祖述典谟，实而不华，有古人风采。……尤好黄老道与脉藏荣卫之数，奉之以为卫生之经。③

六弟独孤万墓志，独孤及称其弟：

---

① （唐）梁肃撰，胡大浚、张春雯整理校点：《梁肃文集》，甘肃人民出版社 2005 年版，第 199 页。
② 《〈毘陵集〉校注》卷十，第 229—230 页。
③ 同上书，第 230 页。

有干局，多才艺，嗜学好古，诵老聃、庄周之书，究其大略。①

七弟独孤正，梁肃为其作墓志称：

尝谓"学者义之府，文者质之薄"，故娱心典坟，简弃词艺。又谓"干禄者躁之几，藏密者静之奥"，故反情乐道，居中易修业。少时解褐，授真定尉，非其所好，弃官不之。晚节尚黄老，慕禅味……②

独孤及的长姐郑夫人在丈夫去世之后独自教育儿女"皆敦说诗礼，被服文行，时人称夫人善诱善教"。二姐李夫人在丈夫李涛去世之后，"专以诗礼之学，训成诸孤，议者以鲁敬姜、辛宪英为比。晚岁以禅诵自适，视《般若》之经，空慧之筌，持而为师，视诸结缚，犹遗土也"③。从独孤及的兄弟姐妹身上可以看出来，儒、道、佛三家思想在他的家庭中并存并不矛盾。他的几位兄弟都博学好古、娱心典坟，但又不排斥黄老之学。他的两位姐姐都敦促子女学习诗礼，可见，他的家族视儒家学说为治学和修身的根本。他的七弟、二姐都参禅，他的母亲也"修释氏教，受正观法于长老比邱尼上方"④。独孤及虽一生志在复兴儒道，亦是以洞晓玄科道举及第，并于晚年倾向于北宗禅。独孤及二姐于大历十一年八月卒于常州，可见，她在丈夫去世后即投奔弟弟独孤及。她对参禅的领悟颇深，有可能是与四弟切磋而来的结果。不管怎么说，独孤及家庭成员的精神世界绝不是单薄的，博学能文的文人气质使他们对于各种思想和学问都广泛涉猎，在社会伦理方面，他们认可儒家思想为经国安

---

① 《〈毗陵集〉校注》卷十，第231页。
② （唐）梁肃撰，胡大浚、张春雯整理校点：《梁肃文集》，第165页。
③ 同上书，第176页。
④ 《〈毗陵集〉校注》，第224页。

邦之本，在个体自由方面，他们认定道家思想为返璞归真之源，最后又以体味禅心实现精神世界的自我超脱。独孤及二子朗、郁与李翱、韩愈游。独孤郁去世后，独孤朗谓韩愈曰："子知吾弟久，敢属以铭。"①韩愈遂为之铭。独孤朗去世后，李翱为墓志铭。《旧唐书·独孤郁传》称，郁"文学有父风，尤为舍人权德舆所称，以子妻之。"②《新唐书·独孤及传》载："郁有雅名，帝遇之厚，议者亦谓当宰相，共以早世惜之。"③其至连宪宗都感叹德舆得佳婿。杜悰尚岐阳公主，然"帝犹谓不如德舆之得郁也"④。能为中唐大儒兼宰相权德舆和有中兴之志的唐宪宗所赏识，独孤郁必定是德行、智识、文学才华皆出众。独孤郁之子独孤庠亦举进士，仕至尚书丞。可见，独孤家族的文人气质和文学传统世代相承，"这个曾是西魏八柱国之一的独孤家族后裔至此已经蜕变为一个'文学（人）世家'"⑤。

据《新唐书·宰相世系五下》，独孤通理一共兄弟五人，对于长兄宾庭、叔兄易知的后代没有记载。而仲兄独孤含章子独孤问俗则文武双全，孙独孤助，曾孙独孤申叔、独孤遐叔在盛中唐都为著名文士。特别是独孤申叔于贞元十五年博学宏词科为校书郎，与韩愈、柳宗元、刘禹锡友善。韩愈、柳宗元乃是以宗经、复古、载道为己任的大儒，他们在评价独孤申叔时亦着重指出他为人、为文践行儒道。柳宗元大赞申叔为人之道，"独孤君之道和而纯，其用端而明。内之为孝，外为为仁，默而智，言而信，其穷也不忧，其乐而为淫。读书推孔子之道，必求诸其中。……呜呼！独孤君之明且仁，如遭孔子，有两颜氏也"。又盛赞其为文之道："其为文深而厚，尤慕古雅，善赋颂，其要咸归于道。"⑥

①　（唐）韩愈撰，岳珍、刘真注：《韩愈文集汇校笺注》，中华书局 2010 年版，第 2065 页。
②　《旧唐书》卷一六八《列传》第一百一十八，第 4381 页。
③　《新唐书》卷一六二《列传》第八十七，第 4990 页。
④　同上。
⑤　郭树伟：《独孤及研究》，中州古籍出版社 2011 年版，第 35 页。
⑥　（唐）柳宗元：《柳宗元集》，中华书局 1979 年版，第 277 页。

独孤通理五弟道济子独孤愐，官至右司郎中。独孤及《毗陵集》有《送弟愐之京序》，序曰：

> 苍龙居元枵之岁，与尔吹埙篪于长安灵台之下。当时予方青襟，余适纨绔，各志小学，相期大来。其后尔以经术荐，遂观光于上国，余牢落两河，为病所系，星分雨散，十有二载。……然君子修诚则物应，克己则名彰。尔能珪璋特达，甲胄忠信，致逸足于千里，吾有望焉。方务远图，何嗟少别？到秦地有问吾事者，为报江湖闲心。①

可见，独孤及与堂弟独孤愐少时有同在长安太学读书的经历。独孤愐以"经术"入仕，独孤及称赞他有珪璋之质、品格高尚，知愐亦是表里如一服膺儒学的。独孤愐子独孤（寂）"天宝末制策登□员外，贞元初进士擢第"。孙独孤骧"举明经，初补鄂州文学"②。独孤霖在为独孤骧作的墓志中大大称赞他的德行与经史所言的标准极其相配。并指出"文学之美，世济家传"，即独孤骧的文学之才是从曾祖道济、祖愐、父（寂）那里世世代代继承下来的。另，独孤霖之侄独孤损为唐昭宗时宰相。至此为止，我们可以看到，从武将向文人的转型不仅是独孤通理一家，亦是通理的兄弟之家共同的走向。在科举时代，原来代北贵族的军功业绩失去了昔日的光环，但独孤家族成员却摇身一变，成为文人儒士，通过进士、明经重新获得政治资源，依靠他们的博学多识、高尚的人格情操和杰出的文学才华在盛、中唐的政治和文坛上享有一席之地。

下表为独孤子佳之后独孤及家族世系及成员官职。

---

① 《〈毗陵集〉校注》卷一四，第312页。
② 隋唐五代墓志汇编编纂组：《隋唐五代墓志汇编》陕西卷第3册，天津古籍出版社1991年版。

子佳，隋淮州刺史，武安公	义恭（叔德）①	文惠府君（独孤楷），明威将军①		峻，越州都督、左金吾大将军			
				屿，大理少卿兼侍御史			
	义盛	士约		册，户部郎中			
				恩	华，兵部郎中		
	义顺，涼州都督，虞、植、简三州刺史，洛南郡公	元恺，给事中	思庄，右金吾大将军				
			思敬，蜀州司仓参军	烜			
			思行，洋州刺史	易攀			
		元康，左金吾郎将、右卫郎中、左清道率	思贞，雍州司户	籍			
					明，玄宗驸马		
			第二女独孤峻				
		元庆，左千牛备身	思睐，定州长史、鄂令	宾庭，左补阙			
				含章，左金吾兵曹参军	问俗，鄂州刺史	勉，扬子令	
						助，太子舍人	申叔，校书
							遐叔
						劝	
				易知			
				通理，殿中侍御史、颍川郡长史	汜，睦州刺史		
					巨，右骁卫兵曹参军	韦八	
					橙，未仕		
					及，常州刺史	朗，协律郎	孟常
						郁，秘书少监	氧，尚书丞
					丕，剡县		

续表

				丕，剡县主簿			
				万，未仕			
				正，真定尉			
				长女郑夫人			
				次女李夫人			
			道济，导江丞	恒，尚书右司郎中赠工部尚书	寔，兼殿中侍御史		
					寂	骧，检校秘书省著作郎兼侍御史②	
						蒙	
					密，云州刺史	云，吏部侍郎	回
							损，相昭宗
							迟
							宪
						霖，秘书监	
	元迁，左（右）千牛	思泰，协律郎、都水监丞	长女独孤婉				

　　说明：①据独孤及《独孤屿墓志铭》记独孤峻、独孤屿为独孤及的从叔父，皇朝明威将军文惠府君为峻、屿之父。故《新唐书·宰相世系表五下》将峻、屿置于独孤及的祖辈不确。又《元和姓纂》卷十载："（永业）生子潜（应即子佳），周仪同，生义恭、义盛、义顺……义顺兄叔德，孙楷，万年丞。生屿、峻。屿，兼侍御史。峻，浙东节度、右金吾大将军。"该条对义盛、义顺的子孙有详细的叙述，唯独没有叙述义恭的子孙，恐怕是作者对义恭后代掌握的信息较少，故将义恭的子孙放在最后叙述。这里的叔德很可能即是义恭的字或号，义恭之子不详，楷乃义恭之孙，峻、屿乃义恭之曾孙（见岑仲勉《元和姓纂四校记》卷十）。

　　②据《唐代墓志汇编》，独孤霖为独孤骧作的墓志在述骧父讳处有脱字。又据《新唐书·宰相世系表五下》，独孤恒有三子，独孤寔、独孤寂、独孤密。其中独孤密子独孤霖。霖在为骧作的墓志中自称骧之从弟，故独孤骧之父必定不是独孤密。《宰相世系表五下》记独孤寔官兼殿中侍御史，《独孤骧墓志》称，骧之父官尚书膳部员外郎国子博士，唐代官员多兼任，故骧之父虽不排除是独孤寔的可能，但更大的可能性是独孤寂。

从表中可知，独孤家族血液中的武勇精神步入盛唐之后并非完全尽失，安史之乱及之后的藩镇割据和夷狄入侵使得文人们慨叹自己的生不逢时，而武将却迎来了他们施展才能的春天。如独孤及的从叔父独孤峻、独孤屿就是在安史之乱后得到朝廷重用的。峻、屿与独孤通理同为独孤子佳的四世孙。据独孤及《独孤屿墓志铭》，峻任"越州都督浙江东道节度使兼御史中丞左金吾大将军"[①]，曾奉命都督江东军事。乾元元年前后，独孤及至越州投奔独孤峻，为其代作《为独孤中丞天长节进镜表》《为独孤中丞让官爵表》《为独孤中丞谢赐紫衣银盘悦等表》。乾元二年，独孤峻表独孤及五弟独孤丕为剡县主簿，为其代写军书等战斗檄文。又《独孤屿墓志铭》记独孤屿"弱冠筮仕，以艺即戎……天宝十四年，安禄山反，朝廷以淮泗海沂，三吴咽喉，宜择良佐，以贰藩镇，命府君为泗州长史。无何，换滁、濠二州，倅戎备，参吏职，忠敏肃给，所蒞系赖"[②]。可见，安史之乱后弱冠即戎的独孤屿得到了他真正的用武之地。但是步入盛唐，像独孤峻、独孤屿这样在军戎上建功立业者在独孤及家族的直系亲属中还系少数。

（二）独孤及家族的两次转型及启示

由上文可知，独孤家族经历了两次大的转型：一次是由代北军士大族的武勇传统向南迁中原之后的文武双全转型；一次是步入盛唐之后放弃军士贵族的血统优势，以科举进军政治高层并向崇文尚儒兼通道佛的文人世家转型。这样的转型给我们什么样的启示呢？

第一，这种转型并非一日之功，而是几代人努力的结果。独孤家族能够屹立于中原并成功地蜕变为一个文学世家，得益于其家族悠远的文化传承。如果没有独孤稽以后几代祖先的文化积累，至独孤通理、独孤及的时代不可能实现家族的文化突变。独孤及家族的个案证明了唐长孺先生的分析："科举固然打破了门阀制度铨选人才的僵化政策，但是具备较好文化教养、经济基础、图书条件的士

---

① 《〈毗陵集〉校注》卷十，第237页。
② 同上。

族子弟，在科举角逐中较寒素仍有许多有利条件。……关中士族与山东高门、江左士族一样，除了传统的社会地位以外，还具有悠远的文化传统，他们凭借这种优势，在科举制时代，仍能猎取世所企羡的进士科，借以维持门户，重新获得业已丧失的政治经济特权。"①同理，独孤家族作为代北虏姓贵族的代表，在李唐王朝重新进行利益分配的科举时代仍能立于不败之地，我们很难不归功于这一少数民族士家大族之前几代人亲近汉文化的努力，没有之前长期的家族文化积累，独孤家族的历史性蜕变也不可能一朝成功。

第二，独孤家族的转型体现了这个家族面对新的政治形势极强的适应性。独孤通理后的家族成员主要通过科举取士、明经科获取政治资源。比起"以儒素德业以自矜异，注重经术礼法"的山东士族，独孤家族比较容易地接受了这一新的入仕方式。从文化上讲，唐代的山东士族是最接近魏晋南北朝旧士族的士族群体。直到天宝以后，"山东士族所处的河北地区变成胡化最严重的地区，他们不得不迁往关中，失去经济基础的山东士族只能通过科举入仕"②。虽然山东士族最终还是接受了科举考试，但实在是心不甘情不愿的。山东在古代通常指太行山（或函谷关）以东，其概念内涵接近于"关东"，是相对于关陇（关西、关中）而言的。独孤及家族属于代北虏姓士族，在唐初与关陇士族的门风更为接近。这种门风的接近有其特定的历史原因。据《周书》卷二《文帝纪下》载，"魏氏之初，统国三十六，大姓九十九，后来绝灭。至是，以诸将功高者为三十六国后，次功者为九十九姓后，所统军人，亦改从其姓。"③又据同书卷四《明帝纪》载，明帝二年曾下诏："三十六国，九十九姓，自魏氏南徙，皆称河南之民。今周室既都关中，宜改称京兆人。"④这三十六国、九十九姓即是代北少数民族虏姓士族，随北魏孝文帝南迁以后，他们以河南为郡望。后又随宇文氏集团西迁，改

---

① 唐长孺：《魏晋南北朝隋唐史三论》，武汉大学出版社 1993 年版，第 401 页。
② 李建华：《古文运动与山东士族》，《淮阴师范学院学报》2002 年第 4 期。
③ （唐）令狐德棻：《周书》卷二"帝纪第二"，中华书局 1971 年版，第 36 页。
④ （唐）令狐德棻：《周书》卷四《帝纪第四》，第 55 页。

以京兆为郡望。另,《隋书》卷三十三《经籍志》史部谱系篇序载:"后魏迁洛,有八氏十姓,咸出帝族;又有三十六国,则诸国之从魏者;九十二(九)姓,世为部落大人者,并为河南洛阳人。其中国士人则第其门,有四海大姓、郡姓、州姓、县姓;及周太祖入关,诸姓子孙有功者,并令为其宗长,仍撰谱录,纪其所承,又以关内诸州为其本望。"①可见,随周太祖入关的"诸姓子孙有功者"不仅包括代北士族亦包括建立功勋的汉族士族。宇文氏集团下令这些士族以关内诸州为郡望,其目的就是要打破当地关中士族和追随宇文氏西迁的代北士族与汉族士族的界限,实现这三大士族的团结与统一。此时的关中形成了融合代北、汉族士族新鲜血液的胡汉杂糅的新型关中士族群体。陈寅恪将"关陇集团"定义为"融合其所割据关陇区域内之鲜卑六镇民族,及其它胡汉土著之人为一不可分离之集团"②,是具有相当见地的。关中士族由于其尚武偃文的传统,其文化积累本不如世代笃信儒业的山东士族深厚。此时更多了一层"移民文化"的性质,故相比较而言,关中士族、代北士族比起山东士族更容易放弃传统与固执,拥有更加灵活与开放的心态。再者,独孤家族进入中原,无论它多么努力地汉化,并以中原之主人自居,但毕竟从历史上来讲是"移民"。隋唐以来,一部分虏姓士族又退以河南为郡望,独孤及家族想必即是其中之一。经历了历史上的屡迁:南迁、西迁,就像学者李浩所说,"对虏姓士族而言,回归洛阳也不过如唐人刘皂《旅次朔方》诗所自嘲的'无端更渡桑干水,却望并州是故乡',仍是一种错认他乡为故乡"③。故而对于代北士族而言,适应新的政治环境就没有山东士族心理上的沉重。一旦失去了原有的政治军事资本,代北士族与关陇士族子弟很快就适应了新的形势,并凭借科举迅速转变成文章之士。

下表为《新唐书·宰相世系表》中所见鲜卑姓氏应举人数。

---

① (唐)魏徵:《隋书》卷三三《志》第二十八,中华书局1973年版,第990页。
② 陈寅恪:《唐代政治史述论稿》,上海古籍出版社1997年版,第14页。
③ 李浩:《"关中郡姓"辨析》,《历史研究》2005年第5期。

姓氏	元氏	窦氏	卢氏	独孤氏	源氏	长孙氏	宇文氏	于氏
应举人数	29	19	6	14	2	1	4	14

资料来源:(清)徐松撰,孟二冬补正:《登科记考补正》,燕山出版社2003年版。

从表中可知,同其他代北虏姓士族一样,独孤家族以其极强的适应性,在新的政治角逐中立于不败之地。

第三,独孤家族的转型不是出于政治投机,而是根植于对于中原传统文化真诚的信仰与热爱。独孤家族由代北迁入洛阳,后迁入关中,再退而以洛阳为郡望,而洛阳在地理位置上属于"山东"。柳芳在《氏族论》中说:"山东之人质,故尚婚娅。江左之人文,故尚人物。关中之人雄,故尚冠冕。代北之人武,故尚贵戚。及其弊,则尚婚娅者,先外族,后本宗。尚人物者,进庶孽,退嫡长。尚冠冕者,略伉俪,慕荣华。尚贵戚者,狥势力,亡礼数。"①可见,山东士族对于富贵名利并不很看中,看中的是婚姻关系和经法礼数。独孤及家族亦热衷于与名门宗室结亲,独孤通理妻洛阳长孙氏、独孤巨妻京兆韦氏、独孤及妻博陵崔氏、崔氏没再娶京兆韦氏、独孤及大姐归郑氏、二姐归陇西李涛(涛乃高平王李道立孙)、独孤朗夫人京兆韦氏、独孤郁妻权德舆之女,权德舆为名士权皋之子,为关陇贵族后裔。此外,2000年出土的徐浩书独孤思贞第二女独孤峻墓志可知,独孤峻归陇西李岘为妻,李岘为唐太宗四世孙。独孤家族在地缘上易受山东门风影响,在文化上亦格外重视经数礼法。这种文化上的影响并没有因为独孤家族成员的宦海沉浮、不断的迁徙流动而变化,说明了经数礼法对于这一家族抱有立足中原的主人翁心态有多么重要。我们上文已经提到了至少从独孤通理这一代始,独孤家族就把笃信儒业作为自己立身行道的规范和信仰。成人之后的独孤及更是与山东子弟交往,陈兼、贾至、李华、崔祐甫、崔元翰都出身于山东士族。与独孤朗、独孤郁、独孤申叔交游的韩愈、李翱、柳宗元都系山东士族或是地缘上与山东接

---

① 《新唐书》卷一九九《列传》第一百二十四《儒学中》,第5676页。

近的士族子弟。这些知识分子都因其宗经复古、宏道载道的文学思想而享誉盛中唐的文坛。

　　总而言之，一方面，独孤家族作为代北军事贵族的代表，不如魏晋南北朝时期即已崛起的山东旧族文化悠久，故而面对新的政治环境，其家族转型的历史包袱没有那么沉重；另一方面，久居洛阳深受山东士族门风的影响，独孤家族也形成了尊儒重礼的传统。独孤及为太常博士等礼官之时，所议必究之以礼。为人定谥，必居其当。独孤及为常州刺史，公务之余兴学化民，"以德行文学，为政一年，儒术大行"（《陪独孤常州观讲论语序》）①。梁肃《常州刺史独孤及集后序》说："天宝中作者数人，颇节之以礼。泊公（及）为之，于是操道德为根本，总礼乐为冠带，以《易》之精义，《诗》之雅兴，《春秋》之褒贬，属之于辞；故其文宽而简，直而婉，辩而不华，博厚而高明，论文无虚美，比事为实录，天下凛然复睹两汉之遗风。"②可见，独孤及不仅是独孤家族亦是盛中唐之交尊儒重礼的代表。

第二节　独孤及生平事迹概览

　　关于独孤及生平及作品的系年，经由岑仲勉、罗联添、赵望秦、张瑞君、蒋寅、刘鹏、郭树伟等学者的努力已日臻完善。这里力求简明、清晰，兹将独孤及的一生分为五个阶段：

一　少年游学时期（725—754）

好畤县→温江县→长安→庐州→宁州←→长安→颍川

　　独孤及早年的行踪，主要随父通理官舍的变动而有所变化。独孤及于玄宗开元十三年（725）出生于京兆府好畤县（今陕西乾县），这时他的父亲正担任好畤县尉。开元十四年（726），玄宗初

---

① （唐）梁肃撰，胡大浚、张春雯整理校点：《梁肃文集》，第 74 页。
② 同上书，第 37 页。

登泰山时，封通理益州温江令（今四川成都西北）。通理做温江令长达五六年。约在开元十八年（730）前后，经由顶头上司益州刺史张敬忠的推荐，被玄宗招为监察御史。可知，独孤及二到六岁的时光很可能是在蜀地度过的。开元十九年（731）至开元二十一年（733），通理赴长安任监察御史之职，后转为殿中侍御史。梁肃《独孤及行状》载："（公）七岁诵《孝经》，先秘书异其聪敏，问曰：'汝志如何句？'公曰：'立身行道，扬名于后，是所尚也。'"可知，独孤及七到九岁之间随父居长安，他的启蒙教育很可能是在家中由他的父亲完成的。开元二十一年（733），"会权臣恶直，斥去不附己者"，通理被贬为庐州长史。据刘鹏《独孤及行年及作品系年再补正》考，"恶直者"乃为宰臣萧嵩。① 二十二年（734），"恶直者罢位"，通理"稍移武功令，未到官，病免"。二十三年（735），除宁州司马。可以推测，独孤及九到十一岁与父同在庐州（今安徽合肥市）。二十三年，通理从庐州赴宁州（今甘肃宁县），他很可能携子先抵长安，将独孤及安排到太学读书，再到宁州上任。由于路途遥远，独孤及就读太学已经是转过年的开元二十四年（736）了。当然亦有可能，二十三年通理将独孤及带至宁州，次年又将其送到长安读书。不管怎么说，开元二十四年独孤及十二岁的时候，与从弟独孤愐已经是太学的学生了，故而才会有他十二年之后的回忆，《送弟愐之京序》云："苍龙居玄枵之岁，与尔吹埙篪于长安灵台之下。当时予方青襟，子适纨绔，各志小学，相期大来。"从开元二十三年至开元二十八年（740），通理一直在宁州司马任上。宁州距长安不甚远，独孤及有可能常常往返于两地之间。直至开元二十八年，通理再迁颍川郡长史，独孤及随父至颍川（今河南禹州市）才离开长安。故十二至十六岁，独孤及经历了长达五年的太学读书时光。

颍川→燕秦之地→颍川→梁←→宋→下阳→颍川→梁←→宋

---

① 刘鹏：《独孤及行年及作品系年再补正》（上），《南阳师范学院学报》2007年第2期。

开元二十八年，独孤及随父迁颍川，有诗为据。《壬辰岁过旧居》云："少年事远游，出入燕与秦。离居岁周天，犹作劳歌人。负剑度颍水，归马自知津，缘源到旧庐，揽涕寻荒荟。"从"过旧居"和"度颍水"可知，诗中所记乃为独孤及多年后重返颍川故居。"壬辰岁"为天宝十一载（752），"岁周天"指十二年，天宝十一年离独孤及初到颍川的开元二十八年（740）正好十二个整年。故"离居岁周天"必是指距独孤及父子初至颍川的时间为十二年。刘鹏考，"独孤及父通理天宝二载卒于颍川，独孤及当于此后不久离颍，至今（天宝十一载），近十二年矣"。通理天宝二年（743）去世后，独孤及留在颍川为父守丧，按守丧三年计算，独孤及离颍时已为天宝五年（746）了，何来"岁周天"说呢？故刘说有误。独孤及随父至颍川后，很快就开始了他的少年远游。从诗句"少年事远游，出入燕与秦"知，十六七岁的独孤及最初是在河北的燕地与关中的秦地一带游历。到天宝二年七月通理去世之前，他必又返回颍川。八月，通理被葬于郡城之东，独孤及便在此守丧。《独孤公神道碑铭》载："丁秘监忧，勺饮不入口者累日。……既免（丧），加于人一等，乡族称其孝焉。"可知，从十九岁到二十二岁，独孤及一直居颍川，除为父亲守丧外，亦在母亲的训导下博览群书。《神道碑铭》云："长孙夫人高行明识，训导甚至，常州渐教成器，卓然有立。著《延陵论》，君子谓其评议之精，在古人右。"可知，大概二十岁刚出头的他便写出《延陵论》（即《吴季札论》）这样的杰作，此文一反前人思维惯势，得到了时人的广泛赞誉。为父守丧的几年恐怕是独孤及一生中重要的知识积累期，可以心无旁骛地读书，也训练了他沉思默想与独立思考的能力。及至服除，大约在天宝六年（747），二十三岁的独孤及离开颍川，带着自己几年来思考与创作的成果到梁（今河南开封）、宋（今河南商丘）一带游历。很有可能就在此时，独孤及成为萧门弟子，受到萧颍士多方面的指点与培养。《独孤公行状》载："二十余以文章游梁宋间，通人颍川陈兼、长乐贾至、渤海高适，见公皆色授心服，约子孙之契。"天宝十年（751），独孤及适下阳（今山西平陆县），作《古函谷关铭》。① 天宝十一年通理十周年祭日时，28 岁的独孤及又一次回到颍川，于是有《壬辰岁过旧居》"缘源到旧庐，揽涕寻荒蓁"的感慨。然此次归颍只是短暂停留，到天宝十三年（754）独孤及道举及第之前，他仍主要活动在梁宋之间。《送李白之曹南序》《宋州姚旷之江东刘冉之河北序》《送陈留张少府郿东京赴选序》几篇序文都清楚地记载了天宝十二年（753）前后独孤及在梁宋间交游的踪迹。

二　道举初仕时期（754—756）

长安→华阴→长安→郑县→华阴→渤海岛→东平→华阴

天宝十三年，玄宗以道莅天下，而立之年的独孤及应诏至京师，以洞晓玄经科对策高第，解褐拜华阴尉。《独孤公行状》云：时"故相房琯方贰宪部，请公相见，公因论三代之质文，问六经之指归，王政之根源。宪部大骇，曰：'非常之才也！'赵郡李华、扶风苏源明并称公为词宗。由是翰林风动，名震天下。"②一时间因得到房琯、李华、苏源明的推重而名声大噪，这无疑是独孤及多年来厚积而薄发的结果。天宝十四年（755），独孤及在华阴任上，作《仙掌铭》。崔祐甫称此铭"格高理精，当代词人，无不畏服。"（《独孤公神道碑铭》）③ 可见入仕之后，得到了众多前辈的赏识，独孤及在文坛上的影响力也越来越巨大了。本年初，独孤及因公务到长安办事，于三月三日返回华阴，作诗《三月三日自京到华阴水亭独酌寄裴六薛八》。五月，下郑县与刘造、李华、郑洵、王休、裴觊等人饮宴，有文《郑县刘少府兄宅月夜登台宴集序》。秋，登渤海岛，作《海上怀华中旧游寄郑县刘少府造渭南王少府崟》《观海》《海上寄萧立》等诗。归陕

---

① 刘鹏据"岁在大火，余适下阳"句考，大火乃卯年。独孤及一生经历三个卯年，第一个在天宝十年（辛卯岁），时独孤及在游历途中，尚未入仕；第二个在广德元年（癸卯岁），时李峘卒，独孤及在江东一代活动；第三个在大历十年（乙卯岁），时独孤及守常州刺史。故此文必作于辛卯年。详见刘鹏《独孤及行年及作品再补正》（上），《南阳师范学院学报》2007 年第 6 卷第 2 期。

② （唐）梁肃撰，胡大浚、张春雯整理校点：《梁肃文集》，第 197 页。

③ 《全唐文》卷四〇九，第 4195 页。

时，途经东平（今山东泰安市东平县），作《东平蓬莱驿夜宴平庐杨判官醉后赠别姚太守置酒留宴》。秋冬之际，独孤及抵华阴。本年末，安史之乱爆发。明年春（天宝十五年），高适拜左拾遗，佐哥舒翰把守潼关，时独孤及于华阴公超谷有诗赠高适。

三　乱中奔波时期（756—764）

华阴→蜀地→颍川→嵩山→洛阳→楚州→会稽→扬州→玉山→洪州→江南诸州→江西诸州→吴越之地→长安

天宝十五年六月，潼关失守，玄宗奔蜀。据《旧唐书·玄宗纪》，"辛卯……关门不守，京师大骇，河东、华阴、上洛等郡皆委城而走。"[1]时任华阴尉的独孤及亦必出走。那么独孤及出走何处呢？郭树伟据陈尚君《全唐诗补编》辑独孤及《铁山》诗、明人曹学佺《蜀中广记》收独孤及《笮桥赞》考证，他很有可能"先从华阴返回长安，之后追随玄宗入蜀，抑或是独自走上入蜀的道路，此后一段时间就留滞在蜀地"[2]。至德二年，独孤及奉母东归颍川，十二月迁父坟于洛阳龙门山。[3] 途经嵩山，作《季冬自嵩山赴洛道中作》一诗。乾元元年（758）初，独孤及奉母如越，投靠从叔父越州都督独孤峻。六月，至楚州（今江苏淮安），六弟独孤万卒。七月至越州，母长孙夫人卒于会稽。从乾元元年至上元初，独孤及一直在会稽守母丧。按《神道碑铭》云，"（及）既外除，江淮都统使户部尚书李峘奏为掌书记，授左金吾兵曹参军"。上元元年（760）秋，独孤及随李峘至扬州。会刘展反，李峘兵败。本年末，独孤及避地至玉山。次年初，作《庚子岁避地至玉山酬韩司马所赠》。上元二年（761），及又随李峘至洪州（今江西南昌）。夏，自洪州还越，作《将还越别豫章诸公》诗。据《神道碑铭》载，"军旅之事，非其

---

① 《旧唐书》卷九本纪第九，第232页。
② 郭树伟：《独孤及研究》，中州古籍出版社2011年版，第52页。
③ 《独孤公灵表》云："至德二年，岁次癸酉，十月十有四日，权迁室于洛阳龙门山西冈。"据刘鹏考，当为本年十二月，迁通理之灵柩入洛。详见刘鹏《独孤及行年及作品再补正》（上），《南阳师范学院学报》2007年第6卷第2期。

（及）所好，未几，返初服"。大概独孤及此次还越，即辞去了左金吾兵曹参军之职。此后，独孤及辗转于杭州、吴郡（今江苏苏州）、润州（今江苏镇江）、明州（今浙江宁波）、扬州等江南州郡，有一段赋闲不仕的日子。广德元年至二年（763—764），独孤及赴江西，在余干、抚州（今江西南昌）、浔阳（今江西九江）、江州（今江西九江一带）一带游历。广德二年（764）秋，再返吴越，九月重阳作《九月九日李苏州东楼宴》诗。此时，代宗即位不久，"下诏收俊茂，举滞淹，政之大者，以公为左拾遗"（《神道碑铭》）。永泰元年（765）二三月间，独孤及即赴京师就职。

四　入京为官时期（765—768）

吴越→长安

永泰元年春，独孤及起程赴任。出发前诸友以诗相赠，独孤及作《李张皇甫阎权等数公并有送别之作见寄因答》《将赴京答李纾赠别》等诗回应。李嘉祐以后辈的身份与独孤及交游，以诗送行。《送独孤拾遗先辈先赴上都》诗云："行春日已晓，桂楫逐寒烟。转曲遥峰出，看涛极浦连。入京当献赋，封事更闻天。日日趋黄阁，泣忘去海边。"①可知，本年春独孤及仍在江南。《资治通鉴》卷二二三"代宗永泰元年三月"摘录了"左拾遗洛阳独孤及上疏"（即独孤及《直谏表》）的内容。可见，在永泰元年三月前独孤及已经到任了。大历元年（766）六月，独孤及再迁太常博士。《独孤公行状》载："公为博士，只考古道，酌沿革之中，凡有损益，莫不悉居其当。"时独孤及上书议婚姻之仪、考《礼法》作《景皇帝配昊天上帝议》。又议谥法，累上谥议，作苗晋卿谥议、卢奕谥议、郭知运谥议、吕𝔦谥议等谥文，"皆参用典礼，约夫子之旨。其事核，其文高，学者传示以为式"（《独孤公行状》）。可知，独孤及的儒家生命底色使他担任此职游刃有余。大历二年（767），独孤及再迁礼部员外郎。《独孤公行状》载："（迁太常博士）逾月，拜公尚书礼部员外郎，迁吏部。每

---

① （清）曹寅：《全唐诗》卷二〇六，中华书局 1960 年版，第 2146 页。

岁以书判试多士，而朝列有以文学称者，必参校辩论，定其甲乙丙科。至是公分其任。"《神道碑铭》载："迁尚书吏部员外郎。受诏考第吏部选人词翰，旌别淑慝，朝野称正。"据赵望秦先生《唐文学家独孤及生平二事祛伪》一文分析，《独孤公行状》有衍误，"迁吏部"为衍文；《神道碑铭》有讹误，"吏部员外郎"应为"礼部员外郎"。① 杨熙硕士论文《独孤及散文研究》对独孤及是否仕吏部进行了再考证。该文分析了大历三年五月独孤及出任濠州刺史前后的几篇文章，认为这几篇文章都集中表达了独孤及重"礼"的思想，应为独孤及仕礼部时所作。另，《谢濠州刺史表》中独孤及自称为"待罪礼官"，亦可证明他是由礼部员外郎直接外调为刺史的。故当以独孤及"未任职吏部说"为是。独孤及任礼部员外郎时，有机会参与选拔人才，可说是深受李唐王朝的重视。而就在此时，独孤及却"求为郡守，以行其道，除濠州刺史"（《独孤公行状》）。可见，独孤及心目中的儒道不仅仅是在高高庙堂之上讨论的规矩仪文，更重要的是与现实生活紧密相连的经世致用之道。而他"求为郡守"就是要通过治理一方把他的儒家经世致用精神彰显出来。"立身行道"不仅是独孤及儿时的远大志向，对于44岁的独孤及来说仍具有巨大的诱惑。

五　出为刺史时期（768—777）

长安→洛阳→濠州→洛阳→舒州→常州

独孤及《谢濠州刺史表》载："臣伏奉今年五月一日敕，授臣使持节濠州诸军事濠州刺史。……以闰六月十二日到所部上讫。"大历三年（768）闰六月，知独孤及是大历三年五月领圣旨、六月十二日到濠州（今安徽凤阳）走马上任的。在赴濠的途中，独孤及在洛阳稍作停留，很可能是顺路祭奠他的父亲和探望一些老友。五月，在洛阳作《唐故特进太子少保郑国李公墓志铭》《唐故银青光禄大夫太子左庶子严公墓志铭》。大历四年（769）五月十二日，代宗下

---

① 赵望秦：《唐文学家独孤及生平二事祛伪》，《淮阴师范学院学报》2000年第3期。

诏追赠独孤通理秘书监。七月，独孤及作《唐故朝散大夫颍川郡长史赠秘书监河南独孤公（通理）灵表》《独孤憕墓志》《独孤丕墓志》《独孤正墓志》。从中可知，本年七月，独孤及迁葬父、母、三兄、五弟、六弟于寿安县甘泉乡。时通理之坟在洛阳、长孙夫人与五弟之坟在会稽、三兄之坟在颍川、六弟之坟在楚州，比较分散。独孤及很可能是与长兄、仲兄、七弟分头行动，在洛阳汇合。事毕，独孤及遂还濠州任上。《谢舒州刺史兼加朝散大夫表》载："臣奉七月十八日敕，加臣朝散大夫使持节舒州诸军事舒州刺史，充当州团练守捉使兼知淮南岸当界缘江贼盗。……今以九月二十七日到州上讫。"又《舒州山谷寺觉寂塔隋故镜智禅师碑铭并序》云："岁次庚戌，及剖符是州。"庚戌指大历五年（770）。知独孤及于大历五年七月十八日奉诏移舒州刺史，九月二十七日赴舒州（今安徽安庆）上任。大历五年至大历八年（772），独孤及守舒州，其间大历六年三月代宗加司封郎中、赐紫金鱼袋。大历八年十二月，独孤及再拜常州刺史。《谢常州刺史表》载："臣伏奉去年十二月二十三日敕，授臣使持节常州诸军事守常州刺史充当州团练守捉使。……今以三月十七日到州上讫。"知独孤及是于大历九年三月到常州赴任。直至大历十二年（777）四月独孤及卒，他一直在常州刺史任上。六月，独孤及灵柩去常州归洛阳。十月，葬于甘泉乡祖茔。

独孤及最后十年的郡守生涯，可以说是他儒家济世之怀的总体实践。因其卓越的政绩，朝廷屡施殊荣。平民百姓视其为仁德爱民的父母官，他去世之后，常州士民思念其德，"行路恸哭，罢市者相吊逾月"（《独孤公行状》）。又葬其衣冠于独孤山以示纪念（《武进阳湖志》）。独孤及公余课徒，受他培养和提拔的一批才子，一时间比肩于朝廷，他自然当之无愧为一代宗师。当一个人的社会价值得到高度肯定的时候，自然心情也平和舒展得多。笔者查考当地乡志，据《南宅乡志》载，独孤山是以独孤及的姓氏命名的山脉，山不高而清秀，积翠欲滴。坡不陡而崎岖，岩壑幽美。相传，独孤墓在山之阳。东侧山腰，有独孤泉，为独孤及雇人凿成。独孤墓北上数十步，有独孤洞，为独孤及晚年读书的清静之地。《新唐书·

独孤及传》载："（及）晚嗜琴，有眼疾，不肯治，欲听之专也。"①
从这些与独孤及晚年相关的文化符码——山、泉、洞、琴都向我们
诉说着这位执着于济世救人的儒家士大夫晚年闲适的生活状态。遗
憾的是，独孤墓、独孤泉、独孤洞于 20 世纪 70 年代因开山采石而
被毁。坐落于今常州市武进区的独孤山，后讹传为鹁鸪山。笔者至
此寻索独孤及的遗迹，得知此山昔日的苍翠已一去不返，现成为常
州市的公共墓地和垃圾处理场。明代王士敏有诗咏诵《独孤遗迹》
云："浪说唐守贤，英灵客此山。山名由是古，神道竟无班。频动
伊人感，惟徐曲涧潺。登峰南北眺，政迹亦斑斑。"感慨沧桑巨变，
早已见不到墓道两旁站班的石翁仲、石兽了。然虽遗迹不在，却政
迹犹存。王士敏的诗也提醒我们，独孤及的精神价值比历史遗迹给
予后人的更多。

第三节　独孤及思想特征补说

关于独孤及思想特征的研究，当代学者已有较充实的讨论。郭
树伟在他的《独孤及研究》一书中，从儒、道、佛、经济思想四个
角度对独孤及思想的复杂性做出了较详博的分析。杨熙的硕士论文
《独孤及散文研究》从政治思想、经济思想、文化思想等角度对独
孤及的思想特征作了简要呈现。本节基于之前的研究，略有补充。
我们在第一章中特别指出了安史之乱后的唐代"文儒"以儒家思想
为武器解决实际问题的能力。本节我们把独孤及作为一个研究个
案，在叙述其思想体系的复杂性时，亦特别强调他作为新一代"文
儒"的儒家底色与实干之才。

一　功成与身退：儒与道的思想对接

独孤及拥有很强的"功成身退"观念，安史之乱爆发后，他写给
朋友的《代书寄裴六冀刘二颍》一诗中，就有劝勉友人"莫抱白云

---

① 《新唐书》卷一六二《列传》第八十七，第 4990 页。

意，径往丹丘庭。功成傥长揖，然后谋沧溟"之句，即是这种观念最典型的体现。细读他的诗作可以发现，以安史之乱为分界点，乱前独孤及更多地着眼于"身退"，如天宝十四年创作的《三月三日自京到华阴于水亭独酌寄裴六薛八》一诗，有"讵肯使空名，终然羁此身。他年解桎梏，长作海上人"之句，表达的是诗人看破空名、对"身退"的向往；再如游学梁宋之时（约于天宝十二年）创作的《酬梁二十宋中所赠兼留别梁少府》一诗，有"少读黄帝书，肯不笑机事。意犹负深衷，未免名迹累。厌贫学干禄，欲徇宾王利。甘为风波人，岂复江海意"句，表达的则是为名利所累、"身退"的艰难。而乱后独孤及则更多地把目光聚焦于"功成"，如"得为太平人，穷达不足数。他日遇封禅，著书继三五"（《季冬自嵩山赴洛道中作》）。"遭遇思自强，宠辱安足言。唯将四方志，回首谢故园。"（《丙戌岁正月出洛阳书怀》）皆书写的是作者积极进取、建功立业的热望。我们很容易理解动乱之后独孤及对于"功成"的热衷，战乱导致的国仇家恨一方面使"身退"成为泡影，另一方面也重重地刺激了知识分子重整山河的凌云壮志。可是，独孤及在未入仕前和初入仕时似乎就对仕途生活早早地产生了厌倦。就像七岁时就有"立身行道"之志，表现出早熟的理性一样；独孤及不到30岁就向往隐退的生活，这种少年老成从心态上讲未免有点未老先衰了。

当然，他早年也未必真心地想隐退。"身退"的前提是"功成"，他表达"身退"的诗句多出现在早年尚未"功成"之时，很可能与他入仕之前怀才不遇、初入仕时官微人轻有关。独孤及出道较晚，天宝六年，独孤及作《送弟恦之京序》："尔（独孤恦）以经术其荐，遂观光于上国；予牢落两河，为病所系。"[1]知天宝六年前，与独孤及儿时同在太学读书的独孤恦已经入京为官，而他仍然在河南河北一带游历，为病所累。另外，在此期间，他还一直在为父亲守丧，很可能错过了堂弟那样入仕的好机会。独孤及初入仕时拜华阴尉，

---

① 《〈毗陵集〉校注》卷一四，第 312 页。

已经是天宝十三年的事了，第二年夏作《夏中酬于逖毕耀问病见赠》，诗中写道："救物智所昧，学仙愿未从。行藏两乖角，蹭蹬风波中。薄宦耻降志，卧疴非养蒙。"这里很明显地指出他内心的矛盾：既未能"功成"，又不能"身退"。联系上下句的语境，恐怕他的满腹牢骚正与此时身处"薄宦"、感觉前途渺茫有关。故而独孤及早年所有隐退的思想都不过是因"功成"的愿望得不到满足，而以"身退"来发发牢骚而已。

同时我们也要看到，独孤及"功成身退"的信念并不是一个伪君子虚假的自欺欺人，而是这个概念本身存在着悖论："功成"常常表现为一个永无止境的过程，很难确定上限的标准。如果"功成"的标准被无休止地加码，那么"身退"的愿望就只能遥遥无期。独孤及最终卒于常州刺史位上，并没有彻底地实现"功成傥长揖，然后谋沧溟"的人生理想。但纵观独孤及一生，他有两次"身退"的经历可以说是部分地、有保留地实践了"功成身退"的愿望。

第一次可以称为"退"的经历是在大历三年（768）独孤及离开京都、出为刺史时。崔祐甫《独孤公神道碑铭》载：

> （公）迁尚书礼部员外郎，受诏考第礼部选人词翰，旌别淑慝，朝野称正。上方大恤黎庶，精选牧守，以公为濠州刺史。

又梁肃《独孤公行状》载：

> 拜公尚书礼部员外郎，每岁以书判试多士，而朝列有以文学称者，必参校辩论，定其甲乙丙科。至是公分其任。求为郡守，以行其道，除濠州刺史。

从这两段文字可知，独孤及为礼部员外郎时是深得朝廷重用的。此时他有机会参与礼部的人才评定，选人词翰"旌别淑慝，朝野称正"，可见，他注重文学之士的道德操守更多于文章词藻，他的甄选标准及甄选结果都是令时人心服口服的。

宋李昉等人编撰的大型唐人笔记《太平广记》卷一八七有这样的记载：

> 独孤及求知制诰，试见元载，元知其所欲。迎谓曰："制诰阿谁堪?"及心知不我与而与他也，乃荐李纾。时杨炎在阁下，忌及之来。故元阻之，乃二人力也。①

按，李纾大历初为吏部侍郎李季卿荐为左补阙，后迁司封员外郎、知制诰。他知制诰的时间很可能在大历三年左右，而此时独孤及正在礼部员外郎任上。独孤及求为知制诰的行为，我们也很容易就可以理解。独孤及在礼部参与人才评定时得到朝野上下同声肯定的仕宦经历，很可能使他对于自己求得知制诰之职、参与科举取士的人才选拔比较有把握。另外，也正是因为他为礼部员外郎时的政绩和名声引起了杨炎的嫉妒，使他失去了此次机会。而他却乘机把机会留给了自己的好友李纾，李纾亦为李华所奖爱之弟子，《新唐书·李华传》云："华爱奖士类，名随以重，若独孤及、韩云卿、韩会、李纾、柳识、崔祐甫、皇甫冉、谢良弼、朱巨川，后至执政显官。"②可见，知制诰作为李唐王朝引进人才的要职，独孤及深愿其由德行、文学俱佳的同道来担当。

无论是《独孤公行状》《独孤公神道碑铭》等官方文献所载，还是《太平广记》所记录的趣闻佚事，从中我们都可以看到，独孤及所担当的礼部员外郎之职职位虽不算高，却是深得朝廷器重的，可以说，此时他正处于事业上的一个小高峰。我们可以想见，他虽谋知制诰未成，但还可以继续在"中央"发展。也许是对中央官员的钩心斗角心灰意冷，也许另有更加吸引他的政治理想，此时独孤及选择了外调刺史。梁肃《独孤公行状》载："（及）求为郡

---

① （宋）李昉：《太平广记》卷一八七《职官》，中华书局 1961 年版，第 1398 页。
② 《新唐书》卷二〇三《列传》第一百二十八《文艺下》，第 5775 页。

84

守，以行其道，除濠州刺史。"短短的一句话，至少透露给我们两条重要的信息。第一，出为刺史是独孤及一次主动的选择；第二，这样的选择又是一次饱含儒家政治理想的深思熟虑的结果，其目的即是使儒家的政治理论在最基本的治国安民的社会实践中活化出来。在《谢濠州刺史表》中，他表达了对刺史之职的理解："今之刺史，古之诸侯。州人安否，系在一吏。"可见，外调刺史更多地催生的是他政治上的使命感，他把一州人的平安与自己的政治责任联系在一起，大有虽然才不能协天子治一国，唯愿退而助天子治一方的豪情。

虽然我们把独孤及此次从中央到地方称之为"退"，而从实践其政治理想的角度不如说是他的一次"以退为进"。我们之所以称为"退"，是指独孤及从此远离了唐帝国政治中心的名利场，从而获得了在刺史任上处理具体事务的精神自由；称之为"以退为进"，又指他不是逃避社会责任、独善其身，而是使儒家治国安邦之道得以彻底推行。经独孤及牧养之州，在梁肃、崔祐甫的描述下颇像西方文艺复兴文学中假想的"乌托邦"社会。他典濠州时，"三年而阖境大穰"。典舒州时，"近者悦，远者来，犬牙之境，草窃不入"。典常州时，"削其烦苛，均其众寡，物有制，事有伦，刑罚罕用，颇类自息"（《独孤公行状》）。"吏不忍欺，路不拾遗。余粮栖亩，膏露降庭。"（《独孤公神道碑铭》）独孤及所建造的俨然是一个既太平和睦又法度井然的"大同"社会。不管梁肃、崔祐甫的描述多么夸大其辞，我们都可以看到独孤及将他所牧之邦变成了将"法"与"仁"结合起来的儒家社会实践的实验田。

独孤及第二次可以称为"身退"的经历，正是建立在他以儒家之道牧养诸邦之卓越政绩基础上的。《马退山茅亭记》《琅琊溪述》中的独孤问俗、李幼卿形象也许可以帮助我们理解独孤及晚年的闲适生活。《马退山茅亭记》记曰：

> 我仲兄（独孤问俗）以方牧之命试于是邦。夫其德及，故信乎；信乎，故人和；人和，故政多暇日。颛是尝徘徊此山，

以寄胜概。①

又《琅琊溪述》记：

> 陇西李幼卿，字长夫，以右庶子领滁州，而滁人之饥者粒，流者占，乃至无讼以听。故居多暇日，常寄傲此山之下。因凿石引泉，酾其流以为溪，溪左右建上下坊，作禅堂琴台以环之，探异好古故也。②

在独孤及眼里，地方官员治理一方的最高境界即是"政多暇日""无讼以听"。只有达到了这种境界，才会有更多的闲暇时光流连山水、凿石引泉、诵禅嗜琴……故而，"身退"的理想被独孤及改造成为"吏隐"的生活状态。而实现这种生活状态的前提则是"功成"，即儒家积极进取、回报社会、仁政爱民的"事功"观念。独孤及牧常州的后期，亦进入无政可勤的理想境界。此时他引人开泉，移书房于山中读书洞，闲暇时光嗜琴参佛、流连山水，真正实现了心灵的宁静与自由。时人韦夏卿《东山记》对他有这样的描述：

> 有唐良吏二千石独孤公之莅是邦也，人安欲阜，三稔于兹。文为宗师，政号清静，有仁智山水之乐，有风流退旷之怀，如独鹤唳天，孤云出岫，想见其人也。公尝言谢公东山，亦非名岳，苟林峦兴远，邱壑意深，则一拳之多，数仞为广矣。由是于近郊传舍之东，得崇邱浚壑之地，密林修竹，森蔚其闲，白云丹霞，照曜其上，使登临者能赏，游览者忘归。……自公以往，清风寂寥，野兽恒游，山禽咸萃，不转之石斯固，勿伐之木惟乔。③

---

① 《〈毗陵集〉校注》卷十七，第379页。
② 同上书，第376页。
③ 《全唐文》卷四三八，第4473页。

独孤及沉醉于其中的"密林修竹，森蔚其闲，白云丹霞，照曜其上"的自然意境不正是"他年解桎梏，长作海上人"的无拘无束、自然洒脱的人生意境的诗意展现吗？只不过独孤及把彻底地"解桎梏"置于遥遥无期的"他年"，但是"吏隐"的生活状态至少使他的内心淡淡地领略了远离尘嚣、返璞归真、自然而然人生境界的一角——这对于他来讲无疑是一笔宝贵的精神财富。

从独孤及的生平经历来看，"功成"与"身退"的本质就是儒家思想与道家思想的一种对接。"功成"表现为建立在扎实的儒家根基之上的实干精神；而"身退"则体现为对于道家"无为而治"政治期待的执着信念。以功成为手段的身退，使得身退融入了强烈的社会使命感；而以身退为目的的功成，则使得功成成为有目标、有方向的政治实践。这些都决定了独孤及式的实干不是盲目的蛮干，而是有他一套独特的处世哲学的。

独孤及身上实干家的特征，即体现为他灵活地运用了儒家的经世致用之学。独孤及以经世致用的思想大行儒道，集中体现在他出为刺史时期。与为礼官时抽空了具体生活的以礼论理不同，独孤及每到一州都面临着艰难的政治局面，这些艰难逼着他发挥儒家治世之道来解决最基本、最实际的问题，他的政治压力是可想而知的。他初到濠州时，"淮士轻剽，承兵革之后，率多不法，长吏不能制"（《独孤公行状》）。初到舒州时，"舒境濒江傍山，群盗所聚，或蟠结林薮，或趑趄城市"（《独孤公神道碑》）。第二年，又赶上"吴楚大旱，饿夫聚于萑蒲者十七八"（《独孤公行状》）。擢常州刺史时，时常州为江左大郡，正所谓"兵兴之后，中华翦覆，吴中州府，此焉为大"（《独孤公神道碑》）。连年战乱之后，此等大郡乃朝廷粮食供给与赋税所出之重地，所谓"兵食之所资，财赋之所出，公家之所给，岁以万计"（《独孤公行状》）。无论是扭转濠、舒二州混乱的社会局面，还是保证作为国之粮仓的常州的经济稳定，都需要作为一州之长的独孤及实行一番行之有效的政治举措。

在寻求儒家的治世之法时，独孤及不墨守成规，而是在深入调查、严密分析的基础上大胆提出改革方案。改革总是伴随着阻力的，如《答杨贲处士书》就记载了独孤及在舒州实行"口赋法"时所遇到的阻挠。这封写给杨贲处士的回信中，他表明自己完全预料到推行新税法会遭受到种种的压力，他说："权道以反经为用，去德愈远，使无谤怨，末由也已。""权道"乃权宜变通之道，"反经"乃是采用不循常规之法。可见，他是明知此法不合常规而为之。然不合常规，正是为了顺应新的政治经济形势，满足现实中最务实之"用"。独孤及眼中最实际的问题为何呢？该信中说："及为邦岁期，而人疲如初，终日以贡赋不入，获谴于上官。"一是人疲如初；二是贡赋不入。正是在下怜百姓，上忧朝廷的两难之间，独孤及开始思解弦更张之义的。独孤及针对杨贲来信中所提出的新法造成"富人出万，今易以千，贫人出百，今易数倍，富倍优，贫倍苦"的指责，将自己调查的数字一一陈列开来：

> 昨者据保簿数，百姓并浮寄户，共有三万三千，比来应差科者，唯有三千五百户。其余二万九千五百户，蚕而衣，耕而食，不持一钱，以助王赋。每岁三十一万贯之税，悉钟于三千五百人之家。谓之高户者，岁出千贯，其次九百八百，其次七百六百贯。以是为差，九等最下，兼本丁租庸，犹输四五十贯。[1]

从这一连串的数字可知，独孤及治下共有 33000 户，而实际缴纳赋税的却只有 3500 户。每年 31 万的赋税，皆由 3500 家来承担，而多达 29500 户逃避了赋税责任，这实在是一种赋税不公平现象。而逃税的 29500 户都是什么人呢？独孤及毫不隐讳地指出，乃"规避之户与寄客耳"——正是这些托寄在大姓豪族门下的寄住户，也即旧法的既得利益者极力阻挠新法的推行。而独孤及"意欲以五万一千人之力，分三千五百家之税"，要保护的正是那些荷税过重、无门可托的课税小户。冒着如此之大的改革风险，皆是为缓解那些

---

① 《〈毗陵集〉校注》卷一八，第 395 页。

无门小户的生存压力，独孤及仁政爱民的为政品格昭然若揭。朱熹《跋独孤及答杨贲处士书》说："独孤及为舒州刺史，作口赋法。……而所谓口赋法者则已有两税之渐矣。"①指出独孤及口赋法乃唐两税法之前身。从这个角度我们更可看到独孤及"口赋法"面对新的政治经济形势的实践性意义。

独孤及经世致用的指导原则即是他"欲以因有为而成无为"的思想。在《答杨贲处士书》中，他表达了自己"有为""无为"，儒、道二家思想之辩证。他说："上德无为，其次为而不扰。及为邦岁期，而人疲如初，终日以贡赋不入，获谴于上官。遂以州比不调之琴，思解弦更张之义，算口征赋，以代他征。意欲因有为以成无为。"②可见，"欲因有为以成无为"即是以儒家有为的政治手腕来实现道家无为的政治目标。

天宝十三年，独孤及道举及第时所作的《对诏策文》，即可看成是他早年将儒家之"有为"与道家之"无为"结合起来的理论成果。玄宗的策问列举了道家思想与实际发生的历史事实间的诸多矛盾，如《老子》曰："善建不拔，善抱不脱，子孙以祭祀不辍。"然尧统治之时，政治钦明、社会和谐，可谓是"善乎建抱，善乎拔脱"，但尧却禅位于舜，其子丹朱不嗣，这样"子孙以祭祀不辍"不就落空了吗？再如，玄宗又提出一个"尚贤不尚贤"的问题，舜重用才子八人得太平之世，汉高祖刘邦用三位豪杰成就天下霸业，夏桀、商纣亲小人远贤臣导致国家沦亡，老子何来"不尚贤，使民不争"之说呢？玄宗策问的实质就是如何调节道家思想与儒家社会实践之间的矛盾。对于前一个问题，独孤及答曰：尧禅位之德，为天所佑。不但不会使他的子孙祭祀停止，还会得到天下人的感戴，受天下人的祭祀，可谓"祭祀不辍"矣。对于后一个问题，独孤及认为，不尚贤并不意味着不起用贤能之才，而是对于贤能之才来说，在需要建立功业之时，"因时立功"；在需要维持正义之处，"因义立事"。

---

① （宋）朱熹：《晦庵集》卷八一〇，文渊阁四库全书本。
② 《〈毗陵集〉校注》卷一八，第395页。

而功成、事立之后，便归于遗忘。正所谓"事遂则有而无之，无之则迹灭，迹灭则争息，争息则于为无为，于事无事。"不是不去建功，而是建功之后归于平淡。独孤及所言，无疑是用儒家的社会实践去证明道家的思想学说，或者说是用道家的思想理论去解读儒家的历史事件。如此"儒家的圣贤政治思想与道家无为无事的思想就这样被弥合了"①。

独孤及早年将儒与道结合起来的理论成果，在他晚年出为刺史时期得以具体实践。面对地方上复杂的政治局面，他以儒家"有为"之道进行治理，他治理的思路可分为两条路线：一是施行"法治"；二是实行"仁治"，而前者是保证后者顺利开展的必要条件。面对濠州"长吏不能制"的不安定局面，独孤及对其轻剽不法之徒首先"董之以威，格之以政"，然后"恺弟宽厚，渐渍其俗"。面对舒州群盗聚集的不稳定因素，独孤及"惠以柔之，武以詟之"，致使盘踞在山林市井中之寇盗匪类皆"释矛服耒，尽为良俗"。可见，独孤及具有使不法之徒惊惧的政治手腕和政治魄力。对于不法之暴民，对其宣讲仁义道德无异于对牛弹琴。扬善必先制恶，当务之急是打击不法之徒，树立自己的政治权威。独孤及作为一介儒生，能做到这一点，我们可以看到他敢于硬碰硬的胆识与魄力。然他又无意在所辖之区实行铁腕统治，无以规矩不能成方圆，社会的安定为顺利地推行"仁治"提供了秩序上的保障。独孤及在所辖之区推行"仁治"的思路又走的是两条路线：一是有形的措施；一是无形的思想"风化"。作为百姓之父母官，独孤及绝对是仁政爱民的良吏。在濠州任上，他"平其徭赋，恤其冤弱"。舒州任上，他推行口赋法，使缴纳贡赋者"富人贫人，悉令均减"。在常州任上，他亦"削其烦苛，均其众寡"。但是，单单实行一些惠民措施还是不够的，这一点独孤及看得很清楚，在《答杨贲处士书》中他就提到："夫导政齐刑，民犹免而无耻。"指出百姓之顺命只是为了免于刑罚，还不是真正有羞耻之心。所以，引导百姓"知耻"才是为政的最高境界。

---

① 葛兆光：《中国思想史》第2卷，复旦大学出版社2001年版，第24页。

典濠州时，"用恺弟宽厚，渐渍其俗。三年而阖境大穰"。典舒州时，"近者悦，远者来，犬牙之境，草窃不入"。典常州时，"宣中和平易之教，务振人毓德之体，百姓蒙化迁善，不知所以安而安之，吏不忍欺，路不拾遗，余粮栖亩，膏露降庭"。"物有制，事有伦，刑罚罕用，颇类自息。"从独孤及的工作效果可以看出，他在所辖之地真正地做到了引人迁善、移风易俗。从"犬牙之境，草窃不入""吏不忍欺，路不拾遗""刑罚罕用，颇类自息"等描写可以看出，独孤及的儒家"有为"的治世之道，最终通往的正是道家"无为"的政治目标。独孤及深知"无为"不等于为所欲为、放任自流，故他所认同的"无为"是建立在儒家道德规范前提下的"无为"，所以他更看中的是将儒家道德规范内化成人人认可的普世价值，并使这种价值从依靠"他律"转变成依靠"自律"，从而达到改变一方民风的目的。如此，独孤及真的是把儒经之精髓融贯于治世为用之上了。梁肃《独孤公行状》在叙述独孤及任刺史时对地方的治理时说："一变，而百姓不知其理；又一变，知其理而不知理之所由。"可知，独孤及初以儒家道德规范约束百姓的外在行为时，未必得到所有人的理解；他是在既施行仁政又教化民众的过程中逐渐被一方百姓拥护的，而让百姓"知理"则需要他把工作的重点逐步地从规范百姓的外在行为转移到"治心"之上。其实，梁肃的这段话还需要我们进一步的补充，为常州刺史时，独孤及开帐讲学、大兴儒术，许多年轻学子慕名而来，拜其门下。公余课徒，不仅满足了他穷则传道的理想，而且，通过兴学我们还可以看到独孤及向"知其理又知其所由"方向的努力。

最后，我们对独孤及的一生做一个总结。初踏仕途之时，他以道举及第，而所著《对诏策文》的核心要义却是完成儒家思想与道家思想的对接；以儒生身份功未成名不就之际，他以道家隐退之思作为心灵的慰藉、宣泄自己遇挫折后的牢骚情绪；出为刺史时期，他忙于儒家的治世之道，而在无政可勤、无讼可听的政暇时期，令他醉心的却是垂花坞的醉后戏题、独孤洞内的嗜琴读书。可见，功成与身退、儒与道的思想对接在独孤及的世界里不仅仅停留在纸上谈兵阶段，而是演绎出他充实而又略显飘逸的人生。

二　以儒悟佛：儒对佛的思想整合

梁肃《毗陵集后序》曰："陈黄老之义，于是有《对策文》；演释氏之奥，于是有《镜智禅师碑》。"梁肃是将《舒州山谷寺觉寂塔隋故镜智禅师碑铭》（以下简称《镜智禅师碑》）文作为独孤及佛教思想的代表作品的。下面我们截取该文的一部分内容，并以此为原点对独孤及的思考方法和主要观点进行简要地分析：

> 至菩提达摩大师始示以诸佛心要，人疑而未思。惠可大师传而持之，人思而未修。迨禅师三叶，其风浸广，真如法味，日渐月渍。万木之根茎枝叶，悉沐我雨，然后空王之密藏、二祖之微言，始粲然行于世间，浃于人心。当时问道于禅师者，其浅者知有为法，无非妄想；深者见佛性于言下，如灯之照物。朝为凡夫，夕为圣贤，双峰大师道信其人也。其后信公以教传弘忍，忍公传慧能、神秀。能公退而老曹溪，其嗣无闻焉。秀公传普寂，寂公之门徒万，升堂者六十有三，得自在慧者一，曰宏正。正公之廊庑，龙象又倍焉。或化嵩洛，或之荆吴。自是心教之被于世也，与六籍偕盛。于戏！微禅师，吾其二乘矣，后代何述焉？庸讵知禅师之下生，不为诸佛故，现比邱身以救浊劫乎？亦由尧舜既往，周公制礼，仲尼述之，游、夏宏之。使高堂、后苍、徐、孟、戴、庆之徒可得而祖焉。夫天以圣贤所振为木铎，其揆一也。诸公以为司马子长立夫子世家，谢临川撰慧远法师碑铭，将令千载之后，知先师之全身、禅门之权兴。王命之丕显，在此山也。则扬其风纪，其时宜在法流。及尝味禅师之道也久，故不让。①

第一，这里独孤及简要地回顾了禅宗发展的简史，又叙述了为

---

① 《〈毗陵集〉校注》卷九，第215页。

镜智禅师述作此文的缘由："及尝味禅师之道也久，故不让。"可以看到，独孤及对禅宗是非常倾心、仰慕且有所研究的。

第二，从中我们可以看到独孤及的思维方式：用已有的知识体系去比附和解释佛教之盛和自己的佛门行为。在叙述佛教之盛时，他说"与六籍侔盛"，丝毫没有打压儒、佛任何一方的意思，而是对儒、佛二家共荣共存由衷地感到高兴。他又认为，自己应该像前人为儒家圣贤立言作传、定祖归宗一样，为阐扬禅宗做点贡献。可见，独孤及是从儒家之圣贤观念出发为禅宗世代之祖立传扬名的。从"庸讵知禅师之下生，不为诸佛故，现比邱身以救浊劫乎"更可看出，独孤及眼中的佛门禅师形象俨然是一副救世济俗的圣人面目。

这样的思维习惯在独孤及的其他作品中亦有表现，《洪州大云寺铜钟铭》曰："故天地以雷震万物，圣人以乐节八风，佛土以钟警六时。"①是以自然界之雷、儒家之乐比附佛门之钟。《佛顶尊胜陁罗尼幢赞并序》曰："道无形相，心离文字。非言无以导引，故诸法生于假名；非智无以调伏，故大音传于密教。……设字根本，假文以筌意也。足声齿舌，因音以见法也。"②是借用道家"大道无形"，汉儒对于言、文、意的理解来为佛家思想做注脚的。

第三，独孤及叙述了禅宗发展的简史，而叙至禅宗思想的分化时，则将以慧能为首的南宗禅的发展一笔带过，独述以神秀为代表的北宗禅在后世的承传发展。禅宗南北以"顿""渐"分宗。独孤及的方外之友灵一恐即是南宗禅信徒，他在《唐故扬州庆云寺律师一公塔铭并序》中，称灵一"学无常师，悟不以渐"③。可见，在独孤及的时代，南宗禅并不是湮没无闻的。盛中唐之交，南宗北宗争论如火如荼，独孤及对南宗的抹煞必是为北宗张目。郭树伟认为："相比较北宗的渐悟说和南宗的顿悟说，他更欣赏的是北宗渐修的

---

① 《〈毘陵集〉校注》卷七，第 158 页。
② 《〈毘陵集〉校注》卷一三，第 299 页。
③ 《〈毘陵集〉校注》卷九，第 203 页。

过程和理论，北宗和本土儒学在理论层面具有更多相似之处。"①的确，儒家认为，修身不是一蹴而就的，是一个艰苦卓绝的磨炼过程，所谓"天将降大任于斯人也，必先苦其心志，劳其筋骨，饿其体肤，空乏其身，行拂乱其所为，所以动心忍性，曾益其所不能。"北宗的修行亦需要长时间的坐禅、坚守佛门各种规条才能渐悟禅机。相比之下，南宗禅的规矩仪文松弛多了，不介意酒肉穿肠过，也大可不必长时间地打坐静修，确实省时省力多了。因此，从普及性的角度来讲，南宗禅在广大民众当中自然更有市场。参照独孤及的儒者身份，我们可以发现，对于他这样的士人来讲，悟道之门是狭窄的，南宗禅过分地自由放纵，无疑会使参禅行为的神圣性大打折扣；如果人人都可以轻易地参破禅机，那禅机本身的价值也就贬值了。所以信仰北宗，排斥南宗，与独孤及以儒家身份参悟佛理有一定的关系。

独孤及对佛家思想的吸收主要表现为两个方面：一是对佛家"色空"观念的吸收；一是对"报应"观念的认可。首先来看独孤及的"色空"观念。《题思禅寺上方》一诗写的是诗人看到"远山喷百谷，缭绕驰东溟"的壮观景色，只感到心中万念俱灭："骙然诸根空""吾欲隳天形"，情愿抛弃人世间诸般烦恼、脱离肉体的限制与神道合而为一的心理感受。《登山谷寺上方答皇甫侍御卧疾阙陪车骑之后》诗有"汉主马踪成蔓草，法王身相示空棺"句，表达了诗人万事皆空、空名虚无的思想。在《诣开悟禅师问心法次第寄韩郎中》一诗中，独孤及写道：

> 障深闻道晚，根钝出尘难。浊劫相从惯，迷途自谓安。
> 得知身垢妄，始喜额珠完。欲识真如体，君尝法味看。

"障深""根钝"都是说自己未能早早脱离尘世的欲海，"迷途"自是指对自己一生追求和业绩的否定，而迷途知返后应该过什么样的生

---

① 郭树伟：《独孤及研究》，中州古籍出版社2011年版，第79页。

活呢？愿以参悟佛理之妙法，以求人生之真谛。然而，独孤及真的如给朋友的寄诗中所言看破红尘了吗？《暮春于山谷寺上方遇恩命加官赐服酬皇甫侍御见贺之作》一诗，可以给我们答案，诗曰：

> 天书到法堂，朽质被荣光。自笑无功德，殊恩谬激扬。
> 还登建礼署，犹忝会稽章。佳句惭相及，称仁岂易当。

该诗首句表明，在接到皇帝诏书之时，独孤及正在与佛门弟子切磋佛理。该诗字里行间不乏自我解嘲，"朽质""自笑""谬""忝""惭""岂易当"等字都在说明皇恩大过己功。这是一首酬谢朋友恭贺之诗，在朋友的道贺面前表现自愧不如这是再正常不过的反应。从这些自嘲之语中，我们很难看到独孤及对功名利禄略不萦心，反而感到是对遭遇恩赏的淡淡窃喜。"天书到法堂"句，传神地描写诏书从天上到地面，从朝廷到地方的骤然降临，写出了诗人出乎意料的惊喜；"朽质被荣光"句更是毫不掩饰诗人内心的喜悦之情，试想皇恩加给不配得的人，这不更表明恩赏的宝贵吗？由此诗可见，独孤及并非真正地看穿世事，他的"色空"观念不过是在浓郁宗教气氛感染之下的一种感性冲动而已。他身上的儒家本色，还是使他回到了忠君报国、积极用世的政治社会现实中来。

再来看独孤及的因果报应观念。《金刚经报应述》记述了这样一个事件：洪州牧、刑部尚书兼御史大夫魏公身挂元冕，常奉般若之经十余年，不幸为盗所攘而亡其经。一年之后，有人以元法寺之藏经赠之，发现此经书正是所亡之本，元法寺守藏之人亦不知此经从何所得。有的人认为，这不过是一个偶然事件，纯属巧合。而独孤及却表达了他不同的看法，他说："诚于此者形于彼，故出其言善，千里之外应之。此以仁义忠信感于物者也。……岂佛以般若之雨启公善牙，使因相以获愿，进登乎无愿法之法欤？不然，何心境元合，若律吕相召？"[①]这里独孤及指出，佛经物归原主有两个原因：

---

① 《〈毗陵集〉校注》卷一七，第374页。

一是主人的仁义忠信感召外物；二是主人崇佛精诚所至。佛教信仰本质上是一种"自救论"，靠自我的修行感动佛祖或修身成佛以达至超越的彼岸世界。儒家思想则是在此世积极地进行自我道德建设、最大限度地实现人的社会价值，本质上亦是一种"自救论"。这里独孤及将两种"自救论"结合起来，实际上完成的正是儒家思想与佛家思想的一种嫁接。范文澜在《中国通史》中批评独孤及反佛的不彻底，实际上在独孤及的思想体系中儒家思想还是坚定地占据主导地位的，他从禅宗所吸收到的精神养分都在一定程度上被他的儒家思想整合和改造过了。

小　结

　　独孤家族乃南北朝和隋唐时期地位显赫的勋阀贵族，然这一家族经历几次大的文化转型，终于摆脱了武勇家风，到独孤及父亲独孤通理一代建构成为靠科举入仕的"文儒"型知识分子家庭。受父亲的影响，独孤及成了坚定的儒家信徒，儒家知识分子的生命底色被他演绎成治理乱世的经世致用精神，在他生活、思想、行迹诸多的人生侧面被完美地诠释着。同时，他又不排斥道、佛。"功成"与"身退"、以"有为"而成"无为"的政治理想，使得他身上实干家的魄力与遁世避俗的理想人格结合起来，实现了儒、道二家思想的对接。而从他以"儒"悟"佛"的思考方式来看，他的禅宗思想已经在一定程度上被儒家化了。总而言之，无论是他道家生存目标的理论前提，还是其佛家的悟道之途，都挥不去一层厚厚的儒家色彩。

第三章　独孤及的文章创作

据赵望秦先生《〈毗陵集〉板本考略》一文考证："近世数百年间，无论是哪个抄本，抑或再刻本及其影印本，都源于（明）吴宽抄本。而吴宽抄本又出自明内府所藏南宋常州刻本。"①而宋刻本"又源于唐梁肃编辑本"②。故由梁肃编定整理的独孤及的《毗陵集》很可能是大历时期唯一一部留存至今并以原貌传世的唐人文集。现通行的《毗陵集》版本，源自清人赵怀玉的亦有生斋本。赵怀玉为此版本作序曰："唐世文字存者寥寥，苟有闻见，及宕购访。而茂挺之作仅收于什一，遐叔之制尤掇于零星，残篇轶简，人以为病，公则首尾廿卷，尚符《唐志》，灵光之殿，岿然独存，积玉之圃，浩乎无涘……"③萧颖士、李华之文佚失者多，而独孤及之文却能得以首尾二十卷流传于世，与梁肃《〈毗陵集〉后序》载"缀其遗草三百篇，为二十卷，以示后嗣。"李舟《〈毗陵集〉序》载："有遗文三百篇，安定梁肃为上、下秩，分二十卷，作为《后序》。"④与《新唐书·艺文志》所载独孤及有《毗陵集》20 卷传世相符。故用赵望秦先生的话"唐人文集，数以百计，但能保持原貌而流传下来的，却寥寥无几。独孤及《毗陵集》是三十几种能以原貌传世的唐人文集之一，可谓幸矣！"⑤《毗陵集》保存的完整性对于我们了解盛中唐之交

---

① 赵望秦：《〈毗陵集〉板本考略》，《中国典籍与文化》2003 年第 6 期。

② 同上。

③ （清）赵怀玉：《亦有生斋集》（文卷二序），清道光元年刻本，第 1932 页。

④ 《全唐文》卷四四三，第 4570 页。

⑤ 赵望秦：《〈毗陵集〉板本考略》，《中国典籍与文化》2003 年第 6 期。

唐代知识分子的思想脉搏，特别是安史之乱前后知识分子精神世界的变化无疑是一个绝好的凭借。

《毘陵集》存诗 3 卷，共计 81 首；存文 17 卷，共计 174[①] 篇。与 81 首诗歌相比，独孤及的 17 卷文显得格外厚重，这与他在唐人眼中是一位以"文"名世的作家也正相符合。《毘陵集》收录的 17 卷文涉及赋、表、议、铭、碑、论、颂、墓志、赞、序、记、策、祭文等多种文体。清人赵怀玉的亦有生斋本，另辑补遗 10 篇，[②] 当然其中所补之作是否该全部归于独孤及的名下还有待商榷。此外，《全唐文》还收有《毘陵集》不曾收录之文 3 篇：《策贤良问》《策宰相科问》以及《晚秋陪卢侍御游石桥序》；《全唐文补遗》（第 1 辑）又收有《皇五从叔祖故衢州司士参军府君墓志铭并序》1 篇；《全唐文补编》又收录《与第五相公（琦）书》《筌桥赞》2 篇。[③] 如此丰富的文章创作不仅为我们了解天宝至大历年间政治、经济和社会生活提供了重要的史料，也为我们考察唐文发展的历史轨迹提供了鲜活的个案。正如蒋寅先生所说："无论对唐史还是对唐代文学史来说，独孤及的《毘陵集》都是一部很重要的典籍。"[④]

第一节　独孤及文史料价值续补

关于独孤及文的史料价值，赵望秦、冻国栋等学者已经有相当多的论述。若将这些论述集结起来，我们会发现独孤及的《毘陵集》当之无愧的是一部内涵丰富、开掘不尽的历史文化宝藏。在此，笔者补充两处：

---

① 《山谷寺觉寂禅门第三祖镜智禅师塔碑阴文》《贺太阳当亏不亏表》不计入在内，参见罗联添《毘陵集及其伪文》，见《唐代诗文六家年谱》，台北学海出版社 1986 年版，第 65—74 页。

② 吴纲主编：《全唐文补遗》第 1 辑，三秦出版社 1994 年版，第 203—204 页。

③ 陈尚君辑校：《全唐文补编》，中华书局 2005 年版，第 523 页。

④ 蒋寅：《〈毘陵集〉校注序》，独孤及撰，刘鹏、李桃校注：《〈毘陵集〉校注》，辽海出版社 2006 年版，第 2 页。

一　从《独孤公灵表》看"文儒"与"吏能"之争

《毗陵集》卷十独孤及为父亲独孤通理作《唐故朝散大夫颍川郡长史赠秘书监河南独孤公灵表》一文，在叙述独孤通理的仕进经历时有这样的记载：

> 益州刺史张敬忠以状闻，诏授监察御史，转殿中侍御史。会权臣恶直，斥去不附己者，贬公庐州长史。明年，恶直者罢位，公稍移武功令，未到官，病免。二十三年除宁州司马，二十八年迁颍川郡长史。

独孤通理正在仕途平顺之时，受到"恶直者"的排挤，此后便未能扭转他的仕运。据刘鹏《独孤及行年及作品系年再补正》考，此处"恶直者"当指宰臣萧嵩。① 据《旧唐书·萧嵩传》载："（开元）二十一年二月，侍中裴光庭卒。光庭与嵩同位数年，情颇不协，及是，玄宗遣嵩择相，嵩以右丞韩休长者，举之。及休入相，嵩举事，休峭直，辄不相假，互于玄宗前论曲直，因让位。玄宗眷嵩厚，乃许嵩授尚书右丞相，令罢相，以休为工部尚书。"② 可见萧嵩备受玄宗的器重，甚至玄宗择相都要听听他的意见。萧嵩因与裴光庭多年不和，故再选宰相时他格外小心。当玄宗命他推举宰相时，他推荐为人仁厚的韩休为相，没想到韩休为人峭直，在原则性问题上并不肯让步。二人来到玄宗面前理论时，玄宗只好各打五十大板，对二人都进行了降级处理。又《旧唐书·玄宗纪》载，"（开元二十一年）十二月丁未，兵部尚书、徐国公萧嵩为尚书右丞相，黄门侍郎韩休为兵部尚书，并罢知政事。"③ 可知，裴光庭是于开元二十一年初卒，萧嵩是于开元二十一年末罢位的，而通理当是在萧嵩

---

① 刘鹏：《独孤及行年及作品系年再补正》（上），《南阳师范学院学报》2007 年第 2 期，第 42 页。

② 《旧唐书》卷九九《列传》第四十九，第 3095 页。

③ 《旧唐书》卷八《本纪第八》，第 200 页。

罢位后的第二年稍移武功令的。

独孤及虽没有正面提及萧嵩，而萧嵩在他眼里又是一个什么样的形象呢？从《毗陵集》卷六由独孤及代笔的《唐故尚书祠部员外郎赠陕州刺史裴公（稹）行状》一文就可以看出独孤及对萧嵩的态度了。该文载：

> 开元二十一年，献公（裴光庭）捐馆，茕然在疚，哀越乎礼。会执事者丑在作福，怙宠匿怨。乃因丧乘寡，将逞憾于我，言之如簧，上亦投杼。公（裴稹）乃含恤进牍，叫阊抗愤，危言自明，至诚旁感，由是宗祧垂祉，高天听回，恩方照微，神亦悔祸，卒令臧孙有加等之藏，公业有不忘之叹，公之克家也。①

这里的执事者必是指萧嵩。裴光庭与萧嵩素不相和，据《旧唐书·裴光庭传》载，光庭卒后"太常博士孙琬将议光庭谥，以其用循资格，非奖劝之道，建议谥为'克'。时人以为希嵩意旨。上闻而特下诏，赐谥曰忠献"②。《新唐书》所载与此相同，都只写裴光庭初谥为"克"，后赐谥"忠献"，却没有提及玄宗为何下诏赐谥。独孤及的《裴稹行状》正好补充了玄宗赐谥"忠献"的原因，乃是裴光庭子裴稹"含恤进牍，叫阊抗愤"感动了玄宗以致使玄宗改谥的结果。故独孤及该文为我们理解萧嵩和裴光庭之间的政治斗争以及在这场政治斗争中玄宗所扮演的角色补充了重要的史料。

再来看独孤及对萧嵩的态度。《裴稹行状》载："会执事者丑在作福，怙宠匿怨。乃因丧乘寡，将逞憾于我，言之如簧，上亦投杼。"显然，在独孤及看来，萧嵩不过是一个倚仗皇宠而作威作福、巧言如簧加害于人的小人。据《旧唐书·裴光庭传》载，光庭卒后，萧嵩使得"光庭所引，尽斥外官"。③ 此时被萧嵩斥为外官的官员，

---

① 《〈毗陵集〉校注》卷六，第146页。
② 《旧唐书》卷八四《列传》第三十四，第2807页。
③ 同上。

必定包括独孤及的父亲独孤通理。这也正与《独孤公灵表》中所言时间相吻合，《独孤公灵表》言："会权臣恶直，斥去不附己者，贬庐州长史。明年，恶直者罢位，公稍移武功令。……二十三年除宁州司马……"如果从开元二十三年通理除宁州司马往前推，正好是在开元二十二年"恶直者"萧嵩已不在位上，通理才稍移武功令的（萧嵩于开元二十一年十二月罢位）；亦正好是在开元二十一年二月裴光庭卒，萧嵩才有实力将光庭所引，尽斥外官的。故独孤通理必定是因曾经受到裴光庭的提携，才被记恨裴光庭的萧嵩断送了大好的政治前程。以前的唐史对裴、萧二人的矛盾叙写得非常详细，刘鹏等学者的考证文章又注意到了独孤通理的被贬与萧嵩"恶直"的关系，通过以上的分析我们可以知道独孤通理在政治上的失意可能与裴光庭的逝世，与"裴、萧"二人的权力之争有关。

另外，据《旧唐书·萧嵩传》载："开元初，（嵩）为中书舍人。与崔琳、王丘、齐澣同列，皆以嵩寡学术，未异之，而紫微令姚崇许其致远，眷之特深。"①开元时期，玄宗朝用人特重"文儒"，而萧嵩因"寡学术"与当时朝廷的整体用人风格不大合拍，所以才会被同僚小视。唐人笔记体杂录《明皇杂录》记载了这样一则玄宗朝轶事：

　　玄宗尝器重苏颋，欲倚以为相，礼遇顾问，与群臣特异。欲命相前一日，上秘密，不欲令左右知。迨夜艾，乃令草诏，访于侍臣曰："外庭直宿谁？"遂命秉烛召来。至则中书舍人萧嵩，上即以颋姓名授嵩，令草制书。既成，其词曰："国之瑰宝。"上寻绎三四，谓嵩曰："颋，瑰之子。朕不欲斥其父名，卿为刊削之。"上仍命撤帐中屏风与嵩，嵩惭惧流汗，笔不能下者久之。上以嵩杼思移时，必当精密，不觉前席以观。唯改曰："国之珍宝。"他无更易。嵩既退，上掷其草于地曰："虚有其表耳。"（嵩长大多髯，上故有是名。）左右失笑。上闻，

<hr>

① 《旧唐书》卷九九《列传》第四十九，第3904页。

遽起掩其口，曰："嵩虽才艺非长，人臣之贵，亦无与比，前言戏耳。"其默识神览，皆此类也。①

虽然《明皇杂录》所记的异闻野史不足以全信，但从中我们却可以看到唐人心目中的萧嵩形象，绝对是寡学术、逊文采的。唐玄宗脱口而出的一句"虚有其表"，亦可以看出玄宗朝初期对于无文学才华的官吏的轻视。但是，这样一位在文学造诣上"虚有其表"的萧嵩却深得著名的"吏干之相"姚崇的赏识，想必萧嵩后期之所以被玄宗重用也是由于他处理实际事务的"吏干"之才。与萧嵩不同，裴光庭则不乏文学才能。据《旧唐书·裴光庭传》载："光庭乃撰《瑶山往则》及《维城前轨》各壹卷，上表献之。手制褒美，赐绢五百匹，上令皇太子已下于光顺门与光庭相见，以重其讽诫之意。"②可见，裴光庭正是玄宗朝初期所赏识的标准的文官，故裴光庭与萧嵩的争权不协恐怕与"文儒"与"吏能"之间的对立很有关系。这样说来，作为受裴光庭提携的文儒型的知识分子，独孤通理自然是因卷入了"文儒"与"吏能"的政治斗争中而遭到贬谪的。

如果说独孤通理是因"文儒"和"吏能"之争遭到贬谪还有推测之嫌的话，那么他在仕途上未能东山再起则必与"文儒"与"吏能"的矛盾有关。《独孤公灵表》一文叙述了独孤通理为"恶直者"贬逐之后，又叙述了通理为何"十年再迁"，终"位不离郡佐"的原因：

初，公为御史，尝以直忤吏部侍郎李林甫，至是林甫当国，尝欲骋撼于我，而五府三署每有高选，群公皆昌言称公全才，且各以臧文窃位自引，由是免咎。然十年再迁，位不离郡佐，或劝公卑其道，可以取容于世。公曰："可卑非其道也，屈伸天也，非人也，人如予何？"

---

① （唐）郑处诲：《明皇杂录》，中华书局 1998 年版，第 34 页。
② 《旧唐书》卷八四《列传》第三十四，第 2807 页。

独孤通理在朝中担任的是监察御史和殿中侍御史之职，他的分内之责即是监督、纠察、弹劾和建言。他以"直"忤逆李林甫，很可能是因为忠于职守而触犯了李林甫的既得利益，以致当李林甫官至宰相独揽朝政大权之时对此仍怀恨在心、伺机报复。均作为"吏能"派的代表，姚崇、宋璟不同于一般的"俗吏"，确实有其真才实干和高瞻远瞩的政治眼光。而李林甫则不顾国家大局，尤工权术、排除异己，一上台便对张说、张九龄引进"文儒"的人才方针极力打压，从而使"吏能"与"文儒"的矛盾日趋白热化。慑于他的政治威势，连同列为宰相的牛仙客、陈希烈都因惧怕而不敢问事。李林甫讨厌"文儒"，因此许多文儒被贬官、流放甚至丧命。可以想象在李林甫大权在握的情况下，独孤通理这样的"文儒"要想重返政治中心、再次被朝廷重用几乎是不可能的。

　　然而，在李林甫当国这样的恐怖氛围下，文人知识分子又是何种心态呢？据《独孤公灵表》我们可以看到，不免有为取容于世而"卑其道"者，有出于自我保护而回避政治矛盾自行引退者。独孤及称后者"以臧文窃位自引"，即以自己"空有花哨的文字而不足以委以重任"为借口躲避吏能派的毒手——而"臧文窃位"正是吏能派对文儒嗤之以鼻之处。让独孤及感到气愤的是这些"自引"者投其所好地回避矛盾，而他们的自我保存却是以将自己的父亲变为众矢之的为代价的——这等间接"捧杀"与李林甫的"棒杀"一样令人气愤，然而这等"捧杀"反过来证明了独孤通理卓越的文学才能。李林甫专权之时，有胆敢"直忤"的、有变节"卑其道"的、有回避"自引"的。由此，《独孤公灵表》为我们解读盛中唐之交"吏能"当道之时复杂的政治生态和文人心态保存了极为生动而有价值的史料。

二　从《论李藏用守杭州功表》看肃宗对有功之将的态度

　　上元二年，三吴大旱；紧接着第二年，淮水以南、东至海隅的江南大部分区域大疫漫延，独孤及作《吊道殣文并序》，客观地叙述了"大抵虽其父母妻子，亦啖其肉而弃其骸于田野，由是道路积骨相支撑枕藉者，弥二千里。《春秋》已来不书"的社会惨状。面对这样的天灾，唐政府却无赈恤之举，使得民怨沸腾。而宝应元年大疫发生的原因，仅仅是因为前一年的大旱吗？独孤及上元二年接二连三地为人代写的诸表，《为江淮都统使贺田神功平刘展表》《为江淮都统使奏破刘展兵捷表》《为杭州李使君论李藏用守杭州功表》则让我们看到上元二年江南百姓在经历天灾所带来的生灵涂炭的同时，亦在人祸中挣扎于生死的边缘。大旱导致的饥民、动乱导致的流民、与刘展军作战导致的死尸遍野，使得瘟疫迅速漫延到无法控制的地步，就不再独与天灾有关了，而具有人祸的性质。刘展之乱的平定与三吴大旱发生在同一年。按理说，上元二年秋，北有安史叛军、南有刘展之军，又加上三吴大旱、地不出产，在这样一个祸不单行的紧急情势下，南平刘展应该使李唐王朝长出一口气才对。此时首先要做的应是对有功之将论功行赏以安定军心、民心。可有意思的是对于天灾，李唐政府了无赈恤；而对于平息人祸的功臣猛将，亦没有及时嘉奖。

刘展兵乱时，独孤及随江淮都统使李峘避地洪州。刘展乱平，又重返吴地。所以独孤及对于官军与刘展军作战为江南百姓带来的苦难可以说非常了解。返吴的途中，经过杭州。受杭州刺史李使君的委托，独孤及作《为杭州李使君论李藏用守杭州功表》。独孤及必定深谙李使君献此表的意图，自己对李使君的想法亦必非常赞同，故表文有言：

> ……由是浙江之外，南至闽岭，士庶免有波进道路，躬寇不敢搪突藩篱，风波晏然，百姓乐业。父不丧子，兄不哭弟，藏用之功也。今都统使停，本职已罢，孤军无主，莫知适从。将士嗷嗷，未有所隶。天听高邈，无人为言。遂使殊勋见委，忠节未录。口不言赏，赏亦不及。伏恐非圣朝旌有德，表有功之意。今逆寇虽尔，人心犹携。山洞海岛，往往结聚。睦州草窃，为蠹尤深。唯惮藏用之兵，是以未敢进逼。若此军一散，必群盗交侵，则臣此州危亡是惧。①

---

① 《〈毗陵集〉校注》卷五，第102页。

此文独孤及主要代杭州刺史李使君表达三个意思：第一，李藏用平定刘展之乱功劳卓著，厮杀疆场的功勋之臣如不嘉奖有违圣德，亦令将帅寒心；第二，提醒肃宗，久不勋赏，藏用旧部已军心不固，如此下去，这支富有战斗力的军队势必会士气大伤。从"今都统使停，本职已罢，孤军无主，莫知适从"句可知，刘展之乱平定后，唐肃宗取消了原由李峘担任的江淮都统使一职，这样，江淮都统使副使李藏用的身份就极其尴尬，直到独孤及上表之时，并没有得到及时、合理的安置，他的军队自然就是"孤军无主，莫知适从"了。将士现身杀场，并没有得到犒赏，现在又军魂无主，怎能不军心涣散？第三，恐怕即是身为杭州刺史的李使君最关心的问题，实乃他上此表的直接动机，就是他非常希望李藏用的军队留在杭州。刘展之乱虽平，但是江淮地区并不太平，民心涣散，尤其是距杭州不远的睦州，盗匪结聚。李藏用之兵一旦退出杭州，单凭杭州刺史本州的军力难以遏制已积蓄了一定实力的山寇草贼发动的动乱袭击。故此时若保杭州，李使君格外需要有威慑力的主帅和军队安定军心和民心。

从此表的情词恳切我们可以看到，重赏李藏用、重用李藏用之军不仅是藏用旧部将士的心声，亦是杭州乃至江淮地区百姓的期望，更是为保一州而殚精竭虑的杭州刺史李使君个人的愿望。可见重赏李藏用是当时的众望所归，然而事实又是如何呢？《刘展乱纪》载：

　　初，刘展既平，诸将争功，畴赏未及李藏用，崔圆乃署藏用为楚州刺史，领二城而居盱眙。①

李藏用不仅立军功而未受赏，到了楚州之后他的命运又如何呢？

　　会支度租庸使以刘展之乱，诸州用仓库物无准，奏请征

---

① （宋）司马光：《资治通鉴考异》卷一六，四部丛刊影宋刻本，第 450 页。

验。时仓促募兵，物多散亡，征之不足，诸将往往卖产以偿
之。藏用恐其及己，尝与人言，颇有悔恨。其牙将高干挟故
怨，使人诣广陵告藏用反，先以兵袭之，藏用走，干追斩之。
崔圆遂簿责藏用将吏以验之，将吏畏，皆附成其状。独孙待封
坚言不反，圆命引出斩之。或曰："子何不从众以求生！"待封
曰："吾始从刘大夫，奉诏书来赴镇，人谓吾反；李公起兵灭
刘大夫，今又以李公为反。如此，谁则非反者，庸有极乎！吾
宁就死，不能诬人以非罪。"遂斩之。[①]

　　李藏用被牙将高干诬反，崔圆等人即坚信李藏用必反。论功行
赏时迟迟想不到李藏用，一旦言反就刻不容缓地捉拿他。这与当初
封赏不及李藏用有何关系吗？想一想看过杭州刺史的请功表，唐肃
宗不可能不晓得李藏用在平定刘展之乱中建立的功勋，而故意对其
军功视而不见，是不是惧怕这样的有功之将势力壮大而有压制之图
呢？如果李藏用早已成为唐肃宗重点防范对象，那么唐肃宗因其对
武将的不信任就会督责崔圆这样的文臣加以节制和监督。一旦有人
言李藏用反，那就证明唐肃宗的怀疑是正确的，崔圆自然顺理成章
地认定其反。

　　最值得玩味的是李藏用部将孙待封坚言藏用未反而殉死。孙待
封原为刘展部下，后投降李藏用。孙待封临终之语充满疑惑，他附
从宋州刺史刘展时，人以为刘展反；他归降李藏用后，人又说李藏
用反。一旦稍有怀疑就被兴师问罪，如此下去，"谁则非反者，庸
有极乎！"谁将是下一个谋反者呢？还有尽头吗？由此看来，李藏用
被逼反并不是一个独立的事件，甚至李藏用兴师平定的原宋州刺史
刘展也有被逼反之嫌。也就是说，是李唐王朝对自己驾驭时局的不
自信、对有功之将的不信任造成了李藏用等人的命运悲剧。独孤及
的《为杭州李使君论李藏用守杭州功表》让我们看到了将士们厮杀

---

　　① （宋）司马光：《资治通鉴》卷二二二《唐纪三十八》，中华书局1956年版，第
7116页。

疆场的浴血牺牲、一方百姓的安危、底层臣子殚精竭虑的肺腑之言，都不如动摇李家江山的可能性来得重要。幸好独孤及《为杭州李使君论李藏用守杭州功表》留存于世，才可以反衬出唐肃宗对于为自家卖命的有功之将是多么防范和不信任。

第二节　独孤及文分体论析

梁肃《〈毗陵集〉后序》对独孤及一生的创作进行了概述。他说："凡立言必忠孝大伦，王霸大略，权正大义，古今大体。其中文虽波腾雷动，起复万变，而殊流会归，同致于道。故于赋《远游》、颂《啸台》、见公之放怀大观，超迈流俗；于《仙掌》《函谷》二铭、《延陵论》《八阵图记》，见公识探神化，理合权道；于议郊祀配天之礼，吕諲、卢奕之谥，见公阐明典训，综核名实；若夫述圣道以扬儒风，则《陈留郡文宣王庙碑》……其余纪物叙事，一篇一咏，皆足以追踪往烈，裁正狂简。"在此，梁肃兼顾独孤及文思想内容和文体二端，进行了全面总结，并指出独孤及文虽万变却不离其"宗"，虽殊途却同归于"道"。事实上的确如此，"道"就像是滋润和哺育独孤及文章创作的溪水和土壤，源源不断地供应着形态各异的植株（不同的文体、不同的主题）结满丰硕的果实。下面我们就借助现在文体分类学的方法，对于独孤及根植于"道"的文章创作进行分别论述。由于独孤及的颂赞文（8篇）、铭文（3篇）、记述文（12篇）、策书（4篇）数量上相对较少，又已经过郭树伟（《独孤及研究》）、何李（《唐代记体文研究》）、张志勇（《唐代颂赞文体研究》）等学者的深入论证，同时这些文体亦作为支持性材料在本书中被多次使用，故不作赘述。在此，我们仅对独孤及的奏议文体（32篇），碑志文、塔铭文体（37篇），序文（包括集序3篇、赠序44篇、游宴序8篇，共55篇），祭文（21篇）进行深入论述。

一 理充气足：独孤及奏议文创作

关于奏议类文体，清姚鼐《古文辞类纂序目》有言："奏议类者，盖唐、虞、三代圣贤陈说其君之辞，《尚书》具之矣。……汉以来有表、奏、疏、议、上书、封事之异名，其实一类。"①可见，尽管具体名目繁多，奏议类文体之共性乃"陈说其君之辞"。故奏议文乃是臣下向帝王上书进言的上行公文的总称，是封建君权社会臣下用以参与国家治理、讨论时政的重要文体。"五四"以来，我们的古代文学研究受"诗歌、散文、小说、戏曲"这一西方文体分类四分法的影响，将我国的古代散文与西方蒙田氏的随笔（essay）相对应，充分肯定了诸如柳宗元《小石潭记》、欧阳修《醉翁亭记》等纯文学散文的审美价值，却忽略了中国古代"杂文学"体系下奏议类公牍文书的文学价值。由于奏议文是写作主体以其特定的身份"臣"，因着特定的写作目的，写给特定的受文对象"君"的政务类文书，又由于封建君王对臣下掌管着生杀予夺的大权，所以对于臣下来说，一篇小小的奏议小则关系着个人的荣辱、家族的命运，大则关系着百姓的存亡、国运的兴衰。故每每下笔，往往殚精竭虑、呕心沥血。在中国古代文学诸文体中，奏议文可以说是最能体现臣子之忠、之胆、之智、之识、之论辩技巧、之人格魅力和个性风采的一种文体。

按姚鼐所说，奏议文早在《尚书》中就初具形态，粗翻《两汉三国两晋南北朝文》，可以发现奏议文的形式特征越来越呈固定化趋势，但亦有跳出既定写作模式而洋洋洒洒、不拘一格的奏议，如任昉的骈体奏议《为王思远让侍中表》：

> 行则六尺之内，陪接天光；语则亲玺申命，诚信区宇。献可替否，出纳惟几。敷奏于金华之上，进让于玉堂之下，金迁七贵之茂，玉粲二公之孙，虽复仲蔚孤绪，元卿末裔，不阶民

---

① （清）姚鼐：《古文辞类纂（序目）》，世界书局影印1935年版，第5页。

雀，妄承典私。①

此文虽是一篇让表，但丝毫不受表文写作条条框框的束缚，俨然是一篇镂金错彩、文采飞扬的骈俪之文。纵观《全唐文》所收录的奏议，唐代奏议文的写作程式、笔法套路更加成熟，故而形式上比前代要拘谨得多。但也有抛却此类公牍文书既定的写作格式，将奏议之文写成气象高华之美文的作品。如高适《谢上淮南节度使表》：

> 流布圣泽，江淮日深，扇扬皇风，草木增色。伏惟陛下大明照临，纯孝抚御，汉主事亲之日。爰总六师，轩后垂衣之辰。再清四海，犹以京华尚阻。四步暂艰，连黄石之神谋。②

高适的此篇谢表并不拘泥于表文的写作模式，使得作家充沛正大的情感得以自由地流转于文字之间。从中我们完全可以感受到作家临危受命的振奋心情，忠君报国的胸中大志，收复京华的必胜信念。无论与魏晋以来的奏议，还是与同时代的奏议相比，独孤及的奏议文从形式上讲都更加中规中矩，所以读他的作品很难感受到那种不受羁勒、自由挥洒的喷薄气象。如《毗陵集》收其表文两卷 24 篇，皆遵行的是"奏议事由（臣某言或臣伏见……）＋引经据典（臣闻……）＋以古证今＋作者观点＋结尾（臣无任恳切之至）"的写作模式。然而，在这些作品字里行间所承载的独孤及作为儒家知识分子参政、议政的社会责任感与政治使命感，作家忧世、诚世、劝世的忧患意识，回荡在字里行间的智慧与谋略、忠贞与胆识都冲破了其文的形式枷锁，使独孤及的奏议文创作在唐代文学史上留下了重要的一笔。此外，独孤及对"事实"和"事理"的关心，决定了他此类文章的写作初衷即是创作经世致用的应用文书，而不是初盛唐

---

① （清）严可均编：《全上古三代秦汉三国六朝文》，中华书局 1958 年版，第 3196 页。

② （唐）高适撰，孙钦善校注：《高适集校注》，上海古籍出版社 1979 年版，第 325 页。

奏议往往出现的气象高华的文学美文，当然从盛世到乱世的时代转折也不允许忙于救世的独孤及撰写奏议时还花费太多的时间去考虑文学审美。从初盛唐奏议文的文采飞扬到独孤及奏议的"道理阐释"，这等从"文"到"道"的变化也使得我们略能领略到时代发展的脉搏。

《毘陵集》收集的独孤及的奏议文包括表（24篇）、议（7篇）、策（1篇）三种文体。其中《对诏策》文为独孤及天宝十三年参加"洞晓玄经"科制举考试时的试文，是一篇根据玄宗策问进行对答的命题散文，参政议政的性质并不明显，故在此暂且不做考虑。魏丽萍《试论独孤及的奏议文——兼论独孤及古文创作的贡献及地位》一文，根据独孤及的政治生涯，将其奏议文创作分为三个时期：入京之前、入京之后和郡守时期，颇有见地。从创作成就上讲，独孤及出为郡守时期的奏议文风格比较和缓、平实，艺术水准远逊于前两个时期。下面我们就着重看一看独孤及优秀奏议文创作的艺术特征。

（一）长于论议，理直气壮

《新唐书·独孤及传》载："（及）为文彰明善恶，长于论议。"崔祐甫《独孤公神道碑铭》曰："公之文章，大抵以立宪诫世褒贤遏恶以为用，故论议最长。"梁肃《〈毘陵集〉后序》亦言："常州之文，以立宪诫世，褒贤遏恶为用，故议论最长。"独孤及的奏议文集中体现出他为文"长于论议"的特点。他的论议往往彰显出作家充沛的自信，所谓理直才能气壮，这种自信显然与梁肃所云他的文章虽波腾万状却同至于"道"、自觉地以"道"贯文有关。如独孤及任职礼部时作的《代文武百官贺芝草表》《贺栎阳县醴泉表》《贺潞州芝草嘉禾表》《常州奏甘露降松树表》等"祥瑞"之表从思想内容上看平庸无奇，但从写作手法上看却堪称以"道"贯文的典范。我们试比较独孤及《代文武百官贺芝草表》《贺栎阳县醴泉表》与崔融《代皇太子贺嘉麦表》、张说《礼仪使贺五陵祥瑞表》、间邱均《贺连理树表》就可知，同是文学史上宣扬"天人感应"、附会"灵异祥瑞"的应制表文，但不同时期的唐代作家思考问题的侧重点却大大有别。崔融表文如下：

> 臣某言：伏见雍州司马徐庆称，所部有嘉麦，一茎六穗。纤芒濯露，疑因黑壤之宜；香稼摇风，若吐黄金之色，岂非灵心昭应，睿德感通？降之自天，何必来麰之咏？尝之于庙，先符孟夏之时。凡在含生，相趋动色，臣谬当居守，肃奉宗祧。一穗两岐，徒说张君之咏；十亩千石，方轻范氏之书。仰天意而增欢，顾人心而载跃。无任喜抃之至，谨附起居使某官甘奉表陈贺以闻。①

闾邱均《贺连理树表》表文如下：

> 臣闻灵气所生，恒起于无形；祥迹所凭，名属于圣日：虽微物之成象，固王者之明徵。臣所部官园中有李树，质茂宗生，异标恒类，交枝两出，共理三连，绿叶密而泛烟，白花粲而似雪，观于即事，知者称瑞。当今星精下流，天意元寄，嘉图谁载？休徵莫俦。昔上林树生，中兴刘氏，推神议物，我则居多。臣谬齿劳章，惭名首席，欣逢偶数，窃跃昌期。②

这两篇表文叙事重点都在"贺"。两文不惜大量的笔墨描绘灵异之物，文辞富丽，气象博大。如果排除文章首尾的公文格式，俨然是一篇精致的描景摹物之文。文中富丽的文辞正是为烘托祥瑞的珍奇，而祥瑞的珍奇又是为衬托皇天的盛德。盛德感天、祥瑞表贞，故臣子以文颂德。由是可见，臣下一睹贞祥之"喜"和对皇德感动上苍之"颂"才是两篇表文要表达的中心思想。至于皇帝何德感动上天并不是他们叙述的重点。张说《礼仪使贺五陵祥瑞表》亦是如此，在一一叙述了桥陵、定陵、献陵、昭陵、乾陵五陵之祥瑞之

---

① 《全唐文》卷二一八，第2200页。
② 《全唐文》卷二九七，第3006页。

后，文尾作家进行总结："此皆陛下虔诚上感，神灵福降，四海同欢，万方忭跃。臣等幸陪大礼，亲睹祯祥，无任大庆之至，谨奉表陈贺以闻。"①结尾同样是表臣下之"喜"和对帝王之"贺"，并简单地将祥瑞之降归结于帝王对上天的虔诚。这样看来，祥瑞为何而降，并不是初盛唐政治家们关注的重点。我们再来看独孤及两篇同类的表文：

> 臣某言：臣等伏见开府仪同三司鱼朝恩奏，舍晖殿及白华亭院内并芝草生者。臣等谨披图按牒，窃考前志，盖王者以道莅天下，而德及庶物，则有神木灵草，储祥效异。陛下贤圣恭俭，慈仁爱人，开阐学校，尊教劝德，将以五经，根本庶政，风化斯浃，神人以和，和气旁感，蒸而为瑞。不然，岂灵芝菌蠢，异处同植，不产他宇，必于宸居？辉辉九葩之盖，煌煌三秀之质，盖表陛下之钦明光宅，以人文成化。灵根硕茂，万叶无疆，神应炳然，天意如答。臣等获忝朝列，幸睹祯祥，臣无任喜庆之至。(《代文武百官贺芝草表》)②

> 臣等言：伏见京兆尹李勉奏，栎阳县有醴泉涌出，饮之者痼疾皆愈。臣闻王者泽周庶类，则神降百祥，天地之心，去人不远。陛下厚德载物，与坤同符，以善利人，如水润下，故后土献瑞，涌泉疗疾。灵源酌而不竭，沈痼饮而皆痊，勿药之喜，万人是赖。仰窥天意，岂不以是彰陛下之德施乎？不然，何众庶禺禺，强名圣水？彼丹井朱草、白麟赤雁，徒称太平之瑞，未闻功施于人，方之圣泉，岂逾神异？臣等无任喜庆之至。(《贺栎阳县醴泉表》)③

这两篇表文叙述的重点则在乎"理"。在两文中，独孤及都简单地叙

---

① （唐）张说：《张燕公集》，上海古籍出版社 1992 年版，第 99 页。
② 《〈毗陵集〉校注》卷四，第 76 页。
③ 同上书，第 81 页。

述了祥瑞的基本情况，似乎并不像崔融、张说、闾邱均那样对于灵异之物之珍之奇大感兴趣。紧接着作家引经据典，证明诸祥献瑞乃是皇德感天的产物。然后不惜笔墨一一列举皇帝以何德感天，如"贤圣恭俭，慈仁爱人，开阐学校，尊教劝德""厚德载物""以善利人"，等等。最后，作家紧紧地抓住所阐之"理"发出议论："陛下实贤圣恭俭，慈仁爱人，开阐学校，尊教劝德。……不然，岂灵芝菌蠢，异处同植，不产他宇，必于宸居？""岂不以是彰陛下之德施乎？不然，何众庶禺禺，强名圣水？"至此，"陛下"之德得到了实实在在地强调。《贺潞州芝草嘉禾表》亦有类似之言："岂非陛下实持慈俭，辑柔远迩，克俾天下和平，当如周汉之盛乎？"[1]《常州奏甘露降松树表》亦言："陛下实行慈俭，怀柔远近，无为之政，与太古同风。故天地气和，合而呈瑞。"[2]看来独孤及一定要把议论发在"理"上，这样的议论才能有根有基，才能顺理成章，才能有说服力。而独孤及所据之"理"无不出自儒家的道德体系，崔祐甫称其为文"大抵以立宪诫世褒贤遏恶以为用"，此类表文借祥瑞来"褒"君，本质上是用儒家的治世之道来"勉"君、"导"君，激发君王的成就感。所以即便是独孤及祥瑞表贞之类的应制之文，也服膺于其经世致用、文以宏道的现实目的，是目的性极强的"有为"而作。

所谓"理正"而辞严，独孤及不仅善于抓住所持之"理"大发议论，还善于揪住事物之理给予对方强烈反击，使他的文章呈现出激烈的论辩色彩。如《故御史中丞卢奕谥议》一文，作家首先简述了卢奕作为一介文官在面对安史叛军的威吓时义不变色，"西向而辞君""以死全节"的事迹。然后用"或曰"引出与自己对立的观点，接着用"及以为不然"突转，再揪住对方观点的漏洞反复申说、驳之而后快：

> 或曰："洛阳之存亡，操兵者实任其咎，非执法吏所能抗，

① 《〈毘陵集〉校注》卷四，第82页。
② 《〈毘陵集〉校注》卷五，第124页。

师败将奔，去之可也。委身寇仇，以死谁怼？"及以为不然，勇者御而忠者守，必社稷是卫，则生死以之。危而去之，是智免也，于忠何有？盖苟息杀身于晋，不食其言也；仲由结缨于卫，不避其难也。元冥勤其官而水死，守位而忘躯也；伯姬待保姆而火死，先礼而后身也。彼四人者，死之日皆于事无补，夫岂爱死而贾祸也？以为死轻于义，故蹈义而捐生。古人书之，使事君者劝。然则禄山之乱，大于里克、孔悝；廉察之任，切于元冥之官。分命所系，不啻保姆，逆党兵威，烈于水火。于斯时也，能与执干戈者同其戮力，挽之不来，推之不去，岂不以师可亏，义不可苟，身可杀，节不可夺？故全其操持于白刃之下，孰与夫怀安偷生者同其风哉？①

一些人认为，卢奕在危难之时应图自保，实在没有必要以身殉死。独孤及一针见血地指出，这些人的想法与卢奕实际的做法实乃"智"与"忠"、"贪生"与"蹈义"之别。接着独孤及采用以古证今之法，一口气连用四个整饬的长句，连举四位古圣贤人之例，推出"死轻于义"之理。之后再以古圣贤人的遭遇反观卢奕所面临的现实景况，就顺理成章地显示出卢奕之举的可敬可贵了。在驳倒对方之后，独孤及还不忘趁热打铁，就势大发议论："能与执干戈者同其戮力，挽之不来，推之不去，岂不以师可亏，义不可苟，身可杀，节不可夺？故全其操持于白刃之下，孰与夫怀安偷生者同其风哉？"连用两个反问句加强语气，作家的愤懑不平与一身的凛然正气以咄咄逼人之势喷涌而出，真可谓"理正"而"气盛"、义正而辞严！权德舆《唐故常州刺史独孤及谥议》有言："定吕諲、卢奕、郭知运之谥，用礼文宪度，得褒贬之正，凡所往复，词旨坚明。"②所言不虚耳！

独孤及还有两篇驳议写得非常精彩。《文心雕龙·议对》有言：

① 《〈毗陵集〉校注》卷六，第131页。
② （唐）权德舆撰，郭广伟校点：《权德舆诗文集》，上海古籍出版社2008年版，第772页。

"驳者,杂也。杂议不纯,故曰驳也。"所谓"驳"就是在纷繁复杂的议论中,取其纯粹,取其精正。王兆芳《文体通释》载:"李充曰:驳不以华藻为先。主于进言指误,胜以纯正。"同样是从驳议指正别人错误、证明自己观点这一目的论的角度来谈的。吴曾祺《文体刍言》认为,驳议"主于反复诘难,曲尽事理为要",则是从驳议写作手法上要求论证周备严密、反复申说,不给错误观点留下一点余地的角度来谈的。独孤及的驳议在"胜以纯正""曲尽事理"两方面都见长。

独孤及为太常博士时作《郭知运谥议》,列举郭知运的骁勇有谋、善用兵和奖拔人才,请谥曰"威"。对此,崔厦提出了驳议。崔厦的反驳谨遵《礼经》,反驳的理由大体有二:其一,《礼经》曰:"过时不为礼也。"而郭知运承恩诏葬,已五十年矣。时过境迁,如若卤莽再谥,恐无以正朝廷赐谥的严肃性。其二,《礼经》又云:"已孤暴贵,不为父作谥。"郭知运之子郭英乂已策勋位,此时如若为父再谥,则于礼不可。针对崔厦之议,独孤及作《太常停谥陇西右节度郭知运议》进行一一反驳,行文逻辑层次非常严谨。针对崔厦驳议的理由之一,独孤及提出三点反驳:第一,他指出:"葬将易名,时也,有故阙礼,追远请谥,顺也。"并举数例以说明既然郭知运功高未谥,后人拾遗补阙将其补足未尝不可。第二,帝王殊途,而唐之新礼曰死必有谥,并没有过时不谥之说。第三,苗晋卿、吕諲、颜杲卿皆过时而谥,为何独郭知运不可呢?针对崔厦驳议的理由之二,独孤及又反驳道"已孤暴贵,不为父作谥",是指父无位,不当以子之贵加荣于父,而郭知运位列九卿,根本无需依子立谥,何谈"已孤暴贵"之说呢?可见,独孤及对崔厦的反驳可谓是曲尽事理、更无渗漏。

但独孤及并没有到此为止,而是乘胜追击,进一步为请谥张目:

当开元二年,吐蕃以举国之师入五原塞,击柝之声,闻于咸雍,知运与郭虔瓘讨平之,以张王室。当时微知运,则沂陇之西，左衽是惧。今朝廷方命将帅，以征不服，讨不庭，宜褒宠之，以劝握兵者，安可以葬久而废大典？况夫《谥法》者，盖考其言行道事业之邪正，必以字褒贬之，使用权生者闻美谥而慕，睹恶谥而惧，不待赏罚，而贤不肖皆劝。是一字之谥，贤于三千之刊，本非为没者之子孙，以为哀荣宠赠之具。①

《四库全书总目提要》评独孤及文时称："如景皇配天仪，郭知运、吕諲等谥议，皆粹然儒者之言，非徒以词采为胜。"②通过这一段文字，我们完全可以感受到这位儒之大者的良苦用心。作为太常博士，独孤及的政治使命即是通过一字之褒贬以劝后世百代之子孙。在夷狄为乱、内忧外患之际，树郭知运之威名以劝今握兵者，恐怕即是他作为一介之文官为扭转国运之衰而做出的最大努力了。从表面上看只是为已逝五十年的将军追谥一字而已，实际上却包含着独孤及忧国忧民、挽救世道人心的现实目的。

清王之绩《铁立文起》称："答驳议如唐独孤及《答严郢驳吕諲谥议》。"③将《答严郢驳吕諲谥议》作为驳议文的典范，此文亦是一篇紧抓对方漏洞给予有力回击之作。先来看该文的写作缘起，按照唐制"凡殁者之故吏得以行状请谥于尚书省"。"行状"乃是请谥者必须向尚书省提交的一份文件，这份文件将作为太常拟谥的依据，内容主要记录逝者之生平籍贯、仕进经历、主要事迹等。先是吕諲之故吏严郢以行状请谥，太常博士独孤及初拟曰"肃"，严郢不满，上疏请谥为"忠肃"。面对严郢的上疏，独孤及的反驳可以说是层层深入、严谨周密、滴水不漏。

首先，面对"漏书功绩"的指责，独孤及以太常拟谥的"实录原则"反唇相讥。第一，吕諲任宰相时间不长，此时或有为肃宗献计献策之事，但知之者甚少。故按"实录"原则"阙其所疑，而录其尤

① 《〈毗陵集〉校注》卷六，第137页。
② （清）永瑢：《钦定四库全书总目·集部三·别集类三》卷一五〇，中华书局1965年版，第1285页。
③ （清）王之绩：《铁立文起》前编卷六，康熙刻本影印版，第313—314页。

著者"，此乃太常分内之责。第二，太常拟谥未提吕諲"推进名贤"，并非有意漏书，乃是行状未载。言外之意是，此非我太常博士的失职，而是你严郢的行状写得不详。至此，独孤及叼住对方的漏洞给予了重重的还击。但还不是致命的一击，独孤及接着又说："今驳议撰谥异同之说，并故吏专之。伏恐乱庖人尸祝之分，违公器不私之戒，且非唐虞师锡佥曰之道。"言外之意是，逝者之故吏负责草拟行状、尽好自己的本分就可以了，关于拟以何谥乃太常博士之责任，而恰恰由于逝者与故吏的亲近关系，则更需要避嫌。如果拟谥都需要征求故吏之意见的话，那么拟谥何来客观呢？独孤及反驳严郢干扰太常博士日常工作的"越职"之举可谓是义正词严，这又等于在皇帝面前参了严郢一本，同时也维护了太常拟谥的严肃性与尊严。

其次，面对严郢更"肃"为"忠肃"的请谥意见，独孤及以太常拟谥的"谥议原则"相回击。他先指出为逝者拟谥"在惩恶劝善，不在哀荣；在议美恶，不在字多"。并列举从文王、武王至盛唐数十位先者，以证明"二字不必为褒，一字不必为贬"。然后顺势反诘："今奉所议云'国家故事，宰相必以二字为谥。'未知出何品式？"《文心雕龙·议对》在讨论"议"的写作时说："故其大体所资，必枢纽经典；采故实于前代，观通变于当今。"指出写好"议"文必须以经典为据、博通古今。独孤及此文以其博采古今的丰富性，恰恰反衬出严郢对历史常识的无知，故反驳起来痛快淋漓。最后，独孤及请求皇帝保留自己原来的意见，谥之为"肃"。理由是"肃"乃"忠之属也"，"以肃易名，而忠在其中矣。"一字二字意实相同，又何必非置二字呢？独孤及的此篇驳论反驳起来有理有据，最终得到了肃宗的准可。综观此文可以发现，独孤及是在"理"上占上风，故论辩起来才游刃有余。又由于"理"充而"气"足，整篇文章才文雄气健，锋不可挡！

通过上文所举之数例，我们可以看到独孤及此类文章的共同特点，就是横亘于辩论裁正之中那充实正大、喷薄欲出的文气。崔祐甫评其文"峻如崧华，盛如江河，清如秋风过物，邈不可逮"（《独孤公神道碑铭》)。梁肃称其文"达言发辞，若山岳之峻，极江海之波澜，故天下谓之文伯"(《独孤公行状》)。皇甫湜称其文"如危峰绝壁，穿倚霄汉，长松怪石，颠倒溪壑"①(《谕业》)。皆看到了独孤及文呼之欲出的力量。落实到独孤及的奏议文中，这种力量正是他以"道"贯文的结果。独孤及文师三代两汉，他为文长于论议的特点可谓继承了孟子之衣钵。在具体写法上，通过旁征博引以增强"理"的普遍性，通过排比以造势、据理反诘而为文增势，都可以看到孟子为文的影子。

孟子之文长于论辩是人所共知的，《孟子·公孙丑下》记载了孟子的话："我知言，我善养吾浩然之气。……其为气也，至大至刚，以直养而无害，则塞于天地之间。其为气也，配义与道，无是，馁也。是集义所生者，非义袭而取之也。"②可见，孟子所言之气是至大至刚的天地正气，且此气又"配义与道""集义所生"，一旦缺少"道"和"义"的配合，就会"气馁"、失去力量。孟子对于"道"与"气"的看法，非常适合评价独孤及优秀的奏议文创作，独孤及此类文章正是因为"道"充实，而"气"正大、文有感染力。梁肃在《补阙李君（翰）前集序》中说："故文本于道，失道则博之以气，气不足则饰之以辞，盖道能兼气，气能兼辞，辞不当则文斯几矣。唐有天下凡二百载而文章三变：初则广汉陈子昂，以风雅革浮侈；次则燕国张公说，以宏茂广波澜；天宝已还，则李员外、萧功曹、贾常侍、独孤常州比肩而出，故其道益炽。"③通过梁肃的这段话，一方面，我们可以看出他认为独孤及的文即是道能兼气、气能兼辞的典范；另一方面，我们也可以看到梁肃的文学观念实与孟子一脉相承。韩愈为文远师三代两汉，近承梁肃。他在《答李翊书》中说："气，水也；言，浮物也；水大，而物之浮者大小毕浮。气之与言

---

① （唐）皇甫湜：《皇甫持正文集》，影印江安傅氏双鉴楼藏宋蜀刻本，1923 年，第 11 页。

② （先秦）孟子撰，杨伯峻注：《孟子译注》，中华书局 1960 年版，第 62 页。

③ （唐）梁肃撰，胡大浚、张春雯整理校点：《梁肃文集》，第 41 页。

犹是也，气盛，则言之短长与声之高下者皆宜。"①韩愈保证"气盛"之法，亦是"配义与道"。他说"始者，非三代两汉之书不敢观，非圣人之志不敢存。处若忘，行若遗，俨乎其若思，茫乎其若迷。当其取于心而注于手也，唯陈言之务去，戛戛乎其难哉！"他的意思是说，最初他学习三代两汉圣贤之书可以说亦步亦趋，直待将圣人之志了然于心后，才做到做文章"唯陈言之务去"。可见，在韩愈看来，养气的过程正是一个从谦卑地学习到挥洒自如地以"道"贯气的过程，而他所讲之道与独孤及所持之道一样，指的都是儒家圣贤之道。虽然独孤及的文论中并没有明确的"气"论，但是从他的创作实践中我们可以看到，在讨论从孟子到梁肃、韩愈的"养气"说的发展脉络时，独孤及是一个不可逾越的人物。

　　然而，我们要注意的是，以经世致用为核心，独孤及论说文所据之"理"有时并不出于同一价值标准。例如，独孤及的《直谏文》是一篇向代宗皇帝极言直谏的文章，为了使代宗重视他的谏言，他以"灾异谴告"的理论相提醒。他说：

> 去岁十二月丁巳，夜中星陨如雨。昨者清明降霜，三月苦热。寒暑气候，错缪颠倒，沴莫大焉，岂下凌上替，怨讟之气焰以取之耶？不然，天意之丁宁谴诫，以此儆陛下。宜反躬罪己，旁求贤良者而师友之，黜弃贪佞不肖而窃位者，下哀痛之诏，去天下所疾苦，废无用之官，罢不急之费，禁此暴兵，节用爱人，罔使宦官乱国政，佞言败厥度，兢兢乾乾，以徼福于上下，必能使天诚感而神心应，反妖灾以为和气。②

同祥瑞表贞的思想一样，独孤及认为，灾异也不是徒然发生的。祥瑞是对君王贤能之治的鼓励，灾异则是对君王励精图治、思过悔过的提醒。这里，他以自然界的异常现象来提醒皇帝反躬罪己、求贤

---

① （唐）韩愈撰，岳珍、刘真注：《韩愈文集汇校笺注》，第699页。
② 《〈毗陵集〉校注》卷四，第84页。

纳谏、罢不需之兵，我们可以看到独孤及正是以汉儒"君权神授"、"天人感应"思想以为用，旨在服务于现实的政治需要。尽管此类天人感应的神学解释虽属无稽之谈，然而我们还是可以看到一个纯正的儒者希冀中兴唐王朝的良苦用心。然而，独孤及所留下的另一篇文章在面对天灾时却换了一个理论视角。《吊道殣文并序》一文，在描写了三吴大旱、大疫之后惨不忍睹的社会景象后，在面对时人对政府赈灾不力的指责时，独孤及以"及以为不然"相反驳，最终把百姓所遭受的苦难归结为"运命"，他说：

当阳九之厄，阴阳错而灾沴降。天也，非人也。①

将大灾和大疫指为天命所为，再不提灾异是上天提醒王朝统治者思过悔过、图兴国大业之事。独孤及作此文使用有别于《直谏表》的另一套理论，这与此时他正任武康令，看到民怨沸腾，恐怕百姓滋事，希图安抚民心有关。单看《直谏表》和《吊道殣文并序》，独孤及所持之"理"都能够自圆其说。但是对比看，为了服务于经世致用的不同现实目的，他所使用的恰恰不是同一个标准的价值体系。

卢奕之死于己于国都没有什么实际功用，而独孤及却盛赞其"忠"。我们看到独孤及分析问题时更重视的是卢奕身上所表现出来的人格价值，而不是时人的"权变"之术。所以在以"工具理性"还是"价值理性"思考问题之间，独孤及显然选择的是后者。但有意思的是，独孤及另外一篇使他享誉文坛的文章《吴季札论》却完全是另外一个理论视角。他认为，季札遵从长幼有序的封建伦理道德而让国，是徇名也，该举不顾国之大局，对导致吴国的灭亡具有不可推卸的责任。此处，独孤及显然是以"工具理性"的务实原则来思考问题的，谁贤能谁就该当仁不让地承担治国大任，对一个国家的长治久安来讲，贤者为君要比长幼有序的伦理道德来得有用。

---

① 《〈毗陵集〉校注》卷一九，第401页。

独孤及的《吴季札论》虽然被时人赞为"……其评议之精，在古人右"，却也招来了宋人石介的翻案文章。石介极力反驳独孤及对季札的看法，他说："与其奉先君已没之命，孰若存先王大中之教；与其全一国将坠之绪，孰若救万世篡弑之祸。"①石介的看法虽仍未跳出实用主义的樊篱，但是亦看到了季札让国之举精神价值的可贵。单看《卢奕谥议》和《吴季札论》，我们都可以看到独孤及论辩之精深、透彻，论辩角度之出人意料、不同寻常。但是合起来看两篇文章，我们又可以发现服膺于经世致用的现实目的下，独孤及论辩之视角往往出于不同的价值标准。

（二）结构精紧，别无枝蔓

独孤及的奏议文之所以能做到说理严密周详、滴水不漏，在很大程度上是因为得益于他精紧的文章结构。《景皇帝配昊天上帝议》是一篇层次清晰的议礼之文，作于独孤及为太常博士时期。该文曲尽事理、娓娓道来，不像以国家动乱为背景的奏议那般语词激烈、剑拔弩张，却多了一分温文尔雅、纡徐沉稳。该文首先引经据典、以史为鉴，指出以首封之君为太祖，乃夏、商、周三代之法，从而得出"自古必以首封之君配昊天上帝"的结论。其次用"唯"字一转，指出汉代面临的特殊情况："唯汉氏崛起丰沛，丰公沛公皆无位无功德，不可以为祖宗。故汉以高皇帝为太祖，其先细微故也，非足为后代法。"②认为汉代以高皇帝为太祖只是历史上的一个特例，并不足以后人效法。在分析了三代与汉的具体情况之后，独孤及紧接着叙述唐太祖景皇帝对于李唐帝国的建立所奠定的功勋，从而证明以太祖景皇帝配昊天上帝不仅合乎古礼，而且合情合理。整篇文章采用先言三代的普遍规律，再言汉代的特殊现象，再联系实际情况具体分析，最终得出结论的结构布局。文章结构清晰、层次简洁明了、论证逻辑严谨有力，康熙帝在《古文评论》中说："议礼之文贵确，不

---

① （宋）石介：《徂徕集》卷一一，文渊阁四库全书本。
② 《〈毗陵集〉校注》卷六，第 128 页。

在枝叶繁蔓，此文近之。"①揭示出该文的妙处所在。

独孤及还非常注意利用文章的结构以突出主题、避免叙述之繁杂。如独孤及作于安史之乱期间的贺平贼表，这些表文篇幅都不长，但所包容的信息却十分丰富。为使文章结构紧凑，独孤及开头都以"臣闻"领起全文，而"臣闻"的内容都是作家总结的历史普遍规律：

　　臣闻征而无战，王者之师也；将而必诛，《春秋》之义也。（《贺擒周智光表》）②

　　臣闻圣人之生，不能使大盗不起，故唐虞之代，则有三苗之师，奸宄草窃，为患旧矣。（《贺袁傪破贼表》）③

　　臣闻圣人之生，不能使大盗不起。唐尧之代，时则有四凶在列。王制所以诛不恪、讨不庭，小者市朝，大者原野。奸宄草窃，何代无之？（《为江淮都统使奏破刘展兵捷书表》）④

　　臣闻四时成岁，秋为司杀，故圣人则之，以作五兵。盖奸宄寇贼，或乘衅而起，则干戈孤矢，亦有时而动。（《为江淮都统使贺田神功平刘展表》）⑤

　　臣闻皇天分时，秋为司杀，王者立极，兵以禁暴。唐虞有共工、苗人之患，殷周有鬼方、昆夷之战。盖蛮夷猾夏，自古有之。（《为江东节度使奏破余姚草贼龚厉捷书表》）⑥

---

① 爱新觉罗·玄烨：《古文评论》，《圣祖仁皇帝御制文集》第3集，文渊阁四库全书本。
② 《〈毗陵集〉校注》卷四，第77页。
③ 同上书，第78页。
④ 《〈毗陵集〉校注》卷五，第105页。
⑤ 同上书，第100页。
⑥ 同上书，第107页。

这样的规律性表述有什么好处呢？第一，可以照应后文，为后文描写战争厮杀的场面做铺垫。既然圣贤在世都不能防止作乱，那么现时的动乱也是历史发展的正常现象。第二，更加突出主题，独孤及如此强调这一历史规律是为了与后文将要提到的李唐王朝的动乱相类比，这便很容易对应地把李唐王朝比作唐虞、殷周，把唐帝王比作古圣贤君，把李唐的军队比作三苗之师、王者之师。既然圣贤时代都能征而无战、兵以禁暴，那么李唐的动乱被平定也是历史的必然。这里，独孤及能把正处在内忧外患中的李唐王朝与圣贤时代相类比，可见他对李唐之中兴还是充满自信的。

在"臣闻"领起的历史总规律下，独孤及则采用分头叙事的方式，将对战争起决定作用的因素分述开来。以《贺擒周智光表》为例：

> 臣等言：臣闻征而无战，王者之师也；将而必诛，《春秋》之义也。臣伏见周智光傲很顽虐，昏迷猖狂，敢专生杀之威，以慢王度；崇饰奸慝之志，自干天诛。陛下谓罪在己躬，视人如子，永言式遏之义，不得已而用师。而将才受钺，兵未血刃，已枭元恶之首，载安旧污之俗。昔汉征黥布，望阵而忧；殷伐鬼方，积年乃克。岂若今日陛下朝命将帅，夕歼渠魁，制胜神速，从古未有？臣无任庆快之至。①

我们很容易就能清楚地看到独孤及的论述逻辑：先说贼寇如何如何，再说陛下如何如何，再叙将领如何如何，最后对战争的胜利发出议论、发出感慨。独孤及这种"总—分—总"（先叙历史规律，再分述左右战事的三方，最后发议论或发感慨）的叙述模式，一方面使作品主题明确、集中，另一方面又避免了因头绪繁多而叙述杂乱的可能性。不独《贺擒周智光表》一篇表文，独孤及其他的贺平贼表采用的都是这样的叙事格局，有所区别的是有的表文对战事的

---

① 《〈毗陵集〉校注》卷四，第77页。

叙述简单些，有的叙述的复杂些而已。

　　对于复杂的战事，独孤及也能叙述得有条不紊，这得力于他对事情的剪裁。给皇帝的上疏不可能长篇大论、面面俱到地将所有的事情都说清楚，而向帝王上奏的贺平贼表，既要向皇帝告知战事的原委及结果，又要委婉地道出带军之将的指挥之功，同时又暗含着带军将领在皇帝面前为与自己出生入死的部下请功的含义。独孤及的《为江东节度使奏破余姚草贼龚厉捷书表》既平衡了多方面的需要，同时在叙事上又严谨详密、杂而不乱。

　　臣闻皇天分时，秋为司杀……龚厉父子，乘间起兵，劫明州之人，略馀姚之地，负阻海口，凭陵江干，蚁聚偷安，蚕食分给。属王师北伐，未遑南征，逮兹二春，侵掠益甚，将拟复东瓯故地，窥南越僭迹，边邑黎庶，为之骚然。臣方荷推毂之寄，怀尽敌之计，思所以扶乘天威，图制远略。料其贪而无整，勇而无刚。乌合兽聚，不足当堂堂之阵；山潜海匿，不足用桓桓之师。难以力制，易以计灭。臣遂遣军将潘景兰领辎驮数十辈，伪为商旅，傍山谷往来以饵之。又遣军将吕道光领拍刀手一百人，取其便道，为伏以待之。遣军将左璋率弩手一百五十人为左翼，军将余能变率弩手一百五十人为右翼。皆三吴良家，百越劲卒，争贾馀勇，乐于公战。蓬头突鬓，焱骇火烈，相为辅车，夹敌之路。又遣军将张思览率拍刀手一百人为中军，操中权之制，以苛其进退。以三月二十九日至青烟洞口，果如臣策，贼遂出山。先者遇伏，鼓噪合战，于是奇正毕举，四军夹攻，贼众夺气，不知所守。鸣鞭雷动，飞镝两集，转战四十里，杀其三百馀人。龚厉尚稽天诛，且偷晷刻，收合馀烬八九十人，更登高罝，背山借势。张思览等连弩乱发，引军合围，天声扬而勇士厉，锐气作而妖星陨，遂斩元凶父子，擒其妻孥，馀党僵仆原隰，脂膏草莽。犹恐蒋潢蹊荟，尚有伏奸，遂搅山搜谷，刮野扫地，倾其巢窟，返旆而旋，累载逋诛，一朝扑灭。

非 陛下 圣谟神策，与天合契，制胜两楹，加威四海，则安能翦豺狼如拉朽，扫搀枪如拾芥，使吴越乂安，江汉澄廓……①

该文主体部分依然采用的是分头叙述的方式，分述左右战争胜负的三方，最后将胜利的根由推功于帝王之英德，体现出时人强烈的"尊君抑臣"的色彩。分述部分又以"臣"（江东节度使李峘）指挥的战役为叙述重点，然而整个战役纷繁复杂，如果记流水账般地罗列事实，不但不能引起特定读者（陛下）的阅读兴趣，而且也无法达到为功臣请功的深层目的。故此，独孤及并没有急着写战役，而是诱导读者的阅读兴趣，先写战前的部署，为读者后文的阅读留下悬念。独孤及先以"料其"二字突显带军之将的军谋大略、指挥有方，然后依次叙述饵之、伏之、夹之、节之的军事部署，不仅向朝廷上报了参与此次战斗立功之将的名单，同时也委屈地透露出带军将领的军事才能。接着，独孤及以"果如臣策"与上文的"料其"相呼应，然后叙述敌众因诱之而出山，因伏之而溃散，因四军夹之而夺气，最后在将领张思览引军合围之下失去退路，或被斩杀，或束手就擒的战斗过程。至此，江东节度使"请君入瓮"之计大功告成！该文的叙事前后呼应、简洁不乱，同时戏剧化的叙述又使文章具有十足的可读性与感染力，这样的表文怎能不感悟人主？

蒋寅先生在《作为诗人的独孤及》一文中指出，独孤及发达的理性思维"抑制和阻碍了他感性和情趣的发展，对他日后的诗歌创作是很不利的"②。发达的理性确实抑制了独孤及诗歌的形象思维，使得他的诗歌说教意味浓厚。但是从独孤及奏议文的创作实践中我们却可以看出，发达的理性对于他以严谨的逻辑思维来结构文章却是大有帮助的。

（三）强烈的个性色彩

《文心雕龙·章表》有言："原夫章表之为用也，所以对扬王

---

① 《〈毗陵集〉校注》卷四，第 107 页。
② 蒋寅：《作为诗人的独孤及》，《河南大学学报》1996 年第 4 期。

庭，昭明心曲。"也就是说写作章表的目的乃是回应王廷、颂扬皇恩、向帝王呈明臣下的内心。李善注《文选》时，将"表"解释为："表者，明也，标也，如物之标表。言标著事序，使之明白，以晓主上，得尽其忠，曰表。"此处亦言"表"文"以晓主上"的写作目的，同时也更明确地指出"表"文写作最重要的是彰显臣下之"忠"心。然而，让帝王轻而易举地阅纳臣下之忠心谈何容易？特别是当臣子看到帝王的偏失、政策的弊端而起身直言相谏之时，既要做到使帝王对自己的"逆耳"之言充分重视，还要照顾到皇帝的面子，考虑到皇帝的心理接受程度。因此，为了让皇帝接受自己的建议，大臣们在写作奏议的时候不仅要曲尽事理，还往往声情并茂地将自己的耿耿忠心赤诚相见，力求行文的感染力，进而打动君王。刘振娅在《论历代奏议体散文的文学成就》一文中说："'诗言志'的传统影响到中国古代散文重抒情，重气势，重神韵的独特风采。中国古代政论文也不同于西方的政论，西方人重思辨，往往是客观、冷静地进行逻辑推理，三段式。而中国的政论，作者的感情始终贯穿于说理、议论、叙事之中，形成中国论说文'晓之以理'、'动之以情'的特色。"①因此，不论从中国古代封建社会的君臣关系，还是从"诗言志"的文学传统角度来看待中国古代的奏议文创作，我们都不能把创作主体的感情色彩排除在讨论之外。独孤及的奏议文创作亦贯注着作家充沛而深沉的忠君之情，一字一句皆发自肺腑。读他的作品，我们往往能感受到文字背后作家强烈的个性风采。

《直谏表》是独孤及任左拾遗期间向唐代宗献上的一篇谏表。独孤及是于代宗永泰元年被招为左拾遗的，他一赴任就请减江淮、山南诸道兵马，以赡国用。但代宗对他的谏言并未给予理睬，于是心急如焚的独孤及遂作此《直谏表》对代宗的纳谏态度进行大胆的批评。此表欲抑先扬，首先盛赞代宗招延献纳的政治举措："此五帝之盛德也，而臣以目睹，生则幸矣。"将臣之忧喜与皇帝的盛德紧紧地联系起来，作家的情感倾向表露无遗。而就在这个时候，"然"

---

① 刘振娅：《论历代奏议体散文的文学成就》，《广西社会科学》1995 年第 4 期。

字一转，引出作家谏言之事：

> 然顷者陛下虽容其直，而不录其言，进匦上封者，大抵皆事寝不报，书留不下，但有容谏之名，竟无听谏之实。遂使谏者稍稍自引，钳口就列，饱食偷安，相招为禄仕，此忠鲠之士所以窃叹，而臣亦耻之。

以"但有容谏之名，竟无听谏之实"指责皇帝有名无实、虚有其表，用语沉重、尖锐，批评大胆，语气不容置疑。而"臣亦耻之"与上文"（臣）生则幸矣"的感情色彩形成强烈反差，臣喜为君而喜，臣忧为君而忧的内心情怀昭然若揭！之后作者渐收锋芒，一改用语之激烈，转入循循善诱、娓娓道来，将帝王纳谏之理说得明明白白，又以尧设谤木、孔子不耻下问的典故相鞭策。但作家并不满足于此，而是趁热打铁对代宗皇帝虚心纳谏发出热情的邀请：

> 臣不胜大愿，愿陛下试以尧孔之心为心……则知之必言，言之必行，行之必恭，则君臣无私论，朝廷无私政，天下无私是。

从"臣不胜大愿"一句里，我们完全可以感受到作家深切的期望、急迫的心情，真可谓理已尽、情遂至。可见，作家不仅仅是用天下公理来劝说君王，更是以袒露自己的赤诚之心来打动君王，可以说，此处情感的跟进比之前单纯的叙事说理更加重了文章的分量。接着作家又以沉痛的心情描述了现时社会所面临的严峻的社会问题：

> 自师兴不息十年矣，万姓之生产，空于杼轴。拥兵者第馆亘街陌，奴婢厌酒肉，而贫人羸饿就役，剥床及肤，长安城中白昼椎剽，京兆尹不敢诘。……士庶茹毒饮痛，穷而无告。今

其心颙颙，独恃于麦，麦不登则易子咬骨，可歧而待。……陛下不以此时轸薄冰杇索念，励精图治，思所以救之之术，忍令宗庙有累卵之危，百姓悼心而失图？臣实惧焉。

独孤及此言并非耸人听闻，任拾遗之前江南生活的颠沛流离使他深谙底层百姓生活的疾苦。十年来，中原饱受战乱之苦，社会生产遭到严重破坏，贫苦百姓赢饿就役、易子咬骨。而与之相反的却是不法之徒招摇过市，拥兵者作威作福，社会动荡、人心不古。如果此时君王还不励精图治、思救国之术，难道忍心令江山社稷隐患重重，百姓对朝廷失去信任吗？对于社会现实的沉痛描绘，再加上结尾强有力的反诘，怎能不使人警醒、震惊！而就在此时，独孤及一句"臣实惧焉"，溢于言表的忧患之情无疑又加重了李唐王朝的危机感，怎能不令人为之动容！接着，独孤及又亮出他的天人感应之说，以自然界的异常现象告诫代宗返躬罪己、求贤纳谏、禁止暴兵、节用爱人。虽然独孤及"灾异谴告"的理论不足称道，但是作为一个儒者为帝王尽忠的拳拳忠心、为百姓请命的胆识和勇气却明白若揭。借"灾异谴告"的话头，独孤及顺势又提到了请减江淮、山南等诸道兵马之事：

臣一昨陈奏，请减江淮、山南等诸道兵马，以赡国用。陛下初不以臣言为愚妄，许即施行，然及今竟未有沛然之诏，臣窃迟之。今天下唯朔方、陇西有吐蕃、仆固之虞，邠泾、凤翔等兵，足当之矣。自此而往，东泊海南至番禺，西尽巴蜀，万里无鼠窃之盗，已积岁矣，而兵不为之解。倾天下之货，竭天下之谷，以给不用之军，而为无端之费，臣不知其故。假令居安思危，用备不虞，自可于扼要之地少置屯御，徐悉休之，以其粮储廥屡之资，充疲人贡赋，岁可减国赋之半。陛下岂迟疑于改作，遂巡于旧贯，使大议有所壅，而率土之患，日甚一日？是益其弊而厚其疾也，臣窃惑焉。夫疗痈者，必决之使溃。今兵之为患犹痈也，不以渐戢之，其害滋大。大而图之，必力倍而功寡，岂《周易》"不俟终日"之义与？伏惟图其始而要其终，天下幸甚！臣无任恳款之至。

对于代宗初纳谏而迟不下诏的行为，独孤及的反应是"臣窃迟之"，一个"迟"字显示出作者的心急如焚、忧心忡忡。为李峘辟为幕僚的随军经历使独孤及对王朝的国防、军队的开支非常熟悉。正因为此，他很容易发现国家军事方针上的漏洞。在朝廷需要休养生息时仍"倾天下之货，竭天下之谷，以给不用之军，而为无端之费"。作者用"臣不知其故""臣窃惑焉"两次表达了深深的疑惑。从"假令居安思危，用备不虞，自可于扼要之地少置屯御，馀悉休之"之语可以看到，独孤及对李唐边防的建言是经过深思熟虑的，并不是随随便便地乱发议论，正因为此，他对"率土之患，日甚一日"的忧虑才更是发自肺腑的。最后，作者以"疗痈"的比喻来说明对无用之军要早做处置，以绝后患，末句"臣无任恳款之至"不再是公文格式的套话，而是一位忧国忧民的儒者发自内心的恳求。

从"（臣）生则幸矣""臣亦耻之""臣不胜大愿""臣窃迟之""臣不知其故""臣窃惑焉""臣无任恳款之至"这些表达作者感情色彩的语句可见，独孤及是把创作主体的情感毫无保留地投入了叙事说理之中，如此他的文章真正地做到了"以情动人"。我们更要注意的是，不管独孤及多么发自肺腑地直言极谏，他创作这样的极谏之文都是具有相当大的风险性的。他的笔笔"忠"情，再加上全然将个人的安危荣辱置之度外的儒家豪情，使他的忠君、忧国、恤民之情显得更为弥足珍贵。

独孤及为谏官时间不长，所作的谏表存留于世的也仅此一篇。但从他的其他奏议文中我们也可以看到，独孤及是舍得感情投入的。《故御史中丞卢奕谥议》记卢奕在安史之乱中以身殉难的事迹时，对时人对卢奕的"以死全节"所发出的微词，独孤及针锋相对地正面反驳说，"及以为不然"，一句话将作家义愤填膺的凛然正气突显出来。《为杭州李使君论李藏用守杭州功表》在论李藏用守杭州之功时这样说道:"向使微夫人之力,捍此州之境,则江介土宇尽为戎疆,海隅苍生非复我有。由是浙江之外,南至闽岭,士庶免有波迸道路,穷寇不敢搪突藩篱,风波晏然,百姓乐业。父不丧了,兄不哭弟,藏用之功也。"这里实际上在说,如果没有李藏用的帮助,仅凭我杭州刺史的力量,杭州城亡矣!而如今整个江浙地区的安宁,实际上都是李藏用的功劳。这里作者采用扬人抑己的写法,表现出为李藏用请功的真诚和迫切!此文虽是为杭州刺史李使君的代书之作,但独孤及若不是设身处地为杭州刺史及江浙安宁考虑,是不可能掏心掏肺地说出这样的话来的。

中国古代优秀的奏议文不乏真情流露之作,故有"读诸葛亮《出师表》而不流泪者,其人必不忠;读李密《陈情表》而不流泪者,其人必不孝"之语。独孤及优秀的奏议文中的笔笔真情亦有打动人心的力量,甚至使人潸然泪下。明人湛若水评价独孤及《直谏表》时就说:"独孤及悯时哀穷上疏,极言欲其急思所以救之之术,可谓尽忠于代宗者也。至读剥肤及髓,茹毒饮痛之言,则为之掩卷太息流涕,不忍复观之矣!"①总而言之,独孤及奏议文"以情动人"的感染力使他的创作在唐代文学史上留下了光辉的一笔。

二 叙事写人:独孤及序文创作

所谓"序",就是置于书、集、文章、诗歌或图表前后具有说明、叙事或议论性质的文字。明代徐师曾说:"《尔雅》云:'序,绪也。'亦作'叙',言其善叙事理,次第有序,若丝之绪也。"②指出序文的写作宗旨即是如剥茧抽丝般地理出头绪、把握经络,进而条分理析地言说事理。在独孤及作品集中,如此这般将事理叙述得井井有条的序文非常丰富,但是我们此节所关注的只是他的一些独立成章的序文,还不包括其诗、文前边的序。《毗陵集》共收录独孤及文集序3篇、赠序44篇、游宴序7篇。此外,《全唐文》又收有

---

① (明)湛若水:《格物通》卷九七,文渊阁四库全书本。

② (明)徐师曾著,罗根泽校点:《文体明辨序说》,人民文学出版社1962年版,第135页。

《毘陵集》不曾收录的游宴序《晚秋陪卢侍御游石桥序》1 篇。故独孤及现存游宴序共 8 篇，所有序文（不包括诗、文之前的序）共 55 篇。

在《中国文论：英译与评论》一书的"导言"部分，美国学者宇文所安在介绍中国古代的文学思想资料时说："中国文学思想有几个比较大的资料来源，'序'就是其中的一个。……对于某一位作者的个人集，被委托作序的人经常是文学界最权威的人士，只要作者本人（或其子嗣）有本事说动他。作者本人的序言往往也附在后面。这种情况到唐以后越来越普遍。虽然序言的形式五花八门，但它们的目的通常大同小异：让作者的风格与文学理论和诗学或文学的老生常谈协调起来。我们从中可以发现若干对标准价值观念所作的最有趣的精心阐释和修改。选集之序经常是文学史和文类理论的重要资料来源。"[1]从为李华、皇甫冉、萧立所作的三篇集序《检校尚书吏部员外郎赵郡李公中集序》《唐故左补阙安定皇甫公集序》、《唐故殿中侍御史赠考功郎中萧府君文章集录序》中，我们不仅可以看到独孤及将作者的创作风格与"文学的老生常谈"——儒家的文艺美学思想相协调的努力；亦可以看到他对传统价值观念的细微修改，如他以儒家的"文质论"对汉魏之诗"质有余而文不足"的评价，其文质相配的标准显然是以六朝、沈（佺期）宋（之问）的"丽"辞为参照的，而与传统儒家的评判标准相左。可以说，独孤及的文集序为我们研究盛、中唐之交的文学思想，以及盛、中唐之交的文学思想对传统文论的继承与流变提供了重要的研究资料。关于独孤及文集序中的文学主张，我们将在本书第五章里着重论述，故此处不做赘述。又由于独孤及文集序数量不多，所以我们此节仅对游宴序和赠序进行深入探析。

下表是舒士斌参照《全唐文》《全唐诗》所做的唐代主要作家游宴序和赠序的数量统计。

---

① ［美］宇文所安：《中国文论：英译与评论》，上海社会科学院出版社 2003 年版，第 8 页。

作家	序文总数	游宴序	赠序	作家	序文总数	游宴序	赠序
王勃	43	23	16	元结	8	0	6
杨炯	11	7	3	刘长卿	3	0	2
卢照邻	7	4	0	独孤及	55	8	44
骆宾王	10	6	4	于劭	58	5	51
宋之问	13	8	5	权德舆	86	4	64
陈子昂	12	5	6	梁肃	31	3	18
张说	16	3	7	韩愈	40	2	34
张九龄	11	4	5	柳宗元	58	3	46
孙逖	11	3	8	欧阳詹	19	1	18
李华	13	1	9	白居易	10	2	1
王维	9	2	6	元稹	3	0	0
萧颖士	4	3	1	皇甫湜	6	0	5
陶翰	16	1	15	符载	17	4	13
颜真卿	5	0	3	沈亚之	13	0	13
李白	20	3	16	陆龟蒙	5	0	3
高适	2	0	1	徐铉	15	2	6
贾至	4	0	4	道宣和尚	18	0	0
任华	18	0	17				

从表中我们可以看到，独孤及游宴序的总篇数（8篇）位居唐代作家第二，仅次于王勃（23篇），与宋之问（8篇）并列。而赠序的总篇数（44篇）位居第四，列于权德舆（64篇）、于劭（51篇）、柳宗元（46篇）之后。单单从数量上来看，独孤及以祖饯燕集为题材的序文也容不得我们忽视。

（一）游宴序创作

所谓游宴序，乃是伴随着文人士大夫同游共赏、宴饯雅集等游宴活动所产生的序文。褚斌杰先生在《中国古代文体概论》中说：
"古代还有一类以'序'名篇的作品，它们多用以记宴饮盛会，其来
源也与临觞赋诗，为诗作序有关，但它主要写盛会的场面和宴饮之
乐，既不专为诗而作。"①在古代文人的游宴活动中，"临觞赋诗"是
一项重要的活动内容，往往在众人赋诗之后，再推举一人或多人为
序。由于这样的序文多记载"盛会的场面和宴饮之乐"，其"缘事而
发"的性质就使其与"缘情"之诗的审美特质判然有别。然而，虽同
为"缘事而发"之作，独孤及的游宴序创作与其他唐人作家的创作
仍有细微之别。

1. 以人为中心的叙事倾向

独孤及笔下的游宴场面是以与会之"人"的行动为中心的，而大
多数唐代游宴序的作者很少关注游宴场面中具体的"人"、具体的
"人"的行动、具体的"人"的心态。下面我们以唐代留下游宴序最
多的两位作家王勃（23篇）、宋之问（8篇）和被喻为"诗仙"的李
白的此类创作（3篇）为参照，来看一看独孤及游宴序创作的个性
特点。首先，我们来看王勃的两篇作品：

　　若夫怀放旷寥廓之心，非江山不能宣其气；负郁怏不平之
思，非琴酒不能泄其情。则林泉为进退之场，樽罍是言谈之
地。白衣送酒，青阳在节。凫雁乱而江湖春，梅柳开而庭院
晚。楚屈平之瞻望，放于何之？王仲宣之登临，魂兮往矣。侠
客时有，且倾鹦鹉之杯；文人代兴，聊举麒麟之笔。人采一
字，四韵成篇。（《春日孙学士宅宴序》）②

　　自嵇、阮寂寥，尹、班超忽，高筵不嗣，中宵谁赏？古今
惜芳辰者停鹤轸于风衢，怀幽契者伫鸾觞于月径。已矣哉！林
壑遂丧，烟霞少对；良会不恒，神交复几？请沃非常之思，但

① 褚斌杰：《中国古代文体学概论》，北京大学出版社1990年版，第386页。
② （唐）王勃：《王子安集》卷六，上海古籍出版社1992年版，第42页。

宣绝代之游。托同志于百龄，求知已于千载。道之存矣，无乃
然乎？人赋一言，俱裁四韵。(《与员四等宴序》)①

在《春日孙学士宅宴序》中，王勃开篇即对欢宴集会"宣气""泄情"
的性质和作用发出议论，然后顺势导入此良辰佳景就算是屈原、王
粲到来也会流连忘返，结尾对在座的诸位发出邀请，邀请大家以诗
抒一己之怀，载今日之兴。《与员四等宴序》一文，作者旨在借古
喻今，以说明今日嘉会、美景之难得，结尾提醒参加宴会的诸位知
己难求，务要把握机会发内心之思，以宣同道之谊。从中可见，参
加宴会的个人以及个人在宴会中的行动、表现并没有成为王勃关注
的对象，王勃序文的主要作用是产生"引发"的功能，目的是引导
大家来"赋诗"，并不是要记录文人士大夫在宴会时刻的生活情态。
我们再来看独孤及的一篇序文：

先是先清明一日，右金吾仓曹薛华，陈嘉肴，酾清酤，会
河东裴冀、荥阳郑哀、河南独孤及於署之公堂。引满举白，自
午及子，促席于花阴，赋诗于月波。乐极不醉，夜艾而罢。后
清明三日，二三子春服成，思欲修好寻盟，选胜卜昼，裴侯是
以再有投辖之会。是会也，郑不至，吾兄惠然而来。堂有琴，
庭有条，芳草数步，落花满席。中和子冠乌纱帽，相与箕踞喑
嚎，傲睨相视，称觞乎其间。趣在酒中，判为酩酊之客；家本
秦也，能无呜呜之声？其诗云："上天垂光兮熙予以青春，今
日何日兮共此良辰。与君觞浊酒而藉落英兮，如年华之相亲。
蹇淹留以醉止，孰云含意而未申？"歌数阕，裴侧弁慢骂曰：
"百年欢会，鲜于别离。"开口大笑，几日及此，日新无已，今
又成昔。不纪而赋之，如春风何？其演为连珠，以志此会。
(《仲春裴胄先宅宴集联句赋诗序》)②

① (唐)王勃：《王子安集》卷六，上海古籍出版社1992年版，第42页。
② 《〈毗陵集〉校注》卷一四，第316页。

从此序中，我们即可看到独孤及的兴奋点在于记"人"之行动，撰"人"之情态。从时间上来看，该序记载了两次欢聚。先是清明之前一日，值得注意的是，这里作者不仅详细记载了参加宴会的人物，而且简要叙述了与会人物的行动：引满举白、临觞赋诗。同时，又不忘记录欢宴活动持续的时长：自午及子、夜艾而罢。然而，如此之欢宴并未让与会人物感到尽兴，这便为第二次欢会埋下了伏笔。至此，我们可以看到，人物的兴致乃是贯穿整篇文章的"筋骨"。第二次欢聚发生在清明之后三日，独孤及再一次不厌其烦地记录了与会的人员，甚至连人物穿着的变化——已经换上了春天的服装都没有被他所遗漏。但是最令人意外的是，作者记录了一个满怀趣味性的、非常戏剧化的场面：中和子（疑为薛华）头戴乌纱帽——这本该是一个一本正经、正襟危坐、不苟言笑的官员形象，而他却酩酊大醉"箕踞嗢噱，傲睨相视"，其坐无坐相、大笑不止、斜眼看人的狂态简直与他的现实身份形成强烈反差。正是在这样鲜明的反差之中，独孤及让我们看到了恪守礼法的儒家知识分子暂时逃离社会身份的捆绑，在诗酒之间任情放纵、潇洒疏狂、不拘小节的一面。然而，"酒后失态"的并非中和子一人，作者仅用"侧弁慢骂"四个字即传神地塑造出好友裴冀狂放不羁的动人形象，他歪戴帽子、出言不逊的举动完全不把世俗礼法放在眼里，不但不令人反感，反而让人感到兴之所至的自然而然。从这篇序中我们可以看到，与王勃的游宴序以议、以景、以典来引发诗兴不同，人物的"外在行动"成了独孤及叙述与关注的焦点。独孤及的序作更接近于生活原生态的记录，而更为打动人心的则是生活的原生态背后所传递出的文人士大夫在诗酒之间放纵人生的精神状态。透过人物的行动进而描写人物的精神世界，独孤及的序作更接近于西方人所说的"模仿"的艺术。就算是被喻为"诗仙"的李白都没有像独孤及那样极力描摹人物酒后疏狂之态。我们再来看李白的两篇宴序：

　　夫天地者，万物之逆旅；光阴者，百代之过客。而浮生若梦，为欢几何？古人秉烛夜游，良有以也。况阳春召我以烟景，大块假我以文章，会桃李之芳园，序天伦之乐事。群季俊秀，皆为惠连；吾人咏歌，独惭康乐。幽赏未已，高谈转清。开琼筵以坐花，飞羽觞而醉月，不有佳作，何伸雅怀？如诗不成，罚依金谷酒数。(《春夜宴从弟桃花园序》)①

通驿公馆南有水亭焉，四甍翚飞，巉绝浦屿。盖有前摄令河东薛公，栋而宇之；今宰陇西李公明化，开物成务，又横其梁而阁之。昼鸣闲琴，夕酌清月，盖为接辎轩、祖远客之佳境也。制置既久，莫知何名。司马武公，长材博古，独映方外，因据胡床，岸帻啸咏，而谓前长史李公及诸公曰："此亭跨姑熟之水，可称为姑熟亭焉。"嘉名胜概，自我作也。且夫曹官绶冕者，大贤处之，若游青山，卧白云，逍遥偃傲，何适不可？小才居之，窘而自拘，悄若桎梏，则清风朗月，河英岳秀，皆为弃物，安得称焉，所以司马南邻，当文章之旗鼓；翰林客卿，挥辞锋以战胜。名教乐地，无非得俊之场也。千载一时，言诗记志。(《夏日陪司马武公与群贤宴姑熟亭序》)②

前一篇序，李白同样介绍了宴会的环境、筵席的场面，交代了文人士大夫觥筹交错、赋诗咏歌的活动内容，然而却空有场面描写，具体的人在宴会中的具体行动在李白此序中的地位是微不足道的。第二篇序李白着重笔墨介绍了"姑熟亭"名字的由来，然后便借机对宴会的地点大发议论："大贤处之"如何如之何，"小才居之"如何如之何，最后邀请与会诸位抓住此千载难逢的机会赋诗言志。这篇序中，甚至连欢宴的场面都没有成为作家关注的重点，更何谈人物在宴会中的行为举止呢？以李白的宴会序为参照，我们再来看独孤及的序作：

---

① （唐）李白撰，（清）王琦注：《李太白集》卷二七，上海古籍出版社 1992 年版，第 493 页。
② 同上书，第 480 页。

……是以有高会远望，危言浩歌。或心惬清机，寓兴于物；或语及陈迹，盱衡而笑。于是初筵而惠好修，中饮而意气接，既醉而是非遣。……（《郑县刘少府兄宅月夜登台宴集序》）①

……主人有才子四人，侍酌于前。……于是一觞解颜，再觞解忧，三觞忘形而傲随之。商弦数奏，墙阴移而坐客醉，手持浊醪，笑向朗月……既醉，余以箸击唾壶，扣商而歌。……（《清明日司封元员外宅登台宴集序》）②

……十有五人……肴芳酒浓，夜寂琴畅，慷恺言志，骆驿举白。盱衡抵掌，哑哑大笑，三爵耳热，万念如洗。……（《冬夜裴员外薛侍御置酒宴集序》）③

从上面所引的三篇序文里我们可以看到，独孤及的关注点至少有三：一是人物的行动："危言浩歌""扣商而歌""慷恺言志""骆驿举白""盱衡抵掌"；二是人物的神态："盱衡而笑""笑向朗月""哑哑大笑"；三是由人物推动的宴会气氛的进展："初筵而惠好修，中饮而意气接，既醉而是非遣。""一觞解颜，再觞解忧，三觞忘形而傲随之。""三爵耳热，万念如洗。"可见，以人物的行动作为序文的主体，在唐代的序文创作中的确是一个异类。值得注意的是，独孤及即便写景，其景也与景中之"人"密切相关。如《建丑月十五日虎丘山夜宴序》：

岩岩虎丘，莫吴西门，举然如香楼金道，自下方而踊，锁丹霞白云于莲宫之内。会之日，和气满谷，阳春逼人，岩烟扫

---

① 《〈毗陵集〉校注》卷一四，第317页。
② 《〈毗陵集〉校注》卷一五，第331页。
③ 《〈毗陵集〉校注》卷一四，第321页。

除，肃若有待。余与夫不乱行于鸥鸟者，衔流霞之杯，而群嬉乎其中，笑向碧潭，与松石道旧。兕觥既发，宾主醉止，狂歌送酒，坐者皆和。吴趋数奏，云去日没，梵天月白，万里如练，松荫依依，状若留客。……①

该文作者用拟人手法描写了聚会环境，读起来亲切感人。聚会之日，虎丘之谷像是迎接客人到来似的"肃若有待"；在嬉戏之中，松石像是老朋友似的与文人叙旧；狂歌过后，松荫又似挽留客人般的依依不舍。虽然用大量笔墨写景，但我们可以看到"景"却是依托于人、服务于人的。作者写作的目的不是"壮物"，而是以景喻人、传神地写出人物的精神情态。

笔者查考《全唐文》的游宴序，发现相对来讲，宋之问的此类序作对宴会人物的行为举止着墨较多，但即便这样，宋之问的序文在表现人物行动和情态方面与独孤及的创作相比仍是稍逊一筹。我们试比较宋之问与独孤及的两篇游赏题材的序文：

……登玉俎，醉金觞，地高而珍物虽丰，理洞而清徽不杂。以醉观德，因谈获情，外戚遨游，自携歌吹，主人赏会，但有琴诗。于是下高台，陟曲沼，铺落花以为茵，结垂杨而代幄。霁景含日，晚霞五彩而丹青；韶望卷云，春膏一色而凝黛。景阑兴逸，气清心远，仰大儒之肆，其德可师；入处士之庐，姬纤若在。讽诵于逸彭之藻，沐浴于扶阳之墟。向来把清议，擅风流，即事奇伟，佳辰行乐，安可无述？文在兹乎！（宋之问《春游宴兵部韦员外韦曲庄序》）②

……夏六月，假道歊邑，税鞅此山。思欲追高步，诣真境。于是相与携手，及二三友生、童子将命者六七人，挈长

---

① 《〈毗陵集〉校注》卷一四，第320页。
② 《全唐文》卷二四一，第2437页。

瓢，荷大壶，以浊醪素琴，会于黄神之谷，兴也。……二三子
将极其登探也，乏则系马山足，披榛石门，入自洞口，至于梯
路。蹋连嶂与叠㠉，度岖嵌而蹑凌兢，矗缘绝磴，及横岭而
止。……然后靡灵草以为席，倾流霞而相劝。……是日也，高
兴尽而世绪遣，幽情形而神机王。颓然觉形骸六藏，悉为外
物，天地万有，无非秋毫。亦既醉止，则皆足言，以志仙迹，
且旌吾友嘉会之在山也。（独孤及《华山黄神谷宴临汝裴明府
序》）①

相比之下，宋之问是站在局外人的角度笼统地描绘宴会的轮廓和与
会人员的行动，用笔简单明了，却失之于细致与生动。值得注意的
是，两位作家都以"于是"转接人物的行动，而宋之问以"于是下高
台，陟曲沼"要引出的是什么呢？后文是一连串的景色！他是以人
物游踪的变化来移换眼前所见景物，最终的目的是写"景"而不是
记"人"。与此相反，独孤及的序文虽也免不了写景，但第一主人
公却是"人"。独孤及之序，先写序中人物对此次同游共赏的期待：
"思欲追高步，诣真境。"再写出发前众人的筹备和途中的表现：
"挈长瓢，荷大壶，以浊醪素琴，会于黄神之谷。"短短的十几个字
即将同游士人风流倜傥、潇洒疏狂的"仙风道骨"形象传神地勾勒
出来。紧接着，作者的笔锋随着人物行迹的变化而变化，他以白描
的手法描摹了二三子登临的过程，呈现给读者的完全是一连串动态
的图像。然而，独孤及并未到此停笔，而是从对人物外在行动的描
写转移到对内心世界的刻画——在朋友嘉会的无限兴致面前，世事
忧烦、天地万物甚至自己有形的躯体都感到微不足道了。如果说宋
之问序文的生动之处是一幅幅色彩缤纷的图片集锦，那么独孤及从
外到内、从形到神的人物叙写，则为我们展现的是一段趣味十足的
视频短片。宋之问的序文深受骈赋的影响，这从他作品的语言形式
和他"体物"的角度都可以看出来。"赋体物而浏亮"，赋"体物"的

---

① 《〈毗陵集〉校注》卷一四，第318页。

特性使得赋文作者的写作视点必然在"所体之物"之外，而不可能成为"物兴"的直接参与者。这样，宋之问对眼前物象铺陈罗列的兴趣自然会高过对人本身的兴趣。独孤及的序文却将关注的对象转向了人、人的生活、人的精神世界。一旦记人，就离不开人的行动和内心。一旦形成以人为中心的艺术，就必然以叙事性见长。中国以诗文为主的正统文学本不以叙事、写人见长，独孤及游宴序对人物行动与事件的关注与摹写无疑扩大、丰富了中国文学的表现领域。

另外，独孤及一些记述文如《慧山寺新泉记》《马退山茅亭记》《琅琊溪述》，以文人的闲适生活为表现对象，叙事写人的特征亦非常明显。王士禛《香祖笔记》评价独孤及时说"大抵序、记犹沿唐习"①，这实在是没有看到独孤及游宴序中可圈可点的叙事、写人艺术与"唐习"相比是多么的不同，王士禛的评价误矣！

2. 对文人真性情的热情描摹

独孤及游宴序的第二大特征就是书写文人的真性情。现存独孤及的 8 篇游宴序无一不是文人士大夫私下里交游唱和的产物，没有一篇是公宴序。或许正是因为独孤及从未享有过极高的政治地位，所以也就少有公务应酬类的官方宴集文字留传于世。然而，正是在这种与同道好友的私宴活动中，作家才能毫无顾虑地抛却自己与友人的政治身份的标签，将文人士大夫除去社会伪装后的"真性情"传达出来。

在独孤及笔下的私宴活动中，我们可以看到平日里墨守成规、一本正经的儒者形象在以景、琴、诗、酒为作料的欢宴中是如何率性而为、自我个性张扬的。特别是酒后，身为政客的文人士大夫更容易抛弃压抑自我的政治面具，而释放出活生生的不受礼法拘束的"真人"。在《仲春裴胄先宅宴集联句赋诗序》中，独孤及塑造了中和子"箕踞嗢噱，傲睨而视"，裴冀"侧弁慢骂"的风流倜傥的形象，虽然抓住的都是主人公酒后狂醉不止的"不雅"瞬间，然而这"不

---

① （清）王士禛：《香祖笔记》卷五，上海古籍出版社 1982 年版，第 82 页。

雅"记录传达出的却是主人公蔑视世俗礼法、天地间唯我独尊的凛凛傲骨。独孤及的游宴序几乎篇篇都写到了文人醉后的狂态，在独孤及的文人小圈子里，"酒"可以化解人与人之间的寒冰，拉近人与人之间的距离；同时，"酒"又可以剥落士人脸上的政治面具，把文人从先前的社会角色扮演中解救出来，享受在无功利的世界中最真我的心灵安息。值得注意的是，在把酒欢宴之中，文人士大夫越来越放得开，也越来越想得开。

> 初筵而惠好修，中饮而意气接，既醉而是非遣。(《郑县刘少府兄宅月夜登台宴集序》)①

> 一觞解颜，再觞解忧，三觞忘形而傲随之。(《清明日司封元员外宅登台宴集序》)②

> 三爵耳热，万念如洗。(《冬夜裴员外薛侍御置酒宴集序》)③

可以看到，越到最后，人物越容易抛弃社会角色中的人格表演，越到最后，越彰显出文人自我的真态。紧接着，人物的情操也在这样的欢宴中得到升华：

> 是日也，高兴尽而世绪遣，幽情形而神机王。颓然觉形骸六藏，悉外外物，天地万有，无非秋毫。(《华山黄神谷宴(临汝)裴明府序》)④

> 于斯时也，抚云山为我辈，视竹帛如草芥，颓然乐极，众

---

① 《〈毗陵集〉校注》卷一四，第317页。
② 《〈毗陵集〉校注》卷一五，第331页。
③ 《〈毗陵集〉校注》卷一四，第321页。
④ 同上书，第318页。

虑皆遗。(《建丑月十五日虎丘山夜宴序》)①

三爵耳热，万念如洗。不复计名身之亲疏，忧患之去来也，况他累乎？(《冬夜裴员外薛侍御置酒宴集序》)②

吾乃今日视薄游空名，如争蜗角，又何用知接舆、伯夷不愚于杜康乎？(《清明日司封元员外宅登台宴集序》)③

当斯时，视身后之竹书鼎铭，犹稊米乌狗也。(《扬州崔行军水亭泛舟望月宴集赋诗序》)④

世俗的烦恼、个人的思虑、空名的羁绊在诗酒欢畅之间都显得微不足道了。那个已经被社会模塑了的"我"在眼前这个任性放达、放浪形骸的"我"面前甘拜下风。也许，只有这样才更能调节好儒家士大夫文人与政客二者之间的矛盾，但可悲的是，文人的价值在酒中，或者说在非理智中才能得到些许的实现。

（二）赠序创作

赠序，顾名思义，乃送别赠言之序。清姚鼐在《古文辞类纂·序目》中说："赠序类者，老子曰：'君子赠人以言'。颜渊、子路之相违，则以言相赠。梁王觞诸侯于范台，鲁君择言而进，所以致敬爱、陈忠告之谊也。唐初赠人，始以序名，作者亦众。"⑤这里姚鼐指出了赠序之起源，起源于中国古代"赠人以言"的传统；指出了赠序文创作有着极强的目的性，是为了致敬爱、陈忠告、宣朋友之谊；亦指出了赠序真正的定型与发展是在唐代。蒋寅先生在描述赠序的发展轨迹时说："赠序是唐代新兴的文体，其源流肇自魏晋，

---

① 《〈毗陵集〉校注》卷一四，第 320 页。
② 同上书，第 321 页。
③ 《〈毗陵集〉校注》卷一五，第 331 页。
④ 《〈毗陵集〉校注》卷一六，第 350 页。
⑤ （清）姚鼐：《古文辞类纂·序目》，世界书局影印 1935 年版，第 11 页。

从赠诗附序演变为唱和冠序，迄唐代始定型为无诗徒序，其创作的繁盛与当时祖饯燕集之风的盛行密切相关。"唐代的祖饯燕集之风虽盛、赠序作者虽众，但并不是所有作家都有赠序传世。据舒士斌统计，魏徵、虞世南、李百药、上官仪、许敬宗、长孙无忌甚至杜甫、岑参、李商隐、杜牧等均无游宴序或赠序流传下来。

王士禛对独孤及序文评价不高，他说："大抵序记犹沿唐习。"王士禛这里所说的自然包括独孤及为数众多的赠序文。赠序文作为一个新兴的文体在唐代得以发展壮大，必然伴随着行文体式的定型。而从外形上来看，这一文体的"唐习"为何呢？郭预衡在《中国散文史》中这样说："在唐代，送序之文是常见的文体，前辈作者如王勃、陈子昂、李白、任华，所为序都很出色。但从多数文章的写法看，大抵不出一种格式。"我们试以宋之问的《送尹补阙入京序》为例。

> 河间尹公，博物君子，解褐调慈州司仓。白云在天，不乐为吏，有竹林近郊湖杜南山，弹琴读收，日益沦放。虽道贵物外，久无世情，身退名高，再显天爵，遂使公卿举手，羔雁成群。无何，敕书到秦徵诣函洛，天子以其老成达学，昂藏有古人风，命典著书，职在补阙。时议以谓伯喈得召，仲甫登闻。既而藉马入关，西摧老幼，重见乔木，载驰旧山。念出处事违，居人惜别，离车将远，凡我同志，赋诗赠行。①

此序篇幅不长，但是通常一篇赠序所包含的各部分元素应有尽有。序文开头先介绍受赠之人的情况，并伴随着对受赠之人才学、人格的赞美；紧接着叙述送别之由，并附带着对送别情景的描绘；最后表达序文作者依依不舍之情，并在文末交代创作的缘由。初、盛唐的赠序基本上沿用的都是这样"人—事—情"（写离别之人、述离别之由、书离别之情）的写作模式，独孤及的赠序也不例外。而真

---

① 《全唐文》卷二四一，第2438页。

正打破赠序文僵硬的写作套路，恐怕就要等到韩愈、柳宗元的时代了。我们来看独孤及的《送长洲刘少府贬南巴使牒留洪州序》一文：

> 曩子之尉于是邦也，傲其迹而峻其政，能使纲不紊，吏不欺。夫迹傲则合不苟，政峻则物忤，故绩未书也，而谤及之。臧仓之徒得骋其媒孽，子于是竟谪为南巴尉。而吾子直为己任，愠不见色，于其胸臆，未尝蛋芥。会同谴有叩阍者，天子命宪府杂鞫，且廷辨其滥，故有后命，俾除馆豫章，俟条奏也。是月也，舣船吴门，将涉江而西。夫行止者时，得丧者机，飞不抟不高，矢不激不远，何用知南巴之不为大来之机栝乎？由图南而致九万，吾惟子之望。但春水方生，孤舟鸟逝，青山芳草，奈远别何？同乎道者，盍偕赋诗，以觊吾子？①

虽然所表达的内容不同，但独孤及的送序依然包含了"人—事—情"三个基本元素。文中首先介绍了刘长卿的品格、才能以及身世遭遇，接着表达了对刘长卿贬谪南巴的愤愤不平，最后对朋友寄以宽慰之语，文末以凄清之景宣离别之情。从形式上看，独孤及的赠序的确无新奇之处。但是独孤及毕竟留下了 44 篇赠序文，这些赠序文的存在为我们研究唐人的社交生活和精神心态留下了非常宝贵的研究资料。

　　1. 公饯序的传记之风

　　独孤及的 44 篇赠序，我们大体上可以分为两类：公饯序和私饯序。他的公饯序无论从思想内容还是行文语气上来看，都更接近于他奏议类公牍文书的写作风格。或由天子授命，或因职务需要，唐代许多文人士大夫都参与到官方集宴活动中来，并在这样的活动中作诗、作序以表送别之情。独孤及这一类型的序作主要集中在他入朝为官的一段时期里。此时，他主要担任的是谏官和礼官之职，于是此时的公饯文就呈现出与左拾遗和太常博士身份相衬的朝廷公

---

　　① 《〈毗陵集〉校注》卷一四，第 325 页。

务文书的行文风格。

　　独孤及的公饯序常常占用大量篇幅来介绍受赠之人的政绩、履历，并抓住人物的主要事迹大发议论，语气凝重、严肃、正式，毫不涉及个人感情和私人交谊。比如《送泽州李使君兼侍御史充泽潞陈郑节度副使赴本道序》一文：

　　　今岁皇帝择可以守四方之臣，分命大司徒凉公作蕃岐阳，平秩西夏。凉公季弟曰抱真，敬事好学，仁勇忠信。凡仁则不偷，勇则不挠，忠则能宣力，信则人任焉。故天子器之，方倚以胥附，使宅高平，绥厥有众，董次将之任，且以柱后惠文冠冠之。诏下之日，军府胥悦。盖萧何守关中，举宗诣军，而凉公荷方召之寄，亦以爱弟居东旅于行间，忠之大者。夫高平、上党之地，当赵、魏、燕、代、潞之咽喉，太行、恒山为之襟带。公居有专城之任，行有亚旅之职，其略足以固其封疆，其惠足以柔其民人，勖哉夫子！进吾往也，伯兮仲兮！执兵之要，谨身以肥家，自家以刑国，高平之政，可以未行而窥矣。彼瞻望伫立，壮夫耻之，非歌诗莫足以赠。①

读这篇序我们可以猜想，很可能是由于对受赠之人不是特别了解，所以作者便从轻而易举即可获知对方的职任、爱弟入手来平铺直叙；又由于同对方并没有很深的个人交谊，如果大书特书难舍之情，会让人感到做作、不真实，故而不如顺势对对方的能力、品德大发议论。相比之下，独孤及此类的公饯之文实在缺少真情实感，但这并不意味着独孤及为文急功近利，而是公饯的性质决定了此类文章必然缺少真情。查考一下此序的创作时间，正值永泰元年（765），此时正是独孤及操笔为谏官的时期。如果把独孤及的职任和此文的风格联系起来，我们会发现，独孤及正是以作为谏官"献替可否"的政治眼光对眼前的人、事进行高屋建瓴的分析，他对受

_____

　　① 《〈毗陵集〉校注》卷一五，第332页。

赠之人全家尽忠的描写，无疑是站在官方的角度委婉地表达朝廷对臣下之忠心的明了，满足为朝廷安抚人才、稳定人心的政治需要。此文有其他奏议类公牍文书文风的严谨、正式，以及此类公牍文书强烈的政治功利性。同时，他对人物的撰写，又好似他笔下活着的墓志人物小传。可见，独孤及正是把他所熟悉的其他文体的写作风格移植到这等官方应酬文字中来的。

再来看《送韦评事赴河南召募毕还京序》一文：

> 自唐蒙、司马相如开牂柯，凿零山，于是西南夷君长始受汉印。及国家绥以大道，振以长策，滇越邛僰世亦皆为外臣。蠢兹六蛮，独抗王旅，天子方将开外户，扫绝漠。故授相国卫公钺，俾出作方叔，入为吉甫。且募如貔之介士，将翦长蛇之速飞，由是分命我延尉评事韦公实佐其任。公以止戈谕之，《采薇》歌之，使政有典则，人知义所。故燕齐少年、韩魏劲卒，召募如景附，赴敌如焱驰。自春至于是月，受命羽檄之下，凡万八千计。然后颁赐算级，将朝于京师。夫勤王集事之谓忠，周爱咨询之谓智，复命而不愆於素之谓信。姑树三德，载驰六辔，行当以柱下之书、赞幕中之画，是役也，冥冥羽翰，非瞻望所及矣。请偕赋以知魏风。①

在该序中，独孤及仍以大量篇幅描写受赠之人卓越的政绩，接着又对其政绩和为人大发议论："夫勤王集事之谓忠，周爱咨询之谓智，复命而不愆於素之谓信。"此序作于永泰二年（766），时独孤及在太常博士任上。独孤及为太常博士时，屡上谥议，而他创作谥议文的指导思想是什么呢？梁肃这样总结道："公以为谥者，盖迹其事业邪正而褒贬之，举一字可使贤不肖皆劝。"（《独孤公行状》）正是出于这样的指导思想，他为人定谥的每一个字必定是有根有据、经过深思熟虑的。《故太保赠太师韩国苗公谥议》曰："谨按《大戴

---

① 《〈毗陵集〉校注》卷一四，第313页。

礼》，体和居中曰懿，文贤有成曰献。稽千载之令典，合二名以配德，请谥曰懿献。"《故御史中丞卢奕谥议》曰："谨按谥法，图国忘身曰贞，秉德尊业曰烈。"《故江陵尹兼御史大夫吕諲谥议》曰："按谥法，威德克就曰肃，禁暴威也，爱人德也。"我们把他的谥议文为人定谥之语与《送韦评事赴河南召募毕还京序》中人物品评之语相比照，即可发现后者的思维套路和语言模式均与独孤及为太常博士时所拟的谥议文风格相似。我们不能不得出这样一个结论，独孤及把他公务文书的写作套路与风格套用到公饯序的写作中来。

蒋寅先生在《权德舆与唐代赠序文体之确立》一文中以中唐文学家权德舆为个案指出："权德舆出入幕府多年，后久居台阁，以才华名望执文坛牛耳，主持朝中风雅，频繁的送往迎来，无数的诗酒饯别，使他成为写作别序最多的作家。"①蒋寅先生又通过对权德舆64篇序文的受赠者及其职任的分析，得出权德舆的赠序创作"主要与职任而非文坛地位相关"的结论，进而指出"别序是公牍文之外较接近职务写作的一种文体"。这样的结论放在权德舆身上是再合适不过的，正是因为权德舆极高的政治地位、极丰富的从政经历才使得他有更多迎来送往的机会创作大量的公饯序。而对照独孤及的赠序创作我们可以看到，并非他的所有赠序文都出于职务写作的需要。我们只能得出这样一个结论：独孤及将他日常起草的公牍文书的写作套路渗透到公饯序的写作中来，"公饯序"是独孤及公务文书之外最接近于职务写作的一种文体。

2. 私饯序的记事之风

元代陈绎曾在《文式》中说："序宜疏通圆美，而随所序之人变化。"②明吴讷《文章辨体序说》亦说："如赠送宴集等作，又当随事以序其实也。"③尽管由于受文对象不同，作家情感可能厚薄有别。但是总的来说，独孤及能够非常贴近受赠对象的需要、非常贴切地

---

① 蒋寅：《权德舆与唐代赠序文体之确立》，《北京大学学报》2010年第3期。

② （元）陈绎曾：《文式》卷上，明刻本。

③ （明）吴讷撰，于北山校点：《文章辨体序说》，人民文学出版社1962年版，第42页。

结合受赠对象的经历来致敬爱，陈忠告，给予宽慰、鼓励之语。故比起公饯序，独孤及的私饯序流露出作家更多的真情实感。比如《送韦司直还福州序》一文：

> 远别非难，行路难；行路非难，相逢难。始者与吾子会于抚，以吾一日长乎子，子尝敦弟兄之好而不吾先。自云摇雨散，凡四悲秋而一会面。亦既道旧，别又继之，斯亦可以怆矣。然君子患德之不逮，不患人不我知。吾子克慎厥身，以荷先大夫之覆露，赍然将命，为邦司直，被服文行而镞砺之，扬其家声。吾惟子之望，岂行迈与聚散，足贻志士之忻戚乎？是别也，祇以歌咏贶吾子而已。①

该文一开头连续紧凑地使用了四个"难"字，其层层推进的语气不仅使朋友相聚的艰难得到了最大化的强调，同时又为后文全面展开送别的主题奠定了一分忧伤的情调。面对朋友将行的场面，作者首先回忆起了曾几何时与友人的深情厚谊，然后又将思绪从过去拉回到现在，想起四年分别，今却匆匆一见，心中不由得百感交集，悲怆之情油然而生。此处，作者将与友人的情谊之厚、分别之久、相聚之匆促、别离之伤感写得细腻动人，若作家不投入真实的感情则不足以达到这样的艺术效果。真实的情感是独孤及私饯序区别于公饯序的职务写作、具有文学性特征的重要元素。然而读独孤及的赠序，永远也看不到盘亘于韩愈《送孟东野序》《送李愿归盘古序》《送董劭南序》中博大宏伟、汪洋恣肆的情感，也看不到贯穿于柳宗元《送豆卢膺南游序》《送独孤申叔序》《送萧炼登第后南归序》中那种含蓄、深婉的深情。总的来说，独孤及的赠序从篇幅上看都是短小精悍，从情感上看总是不温不火，论辩时总是不冷不热，而对于生活的记录倒是细致详细。独孤及的赠序为何呈现出这样一种状态呢？我们试以《宋州送姚旷之江东刘冉之河北序》为例分析一下他

---

① 《〈毗陵集〉校注》卷一五，第340页。

赠序的创作特点。

> 春叶尉吴兴姚旷至自洛阳，中山刘冉至自长安，俱以文博
> 我，相与交欢于睢涣之涘。始则开青天豁其云雾，亦既窥武库
> 见其矛戟。凡旬有五日，而姚适吴，刘济河，余归梁，各有四
> 方之事，将为千里之别。夏四月，抗手于卢门，议别故也。夫
> 别与会，悲乐存乎其中，故贤智所不能遣。然达者游世，随变
> 所适，静而与阴同德，动而与阳同波，异乎金柅之有系、匏瓜
> 之莫食。子其行矣，别何为者？北斗在已，南风始来，蘻台草
> 长，京口水阔。何以送远？唯当赋伐木以为仁人之赠。①

此文的叙事部分占了文章整个篇幅的 1/2。从这大段的叙事中，我
们可以看到独孤及对生活原生态进行记录的兴趣，他不厌其烦地记
载两位朋友分别从哪里来，在哪里与自己欢聚，欢聚之时做了些什
么事情，欢聚了多长时间，欢聚之后三个人都去了哪里。接着，又
叙述了下一次相聚的时间、地点。这篇文章读起来，给人的直接感
觉是叙事繁琐、头绪繁杂，然而，恰恰是从这大段的叙事中，我们
可以看到三位朋友的深情厚谊。叙事过后，作者对"别离与相会"
发表了个人的看法，表达了自己对"别离"的超然态度，如此便将
前面繁琐的叙事提炼升华为人生大道理的阐释，从而将整个行文推
向高潮。正在高潮处，作者顺势引导大家赋诗唱和："北斗在已，
南风始来，蘻台草长，京口水阔。何以送远？唯当赋伐木以为仁人
之赠。"这很显然是"兴"的手法在赠序中的运用，作者以景起"兴"
的目的即是引发、感发大家作诗的兴致。可见，独孤及的赠序还不
是韩愈、柳宗元无诗徒序那种独立的文学作品，他的送别之"序
文"的存在是与众人的"临别赠诗"息息相关的。独孤及笔下类似的
以景起"兴"的引发之语随处可见：

---

① 《〈毗陵集〉校注》卷一四，第 307 页。

津楼直望，江汉在目。少别非志士所悲，深衷岂短章能见？桃源秋至，仆当搴其仙实，俟子于武陵之南溪。(《送张徵君寅游江南序》)①

乃知白云上下，盖无心自出；黄鹤飞去，当有时而来。他年孤舟，冀再会于五湖之口。(《送张处士申还旧居序》)②

岁物已春，秦山日绿，亦既选吉，驾言徂东。……盖使伯氏仲氏偕咏歌之，以赠行迈。(《奉送元城主簿兄赴任序》)③

但春水方生，孤舟鸟逝，青山芳草，奈远别何？同乎道者，盖偕赋诗，以贶吾子。(《送长洲刘少府贬南巴使牒留洪州序》)④

流火戒节，寒蝉嘹唳，嵽嵲白云，片片秋色。二三子之感时伤离者，其可以言诗矣。(《送商州郑司马之任序》)⑤

大火初落，昊天欲高，远山云开，归路秋色。请各抒别操，使行者得歌而咏之。(《送司华自陈留移华阴赴任序》)⑥

笔者查考《全唐文》，虽然这种文末以景起"兴"引导众人赋诗的赠序模式在很多作家的作品中都有零星出现，但是还没有一位作家像独孤及这样使用频繁。除了独孤及之外，最习惯使用这种模式的就是陶翰了。但仔细阅读陶翰的赠序，与独孤及赠序写作路数还是有

---

① 《〈毗陵集〉校注》卷一四，第 304 页。
② 同上书，第 306 页。
③ 同上书，第 316 页。
④ 同上书，第 325 页。
⑤ 《〈毗陵集〉校注》卷一五，第 339 页。
⑥ 《〈毗陵集〉校注》卷一六，第 361 页。

很大差别的：

> 田子行于古而志于文，雅多清调，将有新律，锋镝甚锐，将来者其惮之。勿以三年未鸣、六翮小挫，则遂有清白阒之意。夫才也者，命在其中矣；屈也者，伸在其中矣。将子少安，吾以是观德。灞亭柳绿，昆池草青，于何送归？无易咏歌。（陶翰《送田八落第东归序》）①

> 噫！天生秀明，隽而才之；有九流，胡蒙而屯之。故君子守之以知息之命，而固有须也。不然者，卢氏子魁岸特达，而若是尚脉脉于公车之下，而三岁不觐哉？灞城春润，风喧景迟，莺声始调，柳色堪醉。当此而裹足千里，背□而东，岂意者欤？众皆赋诗，以慰行旅。（陶翰《送卢涓落第东还序》）②

我们可以看到，与独孤及赠序"生活记录式"的言事不同，陶翰一般省略与人物相关的事件，一开始就直接切入对人物的评论与赞美里，评论与赞美之后即以景起兴激发大家的诗趣。独孤及虽也记人，但重在讲述与人物相关的事件，如人物的政治背景、从政经历、身世处境、与人物上一次见面是什么时候，再一次见面是什么感受，与人物酒销魂、诗赠言的现实经历，等等。在讲述了事情来龙去脉后，再以景起兴，邀请大家赋诗相送。其生活记录的兴趣，本质上是一种留住自我记忆的欲望，而留住自我的记忆又是与人对人自身的兴趣息息相关的。中国文化"天人合一"的哲学命题使中国文学从一开始就没有形成强大的以"人"为中心的叙事传统，而透过独孤及对叙事的热情，我们可以看到盛中唐之交文人自我意识的觉醒。

　　另外，我们要注意的是独孤及对"诗"本质的认识，他在《送开

---

① 《全唐文》卷三三四，第3383页。
② 同上书，第3382页。

封李少府勉自江南还赴京序》文末这样说道："但兰舟桂楫，倏忽鸟逝，朔方秋草，奈离忧何？缘情者莫近于诗，二三子盖咏歌以为赠。"①在《送屯田李员外充宣慰判官赴河北序》中说："夫道别离者，缘情而已。"②《送史处士归滏阳别业序》文末又说："穷阴欲腊，漳滏冰厚，班马连嘶，归云无色，非诗何以见离群者之志。"③可见，独孤及认为诗既是"缘情"的，又是"言志"的。换个角度说，我们可以这样理解，他是以"序"来言事的，以"诗"来言情和言志的。所以我们不能把独孤及的赠序看成是一个独立自足的送别之作，他的诗和序是一个有密切关联的共同体。乍看起来，独孤及的赠序是没有韩愈、柳宗元的创作那样具有充沛饱满的感情，而实际上这可能与独孤及赠序文的创作理念密切相关：序文是用来记事的，序文所引发的众人的诗作是用来言情、言志的，那么对情、志的抒发就留给送别现场的诸位来完成吧。在这里，我们又可以看到序与诗的分离之势，序与诗的功用被明显地区分开来了——或许这种分离之势正孕育着韩愈、柳宗元等中唐作家无诗徒序的赠序创作的可能。

三　黜华录实：独孤及碑志、塔铭文创作

所谓碑文，即是刻在石碑上的文辞。古代碑文种类繁多，徐师曾《文体明辨序说》按内容将其分为：山川、城池、宫室、桥道、坛井、神庙、家庙、古迹、风土、灾祥、功德、墓道、寺观、托物等。④ 但是"虽然各类碑文的内容类别相去甚远，但也有其文体共性。碑文内容以褒扬功德为主，其书写载体是坚硬的石头，与一般文章书于竹帛纸张相比，具有耐磨抗损，可传诸久远的特性。当然其成本昂贵、工序复杂，所以凡刻于碑石上的文章，都被视为意义

---

① 《〈毘陵集〉校注》卷一四，第310页。
② 《〈毘陵集〉校注》卷一五，第341页。
③ 《〈毘陵集〉校注》卷一四，第309页。
④ （明）徐师曾著，罗根泽校点：《文体明辨序说》，人民文学出版社1962年版，第144页。

重大的文字，其风格则是庄重与严肃的。"①此处，我们讨论的独孤及碑志类文体的创作，主要包括他以"碑"命名，主于记物、叙事的碑记文，如《陈留郡文宣王庙堂碑》，而不包括不以"碑"命名，亦刻于碑石之上的记述文，如《风后八阵图记》；也包括用于丧葬、立于墓前或墓室甬道前的墓碑文（又称"神道碑"）、墓表文以及埋于圹中以防陵谷变迁的墓志铭。另外，随着佛教在中国的广泛传播，出现了许多为得道高僧和著名信徒而作的塔铭。从物质载体的角度看，塔铭不是镌刻于碑石上的，而是刻于佛教信徒圆寂后安葬其骨灰的塔上的。故从内容和性质上来看，塔铭可以看成是比较特殊的碑志类文体。所以，独孤及为高僧所作的塔铭亦包含在此处的讨论范畴里。

通常来讲，碑志类文体（包括塔铭）由"志"与"铭"（也有称为"颂""辞""系"的情况）两部分内容组成。当然，并非所有的碑文都由这两部分组成，也存在着有志无铭的碑文，如墓志文、墓表文。《文心雕龙·诔碑》中说："夫属碑之体，资乎史才，其序则传，其文则铭。标序盛德，必见清风之华；昭纪鸿懿，必见峻伟之烈。"这里刘勰所说的"标序盛德"的"序"，即相当于用以记录人物生平功德的"志"。"志"主记人叙事，类似于一篇人物传略，语言以散文为主，在六朝和初唐也有以骈文为"志"的；"铭"主于抒情颂德，相当于在文末附上一段颂词，语言以四字韵文为主，也有以骚体、诗体或杂言体为铭的，但数量不多。"由于'序'文（这里所说的'序'亦指记录人物事迹的'志'——笔者注）的语体比较自由，更利于作者表达情感，所以作者在撰写墓碑文时，往往对'序'文着力较多。以致'序'文的篇幅变得越来越长，内容也越来越丰富。倒是'铭'辞，似乎成为'序'文的依附物。"②独孤及此类作品的"铭"文部分即体现出这种依附性特征，或是对"志"文主题的概括，或是对"志"文情感上的补充，无一不是整齐的四字文。相比于其

---

① 吴承学、刘湘兰：《碑志类文体》，《古典文学知识》2009 年第 3 期。

② 同上。

成就较高的"志"文创作,整体上缺乏个性色彩和创造性,故本书不作讨论。下面,我们着重分析独孤及主于记人、叙事的"志"文创作的指导原则和写作特征。

(一)秉笔直书的"实录"原则

《毗陵集》共收录独孤及碑记文1篇、神道碑铭3篇、遗爱碑颂2篇、墓志铭18篇、墓志7篇、墓表文(包括灵表)2篇、碑铭与塔铭共3篇(其中《舒州山谷寺上方禅门第三祖璨大师塔铭》经学者罗联添先生考证非独孤及作,不计入在内)、碑阴文1篇,另加上墓版文(书于木版之上)1篇,总计37篇。

虽然他的此类作品数量丰富,但从作者与碑主的关系可以看出,独孤及并不是随随便便、不加分别地为所有请托之人撰写碑志的。这37篇作品中,有12篇是为亲属而作,占所有碑志文的32%。此外,《唐故给事中赠吏部侍郎萧公墓志铭》的墓主萧直与独孤及为好友,他与萧直弟萧立亦为好友,有《海上寄萧立》一诗留存于世,并为萧立文集作序。可见,独孤及对萧氏弟兄非常了解,与萧家关系并不一般;《唐故吏部郎中赠给事中韦公墓志铭》墓主韦元鲁与独孤及是旧交;《唐故扬州庆云寺律师一公塔铭》主人公灵一与独孤及为方外之友;《福州都督新学碑铭》碑主李椅与独孤及曾同位"司谏之列";《唐故朝议大夫高平郡别驾权公神道碑铭》的碑主权彻与独孤及为乡举之旧,另外,独孤及的师友李华为权集作序,可见权彻与及亦是志同道合的同道;在《舒州山谷寺觉寂塔故镜智禅师碑铭》一文里独孤及明确道出自己为镜智禅师撰文之由,乃是"及味禅师道也久,故不让"。可见,独孤及乃镜智禅师的仰慕者与追随者。大历五年,独孤及为天水赵琚作《唐故天水赵琚墓志铭》,五年后又为其父作《唐故虢州弘农县令天水赵府君墓志》,可知他与赵家的关系并不一般。

其他一些文章虽然在行文中没有明确交代作者与碑主的关系,但碑主地位的显赫和政绩的卓著已经是举世公认的了,为他们撰写墓志只要用事实说话即可,根本无需添枝加叶、阿谀讳言。比如《唐故右金吾河南阎公墓志铭》记阎公进谏"以宦代三卫"之事被玄宗采纳，遂为前朝故事，即可观知阎公深得皇帝的赏识。《唐故朝议大夫申王府司马上柱国赠太常卿韦公神道碑铭》记载，韦家"自长孺至青州，二丞相，一侍中，十一二千石。自南皮至职方，二叶五尚书郎，为当世言婚宦者谓之'郎官韦家'"①。单从韦公家族历代祖先的政治地位上看，"郎官韦家"乃婚宦名门即所言不虚。

故而，我们可以得出结论，独孤及是乐于为亲属、友人、同僚、同道以及在社会上已有定评的官吏撰写碑文，使他们的德音传于后世清名不朽的。然而，他的撰写态度又是非常严谨的，如若不是十分了解对方的情况，他是不会以浮词、游词应付了事的。独孤及并不盲目地接受任何逝者家人的请托，其严谨的创作态度不仅体现出有"职业"操守的文人知识分子的道德良心，同时亦保证了他笔下所叙人物、事件的真实、可靠。

盛、中唐之交，记载墓主功德的谀墓、浮夸之作比比皆是。白居易就曾作文讽刺此类现象："铭勋悉太公，叙德皆仲尼。复以多为贵，千言值万赀。……但欲愚者悦，不思贤者嗤。"（《立碑》）②也许正是因为当时谀墓文字盛行，所以独孤及才觉得有必要在文中强调自己撰文的"实录"原则，以提醒读者自己的创作是真实、可信的——这不仅是为逝者负责，同是也在倡导一种质实的审美价值观。下面，我们来看一看独孤及在多篇墓志中所强调的撰文原则：

> 及敢不以直词书仲父之美于墓石。（《唐故大理寺少卿兼侍御史河南独孤府君墓志铭》）③

> 今采其实录，刻石示后，盖欲报罔极者之志云。（《唐故银青光禄大夫太子左庶子严公墓志铭》）④

---

① 《〈毗陵集〉校注》卷八，第 193 页。
② （唐）白居易：《白居易集》，中华书局 1979 年版，第 33 页。
③ 《〈毗陵集〉校注》卷十，第 237 页。
④ 《〈毗陵集〉校注》卷十一，第 255 页。

八月四日葬于先茔。宗人家老于是乎以果行实录贲于丰石。(《唐故尚书库部郎中荣郑公墓志铭》)①

在以上三例中，作者还只是轻描淡写地说明自己撰文的"实录"原则，而在以下数例中，作者则不仅强调了自己书写的真实、可靠性，而且还解释了为什么是真实、可靠的：

及忝婚姻之故，尝瞻清懿，逝殁相寻，报德靡及，敢不备书实录，期于不朽。(《唐司直博陵崔公故夫人赵郡李氏墓志铭》)②

(诸公)谓及尝同司谏官之列，宜备知盛德善政，见托论撰，以实录刻石。(《福州都督府新学碑铭》)③

(公母弟)以兄之德善，授牍于及。及跪读三复，敢以实录刻石。(《唐故商州录事参军郑府君墓志铭》)④

余欲塞其孝思之诚，故录其实，不华其文。(《唐故给事中赠吏部侍郎萧公墓志铭》)⑤

《唐司直博陵崔公故夫人赵郡李氏墓志铭》是独孤及为自己岳母作的墓志铭，他强调之所以自己文中所言皆为"实录"，那是因为他"尝瞻清懿"，真正体会过岳母待人处世的美德；《福州都督府新学碑铭》指出，诸公"见托论撰"的原因是自己对碑主的"盛德善政"非常熟悉，而熟知碑主之"盛德善政"正是作者秉笔实录的基础；《唐故商州录事参军郑府君墓志铭》则写出作者在阅读墓主家人授予的

① 《〈毗陵集〉校注》卷十一，第258页。
② 《〈毗陵集〉校注》卷十二，第281页。
③ 《〈毗陵集〉校注》卷九，第209页。
④ 《〈毗陵集〉校注》卷十二，第272页。
⑤ 《〈毗陵集〉校注》卷十一，第252页。

墓主的传记材料时是多么恭敬、郑重、谨慎，也只有反复品味手中的传记材料，才能保证行文的严谨与真实；《唐故给事中赠吏部侍郎萧公墓志铭》提出了"录其实，而不华其文"的创作原则，让我们看到了独孤及对当时社会上盛行的"华其文"的谀墓之风的公然对抗。

独孤及碑志、塔铭的创作实践也真正切实贯彻了他撰写此类文章"黜华录实"的指导原则。我们试比较一下杨炯的《从弟去盈墓志铭》与独孤及《唐故给事中赠吏部侍郎萧公墓志铭》的写人艺术：

> 人无间言，位不充量。四方取则，孔宣父之践中都；百里非才，庞士元之登别驾。若夫庭生玉树，身带金环，有卫玠之风神，有张良之容貌。蒋琬之讥盛允，责在司空；陈蕃之对薛勤，志清天下。观其昏定晨省，立身扬名，怪草蔚其休徵，神鱼会其冥感。庄公独叹，闻颍叔之纯深。有道相推，见茅容之尽礼。则闺门雍穆，以孝闻也。辅仁会友，合志同方。晏平仲之善交，鲍叔牙之知我。张堪死日，妻子唯托于朱晖；刘惔生平，风月每思于元度。则朋友之德，若兰芬也。朱穆好学，终日忘餐；谯周研精，欣然独笑。张华四海之内，若指诸掌；班固百家之言，无不穷究。钩深致远，悦邱坟也。八音繁会，五色章明。动天地而感鬼神，序人伦而成孝敬。阳台并作，楚襄王赐云梦之田；上林同时，汉武帝给尚书之笔。则琼敷玉藻，未足多也。①

> 公讳直，字正仲，梁长沙王懿七代孙，有唐御史中丞临汝郡守谅之孟子。……十岁能属文工书，十三游上庠，十七举明经上第，名冠太学，二十馀以书记参朔方军事。中丞府君之遇谗谪居也，公亦播迁汉东，移尉谷熟。至德二年，乃由廷尉评授监察御史，历河南府户曹、京兆府司录参军。其后骤升尚书

---

① （唐）卢照邻、杨炯：《卢照邻集杨炯集》卷三，中华书局1980年版，第150页。

户部、库部、司勋、吏部四曹郎，自殿中进兼侍御史中丞徐州刺史。广德元年中，一岁四迁，更七职，朝廷难奉使之选，谓非公莫可故也。永泰元年拜太子左庶子，大历三年授给事中。前后居官二十，辟书记、支使判官、副使、行军司马、贰使臣之车者八，出入冠柱后、惠文冠者六。所从之主，则朔方元帅张怀钦、汴州刺史李彦允、扬州刺史李成式、户部尚书李公峘、故相国今户部侍郎第五公琦、今相国黄门侍郎王公缙、中书侍郎元公载其人也。①

章学诚在批评六朝墓志时称"殆于以人为赋，更无质实之意"。杨炯墓志的写人艺术即近乎"以人为赋"，铺采摛文，极尽铺张罗列、词采华美之能事，然而墓主形象却虚无缥缈，根本无法给人以质实之感。而独孤及的《唐故给事中赠吏部侍郎萧公墓志铭》在叙事写人上虽然仍是以时间为序、线性排列的传统写法，写起来却能抓住人物一生的筋骨。同时，他又能通过语言的节奏感来打破叙事的枯燥，在阐述人物生平时，他先以岁计，"十岁能属文工书，十三游上庠，十七举明经上第，名冠太学，二十馀以书记参朔方军事。"形成短促而明快的节奏；再以年计，"至德二年……广德元年中……永泰元年……大历三年……"由于此时正处于墓主仕途的黄金时期，历职颇多，易让人读起来找不到头绪。故而作者又在后边加以总结："前后居官二十，辟书记、支使判官、副使、行军司马、贰使臣之车者八，出入冠柱后、惠文冠者六。"一连串的数字描写使得叙事清晰简洁又有说服力，一位深得朝廷重用的有为官员的形象立刻呈现出来。紧接着，独孤及又列举萧直曾追随的张怀钦、李彦允、李成式、李峘、第五琦、王缙、元载七人，而此七人均是当时左右政坛举足轻重的人物。至此，作者未著一字以摹写墓主超群绝伦的行政能力，然而，墓主的从政经历却在无声地诉说着他的为人与政绩。对比杨炯的创作，独孤及没有一句虚张声势、夸大不实之词，

① 《〈毗陵集〉校注》卷一一，第252页。

完全是用事实来说话，而他笔下的人物形象却真实得不容置疑。此文完全实践了他"录其实，而不华其文"的创作原则，王士禛称其"碑版叙事稍见情实"（《香祖笔记》）①，所言不虚矣！

（二）用事实说话的"写实"风格

独孤及非常擅于用事实说话，然而，如果单单是流水账般地罗列事实，文章读起来就会令人生厌。为了避免因面面俱到所引起的冗累乏味之感，独孤及非常注意叙事详略得当、主次分明。如《唐故银青光禄大夫太子左庶子严公墓志铭》以极简练之笔法介绍了严损之一生的仕路坎坷：

> 少仕昌世，遇权臣恶直，官不登三台。晚值多难，安贞不竞，故位不过郡守宫尹。前后佐两卫，参四府，领二县，典七州，再入石渠，三升龙楼，凡处任十八，享年七十六。②

昌平之世，墓主会权臣恶直；安史之乱后，国家多难，更无心于功名。可见，无论身逢盛世还是乱世，严公都仕途不得志，作者正是在这种惋惜之情中历数了他凡十八任官职，一连串的数字形成了短促而有力的行文节奏，短短的二十几个字清晰地将墓主的一生概括出来，一目了然。后文作者又详细地裁取严公一生若干重大事件，其中就包括他卷入安禄山与当国者（杨国忠）的权力之争，记载了面对权臣交恶，他明智地全身而退，因此遭受贬谪，贬谪明年即禄山乱兴的经过。这段叙事既很好地解释了墓主"晚值多难，安贞不竞"的原因，同时将决定墓主命运的这一"异常事件"置于前文的生平概述之后，又不会妨碍读者抓住墓主的人生主线。该文可以说"略"处干净利落、斩截有力，"详"处娓娓道来、情实毕现。

再如独孤及为福州都督李椅作《福州都督新学碑铭》一文。既然题为"新学碑"，自然是要阐扬碑主的兴学之举。故作者文首即切

---

① （清）王士禛：《香祖笔记》卷五，上海古籍出版社1982年版，第86页。
② 《〈毗陵集〉校注》卷十一，第255页。

入兴学的主题：

> 初成公之始至也，未及下车，礼先圣先师。退而叹堂室湫狭，教学荒坠，惧鼓箧之道寝、子衿之诗作。我是以易其地，大其制，新其栋宇，盛其俎豆。俎豆既修，乃以五经训民，考校必精，弦诵必时。于是一年人知敬学，二年学者功倍，三年而生徒祁祁，贤不肖竞劝。家有洙泗，户有邹鲁，儒风济济，被于庶政。①

作者先是用一连串的动词"礼""退""叹""惧"，将李椅在福州办学的前因铺叙开来；又以"易"其地、"大"其制、"新"其栋宇、"盛"其俎豆来叙写兴学的准备工作；再"以五经训民，考校必精，弦诵必时"来申明兴学思想的贯彻与推行；最后以"一年……二年……三年……"层进式的语气将百姓精神世界的变化——福州兴学的后果勾勒出来。兴学前后的对比如此强烈，一位忧世爱民、宏道行道的儒家知识分子形象即刻跃然纸上。将人物的主体形象突显开来之后，后文作者则不急不缓地从"公将治之也……公将安之也……公将教之也……"三个角度对碑主的一生详加撰写。如此之叙写，有些类似于新闻写作中的"倒金字塔结构"，将人物最重要的事迹置于篇首，之后再依次叙述事情的来龙去脉。读者既能抓住重点，又能全面了解人物的一生。

　　类似的叙述也存在于《唐故特进太子少保郑国李公墓志铭》一文里，文首仅一笔带过墓主李遵入仕后的从政经历，大量的篇幅都放在了安史之乱后李公如何"顿首迎谒"辅佐肃宗灵武称帝，后又如何与权臣李辅国争权，最后遭贬的经过。特别是辅佐肃宗即位的一段，作者将李公的表现置于乱后复杂的政治大环境中，更显得其举之难能可贵：

---

① 《〈毘陵集〉校注》卷九，第 209 页。

十四年秋九月，由执金吾为彭原郡守。明年，长安覆没，玄宗逊于南京。便桥之役，我师败绩，自新平属之五原，二千石皆反为贼守，莫有勤王者。肃宗以馀骑十数，次于彭原。公顿首迎谒，且愤且喜，因献衣服鞍马，泣问大计。乃悉发仓库，募敢死士，获九百人，公自誓众扈跸而北。翌日，师次临泾，又北至于平原。收携贰逆命者，斩之以殉，破其馀党，进幸灵武。旬日之间，有众至数万王师遂张。于时法驾播越，神器无主。公与裴冕等率群臣劝进，陈天意，上尊号，以定民志。上乃即皇帝位，拜公尚书工部侍郎，领宗正卿。乘舆南旋，公封郑伯……①

此段作者首先叙述了李公"顿首迎谒"的政治背景：第一，长安陷落，玄宗幸蜀；第二，许多地方长官反为贼守；第三，肃宗身为一朝太子，身边只有十几个陪同，可见其势单力孤。在这样的背景下，李公为肃宗称帝开辟道路、出生入死，成为肃宗可以信赖的十几个人之一，皇帝怎能不对其感激涕零、深加器重？肃宗在世时，李公仕途上平步青云也就是顺理成章、自然而然的了。该文突出人物在特殊、重大事件中的选择与行动，不仅使人物形象质实可感，同时也为我们设身处地地体会那些真实活跃在历史舞台上的历史人物保存了鲜活的史料。

单纯地直言人物的事迹有时会显得空口无凭，独孤及还擅长使用正面与侧面描写相结合的方式来叙事写人。比如《唐故太子宾客兼御史大夫洪州刺史洪吉八州都防御观察处置使平原郡开国公张公遗爱碑颂》一文，在正式切入碑主的政治业绩之前，作者先侧写众人对他的追思与怀念：

故公之捐馆，自九江至于敷浅原，南暨于梅岭，东臻于闽

---

① 《〈毗陵集〉校注》卷十一，第258页。

徽，蚩蚩之民，靡幼靡艾，泣涕乎遗风，凄怆乎棠阴，悬悬乎若求而不得、企而不及也。金曰："平原，其可谓盛德也已！子惠困穷，俾富而庶，若解衣衣我，辍食食我。弃我往矣，谁育我矣？逝矣远矣，音徽沬矣。吾侪小人，呜呼畴依，盍咏歌之，刻诸金石。"秋八月，既殡，耆老吉州安福县丞邓林玉等一百一十五人，乃率吁众戚，谋及故吏、从事、州长、县尹、虎贲、亚旅、乡老、大夫，相与稽乎陈迹，建颂表德，用广留侯之世家，纪子产之遗爱，礼也。①

该段文字至少从四个角度说明了碑主张镐的政治影响力：从地理区域上，我们可以看到碑主的影响力之广；通过众人之口，我们可以看到众人悲痛之情深；吁众一呼百应，可见哀告者之众；各业人等皆谋建颂表德，可见碑主之德高。作者虽没有直接描写人物的功德业绩，而通过他人之口、他人之举，碑主在他人心中的地位则完全被突显出来了。再如《唐故开府仪同三司试太常卿兼怀州刺史赠太子少傅杨公遗爱碑颂》一文，作者先直笔叙写碑主杨承仙治理一州的种种武功业绩，然后又插入了一小段有趣而感人的细节描写：

公尝表请归葬，途由于洛。洛阳人闻杨怀州之至也，环而观之。及其还也，怀人数千须于路。②

也许，这只是杨承仙人生的一个小插曲，但从洛阳人"环而观之"的举动里，我们完全可以看到杨公早已声名远播，深受他州之民的崇敬；从其归怀州，怀州之民"数千须于路"的迎接，又可见杨公之德早已深入民心，深受治所之民的爱戴。这样的细节描写使得前文所历数的碑主的种种武功业绩都显得更为真实。

当然，我们也要看到独孤及的碑志文虽擅长用事实说话，比之

---

① 《〈毗陵集〉校注》卷八，第175页。
② 同上书，第184页。

六朝、初唐的此类创作多了一层浓厚的写实精神。但由于作者刻意写实，除了在文章开头、结尾、小序或字里行间偶尔流露出个人情感之外，他的文章很少有情感的过多表现。故而，有"事"可书的达官贵人在独孤及笔下栩栩如生，而无"事"可书的妇女、幼儿，早夭未仕的青年男子，即便这些人是他最亲的亲人，在他笔下都形象干枯。所以，独孤及的"实录"是以抽去作者主观之"情"为前提的。将客观之"实"与主观之"情"很好地结合起来，恐怕就要等到中唐的韩愈来完成了。

（三）杂而不乱的叙事结构

因为有"事"可记，独孤及为名门重宦或社会名人撰写的碑志通常篇幅较长、记录的事情较多。所以为了使叙事不杂乱，作者就必须精心地组织手中的材料，使得各种头绪得以有条不紊地展开。特别是一些官员一生历职颇多，在每个职任上又都有可圈可点的地方。不能漏书，如全部书写下来，细枝末节又容易旁逸斜出，故而独孤及有意识地建立起清晰的言说秩序，使他所叙之事"杂"而"不乱"。比如《唐故睢阳郡太守赠秘书监李公神道碑铭》一文，在叙述李公的仕宦经历时作者这样描写道：

　　……因考绩彰闻，拔为青州刺史。于是海岱贡篚，衣履天下，俗尚夸侈，吏务豪夺。公以德礼示法度，以诛赏禁淫慝，宣明教化，饬行率先，使刺绣倚市者，悉返耕织。于是贪者廉，善者劝，海滨之俗，变至邹鲁。按察使户部侍郎宋遥以状闻，玺书褒异，迁公于常州，赐一子出身。常之吏民，望公风声，其奇邪僭滥者，解印绶自去。比及下车，无为而治，复以高第擢拜徐州刺史。先是岁比大歉，人流者什五六，公条奏逋逃之名，削去其版，然后节用务本，薄征缓刑以来之，岁则大穰，人不患寡，浮游自占者至数千万，优诏嘉叹，赐帛二百四。元宗后元年，改宋州为睢阳郡，命公为太守。淮河漕挽，刀布辐凑，万商射利，奸之所由聚也。公谓非胜之艰，安之惟艰，故峻其侵渔之令，宏其并容之仁。吏或不廉不恪，不惠不迪，纠之诘之，必诚必信。公之诚信不欺，故狱市不扰，闾井缉睦。由是饮公醇固之德者，如馁者得哺、寒者得纩。有司方将计课以闻，天不惠于宋，乃崇降厉疾。三年春，赐告归洛阳；是岁十二月丙午薨，春秋六十有四。①

在叙述人物的仕宦经历时，独孤及通常以时间为序，一个职任接着一个职任地顺次叙述。上文所引的一段文字，即历数了李公历任四职——青州刺史、常州刺史、徐州刺史、睢阳郡守的从政经历。李公每一到任，作者都按照"授职（面临的艰难局面）—李公的作为—作为的实际效果—朝廷的褒奖"这一叙事模式加以陈说。这样，四任的任职情况作者都记录得非常翔实，头绪虽多，却清晰流畅、杂而不乱。

独孤及还擅长使用夹叙夹议的方式，边叙事边对所叙之事进行议论、总结和深化，从而使得读者对于事件的内涵有一个理性的认识与升华。同时，他的"就事论事"之语往往精警、深刻、一语中的，议论之间存在着平行并列的关系，自然而然地形成层次清晰的行文结构。如《唐故给事中赠吏部侍郎萧公墓志铭》一文有这样的描写：

> 公所佐之府，必以忠力主画。疑谋危事，谈笑而决，刀笔之所加，应机成务，谈者称其多才。初公居先公夫人之丧，外除犹毁，其后母弟立卒，公期不绝哭，再期悬不乐，食不肉，谈者高其孝友。人有缓急大小之请，必储必副，内姻外姻与所知之丧，必匍匐而救之，加于人一等，谈者服其仁爱。②

该段三组叙事加议论，"谈者称其多才""谈者高其孝友""谈者服其仁爱"就好比段落层次的行文标识，自然清晰地将该段分成三个层次。

---

① 《〈毗陵集〉校注》卷八，第188页。
② 《〈毗陵集〉校注》卷一一，第252页。

同时，三组议论又形成一个大的"关系组"，将散漫的叙事结构起来，使文章具有整一感。"多才""孝友""仁爱"等点睛之笔，又从三个角度将碑主的能力和品德概括开来，一个可亲可敬的碑主形象顿时出现在读者眼前，此种写法真可谓是形散而神不散。

类似以精警的议论作为文章段落层次标识的作品在独孤及的碑志、塔铭文创作中不在少数。如《唐故扬州庆云寺律师一公塔铭》一文，作者对尘外之友灵一的才学、品德进行了全面介绍："……公之严持也……公之纯白也……公之悬解也……公示教之攘门也……公应之无涯也……公精至感物也。"这六个角度可以说将一位36岁即逝的得道高僧一生的主要事迹都概括开来了。《唐故河南府法曹参军张公墓表》则从"君子以为荣""君子以为博""君子以为达""君子以为智"四个角度对墓主张公进行颂赞。从总体上讲，这种写法的好处是容易形成清晰完整的逻辑结构，使文章展开有根有基、厚重质实。然而，对于一位作家来说，如果一种手法用的次数太多了就容易导致千篇一律的重复。所以，单看独孤及的一篇作品，读者很容易被其中清晰有致的叙述所吸引，但看得多了就会觉得毫无新奇之感了。

纵观独孤及的碑志、塔铭文创作，我们会发现因熟贯的写作套路而带来的重复之感比比皆是。如为妇女作志，总是先言家世，再言婚嫁、妇德、对子女的教育，最后是亲人的伤悼以及如何安葬；为男性作志，总是先言家世，再言入仕、从政经历和政绩，最后言夫人、子女及安葬时间地点，等等。这样的结构安排使得独孤及此类创作虽质实有余，却过于死板。

独孤及的后辈梁肃、权德舆的碑志类文体创作同样有着独孤及此类文章的质实之感，权德舆在为人创作的墓志文中亦多次强调自己为文的"实录"原则。然而，他们与独孤及一样，仍然延续着家世、仕进、夫人、子女的传统结构模式，几乎篇篇如此！李涂在《文章精义》中称"退之诸墓志，一人一样，绝妙！"[1]这里所说的"一

---

① 吴文治主编：《韩愈资料汇编》第 2 册，中华书局 1983 年版，第 468 页。

人一样"不仅指的是文章风格、作者感情、写作视角，自然也包括文章结构安排的变化多端。有学者对韩愈现存的 54 篇墓志进行考察，发现"结构安排无一雷同者"。看来，还要等到"文起八代之衰"的韩愈出现，才能真正地打破碑志类文体僵硬的叙事格局。

四　哀怨沉实：独孤及哀祭文创作

所谓哀祭文是指为祭祀天地山川、自然神灵或祭奠死者而作的祝祷、悼念性文章。刘勰《文心雕龙·祝盟》曰："若乃《礼》之祭祀，事止告飨；而中代祭文，兼赞言行。祭而兼赞，盖引神而作也。"明徐师曾亦曰："古之祭祀，止于告飨而已。中世以还，兼赞言行，以寓哀伤之意，盖祝文之变也。"①这就是说，祭祀神灵之作，其内容主要是"祈告"和"奉飨"；而由祭祀神灵引申而来的祭文的变体——祭悼死者之作，内容除了"告飨"之外，还包括赞亡者的"言行"，诉生者的"哀情"。可见，此类文体大体上可以分为两类：一为祭祀天地神灵；二为颂赞亡者功德。清唐彪《读书作文谱》卷十一称此类文体其用有四：祈祷雨旸，驱逐邪魅，干求福泽，祭奠死者。此处虽以四类分，亦实为两大类。《毗陵集》存独孤及哀祭文共 21 篇，其中祭祀神灵之作 5 篇，祭奠亡者之作 16 篇。从作品留存数量上来看，次于李商隐（54 篇）、韩愈（31 篇）、柳宗元（28 篇）、白居易（26 篇），在唐代作家中名列第五。而在盛唐作家中，则多于张说（18 篇）、张九龄（8 篇）、王维（8 篇）、杜甫（3 篇）、李白（2 篇），位居榜首。

哀祭文到了唐代，文体体制已经比较固定。通常以"某年某月某日，某官某人谨以××之奠，敬祭某公之灵（或某地之神）"开首，点明时间、主祭人和祭奠对象。文章的主体内容，祭祀神灵之作主于"祈告"，以说服神灵护佑祈告之人；祭奠亡者之作主于颂扬逝者之功业德行，虽不像墓志铭那样将人物传记叙述得详详细

---

① （明）徐师曾著，罗根泽校点：《文体明辨序说》，人民文学出版社 1962 年版，第 154 页。

细，但亦道出人物生平得意之处以告慰泉下之灵、示于身后之人。行文或结尾常以悲号语"呜呼哀哉"抒发作者的悲痛之情，最后以祈求语"尚飨"或"尚享"，即希望逝者享用祭品来收束全文。"由于'凶'礼是中国最重要的传统礼仪之一，凡在丧葬场合使用的文体，都具有约定俗成的行文规范。"①在文章体制上，独孤及的哀祭文自然亦不出此种体裁的"约定俗成"。从文章内容来看，独孤及笔下的祭祀神灵之作和一部分祭人的应酬之作亦承袭前人创立的规范，没有什么特别的新意。但是他的另外一部分为人代笔或自写的真情流露的祭人之作则呈现出主题上的新开拓。

（一）"怨天"主题的开拓

面对"死与生"这一难以解答的终极之问，孔子曰："未知生，焉知死？"孔圣人对于"死"的悬置，不能化解古代文人对于血肉之躯无法抗拒自然规律的无奈，抑不能解答为何愚人恶人多福高寿，智人贤人却福薄寿短这一终极背后的疑问。文人多用"皇天无亲，惟德是辅"来自我安慰，但事实上又常常事与愿违。每当贤德之人早逝，对"天何不辅德"的疑问总会被强化。中、晚唐文人的悼祭文创作，对于逝者之惋惜、哀悼常常伴随着对于皇天的不解与诘问。而纵观《全唐文》所收录的悼祭文，第一次大规模地将对造物主的质疑与诘问作为祭文创作一大主题的正是独孤及。

此前，陈子昂在《祭孙府君文》中有"何昊天之不吊？随大化以长终"②之语。张九龄《为吏部侍郎祭故人文》中有"闻夫仁必寿考，所谓神道；善亦庆延，以为信然。今夫子之不福，而圣谟之是愆"③之语，表达的皆是对天不佑德的不满与不解，然这样的表达只是零星地出现于初、盛唐作家的祭文创作中，在独孤及的作品中则表现得更为集中。请看以下数例：

> 孰司物化，曾莫辅德。诸公不死，公独返真？（《为吏部李

① 吴承学、刘湘兰：《哀祭类文体》，《古典文学知识》2009 年第 4 期。
② 《全唐文》卷二一六，第 2189 页。
③ 《全唐文》卷二九三，第 2972 页。

侍郎祭李中丞文》）①

天惟匪忱，才不必寿。冉耕斯疾，颜回短命。……真宰何人，寿夭谁司？善而无报，天岂予期？（《为元相祭严尚书文》）②

呜呼曷归！何万之人具瞻，与天命之相违。……嗟道申而寿屈，痛迹是而人非。(《为杨左丞祭李相公文》)③

若天祚明德，神与正直，公宜锡庆钟寿，俾大而昌，于何官不至三事，年不及六十，积德无报，为仁者惑焉。(《为吏部杨侍郎祭李常侍文》)④

痛天道之茫昧，予岂无言？(《祭吏部元郎中文》)⑤

呜呼！性命之源，仲尼罕言，顷者与兄存而不论，亦谓景福，必钟德门。未虞昊天，骤忍我欺！……呜呼彼天，胡不佑贤？阘茸谀谍，或锡永年。好学不幸，系兄复然。岂天地不仁，将斯民薄祐？(《祭贾尚书文》)⑥

奈何盛德，迫此短辰？(《祭衢州李司士文》)⑦

奈何不淑，景命遽央？(《祭扬州韦大夫文》)⑧

---

① 《〈毗陵集〉校注》卷一九，第409页。
② 同上书，第410页。
③ 同上书，第414页。
④ 同上书，第416页。
⑤ 《〈毗陵集〉校注》卷二〇，第422页。
⑥ 同上书，第428页。
⑦ 《〈毗陵集〉校注》卷一九，第418页。
⑧ 《〈毗陵集〉校注》卷二〇，第424页。

奈何强壮之年，大才先谢？(《祭韦端公炎文》)①

我们可以看到，作者所有的不满都是围绕着逝者德高而寿屈、才大而官不称展开的，间或还表达了对于"阘茸谀谀，或锡永年"的疑惑。最终他将自己的怨愤之情都化作激切的诘问与责问，直接指向真宰或物化之主，将德不寿报的现象归结为天不佑德、昊天欺人！独孤及为何会产生如此之怨激之情呢？我们可以试想，不管出于什么目的，他一生为人代写或自写过那么多的悼祭文，为那么多的人创作过墓志文，亲身经历过那么多亲人、朋友的离世，目睹过战争、瘟疫所带来的生灵涂炭、尸骨遍野，对于"死"他并不陌生。他人的丧钟常常为生者而鸣，提醒活着的人"人人必有一死"的结局——用独孤及的话说，正可谓是"身与万物，悉当归无"(《祭相里造文》)。如果人终要归于虚无，那么活着的意义就得到了最大化的质疑。故而，相比昌平之世的祭文作者来讲，主要活动于天宝末、大历年间的独孤及对于走向虚无之前的"生"的意义必定有更加深切的思考。他的悼祭文多次记载了这种思考：

> 上士齐死生，下士爱生恶死而惑之。知生死若幻，而不能忘情于其间者，我辈所不克免。始者与公同吊死问生，论议亦颇尝及此，岂谓言未绝口，而公又长往？(《祭吏部元郎中文》)

> 呜呼！性命之源，仲尼罕言，顷者与兄存而不论，亦谓景福，必钟德门。(《祭贾尚书文》)

> 呜呼！往岁尝与公度论死生变化，岂不知身与万物，悉当归无；犹谓不惑于道者，可以不夺其算。(《祭相里造文》)

---

① 《〈毗陵集〉校注》卷二〇，第427页。

作为纯正的儒者，又生活在一个王朝走下坡路的时代，独孤及等儒家知识分子以复兴儒道、立身行道为己任，挽救颓弊的王朝，使人生变得充实而有意义。同时，他们亦希望支撑他们积极活着的、崇高的人生意义可以使自己区别于碌碌无为的芸芸众生，即延缓走向虚无的时间——这才可谓是善德、善行有善报。如果说《祭吏部元郎中文》还止于发出生死若幻、真情难断的感慨，那么《祭贾尚书文》《祭相里造文》二文，则直接道出作者与同道之友认为德高、重道之人必不折损日光之福的人生信念。而这样的人生信念却在惨烈的现实中被打垮，特别是在没有任何心理准备的情况下同道之人的猝然离世，"视不及瞬，言不及息，呜呼元君，今已返于机！"（《祭吏部元郎中文》）"论犹在耳，目不及瞬，而公度之身，复为异物。"（《祭相里造文》）更让作者感受到对于天命无常的困惑、滋长对于不可控制的命运的怨激之情。

独孤及深受汉儒"天人感应"思想的影响，这在他作品中表现为"祥瑞表贞""灾异谴告"式说教。从他的《祭岍山文》《祭吴塘神文》《莹土龙文》《祭纛文》等祭祀自然神灵之作里，我们亦可以看到独孤及身上中国人古而有之的"万物皆有灵"的"泛神论"思想。泛神论者对于自然神灵的敬畏，总可归结为对于大自然的总和——中国人称之为"老天爷"、西方人称之为"命运"的敬畏。独孤及《吊道殣文》将爆发三吴大旱、大疫的原因归结为"运命"，文末更以"命不可问，呜呼苍旻"来表达命运无情的无奈。但如果随时都可能有大灾大疫发生，那么人与命运的"斗拳"就只能像是打空气一样，根本无法为保护自己进行有效的还击。如果死的是芸芸众生，尽管感情上难以接受，亦不过是众生的"宿命"。但如果去世的是"誓将以儒、训其斯民"（《祭贾尚书文》）、"道申而寿屈"（《为杨左丞祭李相公文》）的志在以儒家精神改造社会、复古宏道的儒家知识分子，其崇高的价值观念却得不到在世长寿的奖赏，怎能不使人对命运（天）的不公怨讟日深？

独孤及悼祭文"怨天"的主题在中唐得到了继续和发展，梁肃在《祭独孤常州文》中发出这样的感慨："岂上天之不仁，道之将废。

奚盛德之淳懿，忽中年而下世。"柳宗元在《祭吕衡州温文》中有如下的悲怆之语："呜呼天平！君子何厉？天实仇之。生人何罪？天实仇之。聪明正直，行为君子，天则必速其死。道德仁义，志存生人，天则必夭其身。吾固知苍苍之无信，漠漠之无神。今于化光之殁，悲逾深而毒逾甚。故复呼天以云云。"在祭文中如此大胆地呼天、责天、诘天，我们不仅可以看到中唐前后志在复古宏道的文人对同道友我离世痛彻肺腑的惋惜，亦可看到人们面对无可把握的命运所发出的深深的不平之鸣。

（二）散语形式的创新

哀祭文是在祭祀过程中一边祭祀一边诵读的文体，与墓志等碑志类文体诉诸视觉不同，其诉诸听觉，口诵文学的特性使之天然地与语言的节奏与韵律紧密关联。古人说："死生亦大矣！"死之为大事，它要求此类文体适用于严肃、庄重的场合，故而在语言形式上，哀祭文主要以适于诵读的四言、杂言韵文和骈文为主。通常来讲，祈告山川神灵、主于颂人以德的官方应酬文字主要使用的则是严肃、整饬的四言韵体。于俊利、傅少良《从唐代祭文看骈文的演进》①一文据《全唐文》《唐文拾遗》《唐文续拾》所收录的484篇祭文，对每一个阶段作家的祭文作品，按所使用语言形式进行划分、统计，得出下表：

从表格的统计数字里可以看到，在独孤及之前少有散语祭文，独孤及是唐代大规模以散语作祭文的第一人；在独孤及之后，梁肃、韩愈、元稹和白居易则开始大量采用散文的语言形式创作祭文。但是他们对于祭文语言形式的改造并没有改变他们所有祭文中韵语的主体地位，亦没有改变整个唐代祭文以韵文为主的语言特点。也要看到的是，到了晚唐，散语祭文数量骤减，骈散结合的作品更为时人的欣赏习惯所接纳。故可以看到口诵文学对于和谐的音律感、抑扬的节奏感的要求始终影响着祭文创作的审美特征。

---

① 于俊利、傅少良：《从唐代祭文看骈文的演进》，《东方丛刊》2009年第2期。

分期	作家	祭文总数	韵文			骈文	散文	卷数出处
			四言	杂言	骚体			
初盛唐	王绩	4	2	1		1		第132卷
	陈子昂	10		6	1	3	1	第134卷
	张说	18	6	9	1	2		第233卷
	张九龄	8	3	1（赋）		4		第293卷
	王维	8	5			3		第327卷
	李白	2				2		第350卷
	杜甫	3	2	1				第360卷
	李华	5	2	1		1	1	第321卷
	独孤及	20	4	8（赋1）			8	第393卷
	梁肃	11	6	1			4	第522卷
中唐	柳宗元	28	24	3（赋1）	3		1	第592、593卷
	吕温	7	3	3			1	第631卷
	元稹	15		1			8	第655卷
	白居易	26	5	11		1	9	第680、681卷
	杜牧	7	3	3			1	第756卷
晚唐	李商隐	54	2	2		48（骈散结合）	2	第781、782卷
	穆员	8	4	2		4	1	第785卷
	黄滔	10				9（骈散结合）1		第826卷

　　说明：表格作者的统计原则是文章主要句式为骈句的韵文，归入骈文类，不再列入韵文类；文中散言句式较多的韵文，归入散文类，不再列入韵文类；韵文中杂言一类是指以四言为主、兼有杂言的韵文。

和四言韵文与骈文靠整饬的句式构成匀称的节奏不同，散文化的句式很难让听众一下子抓住语言的外在形式，但是却非常便于熔事和融情。比如《祭吏部元郎中文》：

> 年月日，礼部员外郎独孤及，谨以蔬饭壶酒，致祭于故吏部郎中元公之灵：上士齐死生，下士爱生恶死而惑之。知生死若幻，而不能忘情于其间者，我辈所不克免。始者与公同吊死问生，论议亦颇尝及此，岂谓言未绝口，而公又长往？昨日经过，遽成畴昔，何变化之速，乃至于是？视不及瞬，言不及息。呜呼元君！今已返于机。夫彭祖、殇子，同归于尽，岂不知前后相哀，达生者不为叹？公齿发未老，官途方半，相视而笑，冀前路各有所展，岂图间阔数日，而死生间之？竹林如故，阶尘未扫，惟人琴两亡，影绝响灭。汤汤清弦，岂可复闻？承以令辰，将赴茔阙。痛天道之茫昧，予岂无言？而悲来从中，远复抒意，匪祭也，永以为别也。尚飨！①

此文以议论开首，通过理智上认同"齐死生"与情感上"不能忘情"的碰撞，使一个"情"字得到了最大化的强调。紧接着作者融事于文，追念往昔与亡友的谈论，又将昨日与今朝相对比，以强调友人逝世对自己突如其来的打击。再接着作者融情于文，一连使用四个反问加强语气，将自己细腻曲折的情感变化淋漓尽致地传达出来。"这篇祭文直接打破了用韵用骈的整齐成规，自由流转的散句单行成文，以情感起伏跌宕的写法，直抒心中真情，显得感慨淋漓。句式随着感情的变换或疑问，或陈述，或感叹，灵活自然，而且奇偶句交错互用，长短句自由变换，这些虽然是对先秦古文的模仿，但都为以前祭文所无，对韩愈后来的纯散体祭文必然是颇为有益的启发。"②读此文，除了关注其句式上的灵活自然和情感上的起伏跌宕

---

① 《〈毗陵集〉校注》卷二〇，第 422 页。
② 于俊利、傅少良：《从唐代祭文看骈文的演进》，《东方丛刊》2009 年第 2 期。

之外，我们一定要从口诵文学的角度体会此文的感染力。声音是转瞬即逝的，为了使听众对悼念现场的追思之文印象深刻，就不仅需要发动听者理智上的认知，还要煽动其情绪。该文前前后后使用了六个反问句、一个悲号语，每间隔一段叙事就强化一下语气、抒发一下悲情，这样使得所叙之事更能刺透人心，同时亦能以情动人。故而，此文虽然采用的是散文的语言形式，但是却依然拥有行文的节奏感与韵律性，再加上娓娓道来的叙事，使酝酿的情感不是随意发出，这种"缘事而发"的特征也使得情感的抒发格外厚重沉实、真实可信。此外，他的《为吏部杨侍郎祭李常侍文》《祭寿州张使君文》《祭相里造文》亦皆为真情随至的散文佳作，此处就不作赘述了。

　　刘勰在《文心雕龙·哀吊》中说："奢体为辞，则虽丽不哀；必使情往会悲，乃其贵耳。"意思是哀祭文贵在写出悲情，过分奢华浮艳的文词，只会冲淡哀伤之情，不适用于祭文写作。在《祭贾尚书文》中，独孤及论到当时文章时说："文章陵夷，郑声夺伦。兄于其中，振三代风。复雕为朴，正始是崇。"独孤及认为，贾至对于修正文坛风气的贡献即是风格上的"复雕为朴"。他自己当然也是"复雕为朴"口号的支持者和追随者。其时注重颂扬死者功德业绩、多溢美褒奖之词的谀墓之作大行，充满谀词巧语、虚文蔓说的祭文自然首当其冲地被纳入贾至等人大刀阔斧的改革范畴。既然改革的方向是"复雕为朴"，那么革除"雕"而达致"朴"的方法不外乎两种：一是选用自然朴实的散语；二是继续采用韵文、骈文的语言形式，但拒绝空洞浮华的言词。尽管祭文文体以用韵为正格，但由于散文的语言形式便于积蓄情感、抒发真情等特点，也就被独孤及纳入祭文的写作中来。当然，独孤及毕竟是祭文创作采用散文的语言形式的开拓者与尝试者，此前并没有太多成功的典范可供借鉴。而到了他的后辈韩愈手里，散文随事融情的特点才得到最好的表现，所以才会有《祭十二郎文》这样的"自然流为至文"的"祭文中的千古绝调"出现。

第三节　从"唐文三变"论看独孤及文的历史地位

独孤及以"文"名世，其文章创作得到了同辈、门生或后进学子的肯定和推许。权德舆在《唐故尚书兵部郎中杨君文集序》中这样说道："自天宝已还，操文柄而爵位不称者，德舆先大夫之执曰赵郡李公遐叔，河南独孤公至之。狎主时盟，为词林龟龙。"①权德舆之父权皋与独孤及游，独孤及有诗《癸卯岁赴南丰道中闻京师失守寄权士繇韩幼深》相赠。权皋认为，李华与独孤及乃并为一时的"文坛盟主"，对独孤及在当时文坛的地位评价极高。另，权德舆在《祭独孤常州文》中称赞独孤及之文："作为文章，律度当世。烁如日星，炳若龟龙。"②又，李翱在《独孤朗墓志铭》中这样说道："宪公（独孤及）有文章名于大历中，每为文，辄为后进所传写。"③可见，独孤及的文章已成为当时后进学子竞相学习的标尺和范本。然，这是不是独孤及下世之后，人们对其文章的溢美之词呢？崔元翰在《与常州独孤使君书》中记载了后进学子倾心于独孤及"学者风驰云委，日就月将，庶几于正"④的现象。崔元翰写给独孤及的信中不可能过分地夸大其词、无中生有，故时人仰慕独孤及、师习独孤文当属实际情况。独孤及在当时文坛的地位，还可以从他的学生梁肃所概括的"唐文三变"论中体现出来，下面我们就以历代"唐文三变"说为考察对象，看一看独孤及文的历史地位浮沉。

一　梁肃笔下推动"儒道益炽"的独孤及

"唐文三变"说首倡于独孤及弟子梁肃，北宋初期的姚铉在《唐

---

① （唐）权德舆撰，郭广伟校点：《权德舆诗文集》，上海古籍出版社 2008 年版，第 509 页。

② 同上书，第 444 页。

③ （唐）李翱：《四部丛刊集部——李文公集》卷六，上海涵芬楼借江南周书馆藏明成化乙未刊本，第 80 页。

④ 《全唐文》卷五二三，第 5320 页。

文粹》中加以补充，至北宋宋祁的《新唐书·文艺传序》，此说基本定型。后世学者的论述，诸如清姜宸英在《湛园札记》、清蒋湘南在《唐十二家文选序》中的讨论，大抵不出前人所划定的讨论范畴。然而，对于梁肃的"唐文三变"论，长久以来，学界一直存在着误读。梁肃的"唐文三变"论通常被理解成唐文革新历程中的三次变革，而细读之，联系上下文的语境，恐怕非然。梁肃在《补阙李君前集序》中这样说道：

> 故文本于道，失道则博（一作传）之以气，气不足则饰之以辞，盖道能兼气，气能兼辞，辞不当则文斯败矣。唐有天下几二百载，而文章三变：初则广汉陈子昂以风雅革浮侈；次则燕国张公说以宏茂广波澜；天宝以还，则李员外、萧功曹、贾常侍、独孤常州比肩而出，其道益炽。①

梁肃说陈子昂"以风雅革浮侈"，是指陈子昂以建安风骨来矫正初唐延续下来的"失于道"又"气不足"的六朝宫体余风。而说张说"以宏茂广波澜"，是指其把对宏大力量的企羡（风骨）与六朝锦色（丽辞）结合起来，形成天然壮丽的审美风格。如果说陈子昂有如时代的先知，那么张说就是一个身体力行的实践家，他参考了陈子昂的建议，在推行"风雅"的同时，结合业已形成的文坛状况，结实地将盛唐文坛引入了风力与丹采兼备的佳境。所以说，张说之于陈子昂，与其说是破，是革，不如说是承，是成。要之，陈子昂片面排斥文采的过激思想，并不能让当时的人们立即接受。而张说执掌文坛近三十年，去世之后，他提拔的张九龄、贺知章等人继续执掌文坛，故他所奠定的既重风雅又重文采的审美格局对盛、中唐文坛产生的实际影响不容忽视。

梁肃接着说："天宝以还，则李员外、萧功曹、贾常侍、独孤

---

① （唐）梁肃撰，胡大浚、张春雯整理校点：《梁肃文集》，甘肃人民出版社 2000 年版，第 41 页。

常州比肩而出，其道益炽。""益"有"更""进一步"之义，显然是相对于第一变、第二变而言的一个程度副词。"其道益炽"则旨在说明唐文发展过程中的三次层进乃是以"道"为核心的。联系上下文的语境，这里的"道"虽然指文章作法在陈子昂和张说的基础上有所发展的文章之"道"，但亦从思想上直接指向李华、萧颖士、贾至、独孤及等儒家知识分子"誓将以儒、训其斯民""比兴宏道"的"儒道"。那么从陈子昂、张说至独孤及，是不是如梁肃所说的"其道益炽"呢？

我们首先来看陈子昂与独孤及的思想联系。陈子昂在《与东方左史虬修竹篇序》中说：

> 文章道弊五百年矣。汉、魏风骨，晋宋莫传，然而文献有可征者。仆尝暇时观齐、梁间诗，彩丽竞繁，而兴寄都绝，每以永叹。思古人，常恐逶迤颓靡，风雅不作，以耿耿也。一昨于解三处，见明公《咏孤桐篇》，骨气端翔，音情顿挫，光英朗练，有金石声……①

陈子昂在此指责齐梁之风"彩丽竞繁，而兴寄都绝"，那么"兴寄"——要求诗人创作有所寄托就是与"彩丽竞繁"相对立的概念。通过他对友人作品"骨气端翔，音情顿挫，光英朗练，有金石声"的评价，可以看出对于作品中到底寄托些什么，陈子昂所言还是比较含混、不是非常具体的。

我们再来看独孤及《赵郡李公中集序》一文。此文先"破"，指责"大坏之文"的弊病："其风流荡而不返，乃至有饰其词而遗其意者，则润色愈工，其实愈丧。及其大坏也，俪偶章句，使枝对叶比，以八病四声为梏桎，拳拳守之，如奉法令。"接着再"立"，他这样说道：

---

① （唐）陈子昂撰，徐鹏校点：《陈子昂集》，中华书局1962年版，第15页。

帝唐以文德敷佑于下，民被王风，俗稍丕变。至则天太后时，陈子昂以雅易郑，圆者寝而向方。天宝中，公（李华）与兰陵萧茂挺、长乐贾幼几勃焉复起，振中古之风，以宏文德。①

从独孤及指责齐梁遗风之语可以看出，他反对华靡的形式主义之风与陈子昂反对"彩丽竞繁"在精神上是相通的。另外，他们精神上的相通还有一个事实依据，即是独孤及在文中特别强调则天太后时陈子昂"以雅易郑，圆者寝而向方"的历史功绩，并认为在"以雅易郑"方面，李华、萧颖士、贾至等人均是受陈子昂开启之风气的影响的。所以，独孤及等人师承陈子昂则是再清楚不过的了。然而，与陈子昂提出"兴寄"不同，独孤及提出了"先比兴，后文字"（《赵郡李公中集序》）的文学理念和"生以比兴宏道，殁以述作垂裕"（《萧府君文集序》）的文人不朽观念。但这里独孤及所说的"比兴"就不再像陈子昂所说的"兴寄"那么意义含混了。在评价李华创作时，他说：

公之作，本乎王道。大抵以五经为泉源，抒情性以托讽，然后有歌咏。美教化，献箴谏，然后有赋颂。……故《风》、《雅》之指归，刑政之本根，忠孝之大伦，皆见于词。（《赵郡李公中集序》）

从上文可见，独孤及所说的"道"正是本乎五经的儒家之道，故他要求在文中所寄托的正是这种本乎儒家之道的讽谕之旨。所以独孤及的"比兴宏道"本质上是将陈子昂宽泛的寄托更加儒家化、具体化了。

至此，我们可以得出结论，从反对词藻华靡的角度，独孤及自

① （唐）梁肃撰，胡大浚、张春雯整理校点：《梁肃文集》，甘肃人民出版社2000年版，第41页。

己显然也是陈子昂"以雅易郑，圆者寝而向方"的一员。但是相对于前辈，独孤及对于文章之"质"——"道"的内容的言说则更加具体、明确、坐实，这也附和当时儒家知识分子试图以"儒"来挽救世风沦丧、人心不古的社会目的。故而，独孤及等人的"道"论也更加激切、热烈而富有现实针对性，相对于前辈来讲，自然是梁肃所说的"其道益炽"。

我们再来看张说与独孤及的思想联系。从目前所掌握的独孤及的文章创作中，我们还找不到他对张说的相关论述。但是，这并不意味着曾执掌文坛30年的张说对于独孤及没有影响。按，张说提拔了孙逖，孙逖对李华、萧颖士有知遇之恩，李华、萧颖士对独孤及亦有提携之情，梁肃又自称是独孤及的门生。故李华、萧颖士、贾至、独孤及、梁肃等人都生活在张说为他们奠定的文坛风气下。如果说萧颖士、李华还有少量不饰文采的拟古作品，而总体风格上都能做到道、气、辞兼重的话，那么独孤及"志、言、文相配""以古之比兴就今之声律"梁肃"道、气、辞兼重"的文学观念恐怕是张说思想的真正传人。我们且看张说、独孤及的两段关于"志、言、文"关系的讨论：

> 夫言者志之所之，文者物之相杂。然则心不可蕴，故发挥以形容；辞不可陋，故错综以润色。……非穷神体妙，其孰能于此乎？（张说《洛州张司马集序》）①

> 志非言不形，言非文不彰，是三者相为用，亦犹涉川者假舟楫而后济。自典谟缺，雅颂寝，世道陵夷，文亦下衰。故作者往往先文字、后比兴……及其大坏也，俪偶章句，使枝对叶比，以八病、四声为桔梏，拳拳守之，如奉法令。（独孤及《赵郡李公中集序》）

---

① （唐）张说：《张燕公集》，上海古籍出版社1992年版，第123页。

比照这两段文字，我们可以发现，张说与独孤及一重在"立"，一重在"破"，但其实质都是对儒家"文质彬彬"美学观念的发挥。张说立的是"志、言、文"相得益彰的那种"穷神体妙"的境界；而独孤及破的是"志、言、文"三者失衡，片面追求"文"而导致作品灵魂缺失的弊病。张说立的是本于心的"内容"与美丽的"形式"（文辞）的完美结合；独孤及不满的乃是"大坏"之文徒重"文字"，而无充实正大的"比兴"。从这一正一反两个角度，我们可以看到两位作家所表达的一个共同主题，那就是"志不能无言""言亦不能无文"——这与通行的认为独孤及作为古文家而反对辞藻、反对骈体的观点，或是认为独孤及反对辞藻、反对骈体又不够坚定、不够彻底的观点是背道而驰的。

我们上文所引张说的《洛州张司马集序》就是一篇既典雅、充实又使人心旌摇荡的骈文，这样的文章肯定不是独孤及反对的对象。"志、言、文"三者是否相互发挥、相得益彰，正是张说骈文和那些"大坏"的骈文相分野的标志，而独孤及反对的只是后者（齐梁）的形式主义。这种形式主义早被陈子昂高声痛斥过了，亦被张说、张九龄等一批执掌文坛的学者型政治家、文学家改良过了，由是在唐代"诗坛"上已展现出风力与文采兼重的盛唐气象。但此时在"文坛"上，六朝积弊犹存，独孤及即是沿着张说等人开创的"诗坛"风气，试图把唐文也引向文质彬彬的境界。在这个过程中，独孤及从未如陈子昂那样，对自己委以改革者的重任，只不过采用的是对盛唐实际产生影响的张说型审美格局，对"时文"的过分华靡表示不满而已。独孤及在评价皇甫冉诗时说"以古之比兴就今之声律"（《皇甫公集序》），评萧立文时说"直而不野，丽而不艳"（《萧府君文章集录序》）都说明了对于恰到好处的声律和丽辞，独孤及与张说是一样较为通达的。

然而，我们要看到的是独孤及与张说毕竟生活在盛唐前后的两个阶段。张说以其崇高的政治地位而为盛世之"文坛盟主"，盛唐气象决定了他这一代人多出产"美盛容"的夸饰之作。独孤及虽然骨子里向往张说操文柄的盛世，比如在他的几篇墓志中都提到开元中乃文人搢绅的黄金时代，"开元中，蛮夷来格，天下无事，搢绅闻达之路，唯文先"（《李公墓志铭》）。"于时天下无金革之虞，选多士，命百官，先文行而后名法。"（《姚公墓志铭》）"于时天下无兵百二十余载，搢绅之徒，用文章为耕耘，登高不能赋者，童子大笑。"（《权公神道碑铭》）但是，毕竟李唐王朝昔日的辉煌不再，文人的黄金时代随着安史之乱的发生也一去不复返了，中兴李唐王朝不能单靠张说身处盛世所制定的礼乐文化路线，还需要更切合实际地将儒家的社会规范贯彻到文章创作当中。这样，独孤及所倡导的以文贯"道"就比张说的礼乐兴邦来得实际得多了。故而，相较于前辈，独孤及等人为文"其道益炽"是符合实际情况的。

最后，我们可以得出以下两点结论：第一，梁肃的"唐文三变"论是以"道"论为核心的。第二，梁肃的"唐文三变"并非是说唐文发展过程中的三次革新与转向，而是变革齐梁文风一次革新中的三个推波助澜的发展阶段。或者也可以说是发生了以"文道"对抗齐梁之风的三次变革，但三次变革彼此相承、目标一致，故三变亦可说成是一变！梁肃从"道论"的角度将独孤及等人放在"唐文三变"的最后一个接力棒上，放在了变革齐梁、恢复古道的最后一个关键点上，可见是将其文章创作作为唐文发展的最辉煌的一页来看待的。

二 宋人眼中作为"宏道先驱"的独孤及

梁肃毕竟生活在盛、中唐之交，在他去世之后唐文又继续了它一百多年的发展历程。在《新唐书》作者宋祁的"唐文三变"论出现之前，第一次从唐代文章的全景上对唐文的发展进行全面概括的即是北宋初年的文学家姚铉。他在《唐文粹》序中发表了如下的看法：

> 有唐三百年，用文治天下，陈子昂起于庸蜀，始振风雅。于是沈、宋嗣兴，李、杜出，六义四始，一变至道。自张燕公以辅相之才，专撰述之任，雄辞逸气，声动群听。苏许公继以宏丽，丕变旧俗。而后萧、李以二雅之辞本述作，常、杨以三

盘之体演诗论，郁郁之文，于是乎在。惟韩吏部超卓群流，独
高邃古，以二帝三王为根本，以六经四教为宗师，凭陵轹轹，
首倡古文，遏横流于昏垫，辟正道于夷坦，于是柳子厚、李元
宾、李翱、皇甫湜又从而和之，则我先圣孔子之道炳焉悬诸日
月。故论者以退之之文可继颜、孟，斯得之矣。至于贾常侍
至、李补阙翰、元容州结、独孤常州及、吕衡州温、梁补阙
肃、权文公德舆、刘宾客禹锡、白尚书居易、元江夏稹，皆文
之雄杰者欤？世谓贞元元和之间，词人咳唾，皆成珠玉，岂诬
也哉！①

可以看到，姚铉的论述直接脱胎于梁肃的观点，但比梁肃的说法更
能全面地概括唐文发展的整体轮廓。之所以说姚说更全面，是因为
他生活于唐代之后，故能综观唐文三百年发展变化的历程，把唐文
变革当中的重要一变——韩、柳之变囊括进来，使我们更清晰地看
到唐文发展的整体脉络。之所以说姚说脱胎于梁说，原因有二：其
一，他们都是以"道"论为论述核心的，这从姚铉强调陈子昂等人
"一变至道"，梁肃强调萧、李、独孤等人"其道益炽"便可以看出
来。其二，他们均以陈子昂、张说、萧颖士和李华为"三变"的核
心人物。当然在说第三变的代表人物时，姚铉没有提及独孤及。只
是在后文将其列入"文之雄杰"者的行列中。按，独孤及乃萧、李
的追随者，并且与贾至等人同为萧、李文学集团中的代表人物，特
别是在萧、李下世之后，因积极提携后进、文章被争相传写而成为
文坛盟主，在整个代宗一朝实际上是最有影响力的人物，所以我们
亦可以把独孤及归入第三变中有影响力的人物。

我们还需要指出的是，姚铉的论述虽受梁肃"唐文三变"论的影
响，但他本人并未使用"三变"的字眼儿来进行论述。在他的论述
中，韩愈、柳宗元、李翱等中唐名家都是作为萧、李后继者的身份
出现的。但是后来者居上，姚铉极力烘托韩吏部之超群绝流、"以

---

① （宋）姚铉：《唐文粹》，浙江古籍出版社 1986 年版，第 2—3 页。

二帝三王为根本，以六经四教为宗师"的宗经复古思想，实在是看到了在萧、李之后以韩愈为代表的中唐"古文"名家对复兴儒道、文以贯"道"的进一步努力及其辉煌的成果。故而，姚铉的论述实际上已经不再是梁肃所说的"三变"，而可以说是前后相继的"四变"了，或者亦可说成是一次大变革中波澜起伏的"四个发展阶段"了。在四个发展阶段中，前三个阶段是基础，后一个阶段是飞跃。

因此，到了北宋初期，由于考虑到韩、柳等人对唐文发展的卓越贡献，在考察整个唐文发展历程时，萧、李、独孤等人则与陈子昂、张说一道共同构成了积蓄韩、柳古文这关键一变的重要力量。从这个角度上来看，他们在唐代文学史中所承担的正是韩、柳"复古宏道"的先驱角色。自然，这些不愧为"文之雄杰"的先驱者们，他们曾经的辉煌也就在韩、柳等古文名家的锋芒面前稍稍逊色了。

一般来讲，北宋《新唐书》的作者宋祁关于"唐文三变"论的论述被视为"唐文三变"论的最终定型。然而比照"唐文三变"论的首倡者（梁肃）与定型者（宋祁）的说法，我们会发现一个极有兴味的话题：无论是梁肃还是宋祁都将张说坚实地放在了"第二变"中，而被梁肃放在"第一变"中的陈子昂则被宋祁换成了初唐四杰中的王勃与杨炯，被梁肃置于"第三变"中并倍加推崇的恩师独孤及却被宋祁不提名地放在了启迪韩愈古文"第三变"的"前驱"位置上。那么，如若我们试以稳定地处于"第二变"中的张说为原点，则可以看到在宋祁的论述逻辑中陈子昂与独孤及等人的文学史地位为何会产生如此的起落变化。为了说明宋祁对每一变的看法，现将原文详录如下：

> 唐有天下三百年，文章无虑三变。高祖、太宗，大难始夷，沿江左余风，缉句绘章，揣合低卬，故王、杨为之伯。玄宗好经术，群臣稍厌雕琢，索理致，崇雅黜浮，气益雄浑，则燕、许擅其宗。是时，唐兴已百年，诸儒争自名家。大历、贞元间，美才辈出，擩哜道真，涵泳圣涯，于是韩愈倡之，柳宗元、李翱、皇甫湜等和之，排逐百家，法度森严，抵轹晋、

魏，上轧汉、周，唐之文完然为一王法，此其极也。①

宋祁的论述似乎有逻辑问题，"沿江左余风"，既然是"沿"，何"变"之有呢？故有学者认为，宋祁把梁肃"三变"论中陈子昂的第一变的位置换成了王、杨颇为不确。而实际上宋祁恰恰是从"变"而非"承"的角度来思考问题的。

唐初，以唐高祖、唐太宗为中心的宫廷之风，承南朝江左余绪，辞藻华丽又缺少充实的内容和真挚的情感。直到四杰出，尽管他们完全具备了熟练写作宫体文学的才华，却无缘于宫廷，正是他们宦海的失意和对无可把握的命运的深切体味，使他们把诗歌带出了宫廷，转向了市井、江山和塞漠，并注入了个性的真诚。故王、杨的创作可以说是南朝的宫体文学在初唐发展的高峰，亦可以说是南朝宫体文学的转型者和掘墓人。从这个角度来讲，王、杨的创作实在是一种"革命"。宋祁的第二变恰恰是以第一变的"绵句绘章，揣合低卬"为革新对象的。最有意思的是，宋祁把梁肃用来评价陈子昂的"以风雅革浮侈"的话，变换成"崇雅黜浮，气益雄浑"，用在了张说、苏颋身上。宋祁这一说反而更证明了张说在推崇风雅、革除浮靡方面是与陈子昂一脉相承的，与梁肃的说法不但不相抵牾，反而不谋而合。

张说辅佐玄宗，为玄宗朝制定的最重要的政治纲领，即是重道尊儒、博采文士，于是出现了一批活跃于政坛和文坛上的"文儒"，用葛晓音的定义即是一批"儒学博通"又"文词秀逸"的"两栖"型文人。这也就造成了宋祁所说的"诸儒争自名家"的局面。按照宋祁的逻辑，第三变应该是对第二变的革新才对，他说大历、贞元年间的"美才"（当然包括萧、李、独孤、梁肃等人）之文具有"攦呀道真，涵泳圣涯"的儒学品格，有意思的是宋祁把大历、贞元"诸儒"，与"唐兴已百年，诸儒争自名家"的"诸儒"们划入了两列队伍

---

① （宋）欧阳修、宋祁：《新唐书·列传》第一二六《文艺上》，中华书局1975年版，第5725页。

当中，并认为大历、贞元年间的"诸儒"为完成韩愈文的第三变奠定了基础。独孤及等人从梁肃笔下张说时代的继承者，到宋祁笔下韩愈"唐文关键一变"的不提名的前驱中的一员，可见，梁、宋着眼点不同。

那么张说时代的文儒与独孤及时代的文儒有何差别呢？张说处开天盛世，"美盛容"颂赞之作居多，此时的"文儒"也更偏重于"文"；而独孤及主要活跃于安史之乱之后，现实的惨淡使他深深地看到了必须用儒家经世致用的精神来挽救世道之陵夷，故大历、贞元时代的"文儒"则更偏重于"儒"。

我们再从张说与独孤及的文论加以分析。从上文所引张说《洛州张司马集序》和独孤及《赵郡李公中集序》的两段文字可以看出，张说与独孤及的思想都是《诗大序》"诗言志"说的发挥，但角度不同。张说所说的"心不可蕴，故发挥以形容"的"志"，指的是内心充实的情感；而独孤及所说的"志"，则有浓厚儒家诗教的意味。所以比起张说这位昌平之世注重润色王道的大儒而言，独孤及这一辈人可能更加重视以儒道进行讽谕与教化。因为在世风沦丧的时代，儒道若用于社会，则更务实，更具实践性；若施于文，则更旗帜鲜明，更便于劝化人心；同时，以儒道作为品评前代和当世作家的标准，则更方便，更具可操作性。那么，为了便于讽谕和教化，独孤及这辈儒家知识分子又是以何为师习的标尺与对象呢？

公之作，本乎王道，大抵以五经为泉源。（《赵郡李公中集序》）

（独孤及）曰："后世虽有作者，六籍其不可及已。荀孟朴而少文，屈宋华而无根。有以取正，其贾生、史迁、班孟坚云尔。"（梁肃《常州刺史独孤及集后序》）

独孤及在评价李华之文时，赞扬其文以"五经"为泉源，梁肃在追忆老师独孤及的教导时，称老师说过"六籍"不可超越。可见，

"五经""六籍"不仅是他们师习的对象，也是他们对文章褒贬的重要标准。按照这个标准，只有贾谊、司马迁、班固之文才是"有以取正"的文字。而屈原、宋玉的作品都因过分华丽而成为独孤及等人反对的对象。这里，张说手中比较通达的一个标准，变成了"二而一"的标准了。独孤及既强调"儒家经典"，又强调"文质兼备"，而文质兼备的标准即是经典的标准。以这个标准和尺度来看，屈、宋的作品的确是过于华丽了。

这已经与张说的观点有分歧了。张说在评价前代作家时这样说道：

> 昔仲尼之后，世载文学，鲁有游、夏，楚有屈、宋，汉兴，有贾、马、王、扬，后汉有班、张、崔、蔡，汉有曹、王、徐、陈、应、刘，晋有……吟咏性情，纪述事业，润色王道，发挥圣门，天下之人，谓之文伯。（张说《卢思道碑》）①

虽然同样是从文质兼备的角度来思考问题的，标准与尺度不一样，结论就不一样。对张说来讲，屈、宋、徐、庾的华辞都在他可以接受的范畴内，而独孤及则诉以贬词了。所以独孤及这一辈人在文以贯道、复古宏道方面相对于张说时代确实是一次"以道矫文"的、大尺度的文学革新了。而韩愈在独孤及、梁肃宗先秦两汉的基础上，更加激进地提出"非三代两汉之书不敢观"（《答李翊书》），也更加鲜明地提出他"文以明道"的观念，再加上他求新、求异、奇崛险怪的文风，于是唐文才决定性地脱离了张说铺成的审美格局"完然为一王法"，从而完成了唐文的第三变！

受老子"道生一，一生二，二生三，三生万物"说法的影响，中国古人特别喜爱用"三"字来进行宏观概括。很可能是为了与梁肃的"三"变说遥相呼应，再加上叙述上条理清晰的需要，宋祁觉得有必要对梁肃、姚铉论述中的众多人物进行取舍。又由于独孤及等

---

① （唐）张说：《张燕公集》，上海古籍出版社 1992 年版，第 182 页。

人的革新相对于韩、柳在力度与强度上不够彻底，再加上为了突出韩愈等人的历史功绩，故而他就虚化萧、李、独孤等人在文学史中的实际作用，在进行文学史叙事时将他们作为韩、柳横空出世之前的微不足道的过渡与铺垫大胆地进行剪裁与割舍。于是，独孤及等人的历史功绩才会在他的笔下被不提名地一笔带过。

三　清以后诸家"唐文三变"新解中的独孤及

清以后亦不乏对"唐文三变"的相关论述。现仅撷取对每一变都有所论述并赋予此说以新意的诸家说法，以便分析在清以后学者的表述中独孤及占据何样的文学史地位。

清姜宸英在《湛园札记》中说：

> 唐有天下几二百载，而文章三变：初则广汉陈子昂以风雅革浮侈；次则燕国张公说以宏茂广波澜；天宝以还，则李员外、萧功曹、贾常侍、独孤常州比肩而出，其道益炽。韩退之，肃所取士。是时韩、柳之文未行，故以萧、李之徒当之，至韩、柳文盛，而无三变之论矣。①

姜宸英几乎原封不动地复述了梁肃的说法，关键是末尾又加上一句："韩退之，肃所取士。是时韩、柳之文未行，故以萧、李之徒当之，至韩、柳文盛，而无三变之论矣。"我们对这一句话详加分析，可以得到如下几点信息：其一，从"韩退之，肃所取士"句可见，姜氏并没有忽略独孤及、梁肃、韩愈之间的继承关系，反而肯定了独孤及等前辈在弘扬儒道方面对韩愈的影响。其二，从"是时韩、柳之文未行，故以萧、李之徒当之"句可以看到，姜氏认为，从文人的创作实绩上来看，梁肃对于萧、李、独孤的评价乃过高地抬举了他们在文坛上的地位，是特殊时代境遇下不得已的一种选择。一旦韩、柳之文盛行，萧、李、独孤在唐文发展中第三变的地

---

① （清）姜宸英：《湛园札记》卷三，清文渊阁四库全书本。

位就保不住了。其三，"至韩、柳之文盛，而无三变之论"句，旨在说明韩、柳功高盖世，韩、柳一出，萧、李、独孤等人则在韩愈等人的锋芒之下黯然失色了。姜氏此说，本质上是消解梁肃的"三变"论的说法，强调韩愈与前辈的"差距"，从而得出之前几代人的努力不值一提的结论。可见，在韩、柳的锋芒面前，独孤及等人在一些学者眼中已经被无情地边缘化了。

清蒋湘南的"唐文三变"论另辟蹊径，选取了与梁肃的"道"论、宋祁的"革新"论不同的论述视角：

> 唐之文凡三变，初则王、杨、卢、骆沿六朝之格而燕许为大宗，继则元、梁、独孤牵东汉之绪，而萧、李为最雄。至昌黎韩先生出，约六经之旨，然后炳焉与三代同风。(《唐十二家文选序》)①

可以看到，蒋氏是将梁肃的"第一变"剔除，并将梁肃的"第二变"与宋祁的"第一变"综合起来置于他论述逻辑中第一变的位置上。接着又将梁肃的"第三变"前提，故而独孤及等人就由原来的第三变"其道益炽"的领军人物挪移到了第二变"牵东汉之绪"的核心人物了。最后，他把韩愈放在了"炳焉与三代同风"第三变的地位上。按照蒋氏"沿六朝之格——牵东汉之绪——约六经之旨"的论述逻辑，我们可以看到他完全是从独孤与韩复兴古道的时代与程度加以划分的。六朝在唐人眼中乃为近代，独孤及等人已经看到了六朝大坏之文的弊病，提出"复兴古道"，按照独孤及"文质彬彬"的标准，他认为有以取正的文字，乃"贾生、史迁、班孟坚尔"，可见他复古的黄金时代乃为汉代。而韩愈"非三代两汉之书不敢观"的复古思想则要求不仅取法两汉，还要取法更加久远的三代，故而韩愈之"约六经之旨"的复古就比独孤及这一辈人更大胆，对时文的打击也更彻底了。可见，蒋氏是从文学复古的角度将独孤及作为唐文发

---

① （清）蒋湘南：《七经楼文钞》卷六，清同治八年马氏家塾刻本。

展承上启下的一个关键阶段来进行论述的。

还要注意的是，蒋氏的"复古"与唐宋论家着眼于复兴儒道的问题点是不同的，他所说的复古即复归"三代之风"。以三代之风为评价标准，他批评宋代散文与六朝骈文说：

> 是以六经之语有奇有偶，文不瀛而道大光也，三代以后之文或毗于阳，或毗于阴，升降之枢转自唐人。唐以后之文，主奇毗于阳而道敛，此欧、苏、曾、王之派所以久而愈漓；唐以前之文主偶，毗于阴而道怩，此潘、陆、徐、庾之派所以浮而难守。

可见，他肯定韩愈与三代同风，正是因为韩文与三代之文一样在奇与偶、散与骈之间平衡得恰到好处。从这个角度来看，"牵东汉之绪"的独孤及正是在韩愈骈与散结合得恰到好处的路上更迈进一步。

另外，当代学者李嘉言先生也有关于"唐文三变"的论述，他说：

> "文起八代之衰"这个漂亮的名词，实在不能让韩愈专美。唐之文章，在韩以前已有二变，陈子昂脱恶习为第一变；元结以还，萧、李、独孤等又发扬光大为第二变；及韩愈固已成熟，可谓第三变。①

与蒋湘南的论述相似，此处同样是将独孤及等人放在了承上启下的第二变中，然而论述角度又有不同。李氏认为"文起八代之衰"早在陈子昂时就已开始，而"文起八代之衰"的主要内涵在这里又特指什么呢？李氏曰："陈子昂始脱恶习为第一变"，我们很清楚地

---

① 李嘉言：《李嘉言古典文学论文集》，上海古籍出版社 1987 年版，第 482—484 页。

知道陈子昂所脱之"恶习"正是六朝之华靡之风。那么我们就很容易理解萧、李、独孤发扬光大的是什么了，他们正是沿着陈子昂摒弃"恶习"的道路去积极地以雅易郑、黜华务实。沿着这样的论述逻辑，韩愈则是站在陈子昂、独孤及等前辈反对浮靡之风的肩头上振兴八代之衰的。可见，李氏的论述重点在于说明韩愈并非横空出世，前人的积累对于韩文的成熟功不可没。

通过上文的论述，我们可以看到，不同的学者眼中有着不同的唐代文学史，在不同学者的"唐文三变"论中独孤及的地位也随之发生升降变化（如下表所示）。

	独孤及在"三变"论中的地位	学者的主要观点以及独孤及的历史地位与韩、柳的关系
梁肃	唐文"第三变"的中坚力量	从"宏道"的角度，认为独孤及等人承继陈子昂、张说将儒道发扬光大。论述中未提及韩愈
姚铉	唐文第三个发展阶段的代表人物	从"宏道"的角度，认为独孤及与前两变的代表人物一道，为最终完成韩、柳古文之变积蓄了力量
宋祁	韩、柳"第三变"众前驱之一	大历、贞元年间文人的儒家底色对于韩、柳"文以载道"有一定启发意义，未具体提及独孤及的历史功绩
姜宸英	反驳梁肃"唐文三变"论中独孤及等人"第三变"的地位	韩、柳一出，萧、李、独孤等人的历史地位变得不那么重要
蒋湘南	第二变	从儒学复古的角度考察独孤及等人上承张、苏下启韩、柳的承上启下的历史地位
李嘉言	第二变	从摒弃六朝形式主义文风的角度考察独孤及等人上承陈子昂下启韩、柳的承上启下的历史地位

尽管每一位学者的论述都带有自己的主观看法，但他们的论述

也为我们提供了许多思考问题的角度。在韩、柳之文出现以前，独孤及被时人喻为"狎主时盟"的文坛盟主，与这一文坛盟主地位相称的是梁肃从"道"论的角度将其文放在了唐文发展的巅峰地位。然待韩、柳之文一出，宋以后的"唐文三变"论就无论如何不能不将韩、柳之变纳入整个唐代文学史的论述当中了。一旦文学史回避不了韩、柳的存在，独孤及诸儒就不得不从巅峰的位置上跌落了。他们或是作为韩、柳复古宏道的先驱被自然而然地掩盖于后辈的光环之下；或是作为韩柳出道之前微不足道的过渡和铺垫被一笔带过；或者碍于韩、柳的锋芒，而被学者眼中的文学史无情地边缘化；或者因其承下启下的特殊时代境遇被客观地、有保留地褒扬；抑或是有意削减韩愈在人们心目中的"孤胆英雄"形象而被着重强调。但是无论是从"复古""宏道"还是摒弃六朝遗风任何一个角度，学者们可以忽略陈子昂，可以遗失初唐四杰，可以漏掉张说，却从未露书过独孤及诸儒。他们或褒或贬，或浓墨重写或轻描淡写，却都无法回避独孤及之文乃是迈向"韩、柳文盛"①不可逾越的过渡。

小　结

　　独孤及丰硕的文章创作为我们研究盛、中唐之交的政治、文化、文学和历史均提供了非常宝贵的材料。他的奏议文长于论议、据理力争、义正词严等特点，序文创作强烈的叙事性倾向与对文人真实生活形态记录的兴趣，碑志文的写实精神与实录特征，祭文主题上的开拓与形式上的创新，再加上其文章整体上以"道"贯文，使得独孤及在任何时代的"唐文三变"论中都占有一席之地。

---

　　① 笔者此处特意采用"韩、柳文盛"而不是"韩、柳古文"的说法，本意是要说明独孤及文风、文气甚至文章的主题内容乃迈向韩柳文的过渡。但不像学界通常所公认的那样，笔者并不认为独孤及参与了韩柳提倡散文、反对骈文的"运动"，对于中唐是否发生了这样一场"运动"本书第五章第三节将有详细讨论。

第四章　独孤及的诗歌艺术论

独孤及以文名世，其诗名远不如其文名。《毘陵集》收录其诗81首，与17卷文相比，数量少而整体成就不高。元辛文房评其诗"格调高古，风尘迥绝"，并对其诗中数佳题给予了高度评价。宋严羽称被王安石《百家诗选》漏选的独孤及等诗人"皆大名家"。另外，宋刘克庄、明陆时雍、清乔亿、管世铭都对独孤及数佳诗有肯定的评价。明钟惺、谭元春的《唐诗归》则看到了独孤诗的些许弱点，并认为其诗歌整体上"甚不好看"，却不乏优秀的篇什使其立足于"盛唐好手"之列。下面我们就独孤及诗歌的诗题、以文为诗和格调高古的艺术特征以及其诗艺术上的不足进行阐析。

第一节　独孤及诗的艺术特征

一　精工细密：师承《文选》的诗题佳作

元辛文房的《唐才子传·独孤及传》在赞赏了独孤及诗的"高古"之风后，紧接着在文末对"诗家之立题"发表了自己的一番感悟：

> 尝读《选》中沈、谢诸公诗，有题《新安江水至清浅深见底贻京邑游好》及《石门新营所住四面高山回溪石濑茂林修竹》及《田南树园激流植援》、《斋中读书》、《南楼中望所迟客》、《晚登三山还望京邑》等数端，皆奇崛精当，冠绝古今，无曾发其韫奥者。逮盛唐，沈、宋、独孤及、李嘉祐、韦应物等诸才子

集中，往往各有数题，片言不苟，皆不减其风度，此则无传之妙。逮元和以下，佳题尚罕，况于诗乎！立题乃诗家切要，贵在卓绝清新，言简而意足，句之所到，题必尽之，中无失节，外无余语，此可与智者商榷云，因举而论之。①

这段文字虽然不是专门讨论独孤及诗歌制题艺术的，但是将这一相对独立的议论置于独孤及传末，并且把独孤及的诗题并入不减"沈、谢诸公"风度之列，可见，辛文房是将独孤及的诗题作为唐人制题的优秀典范加以推举和高度评价的。可是纵观《毗陵集》81首诗歌的标题，真是让人难以相信，独孤及几乎缺乏个性和创造力的诗题竟会受到如此礼遇！所以弄明白辛文房是从什么角度推举独孤及的诗题，又是如何对独孤及的诗题进行文学史定位的，或许可以帮助我们从独孤及平庸的诗题中发现他制题的些许独特之处，进而帮助我们从文学史的角度对诗题在唐代的发展演变进行审美观照。

（一）常题：师习《文选》，承继六朝

唐人诗题多受萧统《昭明文选》选诗的诗题影响。由于统治者的大力提倡，《文选》在唐代可谓是科举考试的"官方教材"，是所有有志于仕途功名的学子登第前的必读书目。再加上应试诗题多从《文选》出，据统计，现存42个典出前代诗歌的应试诗题中，就有33个出自《文选》。② 故熟读《文选》、熟用《文选》、熟练掌握《文选》选文的风格，是唐代文人必备的基本功。而在《文选》设定的轨道上轻车熟路地模仿《文选》，在审美习惯上顺理成章地与《文选》的美学风尚心理趋同，就成了唐代文人创作和鉴赏过程中的集体无意识。所以《文选》选篇所发挥的样板和示范功能，对于唐诗从题目到风格各个方面所产生的实际影响不容小视。然而《文选》对唐代文学的影响还要一分为二地看待，它一方面为一个成功的文人走

---

① （元）辛文房撰，孙映逵校注：《唐才子传校注》，中国社会科学出版社1987年版，第290页。

② 池洁：《唐人应试诗题与唐代诗歌审美取向》，《文学评论》2007年第5期。

上成熟的创作道路提供了方便，进而为唐诗的繁荣做出了贡献；另一方面它也为唐人的创作视域划定了一个圆圈，使唐诗很难跳出既定的审美定势，这样在盛唐诗人将《文选》范式推向极致、后人难以为继的情况下，元和以后的诗人即开始被迫奋力冲破唐诗画地为牢的现状，对《文选》的审美范式进行全面突围。

　　和大历时期的许多文人一样，独孤及的大多数诗题仍然按着《文选》所规定的套路亦步亦趋，很少表现出自己制题的个性化风彩。而中国古典诗歌从早期《诗经》诗题仅作为单纯的称引符号到六朝时期诗题成为文人自我表达和人际交往的需要，六朝诗人的制题艺术已臻佳境。故师习《文选》诗题，即是师习六朝诗题。独孤及《毗陵集》所辑诗歌共81首，其中交往诗（包括宴会诗、送别诗、酬和赠答诗）68首，占《毗陵集》诗歌总数的80%多。另外，还有行旅诗4首、题诗3首，其他诗歌6首。可见独孤及诗歌题材较为单一，而把同一题材的诗题放在一起，又很明显地表现出趋同的类型化倾向。所以开卷一览独孤及诗的诗目，六朝诗题套路千篇一律的重复很难给人别开生面之感，甚至难以引起读者的阅读兴趣。像《观海》《海上寄萧立》《雨后公超谷北原眺望寄高拾遗》这样只观诗题即令人胸中涌起澎湃的力量、眼前浮现壮丽图景的诗题，像《初晴抱琴登马退山对酒望远醉后作》《寒夜溪行舟中作》这种意境幽远、引人万千思绪的诗题在独孤及的集子里毕竟只是少数。

　　独孤及的交往诗和行旅诗都遵《文选》形成了比较固定的格式化标题，如送别诗基本上都采取"（离别地点）＋送××人＋（终到地点）＋（事由）"（括号内的内容根据具体情况可有可无。——作者）的标题格式，如《送马郑州》《送相里郎中赴江西》《送长孙将军拜歙州之任》《送李宾客荆南迎亲》《水西馆泛舟送王员外》等。比照《文选》所选的"祖饯诗"，可以发现独孤及的诗题更加格式化、程式化，更加浑圆、成熟，这正切合辛文房所倡导的"片言不苟"的制题规范，没有一句多余的废话。但这种死板的命题套路实在缺少《文选》选诗谢灵运《邻里相送至方山》《南楼中望所迟客》，谢朓《新亭渚别范零陵》《晚登三山还望京邑》等诗诗题的自然、灵动和鲜活。但是翻看唐人诗集，尤其是大历以后的集子，会发现此种诗题俯拾皆是。这种诗题大量涌现却未使时人生厌，恐怕与时人更加重视诗题的社会交往的功能性、工具性而忽略了诗题制作上的艺术性有关。

独孤及行旅诗的制题亦深受《文选》选诗的制题方式影响，基本上采取"时间 + 地点 + （事件或事由）"的标题格式。如《丙戌岁正月出洛阳书怀》《季冬自嵩山赴洛阳道中作》《早发若岘驿望庐山》与《文选》所选陶渊明《辛丑岁七月赴假还江陵夜行途口》、谢灵运《永初三年七月十六日之郡初发都》等诗人的诗题模式如出一辙，基本上没有变化。此外，独孤及的赠答、酬唱、宴筵系列的诗歌，也基本上沿用六朝"赠××""寄××""酬××""××宴"的既定格式，如《三月三日自京到华阴水亭独酌寄裴六薛八》《海上怀华中旧游寄郑县刘少府造渭南王少府釜》《得李滁州书以玉潭庄见托因书春思以诗代答》《东平蓬莱驿夜宴平庐杨判官醉后赠别姚太守置酒留宴》《暮春于山谷寺上方遇恩命加官赐服酬皇甫侍御见贺之作》《九月九日李苏州东楼宴》（注：着重号为笔者加）等，但是却在"赠××""寄××""酬××""××宴"等核心词汇的基础上，更加翔实地标明时间、地点、场合、情感状态以及引起诗兴的本事等。如《得柳员外书封寄近诗书中兼报新主行营兵马因代书戏答》一诗：

> 郎官作掾心非好，儒服临戎政已闻。
> 说剑尝宗漆园吏。戒严应笑棘门军。
> 遥知抵掌论皇道，时复吟诗向白云。
> 百越待君言即叙，相思不敢怆离群。

诗题至少提示了以下几点信息：其一，这是得到柳弱用书信之后的复诗；其二，柳弱用将自己在军营中供职时创作的近诗封存在信中寄给友人观览；其三，在整首诗歌里，诗人使用的是戏谑的语气。在诗题提示的信息中，我们可以更好地理解诗人"戏答"一词的含义：第一，通过阅读友人的信和诗，诗人才能更加理解对方的内心状态，也只有在此基础上才能毫无顾忌地调笑。所以尽管是戏谑之作，对友人真实生存状态的描述也不是无中生有地编造。第二，时时处处摆脱不了儒生风范的柳弱用却在自己并不喜好的军营发挥作用，在战乱时期，很难说清楚这是儒生的幸运还是儒生的悲哀。一个"戏"字把自己与友人难以说出口的心酸与欣喜以及复杂的内心状态都传达出来了。通过此例，我们可以看到此类诗题的翔实记录起到了提示信息、标注背景、揭示情感基调的作用，但遗憾的是这类诗题本身却无法自成佳境。

独孤及诗题对当事人的亲身经历记录得如此详尽，展现了诗人自我表达、自我书写和自我传播意识的自觉。而且用语也不啰嗦，即便是长题也能做到辛文房称赞沈、谢诸公时所说的"精当"，然而离六朝佳题的"奇崛"境界却相去甚远。虽然独孤及有些诗题确能做到雄壮有力，但是由于过度因循《文选》而复多变少，所以他的诗题往往难以出奇制胜，做到独特不凡。从这个角度来看，独孤及的大部分诗题都缺少创造性的能量，所以特征并不突出。

（二）佳题：言简意足，精紧细密

辛文房的《唐才子传》对于唐代才子的品评常常用语精辟，颇具有启发性。这位以刘长卿的字为名、以于良史的名为字的铁杆唐诗爱好者，不会对何为好的诗题没有一点常识。对于张说的《闻雨》《山夜闻钟》，王维的《新晴野望》《山居秋暝》，刘长卿的《逢雪宿芙蓉山主人》《江中对月》，杜甫的《望岳》，柳宗元的《江雪》，李商隐的《乐游原》等意境幽远、自成兴象的诗题只字不提，却把独孤及的诗题提到"不减六朝风度"的高度，多少让人有点匪夷所思。细分析辛文房的上段关乎"诗家之立题"的议论，可以发现辛氏一方面是以《文选》为评价标准的，如果视《文选》选诗的诗题为"正格"，那么独孤及不求"标新立异"的诗题大体不离《文选》的框架；另一方面，从辛氏所引用的六朝诗题来看，他对描写"精工"的诗题似乎情有独钟，拿《晚登三山还望京邑》《南楼中望所迟客》和杜甫的《望岳》、王维的《新晴野望》相比，可以看到前者用思的深密、落笔的精微，而后者却诚然一番自然天工之美。故辛氏完全不是从

"天工""兴象"的角度，而是从"人力""制作"的角度来谈诗家之立题的。那么从这个角度来看，独孤及的诗题虽不是超越时代、属于天才之大手笔的"高题"，却是符合立题规范、不犯诗家大忌的"佳题"。如果说后者可以打满分的话，那么前者则可以打上100多分。

　辛文房眼中的"佳题"又是什么样子的呢？他用"卓绝清新、言简意足"这八个字来概括。"卓绝清新"是呈现出来的审美感受，而"言简意足"是达致这种审美感受的具体的方法论。前者是目的，后者是途径。而在这八个字中，他只下大力气对"言简意足"进行了具体的阐述，可见他对"言简意足"的重视。他将"言简意足"解释为"句之所到，题必尽之，中无失节，外无余语"。又在评论沈、宋、独孤、李嘉祐、韦应物诗题时用"片言不苟"来称赞他们集子中的"数佳题"。"言简意足"和"片言不苟"可以互参，可见"简练而不芜杂"正是辛氏眼中独孤及诗题的特色。我们来看这样两个诗题：《雨后公超谷北原眺望寄高拾遗》和《官渡柳歌送李员外承恩往扬州觐省》。

　《雨后公超谷北原眺望寄高拾遗》是安史之乱后的第二年（756）写给高适的一首赠诗，此时高适正在"讨贼的第一线"辅佐哥书翰把守潼关。诗歌内容如下：

> 崖口雨足收，清光洗高天。
> 虹蜺敛残霭，山水含碧鲜。
> 远空霞破露月轮，薄云片片成鱼鳞。
> 五陵如荠渭如带，目极千里关山春。
> 朝来爽气未易说，画取花峰赠远人。

这个时候作者寄给友人一首观景诗，似乎与前线的战火不相协调。然而，此诗的诗题却将作者书写目极所见之壮丽山河的深层目的点明出来，可谓是"画龙点睛"之笔。从诗题中"北原眺望"四个字可见，独孤及不是不关心前方的战事，反而总是牵肠挂肚地盼望着北边来的捷报，一个"眺"字完全写出了作家的牵挂和期盼。而"雨后"二字不仅交代了此诗的写作时间，还与诗歌正文描绘的壮丽景色相呼应，同时又借自然界雨过天晴山水更丽、风雨过后必现彩虹，表达了作家对于战争必定胜利、朋友必然凯旋的信心。从诗题所反映的情绪里就可以看出，作家本人虽然未能亲临战场助朋友一臂之力，却心系战场为远方的朋友声援和助威。这首诗的诗题充分展现了盛唐诗人战火尚未打消的昂扬的精神状态，可谓是盛唐气象的余音。

再如《官渡柳歌送李员外承恩往扬州觐省》一首：

> 君不见官渡河两岸，三月杨柳枝。千条万条色，一一胜绿丝。花作铅粉絮，叶成翠羽帐。此时送远人，怅望春水上。远客折杨柳，依依两含情。夹郎木兰舟，送郎千里行。郎把紫泥书，东征觐庭闱。脱却貂襜褕，新著五彩衣。双凤并两翅，将雏东南飞。五两得便风，几日到扬州。莫贪扬州好，客行剩淹留。郎到官渡头，春闱已应久。殷勤道远别，为谢大堤柳。攀条倘相忆，五里一回首。明年柳枝黄，问郎还家否？

从诗歌的内容上来看，这是一首以女子口吻写出的送别诗。一种可能是作者化身为女子来表达对友人恋恋不舍之情，可以想见作者若不是与友人关系非常密切，是不敢开如此幽默风趣的玩笑的。另一种可能就是这首诗是独孤及为李员外的妻妾代写的。但不管哪种可能，作者都必须化身为女性，以女性的视角来抒发情感。此诗的诗题与诗歌的内容正相呼应。诗题首先点明离别的地点"官渡"，而"官渡"所内含的古镇的沧桑感，无疑平添了离别情感的厚重。古代以"折柳相赠"来抒发离愁别绪，故以"柳歌"点题又为送别附加了一层浓浓的诗意。而"柳"因它纤弱柔美、袅娜多姿而与女子的娇媚可人之态暗合，这又为该诗将朋友比作情郎，将自己化身为女性，以女子的口吻表达依依惜别之情的奇特构思做出了绝佳的铺垫。遗憾的是，在独孤及16首送别诗中，此等佳题仅此一首。从这两个诗题里可以看出，独孤及的诗题中往往有"题眼"。如《雨后公超谷北原眺望寄高拾遗》中的"眺"字，《官渡柳歌送李员外承恩往扬州覲省》中的"柳"字，《寒夜溪行舟中作》中的"寒"字，《三月三日自京到华阴水亭独酌寄裴六薛八》中的"独"字，都是诗题中的点睛之笔。其高度概括性与升腾出来的联想空间，可以产生一字千金的效果。可见，"言简而意足"的确是独孤及一些佳题特出的艺术特色。再看下列几个诗题：

> 《初晴/抱琴/登马退山/对酒/望远/醉后/作》
> 《贾员外处/见中书贾舍人巴陵诗集/览之怀旧/代书寄赠》
> 《暮春/于山谷寺上方/遇恩命/加官赐服/酬皇甫侍御见贺之作》
> 《癸卯岁/赴南丰道中/闻京师失守/寄权士繇韩幼深》
> （注：分隔号为笔者加，以下同）

这些诗题的一个共同特点是在单纯的"寄××""酬××"等动词前加上一连串的状语，使动作发出的情由被更充分、更细致地揭示出来。然而，这些诗题并没有因为长度的增加而给人以累赘冗繁之感，独孤及基本上采用"状语并置"的方式，将时间、地点、事件及一系列的状态平铺开来，不用连词衔接，造成节奏上的急促紧凑之感。如《初晴抱琴登马退山对酒望远醉后作》一题，作家精细地将引起诗兴的本事一一道来，十五个字中包含了六个有助于展现作家情感状态的信息点。这类诗题一方面委曲翔实，另一方面又精紧细密，真正做到了辛文房所说的"句之所到，题必尽之，中无失节，外无余语"。独孤及的此类诗题，在大量创作"酬答唱和诗"的唐人的集子里，如沈佺期、宋之问、韦应物、李嘉祐的诗集里亦有出现，只不过这些诗人诗题材广泛，类型化特征也不突出，所以没有独孤及诗题的此种特征表现得这么集中。如李嘉祐的《自苏台至望亭驿/人家尽空/春物增思/怅然有作/因寄从弟纾》、韦应物的《雪中/闻李儋过门不访/聊以寄赠》。当然因每位诗人个性特点的不同，诗题的风格亦会有所差异。

（三） 独孤及诗题"存事"特征与文学史定位

从独孤及的诗题中，我们还可以看到他对"简短叙事"的热爱。独孤及经常通过"连续性的动作"精紧地勾勒出引起诗兴的原委。如《初晴抱琴登马退山对酒望远醉后作》叙写了诗人五个连续性的动作"抱""登""对""望""醉"以及这五个连续性动作展开的氛围——"初晴"，这样便将诗作抒发的情绪完全与具体的天气、环境、情状联系在一起了。我们来看一看诗歌的正文：

> 年长心易感，况为忧患缠。壮图迫世故，行止两茫然。
> 王旅方伐叛，虎臣皆被坚。鲁人著儒服，甘就南山田。
> 挈榼上高磴，超遥望平川。沧江大如縆，隐映入远天。
> 荒服何所有，山花雪中然。寒泉得日景，吐雷鸣湔湔。
> 举酒劝白云，唱歌慰颓年。微风度竹来，韵我号钟弦。
> 一弹一引满，耳热知心宣。曲终余亦酣，起舞山水前。
> 人生几何时，太半百忧煎。今日羁愁破，始知浊酒贤。

此诗完全可以看成是诗题的叙事性展开："挈榼上高磴"句告诉我们诗人乃是携酒登山；从"超遥望平川"句可以看到诗人望远的动作，而"沧江大如縆，隐映入远天。荒服何所有，山花雪中然。寒泉得日景，吐雷鸣湔湔"这一长串的景物描写正与"望"字呼应，将望远的内容描绘得具体而生动；"举酒劝白云"呼应的是诗题中的"对"字；"曲终余亦酣"呼应的是题中的"醉"字。而"一弹一引满""起舞山水前"又与文人雅兴必不可少的标志"琴"密切相关。

然而，我们若单看诗题"初晴"二字很难猜测到诗歌抒发的会是愁苦的基调，"王旅方伐叛，虎臣皆被坚。鲁人著儒服，甘就南山田"四句为诗人忧伤的情绪做出了注解。国家动乱之际，朝廷重用的乃是征战沙场的武将，而自己作为一介书生于战乱之际只能受族兄独孤问俗的庇护，羁留于此。大好的年华蹉跎在战乱之中、一身的才华无用武之地、远大的抱负没有施展的空间。此时，迫于世道多艰，是该建功立业，还是全身隐退呢？诗人在进退两难的挣扎之际，发出了"壮图迫世故，行止两茫然"的慨叹。所以"初晴"不仅指的是自然界天气的放晴，更是作者内心深处对于国家太平、自己英雄有用武之地的希冀。如此，此诗的诗题处处与正文紧密呼应，诗题不仅概括了内容，而且升华了主题。

再如《癸卯岁赴南丰道中闻京师失守寄权士繇韩幼深》中的"赴""闻"两个动词连续出现，使人感到作家本来就颠沛流离的生活更加雪上加霜，真可谓是身体和心灵双重的悲愁糅合在一起。《贾员外处见中书贾舍人巴陵诗集览之怀旧代书寄赠》一诗中主要描写了作者在贾员外处见到贾至之诗然后怀念贾至其人的经过，诗题中出现"见""览""怀"三个动词，不经意的"见"、有意识的"览"和下意识的"怀"，充分记录了具体的某时、某地所发生的某种情怀，诗题正是对整首诗内容的精密概括。我们仅截取诗中的八句：

适逢阮始平，立马问平安。
取公咏怀诗，示我江海澜。
暂若窥武库，森然矛戟寒。
眼明遗头风，心悦忘朝餐。

可以看到，诗歌正文"流水账"般的记录就好比将诗题紧凑的叙事打散，反而缺少了诗题"览之怀旧"的如饥似渴与迫不及待，就这一首诗歌而言可以说是"题"胜于"诗"。

此外，对于赠答酬和的对象及其身份，独孤及也不忌详尽，如《李张皇甫阎权等数公并有送别之作见寄因答》《东平蓬莱驿夜宴平庐杨判官醉后赠别姚太守置酒留宴》《海上怀华中旧游寄郑县刘少府造渭南王少府崟》都可以看出他不厌其烦、竭尽全力地记录每一个对象的努力。独孤及诗题的叙事性倾向使得他的诗题更像生活的记录或是日记，它虽不是翔实地记录某一天发生的事情，但至少可以起到一种"标识"作用，使作家凭此能够身临其境地回味逝去岁月里情感的真实。

如果我们考察一下中国古典诗歌的诗题发展史，就会发现这从某种程度上讲是作家强烈的自我意识的表现。《诗经》基本上是有诗无题，现有的诗题都是后人在编辑整理的过程中为了称引的方便而加上去的，所以多数诗题都是从诗句中出。① 如《蒹葭》诗，诗题即出自于该诗的首二字。而这首诗歌所描写的"上下求索"的情境与诗题"蒹葭"几乎没有必然关系。该诗穿越历史的时空为各个时代的人所爱赏，然而诗人究竟在求索什么？是恋人，还是借求索伊人表达生活中其他方面的失落和寻找？我们无法从具象上把握诗人的寻求对象，但是普天下各个时代的人都能被这种"求索"的人生情境所感动，因为这是在所有人身上都可能发生的寻找和失落、再寻找和再失落。诗人作诗的动因可能缘于某一具体事件，然而时过境迁，事件我们已经无处可寻，因为事件本身并没有被有意识地记录下来，只留下了抽离具体生活的、超越时空的人生图式。试想一下，如果《蒹葭》的作者事先按独孤及的拟题风格拟一诗题《溪行舟上见一佳人上下求索而不遇寄××》并将此题记录在案，这等具体化的诗题中便蕴含着诗人强烈的自我阐释的冲动，这种冲动源于诗人留住自己过去美好与感伤的欲望与好奇。

中国古典诗歌的诗题走着一条"从简单到精致，从散漫到规范"的发展道路，诗题在汉代萌芽，大概在西晋时期走向成熟。② 六朝时期出现的"长题"表明六朝诗人开始有意识地进行详细的记录。独孤及诗题继承六朝，记录更加翔实精密。又，独孤及多酬答、唱和、宴会、送别诗，他的诗题对身边事件的概括性叙写，完全可以看成是他作为社会性的人，对记录生活中欢宴、送别、交往等与人"群"③的生活事件拥有极大的情感需要。人际交往中的欢乐、悲伤似乎维系着他的自我价值、自我形象与自我期待。从审美接受的角度来看，《诗经》当中的无题诗常常越出具体的事件来表达一种感悟和情绪，而独孤及有意为之的"详尽的诗题"就像是系在他"诗歌之舟"上的一根缆绳，将他诗化的感悟牢牢地锁定在具体的时空里

---

① 吴承学：《论古诗制题制序史》，《文学遗产》1996 年第 5 期。
② 陈向春、姜国梁：《论中国古典诗歌的"标题"问题》，《作家》2008 年第 1 期。
③ 参见吴承学、何志军《诗可以群》，《中国社会科学》2001 年第 5 期。

——这一时空就是独孤及所在的时空。当然，独孤及诗歌中所蕴含着的强大自我，也常常会影响他诗歌诗意的展现。但我们只要看一看元和以下诗人的"长题"就会发现独孤及诗题的叙事性倾向在元和以后得到了长足的发展。故从文学史的角度看，独孤及的诗题可以看成是连接六朝诗题与元和以下诗题的一个"典型性的"过渡。

在《唐才子传》中，辛文房发出"元和以下，佳题尚罕"的感叹，辛文房为何对元和以下诗题创作总体情况有不满情绪呢？按辛文房"卓绝清新，言简意足"的审美标准，元和以下的诗歌一定是不够清新与简练了。粗粗一览元元和时期诗人的诗题，辛文房所发的微词不无道理。元和时期诗人众多、诗作更多、交往唱和的诗歌为唐代各个时期之最。此时，往来应酬似乎是诗人生活的常态，酬答应和的事由也更琐细，所以很少有诗人对这类诗题再花精力细心推敲了。以元稹集子里与白居易的酬唱诗为例，《送乐天××》《和乐天××》《酬乐天××》之类的诗题比比皆是，着实给人以索然无味之感。这样的诗题无奇崛精壮之力，更无卓绝清新之妙。

李肇在《唐国史补》中说"元和之风尚怪"，元和时期的几位大家无论是韩愈偏激的"奇诡"还是白居易过度的"浅切"都被李肇纳入了不合盛唐气象的"尚怪"行列。① 那么这种"怪"在诗题创作上又有什么表现呢？韩愈提出"以诗为戏"，除元和时期诗人诗集中常有的题目之外，他的诗集里还常出现像《忽忽》《落牙》《嘲鼾睡》这样的诗题，这种随意、散漫，不够精致、严肃的诗题，固然与诗作的开阖洒脱相得益彰，却严重缺乏"卓绝清新"之意境，显然不会是宗《文选》诗题的辛文房所热爱的对象。另外，元和时期诗题的一个新气象是出现了"诗序化的长题"。这些长题主要在倡导新乐府创作的诗人集中有明显的表现，如刘禹锡的诗题：

　　《令狐仆射与余投分素深，纵山川阻脩然音问相继。今年

---

① 参见张安祖、杜萌若《〈唐国史补〉"元和之风尚怪"说考论》，《文学遗产》2001年第 3 期。

十一月仆射疾不起，闻予已承讣书，寝门长恸。后日有使者两辈持书并诗，计其日时已是卧疾，手笔盈幅翰墨尚新，律词一篇，音韵弥切，收泪握管以成报章。虽广陵之弦于今绝矣，而盖泉之感犹庶闻焉。焚之繐帐之前，附于旧编之末。》

元稹诗题：

《酬乐天早春闲游西湖，颇多野趣，恨不得与微之同赏。因思在越，官重事殷，镜湖之游，或恐未暇，因成十八韵，见寄乐天。前篇到时，适会予亦宴镜湖南亭，因述目前所睹，以成酬答。末章亦未暇诚，则势使之然，亦欲粗为恬养之赠耳。》

在白居易的诗集中更不乏此类长题，据初步统计，白氏超过50字的诗题就有14首，超过100字的有4首，最长的一首竟长达254字。① 从上举的两例可以看出，这类加长版的"长题"穷尽细节，或描摹，或叙事，或抒怀都不遗余力。此类长题在元和诗人的集子里虽不是主流，但是无疑代表了诗题在元和时期发展的新气象。在独孤及的诗题里可以一笔带过的信息，在这些诗题中却要穷尽细节。独孤及诗题精紧的节奏，被疏散的语言风格所取代。在独孤及简净的字眼背后需要咀嚼的深意，在此一览无余。它不试图在诗题的概括性上下功夫，却放纵地冲破诗题范式所规定的界限，允许诗题内容的扩张，向散文化方向发展。这类诗题固然通俗易懂，但冗长繁累，完全违背了辛文房"言简意足""句之所到，题必尽之，中无失节，外无余语"的审美理想。明代王士贞《艺苑卮言》在评论白居易诗时说："用语流便，使事平妥，固其所长，极有冗易可厌者。"② 白居易对自己的诗亦有过自我检讨，认为他与元稹的诗都有"意太切而理太周"的毛病。这种意思说尽而不留余味的"冗易可厌"毛病

---

① 牟相国：《传神写照　正在阿堵中——白居易诗的诗题漫议》，《沧州师范专科学校学报》2008年第3期。

② 丁福保：《历代诗话续编》（中册），中华书局1983年版，第1011页。

同样是他们长题创作的问题。而这种长题创作在宋以后并没有消歇，反而在欧阳修、苏轼、黄庭坚等人的笔下继续发展，逐渐成为具有独立美学意味的小品文。从元和以下的长题创作的漫延，可以看到人们对习以为常的《文选》套路的厌倦，亦可以看到随着人自身的觉醒，人们对于自我记录、自我阐释欲望的强势崛起。到此为止，"'短而精'的《文选》式诗题逐渐被这种体兼诗序，貌类散文的长题所代替，《文选》所倡的规范制题也被完全突破"①。

最后，我们从文学史的角度再来看独孤及的诗题被元人辛文房赞可的原因，就可以看到他的诗题"作为诗题发展史上重要一环"的文学史意义了。相对于《文选》所辑的六朝诗题模式，独孤及有自知的继承，在叙事委曲精到方面亦有不自知的发展；而相对于元和以下膨胀的长题，独孤及的诗题则保持了六朝题用语简净、意味深远的风味。在简单与繁杂之间，在诗趣与散漫之间找到了平衡点，正是独孤及数佳题的特殊魅力。总而言之，正是独特的历史境遇成就了独特的独孤及式制题艺术。

二　以文为诗：儒家实用精神的无意识表露

（一）"以文为诗"的概念界说

"以文为诗"是学界常用来谈论韩愈诗、宋诗"非本色"特征的一个概念。尽管"以文为诗"对于诗歌创作的功过得失作为文学史上的一桩公案至今仍然是学界争论的焦点，但对于这个概念自身的内涵前人已达成了较一致的意见，即通过散文化的表现方法和语言形式实现诗、文两种文体的互动，从而为创造性地突破诗歌传统的表现方式而做出努力的一种诗歌艺术手法。对于这一概念，本书原不需要加以赘述，可是由于后文我们力主抛开骈散之争来考察中唐的"古文"，并且认定韩愈的"古文"含义与骈散无涉。为避免将韩愈的"古文"之"文"与"以文为诗"之"文"含义上的混淆，故在具体展开独孤及诗歌"以文为诗"的讨论之前，我们有必要梳理一下

---

① 张丹丹：《魏晋南北朝诗题研究》，黑龙江大学 2011 年硕士学位论文。

"文"的含义。

魏晋南北朝时期常常以"文笔"对称，刘勰《文心雕龙》中就有"有韵为文，无韵为笔"之说。梁元帝萧绎在《金楼子·立言》中说："至如不便为诗如阎纂，善为章奏如伯松，若此之流，泛谓之笔。吟咏风谣，流连哀思者，谓之文。"刘勰的说法是当时普遍的"常言"，是从语体的角度进行划分的；而萧绎的说法则考虑到"文学性"的因素。① 这是两个不同层次的划分标准，但这两个标准又有所交集，那就是将对偶、谐声的"诗"与骈体的抒情文学都划属于"文"中。而这两个标准所引起的最有争议的区域则是"骈体章奏"的划归问题，因着"文学性"这一因素，萧绎主张把它从"文"中划出去，划归到"笔"中。

到了唐代，随着诗歌突飞猛进的发展，"诗"逐渐成为有韵之"文"所包括的诸文体中的一大宗，故常以"诗"代"文"，所以又以"诗笔"对举。但"诗"还是从属于"有韵之文"这一大范畴的，故"以文为诗"这个概念在唐代是不可能出现的，以包含"诗"的一个大概念（"文"）去描述一个小概念（"诗"），在逻辑上是成问题的。

在唐代还有一个有意思的现象是：人们常说"杜诗韩笔"，杜牧就有"杜诗韩笔愁来读"的诗句，可见，到了晚唐人们仍然以"诗笔"对称。而韩愈自己却不以自己的文章为"笔"，而称之为"古文"，似乎有意地扬弃"笔"的名称，将他有骈有散、骈散兼行，包含充实正大文气的文章从"笔"升格到"文"里去。② 这又是出于什么原因呢？钱穆先生在《杂论唐代古文运动》中的观点可以给我们一些启发：韩柳提倡的古文与先前的古文是不尽相同的，他们并不专意于子史著述和诏令奏议，而是在写作书牍碑志等限于社会人生实用之文的同时，于短篇散文中再创新体，如赠序、杂记、杂说等，

---

① 杨东林：《南朝的文体分类与"文笔之辨"》，吴承学主编：《中国文体学与文体史研究》，凤凰出版社 2011 年版，第 125 页。

② 朱自清：《论"以文为诗"》，《朱自清古典文学论文集》，上海古籍出版社 1980 年版，第 94 页。

这些新体大都具有"纯文学的意境"①。我们是否可以得出这样一个结论：六朝时期的萧绎，因着"文学性"因素而主张把骈体章奏从"文"中划除出去；而中唐的韩愈，亦因着"文学性"因素而希望把自己属于"笔"的文章（包括骈、散）重新划回"文"中。这样，在主张诗、文共有文学性这样一个大前提下，在韩愈那里"以文为诗"是不成问题的。因为"对于唐人连韩愈和他的追随者在内，都还没有想到诗文的对立上去"②。韩愈本人的诗歌创作也是设法使诗、文相得益彰，的确是充满了创新的写作实验，但似乎并未想借助"古文"把诗变成不像诗的东西。葛晓音在分析《山石》一诗时，就提到了这首诗的诗歌本色，"这首诗以游记首尾完整、层层深入、篇末结出感想的记叙手法为纲，以诗歌直寻兴会、融情于景、触目生趣的传统表现方式为本，于平铺直叙中见辞奇意幽之致，深得韩愈散文结实处无不空灵的妙诣，因此虽是以文为诗，却是一篇真正的诗歌"③。

　　"以文为诗"是宋人评价韩愈诗时首次使用的一个概念，最初见于陈师道的《后山诗话》，之后苏轼、黄庭坚、严羽、王若虚、赵秉文、袁宏道、叶燮、赵翼等人多有论述。无论对韩诗是褒是贬，这些论述基本上都着眼于韩诗诗格之"变"。宋文宗韩，宋人发现了韩愈的"古文"不拘泥于骈散的特点。而此时的骈文经历了六朝和唐一代的大盛之后，可以说物壮则老，尽管有陆贽、李商隐等人的矫正和成功的创作实践，仍然积弊甚多。当人们习惯了骈四俪六的审美模式，并最终形成了审美疲劳之后，在唐代还毁喻参半的韩文，在宋代却找到了它备受欢迎的市场。宋人尤其对于韩愈大量创作的散文感兴趣，因为它体现了对骈文颠覆的彻底性，由此韩愈的"古文"也渐渐地成了他"散文"的代名词。就像朱自清先生所说：

---

　　① 钱穆：《杂论唐代古文运动》，《中国学术思想史论丛》，东大图书公司1983年版，第16页。

　　② 朱自清：《论"以文为诗"》，《朱自清古典文学论文集》，第94页。

　　③ 葛晓音：《诗文之辨和以文为诗》，《汉唐文学的嬗变》，北京大学出版社1990年版，第310页。

"宋以来怕可以说是我们的散文时代，散文的体式逼着一般作家接受；诗不得不散文化，散文化的诗才有爱学爱读的人。"①在宋代，"散体成了正宗。骈体不论是抒情的应用的，也都附在散体里，统于'文'这一个名称之下"②。由此，宋人开始以"诗文"对举，同时也只有在诗文分立这样一个文论背景下，"以文为诗"的概念才能得以出现。而这里的"文"不再如唐以前宽泛意义上包括骈文和散文，而特指散文。宋人概括的韩诗"以文为诗"的特征，也即"以散文为诗"的特征。

像宋人发现了韩愈的散文，并用以给骈体有力的一击一样，宋人同样发现了韩诗"以文为诗"的特征，不管在理论上可能对"以文为诗"的"非本色"特征多么深恶痛绝，然而在实践上"散文的体式逼着一般作家接受；诗不得不散文化"。聪明的宋人敏锐地发现他们要跳出唐人的光环、在唐人建立的根基上再开土动工，难上加难。他们发现了韩愈，尤其是韩愈诗、文另辟蹊径的革新力量，正是韩愈为他们文学的转弯提供了启迪和范本。但是我们也要看到，无论是韩诗还是继韩愈而发展壮大的宋诗，都是在"盛世难继"的时代背景下做出的艰难选择，盛唐人只给他们的诗歌创作留下了狭小的发展空间，逼得他们只有在与前人之"异"上发展自我才能摆脱盛唐诗歌所带来的"影响的焦虑"。如果说韩愈还能在"文学性"的大前提下结合诗、文的特点，实现诗、文的良性互动，那么，他的后继者们用文的介入来解决诗歌发展的难题，他们越是努力，沿着这条路走得越远，就会使得诗越远离它的传统、根基和本质。所以与其说他们是诗歌发展过程中的改良者，不如说是掘开诗歌本根的掘墓人。

到此为止，我们可以得出结论："以文为诗"是在宋代诗文分立的大背景下提出的一个概念，强调的是诗歌创作上的革新性、实验性、对原有诗歌传统的颠覆性。站在宋人的立场上向前回溯来寻找

---

① 朱自清：《论"以文为诗"》，《朱自清古典文学论文集》，上海古籍出版社 1980 年版，第 94 页。

② 同上。

这种革新的精神榜样，他们找到了韩愈，实际上就是看到了他"务反近体，抒意立言，自成一家新语"的实验性和先锋性。近年来，人们在讨论"以文为诗"的时候，往往向前追溯到杜甫、元结甚至较韩愈早400年的陶渊明。从他们诗歌的散文化现象上看，这种提法没有问题，甚至汉乐府中也能找到诗语散文化的因子，但是这种提法却脱离了宋人提出这个概念的具体语境。陶诗的散文化语句，给人以自然天成之感，并非有意识地标新立异；元结诗激切朴拙的叙事，目的是实现他儒家讽谕之道，亦未希图提供新鲜的写作技巧；在诗艺的开拓方面，杜甫属于遍地开花型，在诸多方面对后人有所启迪。然而，杜甫毕竟诗盛于文，他的部分诗歌虽也有散文化、叙事性倾向，但是其诗人的特质远远盖过文对诗的影响。金代赵秉文在《与李孟英书》中就说："杜陵知诗之为诗，未知不诗之为诗。及昌黎以古文浑灏溢而为诗，而古今之变尽。"[1]赵秉文的意思是，杜甫的创作完全是根植在先前的诗歌传统中推陈出新，他是业已形成诗歌传统的集大成者，他不会想到从诗外寻找诗艺革新的因子。而韩愈以"古文"的文气入诗，则改变了诗歌正常的发展方向，以往不属于诗歌传统的"非诗"特征也入于诗，于是诗格大变。故杜、韩的本质差别即在韩愈是从"诗外"有意识地、主动地完成诗歌之"变"，这种标新立异的意识是别的诗人所不具备的。

　　这样看来，"以文为诗"有广义和狭义之分，广义的"以文为诗"指的是诗人创作中的散文化倾向，这种倾向可能会出现于每一个时代具体的某位诗人身上；狭义的"以文为诗"则特指韩愈和宋诗中借助散文来对诗歌传统进行革新的倾向。我们不能说杜甫、元结等人诗中的散文化倾向对于产生韩愈式的革新没有潜移默化的影响，但他们并未像韩愈那样有意识地"自成一家新语"，故从狭义的角度来讲，"以文为诗"的始作俑者即是韩愈。本书所讨论的独孤及的"以文为诗"即是从广义的角度来谈的。同时，这里还需要进一步说明的是，我们这里所说的散文亦不能和西方文学意义上的

---

① （金）赵秉文：《滏水集》卷一九，四部丛刊影印明钞本。

essay 相对接，它在一定程度上融和了叙事、抒情、论辩、说理，是包融功用性、审美性，甚至具有政治性和娱乐性的一种文体。

（二）"以文为诗"与诗的散文化

程千帆先生在《韩愈以文为诗说》一文中指出，"以文为诗"的具体表现手段"大致上有两个方面：一方面是以古文（这里特指散文——笔者注）的章法、句法为诗，另一方面是以在古文中常见的议论入诗"①。下文将就独孤及诗"以文为诗"的特征在这两方面的表现详细析之。

在探讨独孤及诗歌"以文为诗"的特征方面，蒋寅先生的《作为诗人的独孤及》和罗芳芳、方胜的《唐代古文名家独孤及的诗歌创作》两篇文章有详细的列述。蒋寅先生甚至认为，"如果非要说他（独孤及——笔者注）与别人有什么不同的话，那么我们就只能指出他诗中某些由散文化倾向带来的虽独特却不值得称道的作风"②。那么，独孤及诗不太高明的散文化倾向都表现在哪些方面呢？

1. 以散文化的字法、句法、章法入诗

对于独孤及诗"以散文化的字法、句法、章法入诗"的现象，学界已有论述。从散文化的字法角度分析，蒋寅先生特列举了独孤及诗以大量虚词入诗的现象，学者罗芳芳、方胜对此又继而论之，基本上是从现象入手。据笔者统计，独孤及诗中用"况"字处多达 11次，在上下句接连处用"岂"字达 9 次，"唯"字达 9 次，"已"字达 4次。我们且举几个例子，"况听郢中曲，复识江南态"（《酬皇甫侍御望天灊山见示之作》），"已符东山趣，况值江南秋"（《同徐侍郎五云溪新庭重阳宴集作》），"拟将忠与真，来酬主人恩"（《丙戌岁正月出洛阳书怀》），"少年事远游，出入燕与秦"（《壬辰岁过旧居》），"已忘羊肠险，岂惮湿风热"（《奉和李大夫同吕评事太行苦热行兼寄院中诸公》），"思君带将缓，岂直日三秋"（《将赴京答李纾赠别》）。这些虚词在诗中基本上起到衔接照应的作用，而有的

---

① 程千帆：《韩愈以文为诗说》，《古诗考索》，上海古籍出版社 1984 年版，第 195页。

② 蒋寅：《作为诗人的独孤及》，《河南大学学报》1996 年第 4 期。

诗上下句都有虚字，这有效地抑制了诗意的精紧，诗歌的意象不会密到无缝插针的地步，从而形成舒朗流畅、起伏错落的节奏。我们上文已经提到了，辛文房对独孤及的诗题"中无失节，外无余语"的精简之功倍加称赞，为什么独孤及的"诗题"写得精工细密，而"内容"却舒徐散漫呢？我们不妨有这样一个猜想，"题"是对内容的高度精练的概括，已经把作诗的要旨都明确了，"内容"不过是对"题"详细具体地展开罢了。而在对"题"的要旨进行展开的时候，为扩大篇幅有时则免不了要"兑水"了。这真是一种方便省事的作诗手法，紧扣主题反复申说，其本质仍然是儒家实用主义精神在独孤及身上无意识地表现。独孤及大部分的诗作都是交往唱和之作，像命题作文一样，这些诗歌创作的目的性远远超过了对情感含量和诗歌艺术本身的追求。这样的一种作诗宗旨，亦决定了独孤及诗必然散化，因为太明确的目的往往需要的正是层次清晰、意思明了的陈说。

在"散文化的句法、章法入诗"方面，蒋寅和罗芳芳、方胜的两篇论文也有详细论述。蒋寅先生以《山中春思》"靡草知节换，含葩向新阳。不嫌三径深，为我生池塘"四句为例，注意到独孤及诗"一个主语通贯四句"的现象；罗芳芳、方胜的文章则注意到了独孤及诗"是"字句的用法和谋篇，布局、结构上的散文式气脉。但他们的论述多集中于独孤及五古诗的创作，对于近体的散文化现象谈得比较少。一般来讲，近体律绝在篇幅、格式方面较古体限制较多，不易被纳入"以文为诗"的范畴。韩愈"以文为诗"的创作就主要集中在古体诗上，元代袁桷《书括苍周衡之诗编》说："滥觞于唐，以文为诗者，韩史部始然。而春容激昂，于其近体，犹规规然守绳墨，诗之法犹在也。"[①]即指出了韩愈律绝碍于诗法规矩井然，很少"以文为诗"的痕迹的特点。但是这种"以文为诗"的现象在独孤及的律诗当中却相当普遍。

首先表现在字法上，撇开首联和尾联中出现的虚字现象不算，

---

① 李修生：《全元文》第23册，江苏古籍出版社1998年版，第348页。

单以颔联、颈联的对仗句为例，独孤及的律诗即存在着上下两句都用虚字的现象。如"几经开口笑，复及看花时"（《登后湖伤春怀京师故旧》），"几经"和"复及"相对，既对又承，给人以寓流利于工整之感。再如"正当秋风度楚水，况值远道伤离群"（《早发龙沮馆舟中寄东海徐司仓郑司户》），"正当"与"况值"相对，而对句又是出句的意思递进。再如"正当楚客伤春地，岂是骚人道别时。俱徇空名嗟欲老，况将行役料前期"（《答皇甫十六侍御北归留别作》），四句连用五个虚字，在工整之中呈现出起伏流转之美。

其次在句法上，律体诗一般当足自足，很少有接连几句通贯的现象。独孤及不仅古体诗有一贯四句、八句的现象，而且有些律诗亦打破了传统的固定模式，呈现出散文的叙述化倾向。暂举几例：

> 爱君修政若修身，鳏寡来归乳雉驯。
> 堂上五弦销暇日，邑中千室有阳春。
> 谓乘凫舄朝天子，却愧猪肝累主人。
> 辞后读君怀县作，定知三岁字犹新。（《酬常郿县见赠》）

> 从来招隐地，未有剖符人。
> 山水能成癖，巢夷拟独亲。
> 猪肝无足累，马首敢辞勤。
> 扫洒潭中月，他时望德邻。（《答李滁州忆玉潭新居见寄》）

《酬常郿县见赠》一诗"爱君"二字一口气辐射四句，以赋法铺排的方式将"爱"的内容陈列开来，后边的句子都作"爱"的间接宾语；《和赠远》一诗"忆昔"（《全唐诗》作"忆得"）二字亦辖管四句，用四句将忆起的去年的情形介绍具体，为后来"今年"与"去年"的对比做铺垫。而《答李滁州忆玉潭新居见寄》一诗，则以"招隐地"为主语，用后面的五句诗句将理想的"招隐"生活平铺开来。独孤及的这类律诗，乍看起来对仗工稳，而语意的承接和流转总让人感到疑似"如话家常般的说话"。在律诗外在形式的装扮下，原本整饬的结构和节奏被彻底打乱了，有散文的通贯流畅。

再次在章法安排上，独孤及的古体诗往往体现为散文章法的层次清晰、意思明了的特征。比如《官渡柳歌送李员外承恩往扬州觐省》一诗，先以"杨柳"起兴点送别之题，再以少妇的口吻写送郎之行，最后千叮万嘱地写盼郎早归。全诗按铺垫——写事——写情的逻辑顺序安排结构，层次清晰明朗。结尾"明年柳枝黄，问郎还家否"句再次呼应诗首点题的"杨柳"意象，结句如话家常般的低语生动地捕捉到了女性细腻柔软的内心，写活了离别的不舍和再团聚的期盼。像这样注重诗歌逻辑结构安排的诗作，在独孤及的古体诗中并不鲜见，如《和李尚书画射虎图歌》《三月三日自京到华阴于水亭独酌寄裴六薛八》等，不一一列举。但是值得注意的是，独孤及诗散文化的结构安排在他的律体代书诗中也有所表现，试举两例。如《喜辱韩十四郎中书兼封近诗见示代书题赠》一诗采用铺叙的手法，从相思独坐写到喜承来书，再写到在官远别的慨叹，可谓是章法井然。然而值得格外注意的是，此诗的颔联"长跪读书心暂缓，短章投我曲何高"，好似诗题的具体展开。"长跪"句对应的是题目中的"喜辱韩十四郎书"，"短章"句对应的是题目中的"兼封近诗"。以此联为原点，我们就可以理解首联是为朋友来书之"喜"做的铺垫，颈联和尾联写的是诗人内心的感慨，是要给朋友看的，对应的是"见示"。所以，在章法安排上，独孤及只是把紧得密不透风的诗题打散罢了。他这样做是为了达到"切题"的目的，但是要把引起诗情的"本事"在诗内一一详加申说，其细化的过程势必要采用散文的叙述化技巧。而叙述化手法恰恰是与律诗重意象表现的传统相去甚远的。关注的焦点在"事"而不是"境"，对于"人事"的关注和记录使独孤及的律诗已经是传统的变调了。再看下一首代书诗：

> 郎官作掾心非好，儒服临戎政已闻。
> 说剑尝宗漆园吏，戒严应笑棘门军。
> 遥知抵掌论皇道，时复吟诗向白云。

　　　　百越待君言即叙，相思不敢怆离群。(《得柳员外书封寄近
　　诗书中兼报新主行营兵马因代书戏答》)

该诗的内容同样也可以看作诗题的展开。首联、颔联的嬉笑之语对
应的是诗题中的"戏答"。颈联出句对应的是"得柳员外书"和"兼报
新主行营兵马"，着重写的是从友人信中获得的信息，即友人在远
方与新主谈论国家大事的举动；对句对应的是"封寄近诗"，写朋
友虽儒士从戎却不忘文人本色，寄诗表明高远的心迹。尾联表达相
思之情。不得不再次说明，这种章法安排是一种方便务实的作诗手
法，只要有一个题目，然后把题中之"事"分述开来就好了，不是
没有内心的感发，而是内心的感发是第二位的，第一位的是把事情
的来龙去脉和重要细节介绍清楚。这样做的结果是诗的含混、多
义、模糊被取缔了，诗之营造意境的功能也退后了，取而代之的是
明确、具体、层次清晰、一目了然的叙述，而后者正是散文艺术的
主要特点。独孤及未必是主观意识上有以文为诗的意图，甚至按他
自己的审美习惯（推崇沈宋、王维、皇甫冉）也未必欣赏以文为诗
的诗。但是，他这些作品客观上表现出来的浓厚的散文化色彩，则
完全可以看成是儒家实用主义的人生观念在他身上无处不在的发
挥。对于明确的目的性的追求，更加务实的生命底色，正是从盛唐
转向中唐的中国古人精神思想所发生的一大裂变。而对身边人世的
关心和对细碎生活的记录也正是中国古人走出汉代的神秘、盛唐的
博大，向宋代《清明上河图》般的生活化气息迈进的一个表现，从
这个角度来讲，独孤及的诗歌虽未必对宋诗产生什么实质性影响，
但的确体现为由盛唐气象向宋诗精神转变的一个过渡。

　　2. 以议论为诗

　　我们再来看独孤及诗歌"以文为诗"特征的第二大表现，即"以
议论为诗"的现象。议论是采用评析、说理的技巧进行立论或驳论
的一种手法，目的是对读者施加影响并力图让读者接受作者的观
点。为加深读者的印象，独孤及常常采用"摆事实＋讲道理"的章
法安排，在平铺直叙中突然急转，使用议论化的诗句引起读者的共

鸣与思考。比如《观海》一诗，先叙写诗人"北登渤澥岛"之所观，从空间角度铺展大海之辽阔；再以秦始皇"东临碣石"之典回顾历史，使全诗具有时间上的纵深感；最后在此基础上发出"徐福竟何成？羡门徒空言。唯见石桥处，千年潮水痕"的议论，驳斥了秦始皇、徐福求仙访药不过是虚妄，并以真正永恒的是生生不息的大自然相立论。这样，以大海为代表的大自然的无限和以"秦帝""徐福"为代表的人生命的有限就形成了鲜明的对比，生动地传达出诗人宇宙无垠而人生短暂的慨叹。再如《丙戌岁正月出洛阳书怀》一诗，诗人先叙写往昔的报君之志，再写动乱中的失意潦倒和动乱后的重新振作，最后在前边扎实铺叙的基础上发出"遭遇思自强，宠辱安足言。唯将四方志，回首谢故园"的议论，表明一个儒家知识分子应将个人荣辱置之度外，努力施展抱负的积极用世之理。很有意思的是，独孤及的很多诗歌都如上引的两例在诗尾议论、说理，所言之理基本上都与个人的遭遇之思，穷达、出处之理密切相关。不管是积极地推出他的人生之理，"唯将四方志，回首谢故园"；还是高蹈地提出隐居遁世的理想，"他年解桎梏，长作海上人"，他的诗都潜在地具有一种个体价值的传播目的，体现了他作为儒家知识分子不自觉的社会使命感和责任心。关于这一点，我们将在后文谈及独孤及诗尾模式化说理一节里再详加阐述。

独孤及常常使用"安""岂""况""傥""莫""讵"等虚词来完成议论说理的任务，如使用"安""岂"构成反问句式，"有才当陈力，安得遂翱翔？"（《送相里郎中赴江西》），"丈夫随世波，岂料百年身？"（《壬辰岁过旧居》）用"莫""讵"构成否定句式，"莫作新亭泣，徒使夷吾嗤"（《癸卯岁赴南丰道中闻京师失守寄权士繇韩幼深》），"讵肯使空名，终然羁此身"（《三月三日自京到华阴于水亭独酌寄裴六薛八》）。用"傥"构成假设句式，"盘根傥相值，试用发硎刀"（《送虢州王录事之任》）。用"况"构成递进关系的句式，"俱徇空名嗟欲老，况将行役料前期"（《答皇甫十六侍御北归留别作》），等等。可见，独孤及散文式的诗句常常是议论性、说理性很强的诗句。其实，二者也是相互影响的，论辩式的抽象思维需要借助散文化句法所造成的波澜起伏的气势以增加说服力，而散文式的流畅自然也容易使作品所达之理得以最清晰明了的展现。

议论是带着明确的目的性的，目的是让人从理性上去认知。议论又是带着强烈的说服性的，目的是让人认同并接受。这都决定了独孤及诗价值传播的说教味儿很浓。太多的说教让人感到冗长乏味，但同时也可以看到独孤及对他所信奉的人生价值的自信与价值传播的急切。崔祐甫在《独孤公神道碑铭并序》中说："公之文章，大抵以立宪诫世褒贤遏恶为用，故论议最长。"这主要是针对独孤及的文来说的，指出独孤及以"论议最长"的文具有"立宪诫世褒贤遏恶"的强烈政治学意义上的社会功用目的。独孤及把他所擅长的"论议"植入诗中，很显然是受他文章创作的影响。但是在他的诗中，儒家治理社会的政治伦理性意义已经被弱化，取而代之的是同一价值体系辐射下的对现实人生的观照，如上文提到的遭遇之思、个人穷达、出处之理等。所以独孤及"以文为诗"的手法，本质上是散文的外在形式、散文内在强烈的目的性和儒家个体价值传播的社会使命感的一个有机结合。

（三）"以文为诗"与以诗存事的偏好

蒋寅先生在《作为诗人的独孤及》一文中提出，要从文学史的角度考察独孤及"以文为诗"的价值，他说："具有浓厚散文化色彩的独孤及诗歌，可以视为杜甫与韩愈诗作之间的过渡，我们在研究韩愈以文为诗时，除了溯源杜甫之外，独孤及也是个应该考虑的人物。"①当然蒋寅先生只是提出问题，限于篇幅并没有试图在文中解决这一问题。但他的这番话提醒我们有必要从文学史的角度看一看独孤及"以文为诗"的独特性。

关于杜甫、韩愈诗"以文为诗"的现象，学界已经有相当丰富的论述，在这里就不一一赘述。我们仅特别提及一下葛晓音先生对杜甫诗以大量议论入诗的评价，她说："杜甫的《赴奉先县咏怀》、《八哀》、《北征》虽用大段议论直述他对国事的看法，但它给予人

---

① 蒋寅：《作为诗人的独孤及》，《河南大学学报》1996 年第 4 期。

们的主要印象并不是那些已讲得清清楚楚的政见，而是'篇终接混茫'——即为诗人浩茫心事所唤起的激情和遐想。"①这种"激情和遐想"即是跳出特定时空的具体感受来反映人类普遍情感体验的诗人之思。再有杜甫的"三吏""三别"，虽用大段的散文化诗句来叙说诗人所见之事，但是它给人的主要印象并不是清清楚楚地记事，而是"夜久语声绝，如闻泣幽咽"般深沉悠长的感伤。所以，杜甫的诗人本色使得他只是在诗歌所划定的范围内借助散文化的叙述技巧。他的新乐府很明显受汉乐府"缘事而发"的影响，像《东门行》《上山采蘼芜》以截取生活的横断面（片断）来反映广阔的生活本身那样，其创作本质还是从属于中国古典诗歌以一时一地的特定体验反映人类普遍精神关照、"以少总多"的审美理想的。故从诗之为诗这个古老的审美特性角度看，独孤及大部分诗歌所能唤起的"激情和遐想"都很有限，反而对清晰叙述、透彻说理的热衷，使得他的诗更接近于文所要求的"意尽"和"理尽"。这都决定了独孤及诗无论是在唐代还是在后世都不会大受关注。

与杜甫"创作"诗不同，韩愈是"实验"诗。他是有意识地变革创新，试图建立起不同于大历之前盛唐诗歌的新言语。郭鹏在《"以文为诗"辨——关于唐宋诗变中一个文学观念的检讨》一文中指出："韩愈和北宋诸人'以文为诗'的特殊性在于，他们的诗与散文的关系是自觉的和整体的。"②所谓自觉的是指韩愈有意地借其古文的文气促成诗格之变。所谓整体的是指散文化倾向影响到其诗声律、语词、章法、气势等方方面面。他的《山石》《石鼓歌》就是"古诗章法通古文"的典范。总的来讲，他的古体避律句、对句，多用拗句、散句，重奇崛，忌平直，以跌宕波澜之气通贯全篇，如果不是有意识地打通"诗""文"之间的界限，其大量丰富的古体诗作不可能如此彻底、全面地贯彻"以文为诗"。而我们也要注意，韩愈

---

①　葛晓音：《诗文之辨和以文为诗》，《汉唐文学的嬗变》，北京大学出版社 1990 年版，第 308 页。

②　郭鹏：《"以文为诗"辨——关于唐宋诗变中一个文学观念的检讨》，《北京大学学报》1999 年第 1 期。

"自树立，不因循"的自成一家的意识太强了，而对在思想上宗经复古的韩愈来讲，他对传统的撕裂势必表现在形式上的登峰造极的实验。像意识流小说家詹姆斯·乔伊斯那样，形式上的实验对他亦有巨大的诱惑力，乔伊斯是将新闻体、广告体、教理问答体、感伤的女性杂志体诸多文体植入性地实验于小说，造成眼花缭乱的效果；而韩愈则是将散文的文体溶解性地实验于诗，形成诗文一体，却不离诗之大格。虽然他们的实验都很成功，但乔伊斯是用文体的混乱表达人精神的迷茫，而韩愈则是把"文以载道"的价值建设性地发挥于诗中。诚然，在悲惨的现实中要推广拯救苍生之道，有时会让人感到有点像与风车作战的堂吉诃德那样迂腐，但可贵的是至少一种为理想奋斗的执着犹存。像他的《谢自然诗》，顾嗣立谓"此篇全以议论作诗，词严义正，明目张胆，《原道》、《佛骨表》之亚也"①。再如他的《丰陵行》，程学恂称："叙论直致，乃有韵之文也，可置而不读……篇末直与《原道》中一样说话，在诗体中为落言筌矣。"②两诗虽然在思想上都是《原道》的诗歌版重复，艺术上的价值有待商榷，但都可证明韩愈的诗歌实验天然地还带着儒家经世致用的精神。所以韩愈采用的是"以文为诗"的形式，其背后却是这种形式的目的指向性，即政治、社会、伦理意义上的儒家积极用世的功用主义精神。

与韩愈相比，独孤及恐怕并没有有意识地进行什么写作实验。从他留存的诗的数量上来看，他的诗歌创作并不会太丰富。如果他有愿望在形式上做出什么推陈出新的话，他诗的数量就不会如此之少，而且他自己也从未以诗名自居，他同时代的人也更关注他的文而不是诗。但是独孤及大量的交往诗，使我们注意到能引起他诗兴的常常是具体的人、事、环境。而且他的诗具有一种"存事"的爱好，喜欢将具体的人、事、环境以及事情的来龙去脉概括开来，最后将诗的落脚点说教似地落实在作家所要表达的人生之理上。独孤

① （清）官修：《唐宋诗醇》卷二七，清文渊阁四库全书本。
② 钱仲联：《韩昌黎诗系年集释》卷九，上海古籍出版社1984年版，第937页。

及诗对诗人交往唱和活动的记录以及对人生道理的言说，使我们感到他的诗有一种"自我言说"和"自我群体价值言说"的目的性。虽然这种言说与韩愈的《谢自然诗》《丰陵行》那样剑拔弩张式的论辩相比，淡化了政治伦理的功用性，但却体现为对儒家知识分子穷达、出处、面对遭际变迁的态度等人生价值的推广。所以，独孤及诗的写作与他"立宪诫世褒贤遏恶为用"文的写作在实用观念上是相通的。关于他诗歌的务实观念，我们在后文分析他的五古代书诗时会更加详细地论述。

蒋寅先生说："具有浓厚散文化色彩的独孤及诗歌，可以视为杜甫与韩愈诗作之间的过渡。"①的确，与杜甫的"以文为诗"相比，独孤及的诗少了一层诗意，却多了一分务实。而这种实用精神正以"载道"的形式更集中、更强烈、更显豁地表现于韩愈的诗中，而韩诗与独孤诗相比，又添加了一层试图跳出前人窠臼的实验性。也就是说，如果独孤及的"以文为诗"表现为一种儒家实用主义精神的无意识，那么韩愈则是有意地、主动地进行形式上的创新。所以，尽管独孤及平庸的诗歌创作从总体上并未达到杜甫、韩愈的高度，但是他的平庸正代表了一种正在发展却尚未发展起来的趋势，我们如果将独孤及的"以文为诗"视为"杜甫与韩愈诗作之间的过渡"，即可以把独孤及的诗看成是从盛唐诗思向中唐更加务实的实用精神的过渡。我们都知道韩愈直接学习的是杜甫，因独孤及诗歌在当时影响力并不大，虽然韩愈可能熟悉独孤及的诗，但却未必有意识地学习独孤及。而杜甫生活的年代与独孤及相差并不太远，独孤及不太成功的创作实践，正可以看成是韩愈有意识地完成"以文为诗"这一"质"的飞跃上的"量"的预备。

三　格调高古：针对流俗诗风的有意识对抗

（一）独孤及诗"高古"含义的界定

"高古"作为中国古代文论中一个经常出现的名词，与"体"

---

① 蒋寅：《作为诗人的独孤及》，《河南大学学报》1996 年第 4 期。

"清""气"等概念一样，根据具体情况的不同，内涵常常会发生变化。晚唐司空图《二十四诗品》将"高古"列为其一，并采用描述性的语言而非概念性的推理来说明何为"高古"：

> 畸人乘真，手把芙蓉。泛彼浩劫，窅然空踪。
> 月出东斗，好风相从。太华夜碧，人闻清钟。
> 虚伫神素，脱然畦封。黄唐在独，落落玄宗。

显然，司空图的"高古"指的是一种超凡脱俗之态，这是与他的诗学偏爱冲淡、飘逸的审美风尚密切相关的。

晚唐张为《诗人主客图》尊孟云卿为"高古奥逸主"，从选诗"君物归大化，六龙颓西荒"（《感怀》），"安知浮云外，日月不运行"（《苦雨》），"孤儿去慈亲，孤客丧主人。莫吟辛苦曲，此曲谁忍闻。……飘飘万里馀，贫贱多是非。少年莫远行，远行多不归"（《悲哉行》），可见，张为的"高古"与司空图诗学体系中虚化的高风绝尘的风华神韵不同，实指的是一种不拘泥于辞华、不局限于声律、于质朴中见深远的超逸之气。

宋严羽《沧浪诗话》评阮籍《咏怀诗》："极为高古，有建安风骨。"评韩愈《琴操》诗："极高古，正是本色，非唐贤所及。"按韩愈的《琴操》十首，具有强烈的儒家"诗以明道"的意识，语言质朴，有古乐歌的气韵，故严羽称之为"本色"是符合实际情况的。综此二条，可见严羽所说的"高古"不仅包含着如"建安风骨"那种劲健的力量，而且在思想内容上亦要求充实正大，语言上也不以辞华取胜。

南宋张戒《岁寒堂诗话》说："杜子美诗，专以气胜。然意可学也，味亦可学也，若夫韵有高下，气有强弱，则不可强也。……世徒见子美诗多粗俗，不知粗俗语在诗句中最难，非粗俗，乃高古之极也。"[①]张戒所说的"气"类似于曹丕所说的"虽在父兄，不可以移

---

① （宋）张戒：《岁寒堂诗话》卷上，清武英殿聚珍版丛书本。

子弟"的先天之"气"，而杜甫的"气胜"之诗相比于"气弱"之诗，其胜处即是这种贯注于诗中的先天禀赋所包蕴的内在刚健的精神气韵。张戒眼中杜甫的"粗俗"与严羽眼中韩愈的"本色"一样，都是超脱辞华的率意质朴。由是可知，和严羽一样，张戒在使用"高古"这一概念时亦同时观照的是这一概念的力量之美和不以华彩取胜的双重内涵。

　　从上面列举的几例可以看出，在唐宋之际人们对于"高古"的理解虽然各有侧重，除了司空图外，大抵都认为"高古"包含着劲健的力量、充实正大的思想内容、朴质的语言等多重要义。而张为、严羽、张戒在使用这个词汇来称赞作家时，又都潜在地包含着司空图所说的"高古"之高出流俗、超越时俗之义。

　　在《唐才子传》中，"高古"一词共使用了七次。细分析可以看出，辛氏使用这一词汇或是用来评价诗人孤僻高傲的个性，如评刘眘虚"性高古，脱略势利，啸傲风尘"；评卢仝"性高古介僻"。或是用来评价诗歌气格之超拔，如评沈千运诗"气格高古"、张諲诗"诗格高古"，独孤及诗"格调高古，风尘迥绝"。可见，无论是用来评价诗人还是诗人的创作，"高古"一词都具有不随流俗、高于时俗的共通品格。此外，辛文房在评价鲍溶诗时说：

　　　　盖其气力宏赡，博识清度，雅正高古，众才无不备具云。①

评喻凫诗时说：

　　　　晚岁变雅，凫亦风靡，专工小巧，高古之气扫地，所畏者务陈言之是去耳。②

从辛氏对鲍诗的称赞可以见出，他的"高古"的概念是与"气力宏

_____

　　① （元）辛文房撰，孙映逵校注：《唐才子传校注》，中国社会科学出版社1987年版，第553页。
　　② 同上书，第654页。

赡""雅正"那种劲健广博、充实正大、辞雅理正的诗学品格相关联的，他对鲍诗的评价与晚唐张为在《诗人主客图》中尊鲍溶为"博解宏拔主"正好是相配合的。而辛氏对喻凫晚岁趋附"变雅"的不满，也正是与他诗歌偏离了充实正大之气，在诗语上务求追新出奇的"小巧"有关。故从对鲍溶和喻凫一正一反的评价里，我们可以推导出，辛氏对独孤及诗做出"格调高古，风尘迥绝"的高评，想必也是看到了其诗迥于流俗之"小巧"的雄深雅健的力量、充实正大的气格和不在字斟句酌、辞藻靡丽方面下功夫的美学品格。

在界定了"高古"的内涵之后，我们切入另一个有意思的话题，同作为萧（颖士）、李（华）文学集团的成员的元结，他与独孤及的诗学观点有什么差异呢？

元结于乾元三年（760）编选《箧中集》一部，这部诗集仅收入了沈千运等七位诗人的 24 首诗作，无一不是古体诗。在集序中，元结表达了对于"风雅不兴，几及千岁"的诗坛现状痛心疾首的心情，他对时风的批评和对箧中诗人沈千运的赞词如下：

> 近世作者，更相沿袭，拘限声病，喜尚形似，且以流易为词，不知丧于雅正。然哉彼则指咏时物，会谐丝竹，与歌儿舞女，生污惑之声于私室可矣。若今方直之士，大雅君子，听而诵之，则未见其可矣。吴兴沈千运，独挺于流俗之中，强攘于已溺之后，穷老不惑，五十余年，凡所为文，皆与时异。

元结敏感于近世诗风的变化，并用"更相沿袭"（一味模拟）、"拘限声病，喜尚形似"（形式主义）、"以流易为词"（造语平易，缺少味外之旨）、"丧于雅正"（缺少充实正大的思想内涵）来说明这种变化的表征。当然，元结对时风的批评还包含着否定一切声韵之美、排斥一切近体主张——这无疑是对文学作品艺术形式的极大轻忽。用蒋寅先生的话说："元结没有能够活到大历末年，否则他将看到，高仲武《中兴间气集》问世时，引起他反感的诗风不仅主宰了诗坛，而且还得到了理论上的支持。"①所以，是不是可以这样说，从元结编选《箧中集》的举动里，我们一方面可以看到他为阻止近世诗风漫延的努力，另一方面也可以看出他对未来可能出现的、得不到控制的模拟成风、形式主义、丧于雅正的"大历诗风"到来的预见。

值得注意的是，元结选入沈千运诗主要是看到了其诗"独挺于流俗之中，强攘于已溺之后"的特点。另外，元辛文房《唐才子传》评沈千运诗"气格高古"，晚唐张为《诗人主客图》尊《箧中集》中另一位诗人孟云卿为"高古奥逸主"。人们好似很喜欢用"高古"来评价入选《箧中集》的诗人。如上文所述，唐宋之际"高古"之风之具体内涵即是指"诗迥于流俗之雄深雅健的力量、充实正大的气格和不在字斟句酌、辞藻靡丽方面下功夫的美学品格"。可见，元结选诗的标准——"挺于流俗""攘于已溺"与辛文房、张为评诗的标准是极其一致的，都是从"皆与时异"的角度入手的。

辛文房又评独孤及诗"格调高古，风尘迥绝"，所以从迥异于时俗的角度，元结所欣赏的诗风与独孤及的诗风绝对有共通之处。明钟惺称独孤诗"高处已似元道州矣"，必是看到了独孤及成功诗作的"高古"之风与元结的"复古"诗风同大历时期浮靡、轻薄的"华俗"之风有巨大的差异。

然与元结的诗歌美学标准不同的是，独孤及不反近体，亦不反声律。他在《皇甫冉》集序中提出了"以古之比兴就今之声律"的创作标准，并将王维、皇甫冉视为此标准成就最高的实践者。可以看到，独孤及不反声律的前提是在声律之上叠加了一个"比兴"的主题。这便使其所追求的诗歌美学具备了健康向上的积极意义，而与元结所反感的一味模拟、拘限声病、喜尚形似、用语流便的作品区分开来。按，大历时人多模仿王维，但多未得王诗的神髓。最终也真如元结所言在"指咏时物，会谐丝竹，与歌儿舞女，生污惑之声于私室"的小情小调中打转儿。可见，独孤及正是以"古之比兴"来

① 蒋寅：《大历诗风》，上海古籍出版社1992年版，第11页。

矫正大历诗风"窃占青山芳草、春风白云以为己有"的内涵单薄和一味追求诗歌形式美的片面的形式主义的。

总而言之，独孤及诗之"高古"之风，与大历时期靡弱的"华俗"之格判然有别；而他不斥近体、不废声律的观点又与元结偏激的复古走了不同的道路。他提出的"古之比兴"与"今之声律"相结合的诗学道路，恐怕即是有意识地寻找大历"华俗"之风和元结"复古"之风之间平衡点的结果。下文我们就从比兴宏道的正大气格、雄深雅健的力量呈现、文质彬彬的审美追求几个方面来具体阐述独孤及诗优秀诗作"格调高古"的特点。

（二）"格调高古"与比兴宏道的价值取向

萧颖士在《赠韦司业书》中自述自己平生创作时说："平生属文，格不近俗，凡所拟议，必希古人。魏晋以来，未尝留意。"①这里"格"与"俗"相对，对"古人"的推崇与对"魏晋以来（包括时下之风）"的不屑相对。虽然萧颖士主要讲的是文的创作，但从他对古体尤其是对拟古诗的偏好里可以看出，在诗歌创作上，他亦是以复古求高"格"的方式来对过分浮靡的"俗"下之风表示不满的。独孤及作为典型地提倡"宗经复古"的文人，又投于萧颖士门下，深受萧氏文学观念的影响，他在《赵郡李公中集序》中对于时下片面追求形式主义的华靡之风也不留情面地大加追讨，称其"风流荡而不返，乃至有饰其词而遗其意者，则润色愈工，其实愈丧"；并且发出了"痛乎流俗之惑人也旧矣"的感叹。故可见，与流俗之风的对抗是萧颖士、独孤及等学者型文人的共同追求。

独孤及是打出哪张王牌来使自己的创作区别于时俗的呢？在给萧颖士作的集序中，独孤及首先发表了他文学本体论和功用论的一番看法：

> 足志者言，足言者文。情动于中而形于声，文之微也。粲于歌颂，畅于事业，文之著也。君子修其词，立其诚，生以比

---

① 《全唐文》卷三二三，第3273页。

兴宏道，殁以述作垂裕，此之谓不朽。（《萧府君文章集录序》）

在为李华作的集序中，他又不遗余力地对时俗之风大加鞭笞：

自典谟缺，雅颂寝，世道陵夷，文亦下衰。故作者往往先文字，后比兴。其风流荡而不返……及其大坏也，俪偶章句，使枝对叶比，以八病四声为楷莩，拳拳守之，如奉法令。（《赵郡李公中集序》）

在李集序中，独孤及指出产生"大坏之文"的根源，即"先文字，后比兴"。在萧集序中，独孤及对"文之微也"的说法是对《诗大序》"诗言志"的发挥，但更加强调文之奥妙不仅在于言志，而且在于言"充足的情志"。他又指出，文最显著的特征是"粲于歌颂，畅于事业"，即有助于歌颂功德、建功立业。在此基础上他提出了"比兴宏道"的观念——这一观念正是文人充沛正大的情志与文学创作有助于政教、功业的社会功能相结合的产物。就连体现文人个体价值的"立言以不朽"，也是以其文学创作在多大程度上对弘扬正道、对后世产生影响为衡量基准的。将个人之志并入宏道之任，独孤及提出了他的"志""道"合一说，可见，独孤及是在儒家的价值体系内寻找文学创作的终极目的和意义感的。所以他所说的"比兴"不是指某种修辞手法，而特指的是儒家"诗教"的讽谕之旨；他所说的"道"也不是笼统的正大之道，而特指的是儒家之道。故此，独孤及是紧紧抓住儒家诗教的价值体系作为对付流俗"大坏之文"之利器的。

独孤及的诗歌创作尤其是早期踌躇满志和陷于连年战乱的诗作，"比兴宏道"的观念往往能更好地贯彻其中，使得他的诗歌表现出迥异于时俗"大坏之文"的质实感。但值得注意的是，与元结、杜甫、白居易创作新乐府所希望达到的"刺世"效果不同，独孤及的"宏道"更加注意的是儒家诗教"美刺"功能中的"诗美"功能。所以即便是在陷于战乱极度沮丧当中，他还能说出"努力爱华发，盛

年振羽仪"(《癸卯岁赴南丰道中闻京师失守寄权士繇韩幼深》),
"遭遇思自强,宠辱安足言"(《丙戌岁正月出洛阳书怀》),"他日
遇封禅,著书继三五"(《季冬自嵩山赴洛道中作》)的诗句;即便
是在个人情绪极度失落当中,他也不会愤世嫉俗地指责社会,亦不
会如老杜心灰意冷到"艰难苦恨繁霜鬓,潦倒新停浊酒杯"的地步,
顶多借酒浇愁、借歌缓愁而已,"忧来无良方,归候春酒熟"(《寒
夜溪行舟中作》),"出处未易料,且歌缓愁容"(《夏中酬于逖毕耀
问病见赠》)。他的满腹牢骚也不过是儒家温柔敦厚的诗学精神在
一定弹性和尺度内"哀而不伤,怨而不怒"的表现。

独孤及因"足志"而为诗,因诗而"宏道"的经典之作即是他的
《和李尚书画射虎图歌》:

> 饥虎呀呀立当路,万夫震恐百兽怒。彤弓金镞当者谁,鸣
> 鞭飞控流星驰。居然画中见真态,若务除恶不顾私。时和年丰
> 五兵已,白额未诛壮士耻。分铢远迩悬彀中,不中不发思全
> 功。舍矢如破石可裂,应弦尽敌山为空。杀气满堂观者骇,飒
> 若崖谷生长风。精微入神在毫末,作缋造物可同功。方叔秉钺
> 受命新,丹青起予气益振。底绥静难巧可拟,嗟叹不足声成
> 文。他时代天育万物,亦以此道安斯民。

诗人惟妙惟肖地勾勒出画中饥虎的凶态、壮士射虎的气概和画外观
者的惊骇,使读者在疾恶如仇的精神洗礼中深刻体会到射虎图的此
中真态。诗人不是就图论图,而是挖掘射虎图的深层寓意来比附
"除恶不顾私"的政教、社会、人伦之理,从而达到"托物以讽""比
类切至""寄托深远"的目的。字里行间踊跃着的激动情绪,贯穿始
终的疾恶如仇、刚正不阿的精神力量,似乎都催促着诗人将饱满的
志向脱口而出:"他时代天育万物,亦以此道安斯民。"明陆时雍
《唐诗境》评此诗"持满而发"①,可谓一语中的。"嗟叹不足声成

---

① (明)陆时雍:《唐诗镜》卷二八"盛唐第二十",清文渊阁四库全书本。

文"句似乎有意提醒读者，诗人内心充实正大的感动发而为诗正是对儒家"诗言志"说的遥相呼应。而诗尾脱口而出的志向，似又在提醒读者个人的情志只有与"儒道"相结合——只有怀揣锄强扶弱、拯救苍生的使命和良心，积极地参与儒家修、齐、治、平之道，人生的价值才能得以最大化的实现。这首诗完全符合《萧府文章集录序》中将个人志向与社会使命相结合的"比兴宏道"的文学价值取向。而诗中所体现的高远、深邃、爱憎分明、有补于政教的思想内涵肯定是那些"大坏之文"所不具备的。

独孤及的许多诗歌都如《和李尚书画射虎图歌》般表现出鲜明的好恶。诚然，因"足志"而"比兴宏道"的创作观念，使他的这些诗歌都有怕读者听不明白的直露，但是其中修、齐、治、平的价值渗透所带来的爱憎分明的价值取舍常常能为读者带来痛快淋漓的审美感受。如《酬常郿县见赠》一诗以"爱君修政若修身"句起势，后面接连五句顺势铺排，将"爱"的内容和"君"的品格一一陈列开来，"君"仁政爱民、宁静淡泊的形象跃然纸上，读来一气呵成、流顺酣畅。再如《送长孙将军拜歙州之任》，首二句"临难敢横行，遭时取盛名"这种无所畏惧、迎难而上的气势劈头而来，给人以强烈的震撼力，传神地写出了一员武将刚烈勇猛、建立军功的激情。独孤及写于战乱中的诗歌，常常采用《离骚》式比兴象征的手法表达对叛军、夷敌的憎恶之情。如"皇运偶中变，长蛇食东土"（《季冬自嵩山赴洛道中作》），"沧海疾风起，洪波骇恬鳞""旷野豺虎满，深山兰蕙新"（《庚子岁避地至玉山酬韩司马所赠》），"胡尘晦落日，西望泣路岐。猛虎啸北风，麇麚皆载驰"（《癸卯岁赴南丰道中闻京师失守寄权士繇韩幼深》）等诗句都将掀起战乱的叛军、夷敌比作洪水猛兽，而将正直、高洁、才能无处施展的贤良比作"恬鳞""兰蕙""麇麚"，因鲜明的爱憎而来的怨愤之情溢于言表。

独孤及另外有一些诗歌并不像上举数例那般直露地"比兴宏道"，而显示出寄兴深微、托旨遥深的特点，如《雨后公超谷北原眺望寄高拾遗》，全诗通篇写景，无一处写战事。诗末"赠景"的取意可谓构思奇特、寄兴深远，似乎要将诗人眼前的壮丽山河置换成具有联想功能的语言文字寄给远方的友人。诗人"眺"景的心潮澎湃，"画"景的百感交集，"赠"景的慷慨激昂并不是要掩盖前方战场的硝烟与残酷，反而是以眼前的壮丽景色在自然界风雨洗礼后的焕然一新来隐喻诗人对战争必定胜利的信念，同时以友人久别的中原美景相赠，也是对前方友人英勇杀敌保护唐王朝壮丽河山的一种激励。该诗没有一句"宏道"的大道理，但是诗人对国泰民安的热切期望却历历在目。

清乔亿《剑溪说诗》的一段评论非常符合独孤及诗歌高乎时俗、"比兴宏道"的创作实际。他说："萧功曹颖士、李员外华、独孤常州及诗，皆以格胜，不欲与流辈争妍。"①从这句话里我们至少可以提取三个重要的信息：第一，"流辈"辞藻华丽之作占据了当时文坛的主流或大多数；第二，独孤及等人超越流辈之处即不泥于辞华的"格胜"，如果说流辈争妍的是诗的外在语言形式，那么"格胜"则特指诗歌内在充实正大的思想内容；第三，"以格胜"是萧颖士、李华、独孤及等提倡"宗经复古"的学者共同的艺术追求，但不管怎样，他们的格高之作在当时只是少数。辛文房评独孤及诗"格调高古，风尘迥绝"，他虽未做具体阐述，但我们可推知独孤及诗歌所体现出的迥乎流俗的"高古"风范，必是他以充实正大的思想内容针对普遍流行的"争妍"习气加以主动、有意识地超越与对抗的结果。不管他的创作实践成功与否，他对那个时代诗坛陋习的认识使得他有意识地区别于流俗之风的、"比兴宏道"的诗歌创作显得弥足珍贵。

（三）"格调高古"与文质彬彬的审美趣味

我们上文已经反复提到了独孤及作为儒家知识分子强烈的"宗经复古"的思想。这种思想落实到作品内容上即表现为以古之典训辅助教化"比兴宏道"的价值取向，而落实到审美风格的定位上则表现为儒家诗学体系内"文质彬彬"的审美追求。独孤及明确地提出了"文质彬彬"的诗歌美学追求，这有他的诗论为证。在皇甫冉

---

① （清）乔亿：《剑溪说诗》卷上，清乾隆刻本。

集序中，他批评汉魏之诗"质有余而文不足"；批评沈宋之诗虽"丽有过于古者"，却"去雅寝远"，都没有达到皇甫冉诗"以古之比兴就今之声律"的美学高度。按，皇甫冉师承王维，偏好律体。但并非他的诗篇篇都有讽谕之旨，故这里的"比兴"应该宽泛地包括包含讽谕之旨在内的充实健康的思想内容——这正是与大历以来片面追求辞藻华靡风气的差别之所在。从独孤及对汉魏、沈宋、皇甫的评论来看，他对诗歌的认识绝不意味着他只关注比兴宏道的"质"而对于诗歌生成华美的风格、语言的色泽感、丽辞、声律都漠不关心。在这里我们有必要提及的是独孤及对于楚骚的看法。梁肃在回忆老师生前的教导时说：

> （独孤及）每申之以话言，必先道德而后文学。且曰："后世虽有作者，六籍其不可及已。荀孟朴而少文，屈宋华而无根。有以取正，其贾生、史迁、班孟坚云尔。

独孤及在赞赏皇甫冉诗时说：

> 其诗大略以古之比兴就今之声律，涵泳风骚，宪章颜谢。

上一段文字独孤及批评屈、宋"华而无根"，可下一段文字又称其大大称誉的皇甫冉深得风骚之旨。独孤及对屈、宋的批评应该不存在梁肃的记忆误差，独孤及在萧颖士集序中，对萧颖士的一席话亦表示赞同，萧言：

> 尝谓扬、马言大而迂，屈、宋词侈而怨。沿其流者，或文质交丧，雅郑相夺，盖为之中道乎？

可见，同是倡导"取正""中道""文质相配"，独孤及对待诗与文的标准与尺度是不一样的。文讲求文质彬彬但偏于"质"，所以从论文的角度看屈、宋，屈、宋的作品太过于靡丽而缺少根柢了；

诗亦讲求文质彬彬但偏于"文"。那么，独孤及自己的诗歌创作是如何实践这一审美理想的呢？

纵观独孤及的诗歌创作，我们会发现与天宝、大历年间的诗人相比，独孤及以古体创作居多，而且他早期的古体说教味道很浓，完全可以用他批评汉魏诗"质有余而文不足"的话来评价他早期质木无文的诗歌。"比兴宏道"容易流于露骨的说教，像《雨后公超谷北原眺望寄高拾遗》那样将兴与事、文与质结合得很好的诗作在大历时期并不多见——该诗虽无边塞诗之北风战鼓，却有高、岑之豪爽气度；虽无京城诗之雕饰辞藻，却有王、孟诗之清丽简远，实为盛唐诗歌之高唱。但是独孤及另外有一些诗歌，并不叫嚣似地"比兴宏道"，而是内敛地通过奇特新颖的艺术构思来营造独特的审美情趣，"文质彬彬"的审美理想得到了很好的实现。如独孤及的《杂诗》：

> 百花结成子，春物舍我去。
> 流年惜不得，独坐空闺暮。
> 心自有所待，甘为物华误。
> 未必千黄金，买得一人顾。

该诗采用"陈皇后千金以买相如赋"之事，前四句平铺直叙，乍一看似写年华易老、闺阁寂寞，格调并不高。而后四句却突然转用逆向思维，使用典故却能自出机杼，可谓构思巧妙。钟惺以一"傲"字来评"甘为物华误"句，[①] 一语点中了此诗的精神内核。诗尾仿佛在说逝者如斯、沧桑变化，一个人虽然左右不了世事的变迁、人心的变化，却能一身"傲骨"，宠辱不惊、坦然面对时间的洗礼和人生的失落。"心自有所待"句更微妙地告诉人们不是要消极悲观地回避人生的期待，而是要有接受"命运可能无法改变"的勇气。该诗说理深邃并不直露，"百花""春物""流年"加上陈皇后失宠之事

---

① 钟惺：《唐诗归》卷二四"盛唐十九"，明刻本。

投射出来的雍容富贵的宫廷气，都被"独坐"的静默和"甘为物华误"的高傲加以有效抑制，诗尾的言理更是洗却先前的闺阁之气。闺阁气与傲气、简约与丰腴盘旋在幽深细邃的道理之上，使得此诗质而实绮、雍容而不庸俗、高雅又不浮夸，可谓是文与质配合得相得益彰。

独孤及还有些诗歌以"风趣"见长，"风趣"在这些诗里就像是调味剂，使得偏于文的作品华靡而有节制，偏于质的作品质实而不粗野。比如《官渡柳歌送李员外承恩往扬州觐省》一诗，以"君不见官渡河两岸，三月杨柳枝。千条万条色，一一胜绿丝。花作铅粉絮，叶成翠羽帐"开头，用词婉约、色彩浓丽、音律谐婉，给人以强烈的脂粉气。后边一长段轻柔婉媚的燕语呢喃，更让人读来不禁怀疑此诗是否出自一个载道、传道、宏道的儒家知识分子之手。然而一旦想到风、骚"比兴言事"的传统，一旦明白了独孤及不过是谐谑地戏仿民歌的写作技巧，就会明白此诗并非格调低靡，而是诗人风趣地以女性的痴情来隐喻与朋友离别的感伤。饶有风趣的构思不但没有使得诗歌流于形式主义的辞藻华靡，反而浓艳的辞藻"千条万条色，一一胜绿丝""铅粉絮""翠羽帐""紫泥书""五彩衣""柳枝黄"更突出了闺中女性关注的兴奋点，写活了细腻委屈的小女儿心态，更增加了诗人戏仿的生趣。再如七绝《和虞部韦郎中寻杨驸马不遇》：

> 金屋琼台萧史家，暮春三月渭州花。
> 到君仙洞不相见，谓已吹箫乘早霞。

诗歌采用汉刘向《列仙传》之典，《列仙传》卷上载："萧史善吹箫，作凤鸣，秦穆公以女弄玉妻焉，作凤楼，教弄玉吹箫，感凤来集。弄玉乘凤、萧史乘龙，夫妇同仙去。"[①]在这一成仙奇事中萧史的身份与杨驸马乘龙快婿的身份正相切合，而独孤及却开玩笑似地将萧

---

① 王叔岷：《〈列仙传〉校笺》上卷，中华书局2007年版，第80页。

史的仙人身份比附到杨驸马身上，称他的住处为"仙洞"，称寻他不遇为"吹箫乘早霞"。至此，表层文字背后的深意——杨驸马高尘绝俗的品格和生活作风也昭然若揭。"金屋琼台"的富贵气、超脱凡俗的仙气、妙趣横生的取意、流转谐和的韵律，使得整首诗呈现出质而趣、丽而雅的审美境界。

《得柳员外书封寄近诗书中兼报新主行营兵马因代书戏答》一诗同样采用了戏谑的口吻。该诗以诗代书、以文为诗的特征非常明显，若是流于平白的叙事很容易给人质木无文之感。而诗一开头就开朋友的玩笑，"郎官作掾""儒服临戎"所带来的幽默诙谐之感，完全可以抵消叙述内容的枯燥。

明陆时雍早已经发现了独孤及某些诗饱含"趣"味的特征。如他评《下弋阳江舟中代书寄裴侍御》一诗"东风满帆来，五两如弓弦"句为"东风二语趣"。评《山中春思》一诗为"风趣最饶"[1]。尽管陆时雍的"风趣"并不直接等同于现代汉语中的"幽默诙谐"，但我们仅从此诗截取四句就可以看出至少接近于我们现在所说的"生动的情趣"。

> 靡草知节换，含葩向新阳。
> 不嫌三径深，为我生池塘。

和"东风满帆来"句一样，该四句也采用的是拟人的手法。"东风满帆来"给人的错觉似乎不是风吹动帆，而是帆载着风；而靡草向着春阳吐出新绿，悄然铺开一池春草的取意则让人倍感小草"春风吹又生"的顽强、可爱。钟惺评"不嫌三径深"句时说"不嫌深三字，已高一层矣，用来说草妙妙！"[2]的确，"不嫌深"三字轻而易举地将小草不择地而出、远离俗尘、耐得住寂寞的高傲品格刻画得惟妙惟肖。总之，拟人手法使得"东风""风帆""靡草"身上多了一层活泼

---

① （明）陆时雍：《唐诗镜》卷二八"盛唐第二十"，清文渊阁四库全书本。
② 同上。

的生趣，这样的诗句读来清新可人，难免引起读者的会心一笑。

从皇甫冉序可知，独孤及诗歌的最高美学境界即是"以古之比兴就今之声律"，所以与元结等复古学者不同，独孤及并不废弃声律，而且还积极地进行律诗创作。但是他的大多数律诗并不是中规中矩地整饬对称、格律谨严，除了我们在"以文为诗"节中提到的他擅长用"虚词"变律体之整饬以成流转的气势之外，还创造性地以古体入律。清李兆元《律诗拗体》详细地分析了独孤及《早发龙沮馆舟中寄东海徐司仓郑司户》的用韵：

> 沙禽相呼（连四平）曙色分（古句），渔浦鸣榔十里闻（参以谐句）。
>
> 正当秋风度楚水（三仄脚），况值远道（四仄）伤离群（三平古句）。
>
> 津头（平）却望后（仄）湖岸，别处已隔（四仄）东山云（三平古句）。
>
> 停舻（平）目送北（仄）归翼，惜无瑶华（平）持寄（必仄）君（古句）。

紧接着又指出"四联皆平起法本少陵，此全以古调入律者"①。清吴乔《围炉诗话》亦评此诗乃"七律未离古诗气派者"②。独孤及的这首拗律，在平仄格律上有古体诗不受拘束的特点，而且还杂以江南水乡的民歌风味。费经虞《雅伦》评此诗曰："亦江左格，以古奥出之。"③瘦硬古奥的气韵是对轻畅旖旎的江左之风的有效抑制，使得全诗似轻盈实沉实，似谐畅实深厚，婉转又厚实的调子将离别之深情唱出来，那么婉转厚实的调子就既是形式又是内容。文与质结合得如此紧密、文质相持，怎能不达到文质彬彬的审美境界呢？

我们要再一次说明的是，文质彬彬的创作在独孤及的诗作中并

---

① （清）李兆元：《律诗拗体》卷四，清道光二年刻本。

② （清）吴乔：《围炉诗话》卷二，清借月山房汇钞本。

③ （清）费经虞：《雅伦》卷十一，清康熙四十九年刻本。

不是绝大多数。这一方面由于他强烈的比兴宏道的观念，使得他的诗歌在宏道之时容易流于露骨的说教；另一方面也可以看出将"比兴宏道"与"文质彬彬"二者结合起来有多艰难。独孤及的少数诗歌能很好地弥合二者，将充实正大的情怀与语言的色泽、华辞、奇思、谐趣、声律结合起来，达到直而不野、丽而不艳的境界，在天宝大历年间齐梁华靡之风重又盛行的年代，独孤及诗仍保有"沉实劲健"的特点，亦是难能可贵的。

（四）"格调高古"与遒劲雄浑的力量呈现

我们在对"高古"概念进行界析的时候，曾指出这一概念的内涵包孕着高出流俗之超拔宏赡、雄深雅健的气力。从这个角度来看，辛文房评独孤及诗"格调高古"并不是漫不经心地随口一说，我们从宋刘克庄对独孤及、钱起、郎士元的评价里即可看出独孤及部分诗歌气格之"高古"与时下"气弱"之风有多么的不同。刘克庄评独孤及《观海诗》时说：

> 虽高雅未及陈拾遗，然气魄雄浑与岑参、高适相上下。①

评钱起、郎士元时说：

> 钱起与郎士元同时齐名，人谓之钱、郎。二人诗骨体弱而力量轻。②

不单是刘克庄看到了独孤及诗气魄雄浑的力量，明陆时雍在《唐诗镜》中以"及诗语气凝重"③评《海上寄萧立》，以"气厚"④评《酬皇甫侍御望天灏山见示之作》，以"持满而发"⑤评《和李尚书画

---

① （宋）刘克庄：《后村集》卷一七八，四部丛刊影旧抄本。
② （宋）刘克庄：《后村集》卷一八四，四部丛刊影旧抄本。
③ （明）陆时雍：《唐诗镜》卷二八"盛唐第二十"，清文渊阁四库全书本。
④ （宋）刘克庄：《后村集》卷一八四，四部丛刊影旧抄本。
⑤ 同上。

射虎图歌》。"重""厚"的沉重厚实之感恰恰表现为一种沉潜的力量与"轻""浮"相对，而"持满而发"则是以满弓蓄势的比喻来说明《和李尚书画射虎图歌》"不中不发"劲健勃发的力量。鉴于学者郭树伟在《独孤及研究》一书中，通过对《观海诗》《海上寄萧立》《和李尚书画射虎图歌》等诗的详细解读，已经对独孤及诗"沉实劲健"的特色有比较充分的论说，在这里我们仅从另外两个切入点进行一些补说。

1. 以首句见遒劲之势

特别值得注意的是，独孤及常常以首句遒劲雄浑的气势先声夺人。如《送马郑州》以"使君朱两辐"起，钟惺评曰"古"①，该句朴拙的语言不仅道出了马燧的身份，也写出了长途跋涉的动势，毫无雕饰而力量自现；再如《山中春思》以"獭祭川水大"句起，一"大"字将水势的暴涨、季节的骤换与诗人春日思绪的翻腾淋漓尽致地表现出来，钟惺评此句"起亦奇"②，即指出该句出人意表的力量与奇思。独孤及诗风的"高古"在很大程度上依赖于首句咄咄逼人的气势，而这种震撼的效果又是通过两个途径加以达成的：

第一，起势突然。诗首句以铺天盖地之势直言其事、直述其理，不给读者的情绪预留任何缓冲的机会，反而任其在惊警之中感受到率意耿直的痛快。如《送长孙将军拜歙州之任》以"临难敢横行，遭时取盛名"起，《和李尚书画射虎图歌》以"饥虎呀呀立当路，万夫震恐百兽怒"起，皆振聋发聩般地突然崛起刚直威猛的气势，再配以雄沉而顿挫的节奏，可谓字字铿锵有力、句句掷地有声。再如《暮春于山谷寺上方遇恩命加官赐服酬皇甫侍御见贺之作》以"天书到法堂，朽质被荣光"起，天书仿佛横空飞来，骤然降落到诗人头上一般，皇宫到法堂的距离也似乎被缩短或忽略不计了，完全写出了诗人突然接到皇帝加官赐服诏命的意外、惊喜和内心的畅快。而这样的横空飞出之语对于读者来讲也是毫无心理准备的。再如他

---

① （明）钟惺：《唐诗归》卷二四"盛唐十九"，明刻本。
② 同上。

大量的送别诗句首常常一语叨中送别主人公的品格、才华或学识，如"冢司方慎选，剧县得英髦"（《送江陵全少卿赴府任》），"多君有奇略，投笔佐元戎"（《送游员外赴淮西》），"谓子文章达，当年羽翼高"（《送虢州王录事之任》）。这些诗歌的开头全然不顾用语的朴直，虽然不乏模式化的套路，但对朋友品格、才华、学识毋庸置疑的确信所形成的昂扬的气场自然而成刚健的气势。

第二，以景起兴。独孤及诗的首句亦常常使用"兴"的艺术手法，为诗歌高潮的到来酝酿和积蓄感情。以景起兴的手法自《诗经》始直至盛唐以及以后各朝各代，一直在中国古典诗歌创作中占据重要位置，本不值得一提。而独孤及诗写景的特色即在于以自然界景物之苍阔壮大来培育昂扬健壮的诗情。如《海上寄萧立》首句以"朔风剪塞草，寒露日夜结"起兴，一下子把人们带入塞北的壮阔与冷寂中，尤其一个"剪"字，将风的强劲和草的韧性完全突显出来，使得后边提到的"驿楼远望"和"两地相思"都在首句的苍凉与壮阔的调子里展开。再如《同徐侍郎五云溪新庭重阳宴集作》以"万峰苍翠色，双溪清浅流"起兴，苍翠的老绿使人感到一种劲健的气骨。《寒夜溪行舟中作》以"日沉诸山昏，寂历群动宿"起兴，群山昏暗、四围静寂，更能突出诗人内心的愁乱和"中夜起三复""忧来无良方"夜不能寐的折磨。

但也要注意，独孤及诗往往起势力道强劲，却常常难以持续始终。如《送马郑州》一诗，首句钟惺评曰"古"，而末句"当使仁风动，遥听舆诵喧"，谭元春则评曰"弱"①。再如《暮春于山谷寺上方遇恩命加官赐服酬皇甫侍御见贺之作》以"天书到法堂"骤然起势，可诗末却结于"佳句惭相及，称仁岂易当"句，描写从惊喜到惭愧的心理变化可以理解，但是诗首因奇特构思所呈现的力量却在诗末平白的谦词中消失殆尽。再如《伤春怀归》一首以"谁谓乡可望，望在天地涯"起，首句仿佛立刻将人们从平地拔到"高处"，眼前瞬间开辟出辽远壮阔的视界，接着诗人又以"万里共岁华""殷雷坼萌

_____

① 钟惺、谭元春：《唐诗归》卷二四"盛唐十九"，明刻本。

芽"的气魄和力量巩固首句的气势，可是诗末"思归吾谁诉，笑向南枝花"与之前的壮大之势相比则显得气力卑弱了。

2. 以"奇笔"渲壮美之境

独孤及有很多诗作都表现为拙于创新求奇的懒散，这一点我们在后文独孤及诗歌艺术的不足一节会有所展开。但是独孤及平凡的诗作中也常常夹以"奇思"与"奇境"，并以"奇思""奇境"彰显出遒劲的力量。且看以下诗句：

> 远山喷百谷，缭绕驰东溟。（《题思禅寺上方》）
> 白日自中吐，扶桑如可扪。（《观海》）

"远山"句给人的感觉似乎是从远山的深处撕开了个口子，"百谷"气势欢腾地从中喷涌而出，此句不但传神地写出了山谷连绵起伏之妙，一"喷"字更显示出喷薄壮盛的力量。"白日"句则巧妙地抓住了"白日"离开海平面的瞬间，初升的太阳仿佛是从混茫大海的巨口中被"吐"出来似的，形象地写出了太阳向上的动势。同时，此句与前边"溟洞吞百谷"句相呼应，一"吞"一"吐"，写出了大海吞吐万物的力量。独孤及此类佳句给人的总体感觉即是笔力奇壮、构思运笔出人意表。这样的例子还有很多，如"荒服何所有，山花雪中燃"（《初晴抱琴登马退山对酒望远醉后作》）句，荒芜空旷的大幕布下有雪中山花吐艳，以白雪衬红花，花更如燃烧的火焰般娇艳，给人以鲜明壮丽的视觉感受。再如"火云赫嵯峨，日暮千万峰"（《夏中酬于逖毕耀问病见赠》）句，写天边火红的彩霞将高耸的山峰都染上亮丽的红色，太阳落山的余晖也笼盖着千万山峰，一个光强，一个光弱，整个一幅大自然生成的宏大绚丽的油墨画。

另外，独孤及还擅长用比喻、夸张等艺术手法来直渲壮美之境。如"月轮大如盘，金波入空谷"（《寒夜溪行舟中作》），"沧江大如綖，隐映入远天"（《初晴抱琴登马退山对酒望远醉后作》），"五陵如荠渭如带，目极千里关山春"（《雨后公超谷北原眺望寄高拾遗》），"天盖西北倾，众星陨如雨"（《季冬自嵩山赴洛道中作》），等等。这些诗句可以说是敦厚朴拙的修辞技巧与清妍妙丽的辞藻完美结合的经典范例，像"月轮大如盘""沧江大如綖"这样的诗句很让我们感受到什么叫做大巧若拙、拙朴亦奇。

从创作时期上看，独孤及诗遒劲雄浑的"高古"之风多见于早期的诗歌创作；以文体论，则以五古居多；以一首诗论，像《观海》《和李尚书画射虎图歌》通篇见势的诗篇不多。在一首诗中，前后力量分配常常不甚均匀，多见于句首起势，而末句犹气力不足。有时亦常在平凡的诗境中突然夹以"奇思""奇语""奇境"，以成壮大的气象。从总体上讲，佳句多、佳诗少，整体的创作水平并不十分成熟。清翁方纲在《石洲诗话》中这样说道："盛唐之初，若独孤常州及、薛侍郎据，皆遒劲雄浑，少陵之嚆矢也。"①恐怕正是因独孤及诗已显示出遒劲雄浑的苗头，但手法又若杜甫那般老成，所以翁方纲才误把长独孤及13岁的杜甫看成了独孤及的晚辈。但可贵的是，翁氏敏锐地捕捉到了独孤与杜甫二人诗风"遒劲雄浑"的共性。按，杜甫人微言轻，即便是与"名高而位卑"的独孤及相比，地位上也相差悬殊，况其诗歌创作在当时诗坛的影响力并不大，所以恐怕也不存在杜甫影响独孤及的情况。但是杜甫、独孤及等人"遒劲雄浑"的诗风在天宝、大历年间同时出现，我们是否可以看成是浸淫儒道的知识分子在他们的人生信仰上扎根愈深，其沉实的笔力就愈容易形成喷薄而出的气格与力量呢？学者郭树伟即以"沉雄劲健"概括独孤及的诗风，并指出这一诗风与他深厚的儒学修养有关，他说："说到底，独孤及还是一个儒家学者，表现在他散文中的弘道色彩和思维方式也使他的诗歌表现出一种理性和质实，雄奇而有根底。"②从这个角度来看，我们是否可以将独孤及诗歌所表现出的"遒劲雄浑"的力量看成是其"比兴宏道"的儒家诗教精神的外在风格表现呢？

---

① （清）翁方纲：《石洲诗话》卷一，清粤雅堂丛书本。
② 郭树伟：《独孤及研究》，中州古籍出版社2011年版，第132页。

第二节　独孤及诗歌艺术之不足

如上文所述，独孤及诗歌整体艺术成就并不高。"以文为诗"虽为独孤及诗歌创作的一大特征，却实乃一种"虽独特却不值得称道的作风"①。仅凭几首诗便跻身于"盛唐好手"之列的独孤及，虽其优秀篇什不乏"高古"之风，"高处已似元道州"，却掩盖不了其大多数诗作的冗累难读。可以说，独孤及的诗歌艺术水准并不是均衡的，下文我们就独孤及诗艺术上的不足加以讨论。

一　语意雷同

高仲武在《中兴间气集》中对刘长卿的诗歌有如下判断："（长卿）诗体虽不新奇，甚能炼饰。大抵十首以上，语意稍同，于落句尤甚。"②蒋寅先生对其诗体"不新奇"的原因做了进一步的解释，认为他的诗歌无论是在构思取意的奇巧上，还是在语意、意象的新颖怪异上，"都没有显示出努力的迹象，既不是惊涛裂岸，也是不曲涧通幽，那么就只能是一条平缓的河"③。纵观独孤及的80多首诗，这种构思、语意、意象上的"平缓""无奇"也表现在他绝大多数交往诗上。甚至这种因"不新奇"所带来的"语意稍同"之病，在独孤及身上也有强烈反映。遗憾的是到目前为止，学界的独孤及研究还没有注意到独孤及诗大量的重复现象。

高仲武的《中兴间气集》选入了肃宗至德宗初（756）再到代宗大历末（779）20多年间26位诗人的130多首作品，一首都没有选入独孤及的诗。独孤及的诗未被入选可能有以下几种原因：第一，很可能独孤及的诗歌在当时并不引人注目，他的"文名"严重地遮盖了他的"诗名"。第二，虽然独孤及没有像杜甫、元结那样创作大量反映动乱、凋敝、冲突等社会现实的诗歌，但其诗歌浓浓

---

① 蒋寅：《作为诗人的独孤及》，《河南大学学报》1996 年第 4 期。
② 陈伯海编：《唐诗汇评》（中），浙江教育出版社 1995 年版，第 1617 页。
③ 蒋寅：《大历诗人研究》，中华书局 1995 年版，第 32 页。

的"说教"味道，并不合乎高仲武所憧憬的盛世中兴的"升平"与"和谐"气象——而"升平"与"和谐"正是高氏编选《中兴间气集》"中兴"之宗旨。故独孤及、杜甫、元结都未进入高氏编选之列。第三，倘若高仲武对刘长卿将近500首诗歌中诸如"白云""青山""夕阳""潮水""惆怅""怜"等色泽感强烈、情绪化浓郁的字眼儿的程式化重复都感到乏味的话，那么对独孤及80多首诗歌中都无"兴象"，更加生硬、僵化，更接近于说教的重复就更不会感兴趣了。下面，我们举例说明独孤及诗的语意雷同现象。

第一，独孤及诗的语意重复现象表现在诗歌的用典上。且看下面几组诗句：

风前孟嘉帽，月下庾公楼。(《九月九日李苏州东楼宴》)

临风孟嘉帽，乘兴李膺舟。(《同徐侍郎五云溪新庭重阳宴集作》)

赖君赠我郢中曲，别后相思被管弦。(《自东都还濠州奉酬王八谏议见赠》)

况听郢中曲，复识湘南态。(《酬皇甫侍御望天灊山见示之作》)

齐童如花解郢曲，起舞激楚歌采莲。(《东平蓬莱驿夜宴平卢杨判官醉后赠别姚太守置酒留宴》)

窃效泉鱼跃，因闻郢曲妍。(《和张大夫秋日有怀呈院中诸公》)

谓乘凫舄朝天子，却愧猪肝累主人。(《酬常郿县见赠》)

猪肝无足累，马首敢辞勤。(《答李滁州忆玉潭新居见寄》)

明日相望隔云水，解颜唯有袖中诗。(《答皇甫十六侍御北归留别作》)

唯当加餐饭，好我袖中字。(《酬梁二十宋中所赠兼留别梁少府》)

莫道无书札，他年怀袖空。(《送游员外赴淮西》)

仅从这里所举的几个例子就可以看出，独孤及在表现相似情感、面对近似场景的时候总是选用同样的典故。两首重阳节的宴会诗创作时间相差九年（前一首作于764年，后一首作于773年），却都选用了"孟嘉落帽"之典。而"孟嘉落帽"之典又是重阳节再平常不过的常用典，看来独孤及并不刻意追求"新奇"而"欲言人之所未言"，而是为图方便省事并不忌讳自我重复。独孤及诗歌中以"郢中曲"或"郢曲"来赞美高雅诗篇或优美乐声的典故多达四次，如果此典的高频重复发生在别的作家身上，我们或许会认为这是由于作家语词枯竭，但是描写音乐的词汇如此之贫乏发生在独孤及——这位遇到相思与愁苦都不会忘记"琴"和"酒"，惬意时总不会忘记"曲"和"歌"的作家身上，多少让人感觉有点不可思议。独孤及《初晴抱琴登马退山对酒望远醉后作》中有"一弹一引满，耳热知心宣。曲终余亦酣，起舞山水前"之句；《夏中酬于逖毕耀问病见赠》中有"遥指故山笑，相看抚号钟"句；《客舍月下对酒醉后寄毕四耀》中有"慷慨葛天歌，愔愔广陵陌"句。据《新唐书》所记，"晚嗜琴，有眼疾，不肯治，欲听之专也"[1]。又，朱长文《琴史》载："（及）晚节尤嗜于此（琴），有目疾不治，欲听之专也。审于音声而忘其疾痛，可谓笃好之者已。"[2]林有麟《青莲舫琴雅》载："唐独孤及晚年嗜琴，欲听之专，有眼疾不肯治，后遂臻化境。每一操即有五色祥云旋绕于室。"[3]可以推知，对于精通音乐的独孤及来讲，头脑里储备的描写音乐的词汇并不会捉襟见肘，而之所以在自己的长项上仍有大量的重复出现，恐怕真如蒋寅先生评价刘长卿时所说的："在语意、意象的新颖怪异上，他并没有显示出努力的迹象。"[4]独孤及广泛地从《诗经》《古诗十九首》、先秦两汉史书、魏晋六朝的丽辞中取用典故，有些典故的确能达到"语言炼饰"的目的，像《酬常郿县见赠》中"猪肝"一典，取自《后汉书·周黄徐姜申屠列传》所记

---

①　《新唐书》卷一六二《列传》第八十七，第4990页。

②　（宋）朱长文：《琴史》卷四，清康熙棟亭藏书十二种本。

③　（明）林有麟：《青莲舫琴雅》卷二，明万历刻本。

④　蒋寅：《大历诗人研究》，中华书局1995年版，第32页。

"闵仲叔不以口腹累安邑令"一事，一方面表达了"友"如安邑令仁政爱民，另一方面亦表达了"民"如闵仲叔对清明官吏的感恩与爱戴，可以说是语约而事丰。然而像以"袖中诗""袖中字"来代指"书信"这等取自《古诗十九首》的典故，在独孤及的时代早已平常得不足为奇了，独孤及仍然不厌其烦地使用，则让人感到僵死、陈腐、索然无味了。

第二，独孤及诗的语意重复现象亦较集中地表现在传递其核心价值观念的词汇上。独孤及"博究五经"，"他对经籍娴熟异常，这使他能方便地采撷古语用事"，但是却"放弃了寻求独异感觉及独特表达方式的艰苦努力"①。第一时间呈现在他头脑中的知识断片，他便就近使用了，并不加以挑选、整理和深思。尤其是当这些知识断片非常适合作为他某种理念的"传声筒"时，他宁愿舍弃语汇上的创新与更新，不假思索地从他头脑表层的"语料库"中加以采摘。所以，越能传递他核心价值观念的词汇，往往重复率越高。

　　料君能献可，努力副畴咨。（《送陈兼应辟兼寄高适贾至》）

　　公游凤凰沼，献可在笔端。（《贾员外处见中书贾舍人巴陵诗集览之怀旧代书寄赠》）

　　努力爱华发，盛年振羽仪。（《癸卯岁赴南丰道中闻京师失守寄权士繇韩幼深》）

　　鶱翥方兹始，看君六翮高。（《送江陵全少卿赴府任》）

　　天长波澜广，高举无六翮。（《客舍月下对酒醉后寄毕四耀》）

独孤及深怀着儒家那种积极用世的思想，在朋友之间酬唱赠答时，常不忘相互勉励为君、为国、为民干一番事业。尤其是在

---

① 蒋寅：《大历诗人研究》，中华书局 1995 年版，第 32 页。

"猛虎踞大道，九州当中裂"的动乱年代，独孤及和周围的一批士人都热切地怀有"及时当树勋，高悬景钟铭"的愿望，希望抓住机会建功立业。于是独孤及鼓励朋友在国君面前劝善规过，"料君能献可，努力副畴咨""公游凤凰沼，献可在笔端"。鼓励朋友要立志有一番作为，"努力爱华发，盛年振羽仪"。"鸑鷟方兹始，看君六翮高"，并为自己的无所作为感到自惭形秽，"天长波澜广，高举无六翮"。同时他又有很强的"功成身退"的观念，盼望有一天国家昌平之后"功成傥长揖，然后谋沧溟"。这方面的例子更多：

> 白发俱生欢未再，沧洲独往意何坚。（《答李滁州见寄》）
> 但令迍难康，不负沧洲期。（《癸卯岁赴南丰道中闻京师失守寄权士繇韩幼深》）
> 孤舟独不系，风水夜相逐。（《寒夜溪行舟中作》）
> 甘作远行客，深惭不系舟。（《将赴京答李纾赠别》）
> 知君到三径，松菊有光辉。（《送虞秀才擢第归长沙》）
> 三径何寂寂，主人山上山。（《与韩侍御同寻李七舍人不遇题壁留赠》）
> 不嫌三径深，为我生池塘。（《山中春思》）

独孤及在诗中多次描写了曾与朋友"相与议岩穴"而今却有违夙愿的感伤。所以独孤及对"沧洲""沧溟""沧浪""三径""不系舟"等与归隐有关的词汇和意象格外情有独钟。恐怕即是因为明知这种归隐的愿望几乎不可能实现，反而"归隐"成了独孤及笔下近乎奢侈的梦想而被反复地夸大和强调。生活的艰辛、社会的责任、国家的凋敝、百姓的困苦又怎能使他轻易放弃世俗的生活呢？所以独孤及又用大量的笔墨描写他的进退两难：

> 早岁慕五岳，尝为尘机碍。（《酬皇甫侍御望天灊山见示之作》）

知君少机事，当待暮云还。(《与韩侍御同寻李七舍人不遇题壁留赠》)

少读皇帝书，肯不笑机事。(《酬梁二十宋中所赠兼留别梁少府》)

讲武威已耀，学仙功未艾。(《酬皇甫侍御望天灞山见示之作》)

救物智所昧，学仙愿未从。(《夏中酬于逖毕耀问病见赠》)

壮图迫世故，行止两茫然。(《初晴抱琴登马退山对酒望远醉后作》)

行藏两乖角，蹭蹬风波中。(《夏中酬于逖毕耀问病见赠》)

这些例子集中表现了他精神上的痛苦，痛苦原因的表达又是程式化的，而这种程式化恰恰是排斥独特性的。正如蒋寅先生所说："他（独孤及）似乎缺乏那种不可抑制的表达欲望，同时也没有追求独创的创造兴趣。"①可见，独孤及并未在表达的独特性、丰富性和多样性上下功夫，这些诗句本身因缺乏形象感、说理意味太浓已够令人乏味的了，而相同含义甚至相同句式的诗句在一个集子里反复出现，此等语意的雷同着实让人感到难以卒读。

第三，由于独孤及习惯于接受惯常的思维模式而少有变化，故句式上亦给人成熟老套之感。

海西望京口，两地各天末。(《海上寄萧立》)

皖水望番禺，迢迢青天末(《代书寄上李广州》)

甯陵望南丘，云雨成两地。(《酬梁二十宋中所赠兼留别梁少府》)

海岸望青琐，云长天漫漫。(《贾员外处见中书贾舍人巴陵

---

① 蒋寅：《作为诗人的独孤及》，《河南大学学报》1996 年第 4 期。

诗集览之怀旧代书寄赠》)

以上四例都采用"××望××"的模式。

一弹一引满,耳热知心宣。(《初晴抱琴登马退山对酒望远醉后作》)

一酌一朗咏,既酣意亦申。(《三月三日自京到华阴于水亭独酌寄裴六薛八》)

上两例采用的又都是"一×一××"的模式。这些诗句给人的感觉好像是独孤及的脑海里有一系列固定句式的模板,遇到什么场景就套用什么句式,这样的诗句创作起来便捷省事,单列出一首也不乏壮大的气象,但是放在一起就让人感到作家创造力的贫乏了。另外,独孤及的这种程式化句式"于落句尤甚",诸如:

功成傥长揖,然后谋沧溟。(《代书寄上裴六冀刘二颍》)
前期傥犹阔,加饭勉自强。(《送相里郎中赴江西》)
盘根傥相值,试用发硎刀。(《送虢州王录事之任》)
王程傥未复,莫遣鲤书稀。(《送何员外使湖南》)
明日分飞傥相忆,只应遥望西南天。(《东平蓬莱驿夜宴平卢杨判官醉后赠别姚太守置酒留宴》)

这几句的共同特征是先以"傥"字构成的假设句式起,然后末句收在作家要说的"理"上——或"全身隐退",或"积极用世",或落脚于作家虚化的解决方式上。

莫问愁多少,今皆付酒樽。(《萧文学山池宴集》)
忧来无良方,归候春酒熟。(《寒夜溪行舟中作》)
今日羁愁破,始知浊酒贤。(《初晴抱琴登马退山对酒望远

醉后作》）

    离忧未易销，莫道樽酒贤。（《下弋阳江舟中代书寄裴侍御》）

这几句又同是以"愁"起，最后收在借"酒"浇愁上。似乎由"愁"而写"酒"是作家轻车熟路的写法了，由于写得太"顺手"而不希求变化了。

    不见戴逵心莫展，赖将新赠比琅玕。（《登山谷寺上方答皇甫侍御卧疾阙陪车骑之后》）
    唯当袖佳句，持比青琅玕。（《贾员外处见中书贾舍人巴陵诗集览之怀旧代书寄赠》）
    瞒然诵佳句，持比秋兰佩。（《酬皇甫侍御望天灞山见示之作》）

这几句都采用比喻的手法，于落句把朋友的赠诗比作"琅玕""秋兰佩"，仿佛恭维朋友的诗就要把朋友的佳句比作美石仙兰一样，表现出强烈的类型化倾向。高仲武说刘长卿诗"大抵十首已上，语意稍同，于落句尤甚"。而据蒋寅先生考察，"据现存刘长卿诗观之，结束句语意雷同的例子并不多见"[①]。所以我们所接触的还未必是刘长卿诗的全貌。但如果我们把高仲武对刘长卿的评价用到现存的独孤及的诗集中恐怕更为合适。独孤诗构思、语意、意象上的成熟老化、重复雷同，尤其是落句的程式化套路都贴切地迎合于高仲武对刘氏的断语上。可见，缺乏个性创造、语意雷同是独孤及和刘长卿二人诗歌共有的弊病。

    独孤及诗歌语意重复的毛病是其诗歌创作中比较显著的现象，抓住这一现象也可帮助我们解决具体的问题。《早发龙沮馆舟中寄东海徐司仓郑司户》一诗，在独孤及的《毗陵集》中有录，并且曹寅

---

① 蒋寅：《大历诗人研究》，中华书局1995年版，第41页。

的《全唐诗》、姚铉的《唐文粹》、曹学佺的《石仓历代诗选》都作为
独孤及的诗收录其中。然而，该诗亦作为朱放的手笔被高棅的《唐
诗品汇》、丁宿章的《湖北诗征传略》收录于中。金圣叹的《唐才子
诗评点》仅收录一首朱放的诗，即是此首。那么该诗到底该隶属于
独孤及的名下，还是该划归为吴中才子朱放的创作呢？

朱放（？733—？788），字长通，襄州人，生卒年月不详。《新
唐书·艺文志》《唐诗纪事》对于朱放的生平事迹都记录甚少。辛文
房《唐才子传》在介绍朱放时说："时江浙名士如林，风流儒雅，俱
从高义。如皇甫兄弟，皎、彻上人，皆山人良友也。"①《唐诗纪事》
载其与戴叔伦、顾况、严维等诗人皆有交情。秦系、刘长卿、李
冶、灵一、皎然、武元衡、张南史的诗中都提到过朱放。而皇甫
曾、皇甫冉、刘长卿、灵一等人亦与独孤及关系密切。独孤及《灵
一塔铭》亦提到朱放。可见独孤及的交游圈子和朱放的交游圈子有
交叉，他们应该彼此熟识。独孤及在江南度过了十年刺史生涯，终
于常州刺史（今江苏常州一带）之任，而朱放长年隐居在剡溪
（今浙江绍兴一带），他们的活动圈子又非常相近。相似的朋友圈
子、相近的活动区域为他们诗歌的张冠李戴提供了可能性。而从他
们各自可考的行踪来看，都没有办法确定他们中的哪一位何年何月
因何事到过河南道海州一带（龙沮馆所在地）。从现有的材料也很
难考证两位官职很小的县官徐司仓（《唐文粹》作李司仓）、郑司户
是谁？由于判断困难，到目前为止学界对于该诗的归属一直没有相
关论述。其实也并非没有办法，以独孤及诗语意重复性特征为切入
视角，我们便可以找到比较结实的证据。《早发龙沮馆寄东海徐司
仓郑司户》全诗如下：

> 沙禽相呼曙色分，渔浦鸣榔十里闻。
> 正当秋风渡楚水，况值远道伤离群。

---

① （元）辛文房撰，孙映逵校注：《唐才子传校注》，中国社会科学出版社1987年
版，第465页。

津头却望后湖岸，别处已隔东山云。
停舻目送北归翼，惜无瑶华持寄君。

我们特别留意一下该诗的颔联，然后对比以下诗句：

正当秋风渡楚水，况值远道伤离群。（《早发龙沮馆寄东海
徐司仓郑司户》，以下简称《早发龙沮馆》）
正当楚客伤春地，岂是骚人道别时。（《答皇甫十六侍御北
归留别作》）
正当秋风渡楚水，况值远道伤离群。（《早发龙沮馆》）
未遑少留骤远别，况值旅雁鸣秋天。（《自东都还濠州奉酬
王八谏议见赠》）
已符东山趣，况值江南秋。（《同徐侍郎五云溪新庭重阳宴
集作》）
正当秋风渡楚水，况值远道伤离群。（《早发龙沮馆》）
少年当效用，远道岂辞艰。（《送阳翟张主簿之任》）
艰难伤远道，老大怯前期。（《江上代书寄裴使君》）
杨柳逶迤愁远道，鹧鸪啁哳怨南枝。（《伤春赠远》）
正当秋风渡楚水，况值远道伤离群。（《早发龙沮馆》）
百越待君言即叙，相思不敢怆离群。（《得柳员外书封寄近
诗书中兼报新主行营兵马因代书戏答》）

该诗颔联一共 14 个字，就有"正当""况值""远道""离群"八
个字重复出现于独孤及其他诗歌中，还不包括"伤远道"与"伤离
群"、"伤离群"与"怆离群"、"楚客"与"楚水"等句式或取境上的
相似。此诗被归于朱放名下时，"况值远道伤离群"句中的"况值"
二字，变为"那值"二字。如果此诗为独孤及作，按独孤及惯常的
模式化的创作路数，恐怕原作仍是"况值"二字为是。
该诗颈联有"别处已隔东山云"句，这里"隔云""隔雨""隔日"
的意境在独孤及的其他离别诗中亦非常普遍。

津头却望后湖岸，别处已隔东山云。(《早发龙沮馆》)

明日相望隔云水，解颜唯有袖中诗。(《答皇甫十六侍御北归留别作》)

离别隔云雨，惠然此相逢。(《夏中酬于逖毕耀问病见赠》)

独有舆人歌，隔云声喧聒。(《代书寄上李广州》)

故乡隔西日，水去连长天。(《下弋阳江舟中代书寄裴侍御》)

朱放在《全唐诗》里存诗 26 首，其中赠答酬别之作多达 17 首。按《唐才子传》载，朱放有"集二卷"行于世，可知朱放有大部分诗已经遗失。但从现存的 26 首可见，朱放和绝大多数大历诗人一样爱写"惆怅""孤独""淡泊"，但重复处不多，与《早发龙沮馆》一诗字句和意境相同或相似的内容除"东山"一词外，其他基本没有。他的《剡溪行却寄新别者》一诗有"唯有白云心，为向东山月"句。作为剡溪隐者，朱放为人宁静淡泊，"代宗招拾遗而不就"。所以这里的"东山"很显然指的是东晋谢安隐居之山（位于今浙江绍兴一带），代表着诗人所向往的远离尘嚣的归隐圣地。独孤及诗《同徐侍郎五云溪新庭重阳宴集作》亦有提及"东山"的诗句："已符东山趣，况值江南秋"，按，五云溪在今天的浙江绍兴一带，所以此处的"东山"亦指谢安隐居的东山，这里的"东山趣"亦指"归隐之趣"。

而《早发龙沮馆》里的"东山"是不是谢安隐居的"东山"呢？我们可以还原一下当时的情景。诗人大清早自龙沮馆（今江苏连云港一带）走水路出发，沿途伴随着"沙禽相呼""渔浦鸣榔"，天渐渐亮了，所以说"曙色分"。可见写诗时诗人尚未走得太远。走着走着，诗人回头张望来时的路，奢望着能再见到朋友的身影，可是"别处已隔东山云"了，即离别的地方与现在所在之处已经隔着东山的云雾了。从江苏连云港坐船怎么也不可能一个早上就到达浙江绍兴，所以此"东山"必定不是谢安隐居的东山，而是特指今连云港一带龙苴古城东南方向的大伊山。可见《早发龙沮馆》中的"东山"是地理位置上具体的某座山，其作用是一次性的，与常出现在大历诗人笔下的指称隐逸的"东山"无关。至此，从独孤及诗歌语意雷同现象入手，我们基本上可以确定《早发龙沮馆》一诗为独孤及作。

确定了《早发龙沮馆》一诗出于独孤及之手，我们也可以大概猜测一下该诗创作于何时。从"停舻目送北归翼，惜无瑶华持寄君"可知，诗人希望北飞的水鸟为他带去赠别友人的"瑶华"（仙花），故朋友一定是在独孤及所在之地的北方。东边即是海，所以诗人不可能向东走。这样独孤及可能是向着长安方向朝西走的，亦可能是向着江南方向朝南走的。按，东山在龙苴古城的东南方，从"别处已隔东山云"一句可推知，东山必定是在龙沮馆和诗人所在之处的中间，故诗人此行一定是南下。独孤及大历八年至大历十二年（773—777）刺常州，此次从龙苴水路南下非常有可能去常州（今江苏常州一带），独孤及晚年有眼疾，身体状况欠佳，于777年去世，故该诗非常有可能作于774—776年之间。另外，和前期多创作五古、五律不同，独孤及晚年创作七律较多，显示出他晚年向对偶、格律方面兴趣的转移，而且独孤及晚年的赠答酬和之作比起早期的应酬诗更见朋友之间的深情厚谊。《早发龙沮馆》作为一首著名的拗律，四联俱平起，作此诗的独孤及似乎多了一点像老杜拗体那种沉稳老道的冒险精神。而且此诗通过"津头却望""停舻目送"两个动作描写，"惜无瑶华"一个心理描写，深沉地写出了对朋友的不舍和朋友之间深厚的情意。该诗的诗型和所传达的深厚情感可以作为旁证，我们推测此诗应大概作于独孤及晚年刺常州之时。

二 诗尾说理直露

高仲武以"思锐而才窄"这一断语评价刘长卿诗歌艺术上的局限，后人常常用"敏于感受，拙于叙述"来解释"思锐而才窄"这一定论。蒋寅先生在《大历诗人研究》一书中对此有进一步的解释，他认为，可以"把思锐——敏于感受置换为自我意识强、情绪化倾向明显，把才窄——拙于表现置换为取材狭隘、语象单调"。通过刘长卿诗中"怜"（60 例）、"愁"（59 例）、"惆怅"（41 例）、"悲"（27 例）、"伤"（24 例）等高频词汇的统计分析，蒋寅先生还认为个人情绪永远是刘长卿诗歌表现的中心，"他对自己生存境遇的关心远胜于关心身外一切的总和"①。纵观刘长卿的一生，这种对生存境遇的关心与他一生命运多舛——因"刚而犯上"而锒铛入狱，两次受污，两遭贬谪，仕途上屡受打击有密切关系。独孤及在《送长洲刘少府贬南巴使牒留洪州序》一文中称其"傲其迹而峻其政，能使纲不紊、吏不欺。夫迹傲则合不苟，政峻则物忤，故绩未书也，而谤及之，臧仓之徒得骋其媒孽。"②可见，杰出的政治才干、不与"臧仓之徒"同流合污的正直品格，构成了他悲剧命运的内在必然。因此，因才能未得施展而来的失落感、因人格招损而满腹委屈的惆怅感、因放逐谪迁而颠沛流离的漂泊感，因渴望归隐又无奈于世俗压力的孤独感，使他在"惆怅""悲苦""愁怜"的情绪化圈子里打转。太多的感慨与不平使他太过于急迫地表达内在的情绪化体验，甚至这种急迫性极力地排斥着情绪的精细化，情感的强烈也使他很难平静下来仔细地斟词造句，这都使得他诗中的情绪"总是以粗线条、类型化的定势出现"。

　　然而，与刘长卿一生的坎坷经历不同的是，独孤及虽然也曾经历由国家动乱所带来的避乱生涯，在既未"功成"又不可能"身退"的现实中也曾备受煎熬，但他的一生是比较平坦顺遂的，尤其是在广德二年（764）冬代宗诏为左拾遗到十年郡守生涯，以常州刺史终的十几年时间里，独孤及可以说是政绩斐然，得到了上到朝廷下到黎民的交口称赞，故独孤及的生活是颇有成就感的。生活中缺少像杜甫、刘长卿那样强烈的振荡，自不会有"欣喜若狂或悲愁流涕的强烈感情，自不会有独特的深刻感受，更谈不上去追求这种感受

---

① 蒋寅：《大历诗人研究》，中华书局 1995 年版，第 32 页。
② 《〈毘陵集〉校注》卷一四，第 325 页。

的独特表达"①。如果说刘长卿诗歌的语象单调主要是由于他情绪太强烈而来不及仔细琢磨，那么独孤及诗的语意重复则由于内心缺乏丰富独特的感受，而不具备成为超一流诗人的条件。如果可以把刘长卿强烈情绪的迫切表达理解成"思锐"，那么也可以把独孤及来不及经过长时间情感沉淀的大量应酬诗作中对其所认可的价值体系的不断重申理解为"思锐"。

与刘长卿对自己生存境遇的关心不同，独孤及则下功夫于直接的说理。上文已经说到独孤及非常热衷于在诗歌中表达他功成身退之"理"，这种对"个人出处"的关切实际上是与先秦两汉"诗言志"的传统一脉相承的。② 朱自清在《诗言志辨》中解释"诗言志"中的"志"字时，着重强调的是"志"的"怀抱"之意，强调"志"是与"礼"分不开的，有着与政教、人伦密切相关的情意指向。独孤及诗中所言之"志"大抵不出朱自清强调的"怀抱"范畴，只是由于独孤及极强的"儒家诗教"观念，他不甘心在自我的圈子里打转，更加迫切地在诗中表达一己之"志"乃是与志同道合者共有之"志"，并且说教似地将此"志"上升为天下公理。独孤及的很多诗采用的都是"叙述＋说理"的模式，尾句的落脚点结实地落在作家所认同之"理"上。如《观海》一诗，先叙述诗人的所见所感，最后落在"唯见石桥处，千年潮水痕"上。最后这十个字仿佛把读者卷入大自然生生不息地运转当中，告诉人们古往今来许多人追求成仙不朽，而真正永恒的却是大自然本身。这里的"理"不是死板的教条，而是有限的人对大自然永恒喘息的一种回应；不是说教式地告诉读者应该怎么想、怎么做，而是突破人的狭窄视域与宇宙之无穷相接应。然而，这种非说教式的对人存在本质的叩问、对宇宙奇妙壮大之浮想在独孤及的诗中毕竟只占少数。在独孤及诗中，更多的情况是在诗的末尾直接地抒发个人怀抱。如《和李尚书画射虎图歌》一诗，先夹叙夹议地描绘李尚书《射虎图》的画中"真态"，然后由图中英雄射虎

---

① 蒋寅：《作为诗人的独孤及》，《河南大学学报》1996 年第 4 期。．

② 朱自清：《诗言志辨》，《朱自清古典文学论文集》，上海古籍出版社 1981 年版，第 193 页。

除恶的壮举联想到自己亦应怀有疾恶如仇、除暴安良、拯救黎民的雄心，结语落在"他时代天育万物，亦以此道安斯民"之上，表现了一位正直的知识分子强烈的社会使命感与责任心。这里的"此道"显然是蕴藏在诗人胸中的人生信念，从"嗟叹不足声成文"句可看出，诗人因这种人生信念与《射虎图》的"画外之旨"不谋而合而倍感振奋和鼓舞。虽然我们并不知道其他诗人观此图会做出什么样的"和诗"，或者是独孤及"以意逆志"地强解该图的画中真意，但是从"居然画中见真态，若务除恶不顾私"句可见，独孤及是站在非常明了画家的创作意图、画家的创作意图不难捕捉的前提下开始他的诗作的。这样，诗人的"此道"就不单指一己之道，而是图中所示的显而易见的"天下公理"——至少是诗人、画家和一小批有"他时代天育万物"的能力和机会的士人应该遵守的人生信条。

再如《代书寄上裴六冀刘二颍》一诗，首先回忆往昔与两位朋友的交往，接着叙述在战乱中两位朋友的遭遇，结尾不惜篇幅用八句诗句来说理：

> 畴昔切玉刀，应如新发硎。
> 及时当树勋，高悬景钟铭。
> 莫拖白云意，径往丹丘庭。
> 功能傥长挹，然后谋沧溟。

认为两位朋友在动乱中为免失节而隐居山野可钦可佩，而今形势有变，在"大盗近削平，三川今底宁"的新情势下则劝勉朋友不要急于归隐，应抓住机会大显身手，归隐是"功成"之后的事，尚未"功成"何谈"身退"？可见，独孤及是将"功成身退"当作既定的、不证自明的天下公理来对应朋友所面临的具体情形的。由于持守着固定不变的价值标准，独孤及内心具备进行价值评断与价值取舍的敏锐度，似乎他手里有一把固定的价值标尺，以此丈量身边的人和事，然后根据上面的刻度将每一类情形固定化为稳定的内心图式。如以"功成身退"这一价值核心为原点，从独孤及的心中基本上可以牵出两条反射弧线，一条是"及时当树勋"，另一条是"然后谋沧溟"。

在动乱的年月里，他说："遭遇思自强，宠辱安足言。惟将四方志，回首谢故园"（《丙戌岁正月出洛阳书怀》末四句），"得为太平人，穷达不足数。他日遇封禅，著书继三五"（《季冬自嵩山赴洛阳道中作》末四句）。这里讲了这样一个道理：在太平年月里做出一点成绩没什么了不起的，在乱世中干出一番事业才是真正的英雄。战争的残酷不仅不应当摧毁人的意志，反而更应该积极地建立功勋以实现人生的价值；在勉励或祝愿朋友有所作为时，他说："出处未易料，且歌缓愁容。愿君崇明德，岁暮如青松。"（《夏中酬于逖毕耀问病见赠》末四句）"未遇须藏器，安卑莫告劳。盘根傥相值，试用发硎刀。"（《送虔州王录事之任》末四句）"曷日还朝天，及时开智囊。前期傥犹阔，加饭勉自强。"（《送相里郎中赴江西》末四句）这里又在申明这样一个道理：没有机会的时候要志在"修身"，而一旦机会来临就莫错失良机，应及时建立功业。可见，对"及时当树勋"这种积极入世的儒家观念强烈的社会传播欲望几乎成了独孤及的一种现实本能，在诗人自励或勉励他人时，独孤及的诗思总是最迅捷、最直接、最本能地运用此理，为诗作加上一个模式化的说教尾巴。这种对固定化的说教模式的本能应用，使得独孤及的"思锐"只能被理解成"理切"。

在内心孤独或深感政务缠累之时，他又说："讵肯使空名，终然羁此身。他年解桎梏，长作海上人。"（《三月三日自京到华阴水亭独酌寄裴六薛八》末四句）"只恐岁云暮，遂与空名老。心往迹未并，惭愧山上草。"（《早发若岘驿望庐山》末四句）"知同百口累，曷日办抽簪。"（《得李滁州书得玉潭庄见托》末两句）这些诗句又旨在说明功名利禄都只是浮云，抛却空名实现个体的自由才是诗人最终的向往，而这种向往却因现实的种种"桎梏"而只能无限期地推到"他时"或"他年"。如果说"及时当树勋"是独孤及面对现实问题的生存本能，那么"然后谋沧溟"就成了独孤及的一种理想本能，这种理想因对世俗生活的不满而强烈，又因世俗的压力而终不得实现。于是为身退而努力，因努力而终不甘放弃，这一中国古代知识分子身上常出现的悖论在独孤及身上又一次鲜明地呈现出来。而"功成"与"身退"的悖论在独孤及身上又以独特的方式进行着自我调解：因对身退之后个体自由的无限憧憬，实现社会价值过程中的坎坷与酸辛才可以默然忍受。就算最后一事无成，也可以"但令边难康，不负沧洲期"（《癸卯岁赴南丰道中闻京师失守寄权士繇韩幼深》），以归隐聊以自慰。所以何时身退并不重要，重要的是以身退作为一种价值期待来缓解现实挣扎的创痛。独孤及坚定的价值信念与超强的心灵自愈能力，使得他在诗中至多不过发发小牢骚："少读皇帝书，肯不笑机事。意犹负深衷，未免名迹累。"（《酬梁二十宋中所赠兼留别梁少府》）"宦情缘未知非愿，王事敦人敢告劳？"（《喜辱韩十四郎中书兼封近诗见示代书题答》）即便是在战乱年月的悲观失望中亦不忘自励或鼓舞他人士气："他日遇封禅，著书继三五。"（《季科自嵩山赴洛阳道中作》）"努力爱华发，盛年振羽仪。"（《癸卯岁赴南丰道中闻京师失守》）蒋寅先生说独孤及似乎"没有欣喜欲狂或悲愁流涕的强烈感情"，在国家动乱的年月里他没有创作一首像元结《舂陵行》《贼退示吏行》，杜甫《北征》《兵车行》那样激切抨击现实的诗歌，这是不是可以理解成"哀而不伤，怨而不怒"的儒家温柔敦厚的诗学品格在他身上无意识地表露呢？

与刘长卿的"思锐"联结着某种情绪不同，独孤及的"思锐"模式化地附着于"说理"。这使得他所信奉的人生之"理"作为一种价值紧紧地附载在他诗歌的尾部（偶尔亦在诗歌的开头与中间出现），有极强的说教味道，却因其单一和直接而难以融解杜甫、元结笔下活生生现实的丰富与浑厚。独孤及虽然没有像元稹、白居易那样明确地标榜"卒章显其志"，也不专拣天下"俗"言语而为之，但确实是怕读者读不明白而失之于直露，尤其是结语都能做到明白如话，却空有怀抱而无远韵，这都是因为太急于说理而拙于意境的表达，这种弊病尤其表现在他以叙事性见长的古体诗里。杜甫也创作了一批以叙事性见长的诗歌，但并不重在明理，更不想把理说破、说透，而是给读者留下无限的想象空间。而独孤及的诗尾，如

"他日遇封禅，著书继三五""他年解桎梏，长作海上人""他时代天育万物，亦以此道安斯民"，都在具体地解明未来的某一天该做什么、怎么做，太具象而少咀嚼的余味。再如《代书寄裴六冀刘二颖》结尾八句的详尽说理，旨在言明该何时入世、何时出世，实在是理太"尽"，意太"露"而缺少诗之远韵了。

独孤及诗歌大量的"叙事＋说理"的模式化套路，与他诗歌取材狭窄非常有关系，而"材窄"正是"才窄"的一种表现——由于缺乏对于其他题材的表达欲望和表现能力，只能局限于一两种题材进行创作，而一旦在有限的题材上再缺少花样翻新的兴趣，那就只能导致千篇一律的重复。独孤及的酬答唱和的交往诗占诗歌总体的80％之多。诗主要用以酬答唱和，可见独孤及特别注重的是诗的社会交往的工具意义，那么在诗中言理，其中所包含的"理"就具备一种价值传播的目的了。这种价值首先传递给诗歌的"第一受众"，即诗人赠答唱和的对象。而诗人与他的第一受众又常常是秉承同样价值观念的人，他们之间的交往互动只能为这种价值增值，并将其传递给更加广泛的"第二受众"，即所有可能接触到此诗的读者。如果诗人的价值观能达到改变人心的社会效果，自然是儒家的诗教观念的成功实践；如若不能使所有的读者感同身受，至少是在高蹈地标榜这样一个既积极服务于社会又具淡泊出世心态的群体。蒋寅先生说："对于一个真正的诗人来说，写作常是像巴尔特所说的'不及物'的行为，它本身就是一种目的，一种激情。在唐人，乐府古题与感遇、咏怀一类的古体，总是满足他们的表达欲望与创造兴趣的形式，而独孤及尽管写作了大量的古体诗，却没有一首乐府、感遇类的作品……"①对于一个真正的诗人来讲，艺术创作的目的乃是艺术本身，写作才可以说是一项"不及物"的行为。从这个角度来讲，独孤及绝不是一个"为艺术而艺术"的作家，艺术绝不是他的终极追求。对于独孤及来讲，无论是文的写作还是诗的写作都是"及物"的行为，直接导向艺术的价值功用与社会意义，为

---

① 蒋寅：《作为诗人的独孤及》，《河南大学学报》1996 年第 4 期。

了达到清楚的说教目的，甚至可以搁置诗歌艺术的含蓄与意境。

独孤及虽然没有像元和后辈元稹、白居易那样具体地提出"首句标其目，卒章显其志"诗歌写作手法上的要求，但是其诗尾的言理已开始含有"卒章显其志"的味道；他虽然没有像元、白那样明确地提出"为君、为臣、为民、为物、为事而作，不为文而作"的文学社会价值主旨，但是他的诗却可以看成从盛唐诗风注重诗歌内指性，向中唐诗歌注重外在目的性与社会教化的一个过渡。从这个角度来看，元、白诗歌的所"长"与所"病"在独孤及诗中都已初露端倪。

三　冗累少远韵

明钟惺在《唐诗归》中评价独孤及诗时这样说道：

> 少不喜此君（诗），其全集近八十首，冗累处甚不好看，故所选止此，然其高处已似元道州矣！以此知诗之难看者。不当，便弃之也。使此君止传此数诗，则亦盛唐好手。惟读其全集故反生厌，因悟看人诗者，贵细；自存其诗者，贵精。①

从钟氏的这段话中基本上可以提取三组对照词组：

全集——数诗
冗累处——高处
难看、生厌——盛唐好手

第一，从独孤及全集 80 余首诗中，钟氏只选了五首，两首七绝，三首五古，而且这三首五古又都是独孤及五言古诗中相对较短的诗歌。可见，按钟氏选诗"贵精"的原则，他特把独孤及冗长芜累的诗歌划除出编选范畴之内了。第二，钟氏毫不掩饰个人的好

---

① （明）钟惺：《唐诗归》卷二四"盛唐十九"，明刻本。

恶，直接指出独孤及大部分诗歌的通病——"冗累处甚不好看"。然而，他又认为瑕不掩瑜，与独孤及诗整体上令人"生厌"相对照的是，全集80多首中仍然有"数诗"自有"高处"，使独孤及完全可以步入"盛唐好手"之列，并且认为其"高处已似元道州"，有元结诗风的高度。

钟惺的这段话无异于是用独孤及的"数诗"对"全集"，用独孤及诗之"高处"对其诗之"冗累处"，用"盛唐好手"的标准对独孤及大量平庸"难看"的诗作所做出的一场宣判。所以弄明白了钟惺所云独孤诗的"高处"，我们自然就会明白为什么他对独孤及的大多数诗有所弃绝了。

我们先看钟惺所选的两首七绝：

> 客鸟倦飞思旧林，徘徊犹恋众花阴。
> 他时相忆双航苇，莫问吴江深不深。（《将还越留别豫章诸公》）

> 辖车骆马往从谁，梦浦兰台日更迟。
> 欲识桃花最多处，前程问取武陵儿。（《送别荆南张判官》）

《将还越留别豫章诸公》一首，起句诗人以"客鸟"自比，言羁旅生活的疲倦和归家之心愿；承句继续采用比喻加拟人的艺术手法描写客鸟徘徊在众花之间不忍离去，至此诗人内心的矛盾完全昭示出来：一方面是对家园的思念，另一方面又是对朋友的依依不舍之情；第三句突转，从诗人现实的矛盾心理推展到将来想象空间中的睹物思人，可除了相思相忆诗人与朋友外又能做些什么呢？结语巧妙地落在"莫问"二字上，诗人不是坐实地去言说，而是选择了静默无言。因为真情最难言说，只能透过语言的离场来最大限度地表达真情的在场，而诗人有意留下的意义"空白"，恰恰给读者留下了无限的联想空间，真正地达到了此处无声胜有声的境界。落句更是采用一语双关的技巧，用现实中的"水深"表达朋友间的"情深"，用可见之物表达不可见之情，以实写虚，一方面将情感的厚重具体化，另一方面也写出这情感如江水不可测度。钟惺在评此诗时说"气味窈然音响亦奥"，该诗四句不仅形成了起、承、转、合的圆润流传之美，而且句句给人以深远的联想，可谓意味悠长。"窈然"即是"深远、幽远"的意思，钟惺欣赏此诗恐怕即是欣赏其有限的字句之外咀嚼不尽的远韵。对《送别荆南张判官》一首，钟惺虽然没有做出点评，但被选入《唐诗归》中，恐怕也是因为夹杂于字里行间却未曾被道尽的余味儿。诗首句叙写送别场面的车喧马闹，暗示出世俗生活的劳碌与奔波。承句继写迫于世俗生活的压力，同游美景的夙愿只能无望地推迟。末两句用陶渊明《桃花源记》典，非常平白如话的诗句，却可以引发读者多重的联想：或许诗人正是以"桃花"之典暗示诗人与朋友惺惺相惜的根源，即在于他们共有的桃源之志；再或许诗人是为了表达他们共同面临的世俗生活的无奈，还需要有识之士指点迷津；抑或此典亦暗含着对友人的祝福与安慰——认为朋友前路依然能遇到志同道合的知己，找到放下世俗重担让心灵栖息归隐的答案。总之，在这两首绝句里，独孤及都能充分调动语言的联想机制，都不若他的有些诗歌一味言理、用语言霸占一切想象空间，而真正做到了严沧浪所说的"言有尽而意无穷"。

我们再看钟惺所选的一首五古：

> 獭祭川水大，人家春日长。
> 独谣昼不暮，搔首惭年芳。
> 靡草知节换，含葩向新阳。
> 不嫌三径深，为我生池塘。
> 亭午井灶闲，雀声响空仓。
> 花落没屐齿，风动群木香。
> 归路云水外，天涯杳茫茫。
> 独卷万里心，深入山鸟行。

芳景勿相迫，春愁未遽忘。(《山中春思》)

这首诗是钟惺所选五古中最长的一首，但全诗却无芜累之句。钟惺对此诗的总体评价是"清奥而远"，必是看到了此诗整体意境的清深幽远。特别是他用"孤远"一词来评价"深入山鸟行"句，可谓精当！该句写诗人欲暂时搁置自己的思归之情，随着鸟踪寻访山中美景。读者的视域似乎被诗人的游迹拉长了，视点也从可见的靡草、井灶、落花，被一路带入山林的深处——那只有飞鸟所至的更神秘的幽寂之中。这里仅由五个汉字织成的立体的审美感受和绵长的心理感应，从空间和时间两个维度上冲破了文字表意的局限，真可谓字字千金。

从上引几首诗可见，钟惺所欣赏的独孤及的好诗都有"深远""清远""孤远"的境界，这里的"远"又都有在干净利落的文字背后所生成的无限丰富的联想空间的含义。那么可想而知，钟惺所不喜的独孤及平庸诗歌的"冗累处"，即不能达到"以少总多""以有限的语言表达无限的情感"的诗歌语言的高度，反而是冗长、芜累、繁杂，缺少诗之"远韵"。

日僧遍照金刚的《文镜秘府论》载王昌龄《论文意》云：

> 古文格高，一句见意，则"股肱良哉"是也。其次两句见意，则"关关雎鸠，在河之洲"是也。其次古诗，四句见意，则"青青陵上柏，磊磊涧中石。人生天地间，忽如远行客。"是也，又刘公干诗云："青青陵上松，瑟瑟谷中风。风弦一何盛，松枝一何劲。"此诗从首至尾，唯论一事，以此不如古人也。①

王昌龄是典型的盛唐诗人，对盛唐诗风标举的高格有一定的把握。从上引文可见，盛唐诗人对清简的诗风情有独钟。钟惺把仅钟情其

---

① ［日］遍照金刚撰，王利器校注：《文镜秘府论校注》，中国社会科学出版社1988年版，第282页。

"数诗"的诗人独孤及视为"盛唐好手"，即是看到了此"数诗"寓深远于清简的特点。王昌龄批评刘桢诗"从首至尾，唯论一事"，不能用最少量的语言表达最多的意蕴。从王昌龄所引诗文可见，刘桢似乎唯恐读者对所描写的"松""风"没有形象的体验，便再附上两句，以期更加细致具体地进一步说明，但这样一来，要表达的意思尽浮于文字的表面，却伤害了诗歌艺术文字背后的联想空间，因描写太具象而失了"远韵"。拿盛唐诗风的标准来考察独孤及集中的大多数诗，钟惺都觉得"冗累处甚不好看"，"冗"是冗长、繁杂的意思，"累"是赘重、繁复、啰嗦、不简洁的意思。而"冗累"恰恰是与清简深远的盛唐诗歌美学原则相悖的。其实，钟惺对独孤及诗的打击面的确有扩大化的嫌疑，像《观海》《海上寄萧立》等沉实劲健的诗歌读来无论如何不会让人觉得难看、生厌。但是如果找来独孤及的集子，从头到尾一篇一篇地品读，穿插于诗集中不时出现的冗长芜累、无滋无味的诗句，着实令人倒胃口，使人对独孤及诗歌的整体印象不会太好。由于可以不受篇幅的限制，独孤及集中最常出现的五古"冗累"之病也最甚。且看《夏中酬于逖毕耀问病见赠》的开首八句：

> 救物智所昧，学仙愿未从。
> 行藏两乖角，蹭蹬风波中。
> 薄宦耻降志，卧疴非养蒙。
> 闭关涉两旬，羁思浩无穷。

按王昌龄古调高格的原则，该诗必不是格高之作。诗人不厌其烦地用32个字描述自己身体的疾病、心灵的失意和环境的潦倒，要表达的意思尽在文字的表面和盘托出，没有任何留白。从这八句诗句中，我们所能看到的除了失意外还是失意，除了意思的明白具体之外，我们很难在对这些单纯的汉字进行转码的过程中，看到增殖的意义空间。反而因其要说的事情头绪繁多，要同时照顾到行藏的矛盾、薄宦、卧疴、羁思等多个侧面，只能使得诗歌冗长、啰嗦，给人以逻辑混乱之感。读者阅读除了需要十足的耐心之外，着实还要费一番脑筋。再看《酬梁二十宋中所赠兼留别梁少府》开首八句：

> 少读黄帝书，肯不笑机事。
> 意犹负深衷，未免名迹累。
> 厌贫学干禄，欲徇宾王利。
> 甘为风波人，岂复江海意。

此诗开篇所表达的基本含义和《夏中酬于逖毕耀问病见赠》一诗如出一辙，只是更集中、更具针对性地着眼于诗人左右为难的内心矛盾。仿佛独孤及生怕自己的心迹被人误读、内心的痛苦被人轻忽，所以内心深处的每一个扇面，他都不遗余力地详细申说。然而要说的东西又太复杂，既要说明个人的志向，又要说明为何违背了志向；既要说明与理想失之交臂的痛苦，又要自嘲式地说明接受这个事实的无奈……千头万绪都想说得清清楚楚就只能延长篇幅，而篇幅加大了又很难避免头绪之间的交叉，如"意犹负深衷"与"岂复江海意"意思明显重复，"未免名迹累"与"甘为风波人"的意思也有交叉。这样非但没有做到用少量的语言表达丰富的意蕴，反而浪费了很多笔墨，得不偿失，给人以沉冗、累赘、啰嗦、乏味之感。又如《三月三日自京到华阴水亭独酌寄裴六薛八》中间八句：

> 旧友适远别，谁当接欢欣。
> 呼儿命长瓢，独酌湘吴醇。
> 一酌一朗咏，既酣意亦申。
> 言筌暂两忘，霞月只相新。

诗人用白描手法细致地叙写自己公务出行归来无朋友接风的失落、月下独酌的寂寞、借酒消愁的行动以及烂醉如泥的酣态。读来如白话散文般通贯流畅，但却严重缺少味外之旨。俗话说"诗贵醉，文贵醒"，诗之"醉"，是指诗的语言所营造的朦胧、含蓄、模糊的意境；文之"醒"，是指文的语言所达到的意义明朗、通透、一览无余的境界。这首诗明显有"以文为诗"的特点，但即便是用作文的方法写诗，写的毕竟是诗，绝不能让文的特点压倒诗之为诗的根本。正如葛晓音先生所说的："如果要求诗歌具有散文那样精确的目的意义，那就会混淆诗文的基本差别，损害诗歌的价值。""一酌一朗咏，既酣意亦申"二句即带有散文语言精确的特点，前一句写独酌、歌咏，后一句马上补写独酌与歌咏的结果，即喝得畅快（酒酣）、情绪发泄得痛快（意亦申）。接着两句再一次补写诗人独酌的后果——醉后的失语，找不到合适的语言来描述天边的晚霞和新月。试将引诗的后四句并成两句"一酌一朗咏，霞月只相新"，该有多少跳跃式的联想可以织入其中。同是写月下独酌，该诗完全没有李白"举杯邀明月，对影成三人"咀嚼起来有悠长的余味儿。

　　独孤及五言古诗的这种因叙述繁琐、头绪繁多所带来的"冗累"之病，尤其还表现在他五古体裁的代书诗上。从独孤及的代书诗入手，我们完全可以明了独孤及对于表意清楚明了为何如此热爱。代书诗是代替书信作用的诗歌，而书信又是很灵活的一种文体，可以叙述，可以抒怀，甚至可以通篇写景。中国古人的书信既有侧重信息送达的实用性很强的朴实无华的散文，也不乏如鲍照《登大雷岸与妹书》那样偏重文学审美价值的美文。而代书诗的出现显然应与文学的审美价值联系得更紧密，因为不管如何充当书信的作用，代书诗都毕竟是诗，不能离开诗之为诗的根本。代书诗在元、白诗集中已较为常见，但独孤及之前却为数不多，沈佺期、宋之问、张九龄、李白集中各有1首，张说集中有3首。而独孤及《毗陵集》收81首诗中，以"代书"或"以诗代答"为题名的就有8首。细分析独孤及以前的代书诗可以发现，张说、张九龄的代书诗虽然是寄给特定的写作对象的，却重在抒发个人的感怀，除了需要一个特定的他者共同感受自己的情绪之外，书信事件告知、传达的实用目的并不明显。而宋之问的《游陆浑南山自歇马岭到枫香林以诗代书答李舍人适》一诗则采用移步换景的方法，将诗人沿途所见到的美景尽收于笔端，像鲍照的《登大雷岸与妹书》俨然是一篇写景美文一样，如若把宋诗的尾句"浩歌清潭曲，寄尔桃源心"的赠答之语去掉，此诗俨然是一首独立的、技艺精工的观景诗。人们往往流连于"白云遥入怀，青霭近可掬"这类诗句的形象感、色泽感、动态感，对于视觉错觉所造成的审美联想的关注完全可以使人暂时忘记诗人作诗寄赠的功利目的。李白的《以诗代书答元丹丘》、沈佺期的《答魑魅代书寄家人》都具有一定的叙事性，然而他们都不安于平铺直叙。李白的诗通过戏剧化的叙事增加了一分感人的力量。而沈佺期诗的叙事内容非常庞杂，全诗96句，共480字。此诗写于沈氏流放驩州期间，回顾了他曾经如日中天的得意和遭受贬逐的过程，描写了现实的悲惨与景况落泊，表达了对命运的无奈和安于清静无为现状的心境。然而，这样琐屑的叙事却被作家圈入与魑魅的对答中，使全诗笼罩在一层鬼气中展开，起首四句"魑魅来相问，君何失帝乡。龙钟辞北阙，蹭蹬守南荒"，立刻使人感受到命运的无常和诗人晚景的凄凉，使得读者完全置身于诗人浓浓的感伤中，在对诗人的怜悯与心疼中观照诗人悲剧的一生。该诗虽长却毫无枯燥乏味之感，反而具有感人心肺的力量。由上可见，独孤及之前的作家创作的代书诗，更偏重于诗，而不是更偏重于注意信息送达的工具意义上的"书"（信），更注重如何艺术地营造诗的效果，而不是更注重作品的实用性。我们可以对比一下张说、李白和独孤及的代书诗：

> 一雁雪上飞，值我衡阳道。
> 口衔离别字，远寄当归草。
> 目想春来迟，心惊寒去早。
> 忆乡乘羽翮，慕侣盈怀抱。
> 零落答故人，将随江树老。（张说《代书寄吉十一》）

> 青鸟海上来，今朝发何处。
> 口衔云锦字，与我忽飞去。
> 鸟去凌紫烟，书留绮窗前。
> 开缄方一笑，乃是故人传。

故人深相勖，忆我劳心曲。
离居在咸阳，三见秦草绿。
置书双袂间，引领不暂闲。
长望杳难见，浮云横远山。（李白《以诗代书答元丹丘》）

昔余马首东，君在海北沚。尽屏簿领书，相与议岩穴。
载来诣佳境，每山有车辙。长啸林木动，高歌唾壶缺。
此辞月未周，房马嘶绛阙。猛虎踞大道，九州当中裂。
闻君弃孤城，犹自握汉节。耻栖恶木影，忍与故山别。
脱舄挂岭云，阒然若鸟逝。唯留潺湲水，分付练溪月。
尔来大谷梨，白花再成雪。关梁限天险，欢乐竟两绝。
大盗近削平，三川今底宁。句芒布春令，屏翳收雷霆。
伊洛日夜涨，鸣皋兰杜青。骞骞两黄鹄，何处游青冥。
畴昔切玉刃，应如新发硎。及时当树勋，高悬景钟铭。
莫抱白云意，径往丹丘庭。功成傥长揖，然后谋沧溟。

（独孤及《代书寄上裴六冀刘二颍》）

　　张说和李白都十分注重用象征、拟人、借景写情、以物宣情的方法来营造诗境，并不平铺直叙地陈述具体事件，而是依靠独特的艺术构思达到叩人心扉的艺术效果。如张说以"当归草"引起的心动描写季节的流转"目想春来迟，心惊寒去早"，然后以浑然不觉的时间变迁来言分别之久、思乡之切，可谓用思深细。李白则以"青鸟"神奇的送信方式吊人的胃口，然后再戏剧化地引入自己见到书信的惊喜，可谓诗思怪奇。而独孤及的代书诗（主要是五古）"叙述的成分超过了描写、比喻、象征等各种诗的表现方式的总和，使作品流为押韵的散文"①。《代书寄上裴六冀刘二颍》好像是一篇纪实散文，翔实地记录了与友人在一起的美好往昔、国家的动乱、朋友的义举和动乱的平定，最后以动乱之后对朋友的劝勉作结。从

---

① 蒋寅：《作为诗人的独孤及》，《河南大学学报》1996年第4期。

头至尾似有流水账般的感觉，没有巧妙的构思，为翔实而不忌繁复。如"闻君弃孤城"句，一个"闻"字领起后边一连串的诗句，都是对朋友举动的进一步解释。结尾用八句细说诗人"功成身退"之理，可谓是理太周而意太尽。

在"以文为诗"节，我们已有所论述，独孤及的诗歌之所以特别注重意思的明了，恐怕与他实用主义的儒家生命底色有绝对的关系，从他的五言代书诗上我们亦可以看见，与前辈作家抛开赠答对象的特殊性来抒怀、写景、叙事不同，他更关心的是具体写作对象接受的特殊性，也更关心具体信息的告知与送达。故他的代书诗，注重信息送达之明确性的"书"（信）的偏工具性意义要远远高于诗的美学要求。然而对意思详尽明了的追求恰恰是与诗的艺术要求的含蓄、委婉、朦胧、模糊、多重意蕴，甚至与诗所要求的形象性是相抵牾的。过于追求意尽，必然带来辞繁，即钟惺所说的"冗累"之弊。这样的弊病在独孤及之后的元和诗人元稹、白居易身上表现得更加明显。白居易自己就有清醒的认识，他在《和答诗十首》序中云：

> 顷者在科试问，常与足下同笔砚，每下笔时，辄相顾语，患其意太切而理太周，故理太周则辞繁，意太切则言激，然与足下为文所长在此，所病亦在于此。

虽然我们无从考证在诗坛上无多大影响的独孤及对元和诗坛可能存在什么影响，但是至少我们从现象上可以推测，元白诗风意切辞繁的特点早在天宝、大历的诗坛上已经露出苗头。在谈到独孤及诗歌的"理切"之病时，我们提到了"独孤及虽然没有像元、白那样明确地提出为君、为臣、为民、为物、为事而作，不为文而作文学社会价值旨归，但是他的诗却可以看成从盛唐诗风注重诗歌内指性，向中唐注重诗歌外在目的性与社会教化的一个过渡"的观点。在这里我们又可以看到，独孤及诗歌注重诗歌的目的性、明确性因而导致了"冗长芜累"的弊病，也可以看成是从盛唐"清简深远"诗风向中唐"意切辞繁"诗风的一个过渡。蒋寅先生说："具有浓厚散文化色彩的独孤及诗歌，可以视为杜甫与韩愈诗作之间的过渡。"①据上文考察，独孤及的诗更是从盛唐诗歌向元、白诗风的一个过渡。

小　结

独孤及诗名虽不如其文名，但他诗中数佳题的创制则使我们看到了从六朝诗题用语简净、意味深远向元和之后叙事委曲精到发展的趋势。他的诗歌"以文为诗"的特点又使我们看到了从盛唐诗思向中唐更加务实的实用精神的过渡。然而，这种由儒家经世致用观念化成的务实的精神一方面转化为其诗中迥异于流俗的"遒劲""高古"的力量；另一方面急于贯彻儒家价值观念的迫切也造成其诗歌语意雷同、流于说教、缺少味外之旨等毛病。

---

①　蒋寅：《作为诗人的独孤及》，《河南大学学报》1996 年第 4 期。

第五章　独孤及与"古文运动"关系辨疑

中唐的"古文运动"一直是唐代文学研究的一大热点。关于"古文"概念的内涵、"古文运动"的实质与意义以及是否存在一个历史跨越性极长的"运动"，成为近年来学界关注的焦点。与此同时，对"古文运动"概念的质疑与为"古文运动"做出的辩护，对与"古文"相关的另一个话题——"骈文"的声讨与声援的文章层出不穷，这些文章之争鸣为我们从不同的角度理解中唐的文坛新风提供了宝贵的参考。在诸多争鸣文章中，独孤及因其强烈的"宗经复古""比兴宏道""复雕为朴"的思想被大多数学者公认为是"中唐古文运动的先驱者"之一——为开启"韩柳的古文运动"埋下了伏笔。下文我们即以独孤及的文学主张为个案，结合中国古代文学史的历史沿革，尤其是结合盛、中唐之交普遍流行的文坛风气，对中唐的文坛新风及其实质进行深入厘析。

第一节　骈俪之风统驭下的唐代"古文"理论

学界普遍认为，"古文"是与"骈文"相对而言的一个概念。"骈"有两两相对的意思，所谓两马并驾为"骈"，夫妻成双为"俪"，故"骈俪之文"与生俱来的形式特征即包括排偶、对仗、美丽等内涵。如果我们假定"古文"是相对于"骈文"而言的说法是准确的，那么与"骈文"相对的"古文"自然是以散行单句为主、句式长短不拘、更加质朴自由的"散文"了。在这样一个立论的基础上，20世纪20年代，胡适、胡云翼、郑振铎等学者提出并推行的"古文运动"概念，其内涵即为一场志在复兴儒学道统，形式上提倡散文、反对骈文的文体文风改革运动。这一概念一直沿用至今，尽管从其诞生之日起，在各个历史时期都存在着不同程度的争议。

有了古文运动的概念，用惯常的文学史视角思考问题，人们又顺理成章地认为，这场运动不会凭空而起，必有前驱，于是将天宝至大历年间活跃于文坛上的萧颖士、李华、独孤及等一批交往密切、志在复兴儒学道统的作家视为"韩柳古文运动"的先驱。同时，在说明这场运动展开的历史背景时，这个"先驱"的队伍亦不断地扩大化，张说、王勃、陈子昂、魏徵、王通、隋文帝、李谔、苏绰、宇文泰甚至梁代的刘勰都被扩编到这个队伍中来。比如郭绍虞的《中国文学批评史》即认为："古文运动不始于韩柳，不但不始于韩柳，说得早一些，也可说不始于唐代。南朝之刘勰，北朝之苏绰，却可说已经开了这个风气。……刘勰尤其重要，因为他是批评家。批评家总有理论，这理论便是古文运动的根据。……后来隋代的李谔与王通，唐代的王勃、杨炯、卢藏用、陈子昂以及萧颖士、李华、独孤及、梁肃、柳冕诸人，都在理论上对六朝骈文展开了猛烈的攻击，进一步大力提倡'古文'。"①这样，人们又很自然地认为，这场运动呈现出阶梯式的特征：上文所列萧、李、独孤之前的作家被视为是推动这场运动的第一个准备阶段；萧、李、独孤的理论贡献则是运动得以开展的第二个准备阶段，直接开启了韩柳古文的复兴；韩愈、柳宗元则是古文运动的扛旗人物，为第三个阶段；宋代的古文运动，为第四个阶段。所以在具体谈论被同列为"先驱者"之一的独孤及的文论思想之前，我们有必要对他前代和同时代的其他"先驱者"的文学思想进行梳理，对他后辈韩、柳的时代境遇与文化目标进行符合实际的分析，以便考察作为历史存在的巨大链条中重要一环的"一代词宗""天下文伯"——独孤及的文学主张呈现出哪些时代特征。

---

① 郭绍虞：《中国文学批评史》，中华书局1961年版，第105页。

一 独孤及之前有"古文先驱"之称的作家对骈文的态度

王运熙先生在他的《中国中古文人认为作品最重要的艺术特征是什么》一文中采用丰富的例证，旨在证明以下的结论：

> 自东汉至南北朝，是中国文学领域骈体文学形成以至昌盛的时期，诗、赋以至各体文章，都崇尚骈俪，因而当时绝大多数文人在评价文学作品时，大抵认为作品最重要的艺术特征便是骈体文学的语言之美。这类语言美大致是指词句对偶工致，辞藻华美，音韵和谐及用典精当。唐代虽有一部分文人提倡古文、古诗，批评甚至反对骈体文学，但骈体文学在总体上仍占优势，因而评价作家作品的主流倾向也没有大的变化。①

这段话至少可以帮助我们走出三个误区：第一，我们经常用今人的评价标准批评骈体文学"形式大于内容"，但是在东汉至隋唐相当长的一个时期内，"对偶工致、辞藻华美、音韵和谐及用典精当"等骈体文学的外在形式美都是当时文人评价文学作品最重要的艺术标准；第二，在东汉至隋唐相当长的一段历史时期内，人们的创作与批评并不是脱节的，文人创作展现出来的整体风格与批评家们的审美好尚是统一的，即都相当重视骈俪文学的语言之美；第三，我们长期以来受中唐"古文运动"说的影响，形成了一个思维定势，认为由韩、柳推动并开展的古文创作思潮使散文压倒性地战胜了流行的骈文成为文坛的主流。但这是不符合实际情况的，反而即便是在韩愈的古文理论吸引了大量追随者的中唐，骈体文学的优势地位也没有发生根本性的变化。

王运熙先生的这段话道出了一个朴素的却长期不为人所重视的事实——而这样的一个事实无需花费太多的精力即可证明。可以这样说，从曹丕《典论·论文》中的"诗赋欲丽"，到陆机《文赋》中的

---

① 王运熙：《中古文论要义十讲》，复旦大学出版社 2004 年版，第 2 页。

"诗缘情而绮靡",到沈约的声律论,再到刘勰全面地论述情采、声律、丽辞,直至钟嵘"干之以风力,润之以丹采"的评判标准,魏晋南北朝形成了一个以"丽"为美的文学生态,骈体文学的语言美、形式美成了统驭这个生态系统不可缺少的元素。而到了隋唐,这样的一个生态系统并没有遭到破坏,反而还可以说是得到了延续并获得了更大的发展。我们经常受"一代有一代之文学"观念的影响,认为南北朝乃是骈文大行的时代,一旦王朝易代,骈文也必然走下它的宝座,将其荣尊之位禅让给新的文体。所以到了唐代我们把骈文视为六朝遗留下来的糟粕而加以驳斥,与此同时却盛赞唐人的近体,认为律诗乃唐代诸文体中当之无愧的佼佼者。前有沈佺期、宋之问在律诗定型上的功绩,后有王维、杜甫、白居易、李商隐在律诗创作中的实绩,可以说是唐人将律诗的创作推向了高峰。可是仔细想想,如此盛行的律诗不更证明了在南北朝大盛的骈体文学在唐代不是衰亡了而是更加发展了吗?要之,律诗在很多方面都类似于一篇小型的骈体文,只是在对仗、格律、字数方面要求更加严整,比骈文戴的镣铐还要多。唐历史上有 4/5 的时期,实行的都是诗赋取士制度,参考傅璇琮先生的观点,诗赋取士成为固定的格局,与其说是科举制度影响了诗歌的发展,还不如说"正是诗歌(律诗)的发展繁荣对当时社会生活(科举)产生了广泛影响的结果"[1]。王运熙先生也说:"唐代科举制度规定以诗赋取士,均用律体,士人应试时写的判决文用律体,一般公文也多用骈体。政治制度及措施对文学产生巨大影响,唐时骈体盛行是很自然的现象。"[2]之所以这样一个"很自然的现象"长期以来为人们所视而不见,恐怕就是因为学界普遍公认的"中唐古文运动说"将"古文"等同于"散文","古文运动"等同于"反骈文运动",认为古文兴起、骈文随即衰亡的简单化处理遮蔽了我们的视线。一个有意思的疑问是,那些被称为古文运动先驱的作家,他们真的打出反骈文的旗号了吗?我

---

①　傅璇琮:《唐代科举与文学》,陕西人民出版社 2007 年版,第 171 页。

②　王运熙:《中古文论要义十讲》,复旦大学出版社 2004 年版,第 10 页。

们且看以下被冠以先驱者称号的文人批评时下文风的言论：

文章竞为浮华，遂成风俗。①（宇文泰）

近代以来，文章华靡，逮于江南，弥复轻薄，洛阳后进，祖述不已。②（苏绰）

每念琢雕为朴，发号施令，咸去浮华；然时俗词藻，犹多淫丽。③（隋文帝）

古人之文，宏才逸气，体度风格，去今实远，但缉缀疏朴，未为密致耳。今世音律谐靡，章句偶对，讳避精详，贤于往昔多矣。宜以古之制裁为本，今之辞调为末，并须两存，不可偏弃也。④（颜之推）

从以上的言论中可以看到，论者所反对的乃是文章的华靡、轻薄、浮艳、雕琢、淫丽，并非针对骈俪的语言形式，也无意于颠覆语句平行、对偶、谐律等骈体文学的语言习惯以达到解骈为散的目的。尤其是颜之推提出"以古之制裁为本，今之辞调为末"的看法，很明显不是要摒弃今之辞调，而是要在分清孰主孰次的前提下"并须两存"，使二者相互配合、相得益彰。故而，他所强调的乃是骈文"文饰"的特点不要喧宾夺主，做到恰到好处而已。

隋文帝杨坚是首位以行政命令的方式对臣下奏议文的语言风格有所要求的帝王，《隋书·李谔传》载，开皇四年（584）隋文帝"普诏天下，公私文翰，并宜实录。其所九月，泗州刺史司马幼之

---

① （唐）令狐德棻：《周书》卷二三，中华书局1971年版，第383页。
② （唐）令狐德棻：《周书》卷二二，第370页。
③ （唐）魏徵：《隋书》卷七六《列传》第四十一《文学》，中华书局1973年版，第1730页。
④ （南北朝）颜之推：《颜氏家训》，齐鲁书社2009年版，第119页。

文表华艳，付有司治罪"①。隋文帝的诏书与司马幼的获罪，二者的必然联系可以使我们更深层地理解隋文帝的执政思想，即文辞华艳不利于充实、正当、准确的思想内容的表达，可能导致决策者的失误，影响社稷江山的稳固。故而司马幼之获罪全在于他文辞华艳，而无关乎是使用了骈文还是散文的语言形式。有人认为，隋文帝、李谔等人针对骈文的革命未得成功，完全是因为他们使用的是简单粗暴的行政命令，并且他们的文学功利主义思想违背了文学内在的发展规律。然而回到他们所在的历史语境，我们会发现其实他们并未想革"骈文"的命，而是要去"浮艳"的病。诚然，骈文因其体制上的对仗、排偶易走向形式主义的极端，然而"浮靡"却不是骈文体制要求的必然。故而内容充实、语言质朴的骈文必不是他们的反对对象。

　　如果以上所列举的言论还不足以说明问题，那么我们再看以下抨击齐梁之风的说法：

　　　　遂复遗理存异，寻虚逐微，竞一韵之奇，争一字之巧。连篇累牍，不出月露之形；积案盈箱，唯是风云之状。（李谔《上隋文帝·清革文华书》）②

　　　　子曰："素与吾言终日，言政而不及化；夔与吾言终日，言声而不及雅；德林与吾言终日，言文而不及理。……言政而不及化，是天下无礼也；言声而不及雅，是天下无乐也；言文而不及理，是天下无文也；王道从何而兴乎，所以忧也！"（王通《文中·王道下》）③

　　　　梁自大同之后，雅道沦缺，渐乖典则，争驰新巧。简文、湘东，启其淫放；徐陵、庾信，分路扬镳。其意浅而繁，其文

---

① 《隋书》卷六六《列传》第三十一，第1545页。
② 同上书，第1544页。
③ （隋）王通：《中说》卷一，四部丛刊影宋本。

愿而彩，词尚轻俭，情多哀思。格以延陵之听，盖亦亡国之音乎！（魏徵《隋书·文学传序》）①

魏文用之而中国衰，宋武贵之而江东乱。虽沈、谢争骛，适足兆齐、梁之危；徐、庾并驰，不能止周、陈之祸。（王勃《上吏部裴侍郎启》）②

争构纤微，竞为雕刻。糅之金玉龙凤，乱之朱紫青黄，影带以徇其功，假对以称其美。骨气都尽，刚健不闻。（杨炯《王勃集序》）③

屈、宋以降，则感哀乐而亡雅正；魏晋以还，则感声色而亡风教；宋、齐以下，则感物色而往兴致。教化兴亡，则君子之风尽，故淫丽形似之文，皆亡国哀思之音也。（柳冕《与徐给事论文书》）④

据以上的言论，我们从两个角度来谈：第一，这些言论的执笔者通常被认为是声讨骈体文的重镇，然而一旦摒弃我们所构建的一切文学史的想象，还原到最基本的文学事实，我们就会怀疑他们所指责的"淫丽形似之文"果真是骈体文吗？如果这些文人一边指责骈体文，一边又创作骈体文，那么他们的写作实践与创作理论不就自相矛盾了吗？一个最直观的事实是，以上六段引文均是以骈为主、骈散兼行、内容充实而文风质实的骈文。以李谔《上隋文帝请革文华书》为例，其中"连篇累牍，不出月露之形；积案盈箱，唯是风云之状"句对时风之弊概括得精辟、凝练，语句平行、对偶工致，属于典型的四六句。很显然，他上书的目的是"革文

---

① 《隋书》卷七六《列传》第四十一文学，第1730页。
② （唐）王勃：《王子安集》卷八，上海古籍出版社1992年版，第54页。
③ （唐）卢照邻、杨炯：《卢照邻集杨炯集》卷三，中华书局1980年版，第34页。
④ 《全唐文》卷五二七，第5357页。

华"，而不是针对骈体这一文体。第二，以上的文字绝大多数是从文学与政教关系的角度加以立论的。美国学者宇文所安曾说："中国古代文明的最显著的特征之一，是假设文章与政治或社会秩序之间存在着密切的关系。……还有一种说法，虽然也并非中国所独有，不过它在中国传统中却有特殊的分量：这样的命题便是好文章能够或者应当改变政治和社会秩序。"①所以对中古文人来讲，文章之好坏，其最根本的分野还在于其内容是否有利于政教。而"淫丽形似之文"单单注重外在形式美，仅仅止于描摹物象，缺少深层的精神内涵和价值导向——这正是王通批驳"言政而不及化""言声而不及雅""言文而不及理"，魏徵批评因"争驰新巧"而"雅道沦缺，渐乖典则"的深层原因。故而，如果文章拥有积极健康的价值导向，即便是采用了骈文的语言形式，亦并不是令这些文人反感的对象。

在萧颖士、李华、独孤及的作品中，骈文也占相当的比重：

> 萧颖士的作品，大多仍用骈体，但往往并不拘守于骈体的程式。如在语言的偶对上，要求不严格，每每骈、散相间；句式也比较灵活，不纯用四六格式；对于声韵，亦不甚讲求；又用典不多，文辞也不追求侈丽。②

> 李华的文章，以骈体为多。但其作品比起六朝骈文来，已有许多不同。他的骈文，一般都有较充实的内容，用典不多，语言质朴、流畅，改变了六朝以来骈文的浮艳之风。③

> 独孤及的文章，以骈体为多，其形式与李华的骈文大体

---

① ［美］宇文所安：《中国"中世纪"的终结——中唐文学文化论集》，三联书店2006年版，第11页。

② 乔象钟、陈铁民主编：《唐代文学史》，人民文学出版社1995年版，第554页。

③ 同上书，第551页。

一致。①

> 以独孤及为代表的古文学家并没有特别要反对骈体文，他
> 自己也写了一部分骈体文，他只是反对那些浮华无根的文章，
> 并没有在骈散的形式上刻意地分离区隔。②

可知萧、李、独孤创作了大量用典不多、不刻意用声韵、语言质朴、句式相对灵活的骈体。不管学者们如何费尽心机地证明他们的骈体乃骈体的改良模式，但一个不可改变的事实是：他们创作的毕竟是"骈体"！这反而从一个侧面证明骈体是存在着自身调节的可能的，她完全可以最大限度地抑制自身装饰性的因素，在总体上不违反固有的形式特征的前提下向内容充实、语言质朴方向靠近。此外，抛开"中唐古文运动"的概念，单纯地翻看韩愈、柳宗元、李翱、皇甫湜的作品集，这些作家皆可说是骈、散兼擅。而张说、苏颋、陆贽、温庭筠、李商隐则更是擅长骈文的大手笔。谢无量在《骈文指南》一书中说："综考有唐一代之骈文：初唐犹袭陈隋余响，燕许微有气骨。陆宣公善论事，质直而不尚藻饰。温李诸人，所谓三十六体者，稍为秀发。唐骈文之变迁，其荦荦大者，如是而已。"甚至有人将陆贽亦视为古文运动的一员，那么对陆宣公创作了大量"质直而不尚藻饰"的骈体奏议又当作何解释！

以上这些实例都证明了，对骈文末流之形式主义的反对并没有影响当时文人对骈文的热爱，甚至也没有决定性地导致作家们对骈文创作的排斥。相反，由于唐统治者的喜好与提倡、朝臣们的重视与呼应，再加上政治制度上的强化（如科举），骈文在唐代这样一个文学生态系统中可以说是如鱼得水，拥有着丰厚的生存土壤，会写骈体文可以说是那个时代的知识分子必备的文学修养。

---

① 乔象钟、陈铁民主编：《唐代文学史》，人民文学出版社 1995 年版，第 561 页。
② 郭树伟：《独孤及研究》，中州古籍出版社 2011 年版，第 141 页。

二　"古文"大家韩愈、李翱对骈文的态度

从上文引用的王运熙先生的那段话中，我们可以看出他的一个基本的立场，即"古文"是与"骈文"相对的一种文体，在唐代虽然有"一部分文人"曾经做出脱离骈体历史轨道的尝试，但这次尝试并没有改变人们崇尚骈体文学语言美的事实。在这里，笔者仅从学界公认的"古文运动"领袖韩愈入手，来看一看韩愈提倡"古文"所针对的对象是不是"骈文"。

韩愈在《与冯宿论文书》中说：

> 辱示《初筮赋》，实有意思。但力为之，古人不难到。但不知直似古人，亦何得于今人也？仆为文久，每自则意中以为好，则人必以为恶矣。小称意，人亦小怪之；大称意，即人必大怪之也。时时应事作俗下文字，下笔令人惭，及示人，则人以为好矣。小惭者，亦蒙谓之小好；大惭者，即必以为大好矣。不知古文直何用于今世也，然以俟知者知耳。①

这里"古文"与"俗下文字"对应，而论者大多认为"俗下文字"就是骈文。莫道才先生对此进行了有说服力的解释："'俗下文字'并非文体之称，而是指世俗文人所用的'应事'之作，比如应酬作的酬谢文字、应官府事做的公牍文字、应世间丧亲之家所作的墓志、应地方士绅所作的祭祀、纪念文字。……很多著作将'俗下文字'等同于骈文，这是任意发挥的解释。"②可见，韩愈反对并自觉惭愧的不是哪一种"体"的创作，而是言之无物、徒具文辞华美的应事媚俗之作，这样的作品既可能包括骈文，也可能包括散文。可是莫道才先生接下来又说："可以说自韩愈始，'古文'指散体文当无异议。"这里让我们产生疑问的是，如果"俗下文字"并非文体之称，

---

① （唐）韩愈撰，岳珍、刘真注：《韩愈文集汇校笺注》，中华书局2010年版，第816页。

② 莫道才：《唐代"古文运动"概念平质》，《福州大学学报》2010年第5期。

不是指骈体文，那么与之对应的"古文"为何就特指的是某种文体，就是散体文呢？

　　其实，张安祖先生早在 1998 年《文学遗产》上发表的一篇文章《韩愈"古文"含义辨析》里就已申明了"俗下文字"不等同于骈文，"古文"不等同于散文。并指出韩愈心目中的"古文"，"应是体现古代圣贤思想精髓，具有创新精神，而在辞句运用和语言形式上则视表达内容需要自由安排的文章，与骈散无涉"①。按，韩愈师法"三代两汉"，先秦两汉的诸子散文、历史散文，多为单行散句，不受对偶、声律的束缚，句式也长短不拘。但是，韩愈所师法的三代两汉之文也不乏如孟子、庄子、贾谊散文虽然不拘泥于骈偶，但是由于汉文字易于对仗工整、形成高低抑扬声律之美的特点，而寓工整于长短错落之间的作品。如枚乘有"臣闻得全者全昌，失全者全亡。舜无立锥之地以有天下，禹无十户之聚以王诸侯。汤武之士，不过百里，上不绝三光之明，下不伤百姓之者，有王术也"（《谏吴王书》）的议论；贾谊有"席卷天下，包举宇内，囊括四海之意，并吞八荒之心"（《过秦论》）的表述，皆说明从修辞学的角度，骈语、散语并非是不可互融的。

　　另外，从韩愈及韩门子弟作品中大量的赋作和他们对屈赋、相如赋、扬雄赋的喜爱可以看出来，在师法两汉的时候他们是不排斥"汉赋"的，汉赋虽然从严格意义上讲不属于南北朝的骈体文，但从形式上来看，它们在句式的整齐、对称、音韵的协调、用典的精当等很多方面都是相通的。

　　还有，我们普遍认为六朝人不写散文，这亦是不符合历史事实的。从创作方面来说，即便是在骈文极盛的时代，散文也没有消亡。陈柱在《中国散文史》中说："然自来论六朝文学者，莫不以诗赋骈文为主，而忽其散文。而不知六朝之散文，亦甚有足称者。"②潘岳的《闲居赋序》、王羲之的《兰亭集序》、陆机的《吊魏武帝文

---

　　① 张安祖：《韩愈"古文"含义辨析》，《文学遗产》1998 年第 6 期。
　　② 陈柱：《中国散文史》，东方出版社 1996 年版，第 168 页。

序》、慧远的《游石门诗序》、陶渊明的《五柳先生传》《桃花源记》、刘义庆的《世说新语》、陶弘景的《答谢中书书》、吴均的《与宋元思书》都是艺术上非常成功的散文。从以上列举的作品可以看出来，在魏晋南北朝时期，骈与散有着明确的分工，却并没有高低贵贱之分。一些序文、史书、游记、笔记体小说或是为了突出事件的来龙去脉，或是为了突出时间、游踪上的绵延性与接续性都习惯上用散文，而序后边的正文，史后边的论、赞则多用骈体。韩愈大量的文章也沿用了这样一个格局，叙事的时候用散体，写景议论的时候用骈体。韩愈说，"气盛则言之长短与声之高下者皆宜"（《答李翊书》），可见，他师先秦两汉，学的是"文气之盛"，并没有一刀切地认为"气盛"的文章非是什么"体"，不管是语句参差还是语句匀齐，只要做到"宜"，即恰到好处就可以了。这与他"师其意，不师其辞"的主张也是相通的：

> 或问：为文宜何师？必谨对曰：宜师古圣贤人。曰：古圣贤所为书具存，辞皆不同，宜何师？必谨对曰：师其意，不师其辞。又问曰：文宜易宜难？必谨对曰：无难易，唯其是耳。——如是而已，非固开其为此而禁其为彼也。夫百物朝夕所见者，人皆不注视也；及睹其异者，则共观而言之。夫文岂异于是乎？汉朝人莫不能为文，独司马相如、太史公、刘向、扬雄为之最；然则用功深者，其收名远。若皆与世沉浮，不自树立，虽不为当时所怪，亦必无后世之传也。足下家中百物，皆赖而用也；然其所珍爱者，必非常物。夫君子之于文，岂异于是乎？今后进之为文，能深探而力取之，以古圣贤人为法者，虽未必皆是，要若有司马相如、太史公、刘向、扬雄之徒出，必自于此，不自于循常之徒也。若圣人之道，不用文则已，用则必尚其能者。能者非他，能自树立，不因循者是也。（《答刘正夫书》）①

---

① （唐）韩愈撰，岳珍、刘真注：《韩愈文集汇校笺注》，中华书局 2010 年版，第865 页。

《答刘正夫书》很好地讲明了继承与创新的关系，而这里的创新具体指什么呢？首先，文章内容要创新。韩愈强调文章的价值内核要师古圣贤人，而不能流于平庸、人云亦云。也只有在当时大多数创作都丧失了古代圣贤崇高思想内涵的情况下，他的提议才不算是"因循"，而是一次创新。还需注意的是，韩愈认为，圣人之道并非要原封不动地复制到今人的文章当中，试想若是如此，圣人之道就变成了道德说教式的陈词滥调。他说："若圣人之道，不用文则已，用则必尚其能者。能者非他，能自树立，不因循者是也。"故而，关键在于今人对圣人之道的运用，而"能者"则用得巧妙、用得恰当，又能自出机杼。其实，这里的一个潜台词即是"能者"拥有用古人之道来分析阐明具体情况的能力。如果说"师其意"都不意味着亦步亦趋地重述圣贤之道，都要创新，那么表达"意"的"言辞"自然亦不能全面复现古人的句式和言辞，更需要创新了。因此，韩愈的复古是包括深刻创新精神的复古，否则就落入另外一种形式主义了。

其次，艺术手法要有创新。艺术上要有个性创造，不能学古人的言辞而亦步亦趋，当然也不能迷失在时人的风气里与世浮沉。那么在古人与时人之间，韩愈要做出什么样的选择呢？他提出"无难易，唯其是耳。——如是而已，非固开其为此而禁其为彼也。"也就是文章该难时难、该易时易，不要一味求难而禁止易，也不要一味求易而禁止难。故而，韩愈并非要站在"难、易"，"骈、散"任何一方去打击另一方，而是跳出了难易、骈散之争，提倡创作应"视表达内容需要自由安排文章"。所以，张安祖先生说韩愈的"古文"在含义上与"骈散无涉"当属真实的情况。至此，我们就可以得出这样一个结论，韩愈并非有意地背离长期以来形成的审美生态，成为"骈体文"的离经叛道者。

与韩愈并称的古文家柳宗元，其《乞巧文》有直接抨击时文之语："炫耀为文，琐碎排偶，抽黄对白，噂嗒飞走。骈四俪六，锦心绣口，宫沉羽振，笙簧触手。观者舞悦，夸谈雷吼。"[①]这能否说

---

① 柳宗元：《柳宗元集》卷一八，中华书局 1979 年版，第 489 页。

明他反对一切骈文呢？若果真如此，如何解释他集子中一半以上篇幅的骈文创作呢？又如何解释明《四六法海》的编纂者王志坚将其视为尊师呢？王氏在点评《为王京兆贺雨表》时曾这样说："四六至子厚则神理肤泽，色色精工，不惟唐人伎俩至此而极，即苏王一脉，亦隐隐逗漏一班矣！"①其实，诚如罗书华先生所说："古文的倡导者虽然存在与骈俪相对的倾向，但他们从来就不是反对文章的骈俪形式本身，而是反对'文'与'道'的分裂，反对那些丧失了道从而也就丧失了气骨的'文'或'辞'，也就是反对一味追求形式美丽却无视'道'的偏颇。"②可以这样说，韩、柳等人并不是一概否定骈文，他们所否定的乃是不能"明道"的骈文！

三 "古文"作家的被误读与自我辩护

下面我们来解决一个更棘手的问题，即在骈文盛行的审美大环境中提倡"古文"作家的心态问题，以及他们与这样一个大环境有怎样的互动与制衡，被怎样误解，又做了何种自我辩护。

其实，对于韩愈及韩门子弟的误解在他们同时代就已经存在了，裴度在《寄李翱书》中说：

> 观弟（李翱）近日制作，大旨常以时世之文，多偶对俪句，属缀风云，羁束声韵，为文之病甚矣。故以雄词远志，一以矫之，则是以文字为意也。且文者，圣人假之以达其心，达则已理，穷则已非，故高之下之，详之略之也。愚欲去彼取此，则安步而不可及，平居而不可逾，又何必远关经术，然后骋其材力哉！昔人有见小人之违道者，耻与之同形貌共衣服，遂思倒置眉目，反易冠带以异也，不知其倒之反之之非也，虽非于小人，亦异于君子矣。故文人之异，在气格之高下，思致

① （明）王志坚：《四六法海》卷三，清文津阁四库全书本。
② 罗书华：《论唐宋古文运动非以骈文为对立面》，《上海师范大学学报》2013 年第5 期。

之浅深，不在其磔裂章句，隳废声韵也。①

裴度的意思主要是一"破"、一"立"。

首先，他表达了对李翱以"偶对俪句，属缀风云，羁束声韵"为"为文之病"的不满。并用形象的比喻指出那些耻与小人为伍者"倒置眉目""反易冠带"，是与小人不一样了，但也与君子判然有别了。其言外之意是说，李翱等人有意地对对偶声韵"一以矫之"，本意是希望"文以假道"，但是破坏时代通行的审美规则硬要标新立异的话，就好比穿上"奇装异服"，非常可笑。

其次，他表明了自己评价文章的标准在于"气格之高下，思致之浅深"，而不在乎一定要"磔裂章句，隳废声韵"，言外之意即是文章只要"气格高""思致深"，采取什么样的外在形式都无关紧要。

我们不知道李翱如何对这封信进行回复的，但想必韩愈、李翱等人推行他们的文学主张时阻力很大。《旧唐书》对于韩愈的评价也不算高，称他"务反近体，抒意立言，自成一家新语"②。显然也是把他的"古文"看成是与通行审美习惯相左的形式主义的标新立异了。裴度和《旧唐书》都说明了当时的文学环境还不大能接受韩、李的文学主张。李翱是裴度的表弟，又是韩愈的女婿，他很可能针对裴度的质疑做出了相应的解释。可以推知的是，裴度与韩愈、李翱的这场文学观念上的交锋很快就平息了，否则在《寄李翱书》中大大指责韩愈"以文为戏"的裴度不可能日后对韩愈大加重用。

然而，李翱有一封信虽然不是写给裴度的，也可看成是他面对时人的质疑为自己所做的有力辩护。在《答朱载言书》中，他说：

> 天下之语文章，有六说焉。其尚异者，则曰文章词句，奇险而已。其好理者，则曰文章叙意，苟通而已。其溺于时者，则曰文章必当对。其病于时者，则曰文章不当对。其爱难者，

---

① 《全唐文》卷五三八，第5461页。
② 《旧唐书》卷一六〇《列传》第一百一十，第4204页。

则曰文章宜深不当易。其爱易者，则曰文章宜通不当难。此皆情有所偏，滞而不流，未识文字之所主也。古之人，能极于工而已，不知其词之对与否，易与难也。……故义虽深，理虽当，词不工者不成文，宜不能传也。文、理、义三者兼并，乃能独立于一时，而不泯灭于后代，能必传也。①

这是一篇李翱指导后生写作之道的文章。在这里，他列举了六种为文的偏好，其中就包括了"溺于时者，则曰文章必当对""病于时者，则曰文章不当对"两种相反的偏好，即沉迷于时文者，认为文章必须对仗工整、协调声律；而以对偶声韵为时文之弊者，则认为必须革除文章骈偶的特点。最后李翱进行了总结，做文章"对与不对""易与难"都不重要，最重要的是做到"工"，这里的"工"是一个抽象的概念，在文中具体而言也就是"文、理、义三者兼并"，也即合适的思想、内容再配上与之相协调的形式。

葛培岭先生《韩愈"古文"含义"与骈散无涉"吗?》一文是与张安祖先生《韩愈"古文"含义辨析》一文进行商讨的文章。在对"辨析"中以《答朱载言书》作为韩门弟子不反对骈文的重要论据进行质疑时，他说：

　　李翱虽对骈与散两个方面都有批评，但着眼点却不一样。他所批评的"溺于时者"的观点是"文章必当对"，即要求全篇皆对，显然谈的是文体问题。而且我们由"溺于时"之语可以得知当时的文坛的确是骈体风行。而所批评的"病于时者"的观点，则是"文章不当对"，即否定一切对偶形式，其实谈的是修辞问题。从文体上讲，李翱既然否定了"文章必当对"，便是否定了骈文；而否定了骈文，便意味着肯定了散文。因为他不可能是既反对骈文，又反对散文的；否则便违反了逻辑上的矛盾

---

①　（唐）李翱：《四部丛刊集部——李文公集》卷六，上海涵芬楼借江南周书馆藏明成化乙未刊本，第165页。

律，他的话便成了不知所云的昏话。其实，宽泛地讲，古文家们都是"病于时者"，所以他们才与守旧势力发生了尖锐的冲突。①

我们还是要回到《答朱载言书》的原文，该文将"溺于时者，则曰文章必当对""病于时者，则曰文章不当对"二者分裂开来加以辨析，得出李翱反对"文章必当对"即反对骈文的结论。那是不是对"其尚异者""其好理者""其爱难者""其爱易者"也要分裂开来加以辨析，以得出李翱反对文章标异、奇险、艰深，而赞同文章尚理、简易呢？事实上，韩愈、皇甫湜有相当一部分作品正是以奇险、艰深见长的。经王运熙先生考证："中唐的古文实际上比当时的骈文更加难读，反而是骈文比较通俗平易，接近口语的古文是到宋代才产生的。"②如果我们完整地通读李翱的话，会发现李翱的重点并不在于都有哪"六说"或"六说"孰对孰错，而是跳出"六说"之外对文章作法的总结："古之人，能极于工而已，不知其词之对与否，易与难也。"即古之为文的最高境界并不刻意骈散、难易——这种不刻意固守某一形式特征的"工"的创作，自然是根据具体内容的表达需要自由地选取骈、散、难、易的创作。葛先生认为，李翱"不可能是既反对骈文，又反对散文的"。但是，如果李翱的立论基点完全是置身于骈散之争之外，那么他完全有可能是即不反对骈文，亦不反对散文的。

裴度对李翱的质疑与李翱对自己"古文"主张的申明为我们理解古文作家与整个大环境的互动提供了一个很有意思的生态学视角，裴度是在说只要"气格高""思致深"，语言形式上是骈散无关紧要；李翱则在说只要"词工"，对与不对（骈与散）、难与易都可视情况而定。裴度批评李翱之语正好是李翱教导后生之语，看似文学观念不同的两个人，实际上他们说的是一个意思。所

---

① 葛培岭：《韩愈"古文"含义"与骈散无涉"吗？》1999 年第 6 期。

② 王运熙：《韩愈散文的风格特征和他的文学好尚》，《王运熙自选集》，安徽教育出版社 1998 年版。

以，裴度指责李翱"礫裂章句，嚼废声韵"，实在是对李翱的误读。

《答朱载言书》是李翱对朱载言的回信，想必朱载言的来信中问到了"对与不对""易与难"的问题。无独有偶，韩愈也回答过这样的问题，在《答刘正夫书》中，刘正夫的提问和韩愈的回答是这样的：

> 又问曰：文宜易宜难？必谨对曰：无难易，唯其是耳。

这里，韩愈亦旨在申明作文的真谛，即文章的形式应与具体的内容相得益彰、恰到好处，而不必刻意追求难易、骈散。

可见，韩愈等人的古文理论在当时是不断地遭受质疑、不断地接受提问的，而他们又在不断地向外界解释，其目的恐怕就是避免有人把他们的"古文"理论狭隘化、简单化，或是害怕自己被误认为是违背通行审美习惯的哗众取宠、标新立异者。诚然，他们写下了大量优秀的散文篇章，那实在是他们想通过便于叙事说理、比较实用的言说方式来带动"儒道"的复兴。作为志在古道的儒者，他们对于更自由表达思想的散文创作有一种本能的心理趋同，但这并不会妨碍他们以文学家的方式来接纳、热爱、创作骈体。所以，说他们从理论到实践上都推翻了长久以来形成的骈文传统，对他们实在是不公的，想必也是他们不愿意看到的结果。

第二节　独孤及"古文（反骈文）先驱"①提法辨疑

在对独孤及个人进行文学史定位的时候，学界通常将其称为

---

① 按学界长久以来的术语使用习惯，一提到"古文"往往给人第一印象就是"散文"。而笔者认为，韩、柳的"古文"不等同于"散文"，而是拥有充实正大的思想内容、横亘抑郁不平之气，有骈、有散或骈散兼行的文章。为了使本书所讨论的"古文"不与学界过去共识的"古文"含义混淆，故笔者在必要时以古文（反骈文）、古文（散文）的方式来指代过去"古文运动"说中的"古文"含义。

韩、柳古文运动（反骈文运动）的先驱，并将其放在"上承萧（颖士）、李（华），下启梁（肃）、韩（愈）"①承前启后的位置上。很有意思的是，站在这样一个"承前启后"的中转点上来考察独孤及的文学史价值，学界则大体产生了两种相互矛盾的看法：

一种立论的角度是立足于"启后"，相对于后辈韩愈、柳宗元，既肯定独孤及文以宏道、反对浮靡文风等观点对后世的启发意义，又指出了较之后辈，独孤及和其他先驱者们要么反对骈文却不够彻底，要么"空言明道""一味强调教化乃至否定一切文学性作品"②的态度有偏颇之处；另外一种立论的角度则立足于"承前"，认为相对于前贤萧颖士、李华，独孤及既继承了他们宗经复古的思想，又"修正了萧、李之过于极端，过于偏枯"③的毛病，比之前辈他更加重视文辞之美。那么独孤及到底是轻视文章文学性、审美性的道德家，还是把文章的审美功能看成是不可或缺的文章家呢？他到底主张"重质轻文"还是讲求"文质并取"呢？解决这一切问题的症结就在于他对骈偶声律的看法是比较偏激，还是比较通脱？假若他并没有偏激地反对骈文，那么学界将其视为韩柳古文运动（反骈文运动）先驱的说法就是存在可疑之处的。

一 疑点之一：从独孤及文质相配的文学主张谈起

要想说明独孤及是古文运动（反骈文运动）的先驱者之一，就必须证明他反对与"古文（散文）"相对的时文——骈文。在独孤及所有的言论中，有一段话被引用的频次最高，即在指出南朝后期骈文创作的弊病时，他这样说："其风流荡而不返，乃至有饰其词而遗其意者，则润色愈工，其实愈丧。及其大坏也，俪偶章句，使枝对叶比，以八病、四声为桎梏，拳拳守之，如奉法令。"（《检校尚书吏部员外郎赵郡李公中集序》）人们通常以此作为他正面、直接、明确地抨击骈文的有力证据，进而为证明其中唐反骈文运动的

---

① 罗联添：《唐代诗文六家年谱》，（台湾）学海出版社 1986 年版，第 5 页。
② 袁行霈：《中国文学史》（二），高等教育出版社 1999 年版，第 366 页。
③ 罗根泽：《中国文学批评史》（二），上海古籍出版社 1984 年版，第 128 页。

先导者身份做立论上的准备。然而，仅凭这段话就证明他反对骈偶声律——骈文之所以安身立命的根本，未免有断章取义之嫌。独孤及所说的"大坏"之文，果真指的是骈文吗？现将前后文具引用如下：

> 志非言不形，言非文不彰，是三者相为用，亦犹涉川者假舟楫而后济。自典谟缺，雅颂寝，世道陵夷，文亦下衰。故作者往往先文字，后比兴，其风流荡而不返，乃至有饰其词而遗其意者，则润色愈工，其实愈丧。及其大坏也，俪偶章句，使枝对叶比，以八病、四声为梏拲，拳拳守之，如奉法令。闻皋繇、史克之作，则呷然笑之，天下雷同，风驱云趋。文不足言，言不足志，亦犹木兰为舟，翠羽为楫，玩之于陆而无涉川之用，痛乎流俗之惑人也旧矣。帝唐以文德敷佑天下，民被王风，俗稍丕变。至则天太后时，陈子昂以雅易郑，圆者浸而向方。天宝中，公与兰陵萧茂挺、长乐贾幼几勃焉复起，振中古之风，以宏文德。(《检校尚书吏部员外郎赵郡李公中集序》)①

第一，他指出了"文亦下衰"的思想背景，他认为，"典谟缺，雅颂寝，世道陵夷"乃是文章流于轻浮的重要原因，而后文提到的李华、萧颖士、贾至之所以能"振中古之风"、推动"文章中兴"，正是因为他们把根基深深地扎在了儒家经典之上。创作雅正的文字，才能力克流俗之浮靡。在这里，独孤及明确地表达了他宗经复古的思想，他认为，只有重新接通通向古代先贤的管道，古代先贤的作品才能源源不断地对时人的创作有所滋养，从而挽救走向颓靡的文风。

第二，他说明了"文亦下衰"的具体表现，即"先文字，后比兴"。在这里"文字"与"比兴"相对，显然不是从文章修辞角度来谈比兴，而是从儒家诗教的角度来谈文章的讽谕之旨。独孤及用了一

---

① 《〈毗陵集〉校注》卷一三，第285页。

个形象的比喻来说明"志—言—文"三者的关系。"言""文"如"舟楫"，是"涉川者"（"志"）登上彼岸不可缺少的工具。这里不仅从操作理性的角度肯定了"言"与"文"的工具性意义，也从价值理性的角度指出了"志"才是评估"言"与"文"存在价值和合理性的先决条件。显然，独孤及是从内容与形式的关系角度进行阐发的，他认为内容为体，形式为用，如果脱离了内容（"志"）这个价值内核，片面地追求形式（文饰）的华美，那么文章就会堕落成为形式主义的语言游戏，如木兰为舟，翠羽为楫，好看而不实用。因此，他反对"先文字，后比兴"，正是反对把形式美置于儒家诗教功能之上、内容与形式本末倒置的作品。

第三，他指出，并非所有人对"文亦下衰"的现状都听之任之，不乏有责任感的文人站出来力抚狂澜、挽救衰丧的文风。他赞美陈子昂"以雅易郑"，"以雅易郑"很显然是与"典谟缺，雅颂寝，世道陵夷"的局面相对应的。他认为，李华、萧颖士、贾至等人的历史功绩在于"以宏文德"，"以宏文德"很显然是与"润色愈工，其实愈丧"的徒有夸饰而言之无物的文章相对应的。可见，他对自己文学同道的称赞都是从文章应具有健康、充实的思想内容的角度来谈的。故而，在他看来，解决时风之弊的关键还是要从文章之"志"着手，以雅正的内容抵制时风之浮靡。

第四，从行文的语气上可以看出，"文亦下衰"是一个趋势，这个趋势达到"大坏"的地步，即表现为"饰其词而遗其意""俪偶章句，使枝对叶比，以八病、四声为梏拳，拳拳守之，如奉法令"。可见，独孤及批评的是"大坏"之文的骈偶声律，他要表达的是南朝骈文末流的形式美太过分，而并非是将所有的骈文一棍子打死。

最后，我们再参看独孤及的《奠贾尚书文》，此文对贾至文的赞美从语境、措词和口气上来看均与李华集序非常相似，他说："文章陵夷，郑声夺伦。兄于其中，振三代风。复雕为朴，正始是崇。"①明确地指出贾至的功绩全在于"复雕为朴"，所以作者实则是

---

① 《〈毗陵集〉校注》卷二〇，第 428 页。

从修辞的角度反对文章过分浮夸雕琢的，与骈散无涉。

结合以上五点，我们可以做出如下总结：其一，在内容与形式之间，独孤及更加强调的是文章内容上复古宏道式的"革命"，如果将文学的本根深扎在儒家经典之上，如果创作的是"先比兴，后文字"，既有明确而充实的"文道"又有相对比较质朴的骈文，如魏徵、张说、陈子昂的骈文，虽然对仗工整、句式整齐、音韵协调，并不是独孤及反对的对象。其二，独孤及的确是反对大坏之文雕缋满眼的形式主义，而这里的"大坏"之文指的是徒有声色之美而无实在内容的骈文，而绝不与"骈文"同一含义。独孤及《毗陵集》中也有相当数量的骈文，他的许多篇章仍然沿用的是魏晋南北朝以来通行的模式：叙述事件的时候用散体，写景议论的时候用骈体；序文多散，正文多骈。所以，他并没有颠覆性地反对骈文，只是反对因过分藻饰而失之于"道"罢了。

如果这还不足以说明问题的话，下一段文字实际上更明确地说明了独孤及对于骈偶声律的看法：

　　……当汉魏之间，虽已朴散为器，作者犹质有余而文不足。以今揆昔，则有朱弦疏越，大羹遗味之叹。历千余岁，至沈詹事、宋考功始财成六律，彰施五色，使言之而中伦，歌之而成声。缘情绮靡之功，至是乃备。虽去雅寝远，其丽有过于古者。亦犹路辂出于土鼓，篆籀生于鸟迹也。沈宋即没，而崔司勋颢、王右丞维复崛起于开元、天宝之间，得其门而入者，当代不过数人，补阙其人也。……其诗（皇甫冉诗）大略以古之比兴就今之声律，涵泳《风》《骚》，宪章颜、谢。至若丽曲感动，逸思奔发，则天机独得，非师资所奖。每舞雩咏归，或金谷文会，曲水修禊，南浦怆别，新意秀句，辄加于常时一等，才钟于情故也。（《唐故左补阙安定皇甫公集序》）[1]

---

① 《〈毗陵集〉校注》卷一三，第290页。

在这篇文章中，独孤及虽然批评了汉魏之诗"质有余而文不足"，然从上文"虽已朴散为器"的语境上来看，"朴散"亦是作家肯定的一种审美价值，不过是要求朴散不可太过，要恰到好处而已。他称朴散太过的汉魏诗有"大羹遗味之叹"，言外之意欲使诗歌读起来有"滋"有"味"儿，文辞之"丽"是不可缺少的一种"作料"。另外，独孤及亦肯定了沈佺期和宋之问"丽"辞的价值，然从上文"虽去雅寝远"的语境上来看，"去雅"亦是作家否定的一种审美价值。他认为，沈、宋之诗比之汉魏古诗来"犹路韬出于土鼓，篆籀生于鸟迹"，则是以古诗之粗糙质朴为对照，直截了当地称赞今之律诗之精致与精巧。故而独孤及是在肯定"朴散"的前提下否定"文不足"，又是在否定"去雅"前提下肯定文辞之"丽"的。可见，文与质配合得恰到好处不仅是独孤及的文论亦是其诗论所追求的艺术标准。

然而有意思的是，在评价汉魏诗"有大羹遗味之叹"和评价沈、宋诗"犹路韬出于土鼓，篆籀生于鸟迹"的两个比喻之间，独孤及的天秤并不是平衡的，是向其中一个方向倾斜的。两个比喻在共同说明一个道理，即文辞之"丽"的重要！也就是说，他虽试图找到古今诗歌质与文的平衡点，但又不自觉地对今之"丽"辞投入更多关注的目光。可以看到，独孤及不但不反对律诗、不反对"丽"辞，反而，他眼中的诗歌发展史在诗歌的精致化方面是呈现出进步之势的。

前引《赵郡李公中集序》对南朝骈文的末流"俪偶章句，使枝对叶比，以八病、四声为梏桎"的大力抨击，给我们的感觉是独孤及应该是对"朴散"之诗情有独钟才对，可令人吃惊的却是他对沈、宋的肯定！宇文所安在《盛唐诗》一书中这样说道：

> 较引人注目的是独孤及这样的复古作者，也做出了合格的支持（律诗。——笔者）阐述。它（皇甫冉序。——笔者）承认沈佺期和宋之问，却排除陈子昂；它合理地包括了王维，却不仅遗漏了孟浩然、李白及杜甫（这是中唐复古复兴后形成并延续至今的伟大诗人名单），还忽略了王昌龄、储光羲一类

诗人。后一类诗人与王维一起驰名于开元天宝。后期京城趣味被引向沈佺期和宋之问的正规艺术，王维在其眼中，不是严谨的文士，而是艺术宗匠和京城社会的桂冠诗人。①

这里，宇文所安说"它承认沈佺期和宋之问"，其实应该改为它"部分地"承认了沈、宋"裁成六律，彰施五色"在律诗定型中的贡献。因为他对沈、宋的承认是有条件的，而他对另外一位诗人——王维的承认却是无条件的。宇文所安敏锐地抓住了沈、宋与王维之间的精神联系，即他们都是京城趣味的代表人物，而且都是被官方审美习惯认可的文人。沈、宋在上官婉儿主持的宫廷竞赛中频频夺魁，而王维逝后却被代宗亲笔题为"一代文宗"。在某种程度上，官方的审美趣味很容易潜移默化地对大众施加影响，试想如果皇帝指定某人为艺术宗匠，那么科举考试的应试者又怎能不产生向"艺术宗匠"标准的心理趋同？所以，在独孤及的时代，王维的诗歌风格当之无愧地占据着宗匠的地位，这已是一个不需要理性加以思辨的事实了。自然，独孤及亦生活在王维奠定的审美模式下，受其熏陶。因此推举王维不是他的独出心裁、标新立异，而是时代风气使然。虽然王维之"清丽"与沈、宋之"华丽"之间还有质与度的差别，但是独孤及绝对没有脱离时代的审美习惯而对他们精于"声律"之作加以反对——这与他同时代的元结的观点不同，元结在他的《箧中集》中只选古体，而排斥近体，相比之下，独孤及不废声律的观点更加通达。

宇文所安认为："《皇甫冉集序》明显体现了复古诗论的衰退。独孤及本是大儒李华的门生，却被吸引着从许多古老的复古观点退出。"②与其说《皇甫冉集序》明显体现了复古诗论的衰退，毋宁说独孤及的诗论所提倡的是思想内容上的比兴宏道，而不是文学外在形式上的"古风"，而在文学形式上他则"坚持认为文学的精致化不是

---

① ［美］宇文所安：《盛唐诗》，三联书店2004年版，第287页。
② 同上书，第288页。

文明自然进程的天敌，而是其组成部分"①。搞清楚这一点，我们就知道他并不是反对文学作品形式美的"腐儒"了。

这是一篇为皇甫冉而写的序，中心当然在皇甫冉身上。皇甫冉诗学王维，所谓"得其门而入者，补阙其人也"。作家在这里含蓄地指出，王维与皇甫冉达到了质与文的完美平衡。而质与文的平衡点表现在哪里呢？他称赞皇甫冉诗"大略以古之比兴就今之声律"。这无疑是在说明皇甫诗优于汉、魏之处在于其"今之声律"，而优于沈、宋之处乃在于其"古之比兴"，故"比兴"与"声律"兼备才是独孤及评价好诗的标准。王维、皇甫冉之诗也未必就达到了古之比兴与今之声律的完美平衡，但将具有伦理价值的"古"与具有审美价值的"今"相结合，也许正是独孤及这等复古学者理论上的独创吧。正如成复旺《中国文学理论史》所说：

> 这里没有对"裁成六律，彰施五色"的近体诗抱否定态度，像同时代的元结那样，而是认为这是由粗到细、由质到文的发展。如果说"以今揆昔"，未免有"朱弦疏越，大羹遗味之叹"，那么，由古而今，则是从土鼓到路鼗，从鸟迹到篆籀。而且正是有了这样的发展，"缘情绮靡之功"才得以完善，诗歌才达到了成熟、完美的地步。独孤及所担心的，只是有声律而无比兴，所以提倡"以古之比兴就今之声律"。这里提到《离骚》，就不是否定态度了。只有继承新取得的成果，复古的旗号才有前进的意义。只有充分重视艺术形式，反对形式主义才不是以错制错。②

的确，独孤及论诗所最担心的不是诗"由粗到细、由质到文的发展"，而是徒有声律而无比兴；就像他论文章创作时最担心的是"先文字，后比兴"，徒有八病、四声而无深远的伦理内涵一样！

---

① ［美］宇文所安：《盛唐诗》，三联书店 2004 年版，第 288 页。
② 成复旺：《中国文学理论史》（二），中国人民大学出版社 2009 年版，第 116 页。

所以，独孤及提倡的复古并不是文学史的倒退，而是主张以古人崇高的思想价值与今人的艺术表达方式完全结合的一次进步与创新。换句话说，他认为，如果诗歌具备健康、充实的思想价值，恰当的"声律"之美不但不会破坏这种价值，反而只会使这种价值增色。总而言之，独孤及提倡"丽"辞，不反对声律，不反对律体。要之，在某种程度上，律体诗在对偶声律方面比骈体文要求更加精严。独孤及不排斥律体，当然也就更不会排斥骈文了

如果说《赵郡李公中集序》是从反面驳论的角度对徒有形式而无比兴的创作加以抨击，那么《皇甫冉诗序》则是从正面立论的角度建设性地提出"以古之比兴就今之声律"的审美标准。把两篇序文放在一起，我们可以看到独孤及把内容充实（包含比兴）的"丽"辞与徒有声色之美的"丽"辞严格地区分开来了，而后者才是他反对的对象。还应该指出的是，毕竟在独孤及眼里诗与文的黄金时代是不同的，文是两汉（贾生、史迁、班孟坚），而诗是王、崔。由于文体的差异，诗与文对"丽"要求的标准与尺度当然亦有所差别。

也有的学者认为，在诗论方面，独孤及肯定了"由质趋文"的发展趋向，要求"比兴"和"声律"兼备。但是这并不是他评价文的标准，在评价文的时候，他提倡散文，反对骈文。比如罗根泽先生在分析独孤及诗文主张的异同时说：

> 文学批评不但随人而异，也随文体而异。譬如古文大家韩愈的私淑老师独孤及，在"文"一方面，自然提倡简易载道，反对繁缛缘情……但在"诗"一方面，则反而提倡……反对质朴无文。①

张少康、刘三富的《中国文学理论批评发展史》说：

> 特别是他对五言诗的评价，显然是比较公允的，他充分肯

---

① 罗根泽：《中国文学批评史》，上海书店出版社 2003 年版，第 19 页。

定了从建安到盛唐诗歌发展的成就，高度评价了沈、宋在律诗
发展上的贡献，明确提出"缘情绮靡"是"功"而不是过。……
在韩柳以前的古文家中，独孤及的文学观是比较全面、客观
的。由此也可见，独孤及对诗歌发展的历史评价与对文章发展
的历史评价是不同的，他认识到作为艺术的文学和一般非文学
文章是有所不同的。①

由于诗与文体裁上的差异，独孤及对诗与文的艺术标准要求上
的差异自然可以理解。然而"先比兴，后文字"与"以古之比兴就今
之声律"二者又确实具有结合点，那就是，虽然文与诗追求文辞之
美的尺度拥有差异，但在文质彬彬的总体审美框架下，文辞之美
（文字与声律）并不是必须废弃的。

这里还需要廓清两点：第一，将《赵郡李公中集序》《皇甫冉诗
序》两篇文字结合起来看，在独孤及的话语体系中，"比兴"不仅仅
是用来评价诗的标准，"比兴"——作为一个特指作品中充实正大思
想内涵的批评概念，也是评价其他文学体裁的重要标准。第二，就
《赵郡李公中集序》一篇文章来看，"先比兴，后文字"中"比兴"亦
不单是评价文的标准，而是针对一切文体（诗与文）所进行的总体
规律性的描述。这从后文对李华创作的评价中可以看出来，他说：
"公之作本乎王道，大抵以五经为泉源，抒情性以托讽，然后有歌
咏；美教化，献箴谏，然后有《赋》、《颂》；悬权衡以辩天下公是
非，然后有论议。至若记叙、编录、铭鼎、刻石之作，必采其行事
以正褒贬，非夫子之旨不书。"这里至少包括诗、赋、颂、论议、记
叙、编录、铭鼎、刻石等多种文体。可见，诗与其他实用性文体一
样都要求比兴（内容）在先，文饰（形式）在后，这便与《皇甫公
集序》中所说的"以古之比兴就今之声律"有相通之处。在他《萧府
君文章集录序》一文里，开头亦有这样的话：

---

① 张少康、刘三富：《中国文学理论批评发展史》（上），北京大学出版社1995年
版，第384页。

> 足志者言，足言者文。情动于中而形于声，文之微也。粲
> 于歌颂，畅于事业，文之著也。君子修其词，立其诚，生以比
> 兴宏道，殁以述作垂裕，此之谓不朽。……①

"情动于中而形于声"显然是受《诗大序》诗论的启发，然而在这里
又不用来单论诗歌，而是囊括了萧立集中的诸体文章。在后文介绍
萧立文集的编撰时他又说：

> 于是茹痛开缄，扠血散帙，缉其遗礼，得诗、赋、赞、
> 论、表、启、序、颂、铭、诔、志、记凡若干篇，编为五卷，
> 以为集录。②

很显然，用以"宏道"的文体包括萧立集中的诗与文。

为了证明独孤及诗文评价标准不一，罗根泽先生还对独孤及的
文学主张作了更细的分析。他在《中国文学批评史》中说：

> 这似乎是时代或个人的矛盾，实则是因为文学的体类不
> 同，所以文学的批评亦异。从历史上看来："文"一方面，由魏
> 晋六朝的骈俪文的反响，激起古文运动，自北周苏绰、北齐颜
> 之推、隋代的李谔，即逐渐提倡，至唐代而集其大成。"诗"一
> 方面，则由汉、魏、六朝的古诗的反响，自沈约一班人即讲究
> 声病，至唐成而格律益密，完成所谓绝律诗。从社会政治上看
> 来；初盛唐是以"文"治天下，以"诗"饰太平的。唯其以文治
> 天下，所以文须简易载道；唯以诗饰太平，所谓诗须绮靡缘
> 情。从心理上看来，心理有理智，亦有情感；理智的建设是
> "道"，情感的需要是"情"；"道"的形式要简易，"情"的形式

---

① 《〈毗陵集〉校注》卷一三，第293页。
② 同上书，第294页。

要绮靡；所以一面提倡简易载道之文，一方面提倡绮靡缘情之诗。①

另，王运熙、顾易生《中国文学批评通史》说：

> 这里充分肯定了诗歌由质趋文的历史发展，尤其是明确地肯定了回忌声病、讲究对偶的律体诗。对历朝著名诗人，包括南朝的谢灵运、颜延之、江淹、徐陵都表示推重，更充分肯定了初唐沈佺期、宋之问使律体诗最终得以完成的重大贡献。显然独孤及在这里并不强调诗歌的政教内容，所重视的是其缘情绮靡的审美价值。看来他的复古、宗经、宏道之论，主要是就散文写作而言，诗歌乃是被作为怡情悦性之具的。②

罗说根本是在说明独孤及为何反对骈体文而不反对律体诗，为此他做了社会政治学和心理学的两点解释。

首先，他认为，独孤及反对骈俪文，是因为骈文是不利于"治天下"的；不反律体，是因为律体诗是方便"饰太平"的。从文体的角度讲，只有饰太平的诗须绮靡缘情。王运熙亦说："显然独孤及在这里并不强调诗歌的政教内容，所重视的是其缘情绮靡的审美价值。"如罗、王二说属实，那么独孤及的诗论严重忽视了在中国诗歌史上长期占据主导地位的儒家诗教讽谕原则——而这一原则在独孤及同时代的元结身上就有强烈回响。这样的"忽视"放在任何一位唯美的作家身上都尚可理解，出现在独孤及这位提倡宗经复古的作家身上多少令人匪夷所思。再者，如果独孤及的诗论主张与诗歌的政教、伦理内容毫无关涉，那么他强调诗歌创作要包含"古之比兴"不就是一句敷衍人的空话了吗？独孤及自己的律作《送马郑州》《酬常郿县见赠》对朋友修政与修身的赞赏、勉励与期望，就不能

① 罗根泽：《中国文学批评史》，上海书店出版社2003年版，第19页。
② 王运熙、顾易生：《中国文学批评通史》，上海古籍出版社1996年版，第455页。

说与政教无关，亦不能说是用来饰太平的。如果律体可以与"古之比兴"结合起来表达儒家知识分子对人生之道、为政之道的理解，那么骈文与"古之比兴"结合又为何不能"治天下"呢？陆贽的骈体奏议即很能说明问题。

其次，罗说又从心理学的角度指出文是体道的艺术，诗乃缘情的艺术。诗的确是缘情的艺术，这也完全符合独孤及对皇甫冉诗歌成就"才钟于情故"的评价。然而"情"与"道"就完全相冲突吗？"道"不能无"情"，只要拜读一下中国古代奏议文饱含深情的力量，就会知道体道之文在晓之以理外，在多大程度上需要动之以情了。"情"亦不能无"道"，否则所抒之情便缺少既定的价值指向，更易流于情调的低迷。要之，人类情感只有置于最大通约性的质点上才会引发强烈的共鸣。独孤及提倡的"古之比兴"其实就是用来校正"情"之方向、抵制"情"之浮夸奢靡的。诚然，独孤及在评皇甫冉诗时所强调的"情"依然是一种个人化的情感，所谓"舞雩咏归，或金谷文会，曲水修禊，南浦怆别"都附属于文人私人化的生活场景，然而，这等私人化的场景完全不妨碍儒家知识分子借此传达自己的人生之道、出处之道、欢聚之道……如独孤及《送张征君寅游江南序》结尾即有"少别非志士所悲，深衷岂短章能见？桃源秋至，仆当搴其仙实，俟子于武陵之南溪"①的说法。《送李白之曹南序》又有"在丈夫各乘风波，未始有极，哀乐且不足累上士之心，况小别乎"②的慷慨之辞。从这些送序中，我们即可以窥见文人是如何借诗作表达离别欢聚之道、出处去留之道的。所以尽管所载的道不一定是社会政治之道，然而，即便是在诗歌这一更接近于纯文学领域，"载道"与"声律"也并不是必然冲突的。同理，社会政治之道与"骈文"也不是必然相冲突的，载道之文完全可以用散文来写，亦可以用骈文来写，也可以采取骈散兼行的语言形式。

可以得出这样一个结论，尽管诗、文所表现的对象可以有所区

① 《〈毗陵集〉校注》卷一四，第304页。
② 同上书，第305页。

别，一重情，一重道；尽管对诗与文"丽"的要求的标准与尺度有所差别，一偏于丽，一偏于质。但是从审美的角度，独孤及论诗和论文的标准都是一致的，都不反对骈偶声律，都认为还是以内容与形式配合得恰到好处为好。他所欣赏的正是"直而不野，丽而不艳"（《萧府君文章集录序》）① 的"有以取正"的文字。

其实，不仅独孤及不反对骈体，萧颖士、李华对骈偶声律的看法也没有走向"极端"。萧颖士在评价自己的文章时说："仆平生作文，格不近俗，凡所拟议，必希古人。魏晋以来，未尝留意。"（《赠韦司业书》）② 有学者认为"俗"，即是世俗流行的骈文，恐怕是对这句话的误读。这里的"格"显然是"气格""格调"的意思，所以"俗"很明显指的是魏晋以来"气弱"的文章，即颓靡不振的文字，并非特指某种"体"。所以，"格"高的骈文一样是他赏识的对象，而"格"不振的散文他也同样不会留意。至于萧颖士反对"局夫俪偶"（《江有归舟诗序》）③、李华对"唯化物谐声"（《赠礼部尚书清河孝公崔沔集序》）④ 的文章表示不屑，都只能说明他们反对一味拘泥于骈偶声韵、徒求文辞之工的作品，而不能说他们对于内容充实亦"化物谐声"的作品也表示不满，他们的作品集里都以骈体为多，就是一个有力的证据。

如果独孤及没有反对骈体，那么按照通常对于"古文运动"的定义，我们就不能称他为"古文运动的先驱"。独孤及是与唐宋提倡古文创作的领袖一样主张复兴儒家道统的，但是并没有从操作意义上提出该以散文的语言形式来复兴道统。在中国古代文论史上提倡宗经复古的大有人在，唐代即有王通、王勃、陈子昂、张说、李白、元结，再远一些的具有宗经复古思想的还有刘勰、扬雄……如果这些作家都算上，那么独孤及的前驱意义就更不明显了。

---

① 《〈毗陵集〉校注》卷一三，第 293 页。
② 《全唐文》卷三二三，第 3273 页。
③ 《全唐诗》卷一五四，第 1593 页。
④ 《全唐文》卷三一五，第 3196 页。

二　疑点之二：从独孤及的屈宋论谈起

梁肃《〈毘陵集〉后序》中记载了独孤及的教导之语："荀孟朴而少文，屈宋华而无根，有以取正，其贾生、史迁、班孟坚尔。"在《萧府君文章集录序》中，独孤及转述了友人萧立的话"尝谓杨、马言大而迂，屈、宋词侈而怨。沿其流者，或文质交丧，雅郑相夺，盖为之中道乎？"接着他又说明萧立作品"直而不野，丽而不艳"的风格是如何合乎中道，可见他对萧立的观点是支持的。

在独孤及的时代，主张复古宏道的儒家学者排斥屈、宋的现象是非常普遍的。李华在《扬州功曹萧颖士文集序》中转述萧颖士的观点时说："君以为六经之后，有屈原、宋玉，文甚雄壮而不能经。"①李华本人在《赠礼部尚书清河孝公崔沔集序》一文中也对屈、宋有所批评："屈平、宋玉，哀而伤，靡而不返，六经之道遁矣。"②贾至亦说："泪骚人怨靡，扬、马诡丽，班、张、崔、蔡、曹、王、潘、陆、扬波扇飙，大变风雅。宋、齐、梁、隋，荡而不返。……览数代述作，固足验乎理乱之源也。"(《工部侍郎李公集序》)③ 稍后于独孤及的柳冕对屈、宋的声讨更为激烈，他说："骚人作，淫丽兴，文与教分为二。"(《答徐州张尚书论文武书》)④"自屈、宋以降，为文者本于哀艳，务于恢诞。亡于比兴，失古义矣。"(《与徐给事论文书》)⑤"至于屈、宋，哀而以思，流而不反，皆亡国之音也。"(《谢杜相公论房杜二相书》)⑥"屈、宋已降，则感哀乐而亡雅正。"(《与滑州卢大夫论文书》)⑦ 等等。

综合以上言论，这些复古学者排斥屈、宋不外乎两点原因：一是认为屈宋之词浮靡、淫丽；二是认为屈宋词之"哀"、之"怨"是

---

① 《全唐文》卷三一五，第3197页。
② 《全唐文》卷三一五，第3196页。
③ 《全唐文》卷三六八，第3736页。
④ 《全唐文》卷五二七，第5355页。
⑤ 同上书，第5356页。
⑥ 同上书，第5354页。
⑦ 同上书，第5357页。

一种病态的、不健康的情绪，它严重危害了文章的正道，正所谓"六经之道遁矣"。而文章正道又与社会正道息息相关，好的文章可以起到力透纸背的作用，直抵人心、改良社会，而病态的文章则会将不良的情绪传染给整个社会，使之颓靡、衰疲、缺少向上的能量。如果说前者是"怎么写"的问题，后者则是从文章与政教关系的角度谈"写什么"的问题。总而言之，此时文人对屈、宋的否定是内容与形式上的双重否定。

然而令人困惑的是，独孤及《皇甫冉集序》中的屈、宋论与他在其他场合对屈、宋的看法则相违背。他说："五言诗之源，生于《国风》，广于《离骚》，著于李、苏，盛于曹、刘，其所自远矣。"又称赞皇甫冉的诗"大抵以古之比兴就今之声律，涵咏《风》《骚》，宪章颜、谢"。不仅指出《离骚》在五言诗发展史上有着重要地位，而且认为友人皇甫冉所取得的诗歌成就与他摄取了《离骚》的滋养有着很大的关系。那么，独孤及对《离骚》为什么有两种截然相反的看法呢？

我们具体分析一下独孤及三次评价屈、宋的场合，梁肃《后序》是在以贾谊、司马迁、班固等政论作家和史书作家的参照下评价屈宋之作"华而无根"的。《萧府君文章集录序》是在包括诗与文的文章总论的基础上谈论"屈宋词侈而怨"的。《皇甫冉序》则从五言诗发展的角度，在对沈、宋之"丽"辞，皇甫冉文人雅会诗之"才钟于情"的肯定下来看待《离骚》的历史功绩的。我们可以看到，在应用文章领域（从文学性的角度划分，这里特指与"文"相对的"笔"的范畴），在包括纯文学与杂文学的广义的文学领域，屈、宋是深受排斥的；而落实到更接近于纯文学的诗歌领域，《离骚》的地位则迥然不同了。

与独孤及对屈、宋看似"矛盾"的评价相似，批评屈、宋"哀而伤，靡而不返"的李华在《登头陀寺东楼诗序》中说：

……头陀古寺，简栖遗文，境胜可以澡濯心灵，词高可以继声金石。二大夫会台寺之贤，携京华之旧，十有馀人，烁如琼华，辉动江甸。涉金地，登朱楼，吾无住心，酒亦随尽，将以斗撒烦襟，观身齐物。日照元气，天清太空，无有远近，皆如掌内。辨衡巫于点黛，指洞庭于片白。古今横前，江下茂树方黑，春云一色。曰屈平、宋玉，其文宏而靡，则知楚都物象，有以佐之。舅氏谓华老于文德，忘其琐劣，使为诸公叙事。不敢烦也，词达而已矣。①

这是一篇李华为"诸公叙事"的游宴序。在游宴集会上为同游者的赋诗活动作总序，其目的无非是引发同游者的诗兴或是为同游者之诗酒活动进行总结。此序虽旨在叙事，却与所要引发或总结的诗兴具有决定性的联系。在描写眼前壮观景色时，李华"曰屈平、宋玉，其文宏而靡"。显然，此处评价屈、宋之词恢宏壮丽，丝毫不带贬义。为什么李华这个时候不再提及屈、宋之词"六经之道遁矣"了呢？

第一，李华送序中的文人生活与《皇甫冉序》中独孤及称赞好友"舞雩咏归""金谷文会""曲水修禊""南浦怆别"等题材的诗歌一样，所反映的都是非政治化的、文人私人化的生活场景。可见，在私人化的文人集会场合，在文人内部进行更接近于纯文学创作的文学切磋，复古学者们对于体现诗歌文学性、艺术性的"丽"辞还是相对宽容的。

第二，从李华、独孤及私宴序中所展现的文人诗酒人生可以推测，皇甫冉诗中的文人雅集所展现的亦必是撕下政治面具后的文人"真我"情态。在远离了政治的功利性之后，文人更加关注的是"斗撒烦襟，观身齐物"的"小我"之道。卸下了政治的伪装之后，我之"真情"必然是诗人要表达的永恒主题。在"以古之比兴就今之声律"的总体要求下，这里的"情"必定不是空言无物的滥情或病态的宣泄。因为"古之比兴"是在强调"情"的伦理价值，而今之声律则客观上控制了"情"的分寸。骈偶声律真的有助于控制情感的分寸

---

① 《全唐文》卷三一五，第3198页。

吗？我们只要看一看独孤及对六朝骈文末流的批判就可以窥见一斑了。他说："及其大坏也，俪偶章句，使枝对叶比，以八病、四声为桎梏，拳拳守之，如奉法令。闻皋繇、史克之作，则呷然笑之，天下雷同，风驱云趋。"可见，对于那些过分地追求形式美而内容空洞的作品，技巧主义会将其引向"天下雷同"的窄路。反之，适度的形式美实际上也构成对情感的节制。所以，"以古之比兴就今之声律"的作品能兼顾情感的方向与情感的尺度。《离骚》的特点过于哀怨，情感缺少收敛，但毕竟是宣泄知识分子个体遭际的真情流露之作。《皇甫冉诗序》并没有说《离骚》是完美的，只是从发展的眼光认为《离骚》是五言诗向着"缘情绮靡""比兴"与"声律"兼备的诗之极峰发展过程中的重要一环而已。但不管怎么样，在独孤及、李华眼中，屈、宋的历史地位在代社会立言的文（杂文学）和代个体立言的诗（纯文学）之间是分裂的。

值得注意的是，到被称为"古文"作家的韩愈、李翱、皇甫湜、柳宗元眼中的屈、宋的形象就没有像独孤及、李华那样的分裂了。韩愈把屈原与孟子、司马迁、司马相如、扬雄并列，合在一起称之为"古之豪杰之士"。他说："古之豪杰之士，若屈原、孟轲、司马迁、相如、扬雄之徒。"（《答崔立之书》）① "下逮庄、骚，太史所录，子云、相如，同工异曲。"（《进学解》）② 皇甫湜对于时人轻视屈宋的现象，更明确地加以反驳："秦汉以来至今，文学之盛，莫如屈原、宋玉、李斯、司马迁、相如、扬雄之徒。……生轻宋玉而称仲尼、班、马、相如为文学。按司马迁传屈原曰'虽与日月争光，可矣'。生当见之乎。"（《答李生第二书》）③ 又说："《楚辞》、《史记》、《太玄》不朽也，岂为资笑谑乎哉？"（《答李生第三书》）④ 李

---

① （唐）韩愈撰，岳珍、刘真注：《韩愈文集汇校笺注》，中华书局 2010 年版，第686 页。

② 同上书，第 146 页。

③ （唐）皇甫湜：《皇甫持正文集》，影印江安傅氏双鉴楼藏宋蜀刻本，1923 年，第 55 页。

④ 同上书，第 57 页。

翱则将屈赋提到了六经的高度，"屈原、庄周也，如未尝有六经也。"（《答朱载言书》）① 又称赞友人创作的吊文"与屈原、宋玉、景差相上下"（《故处士侯君墓志铭》）②。柳宗元亦非常赞赏《离骚》的风格，他说："参之《离骚》以致其幽，参之太史公以著其洁。"（《答韦中立论师道书》）③ "今之后生为文，希屈、马者可行数人。……诚使博如庄周，哀如屈原，奥如孟轲，壮如李斯，峻如马迁，富如相如，明如贾谊，专如扬雄。"（《与杨京兆凭书》）④

可见，韩、柳等人一改他们文学前辈对屈、宋、相如、扬雄的贬抑，并将这些词赋作家与先秦的子书作家、汉代的史书作家、政论作家并列。如果说独孤及、李华、贾至等人是在将词赋作家设为对立面的应用文章领域内弘扬儒家救世之道的，那是不是可以认为，韩、柳等人则是有意地将杂文学中接近于应用文章的"笔"与更接近于纯文学的"词赋"弥合起来的呢？

钱穆先生在《杂论唐代古文运动》中的观点可以给我们一些启发，他说：

　　韩柳提倡的古文与先前的古文是不尽相同的，他们并不专意于子史著述和诏令奏议，而是在写作书牍碑志等限于社会人生实用之文的同时，于短篇散文中再创新体，如赠序、杂记、杂说等，这些新体大都具有"纯文学的意境"⑤。

葛晓音在《古文成于韩柳的标志》一文中有如下一段论述，可以看成是对钱穆先生观点的细化，亦从文学性角度揭示出了韩柳古文的"纯文学"特征：

---

① （唐）李翱：《李文公集》卷六，上海涵芬楼借江南周书馆藏明成化乙未刊本，第 165 页。

② 同上书，第 238 页。

③ 柳宗元：《柳宗元集》，中华书局 1979 年版，第 871 页。

④ 同上书，第 786 页。

⑤ 钱穆：《杂论唐代古文运动》，《中国学术思想史论丛》，东大图书公司 1983 年版，第 16 页。

　　韩柳变"笔"为"文"的主要标志是在应用文章中感怀言志，
使之产生抒情文学的艺术魅力。韩愈的散文除"杂说"和"解"以
外，大多是记、序、碑志、祭文等常见的应用文体。这些文章
为广大寒士大声呼吁，表现了不甘穷厄、向命运和社会奋力抗
争的精神，渗透着韩愈倔强刚直的个性特征和愤世嫉俗的强烈
感情，因而具有浓厚的文学意味。其中最有代表性的是他的那
些"感激怨怼之辞"。……如《送穷文》写主人公欲以祭鬼之礼送
穷，最终却为穷鬼所屈，不得不延之上座。……《进学解》也同
样是以怨怼之词托之于诸生对国子先生的嘲弄，但结尾自比于
孟子、荀子等大儒的不遇，聊以自慰，更觉冷语不尽。裴度曾
指责韩愈"不以文立制，而以文为戏"（《寄李翱书》），殊不知
这类"感激怨怼之辞"正是韩愈打破古文向来只能正面立论记事
的常规，用以抒愤寄慨的重大创新。①

葛晓音在此指出韩、柳古文的一大创新是变"笔"为"文"。他这样
做的直接结果是使他笔下的应用文章（"笔"）注入了浓厚的文学
性因素和鲜明的个性色彩。文学性因素是不容易阐明的抽象概念，
从葛晓音在此所举韩愈创作的两例可以看出，它至少包括两个方
面：一是突破写实的限制，进行源于生活、高于生活的文学性虚
构；二是摆脱单纯的叙事和抽象的论理，采用形象化叙事。而文学
性虚构和形象化叙事在中国最古老的文学传统中我们能找到的是
《楚辞》而不是《诗经》。最重要的是，作者不是将文学形象客观化
为写作的对象，而是自我主观式地投入形象与事件当中，其目的是
要表达"我"或"我群体"的抑郁不平之气——这与韩、柳等作家怀
才不遇、屡遭贬谪的人生遭际有关，亦与盛中唐之交作家愈来愈强
烈的自我意识和自我价值的觉醒有关。这种自我价值的期待与并未
得到帝王认可的现实撞击出来的人生哀鸣，无疑更加激发了韩、柳

---

① 葛晓音：《盛唐"文儒"的形成与复古思想的滥觞》，《文学遗产》1998 年第 6 期。

等人对屈原的同情。在《送孟东野序》中，韩愈提出了"不平则鸣"说。从司马迁"发愤著书"说起就成为不平文学典范的《楚辞》自然被纳入此说并成为支持性论据。

最后我们做一下总结，独孤及、李华与韩愈及韩门弟子对屈、宋评价的分野，其实质是前者严格区分杂文学与纯文学，仅为屈、宋在纯文学领域留有一定的空间；而后者则是打通杂文学与纯文学的界限，将应用文章与诗、词、赋最大限度地整合，从而全面地肯定屈宋——具体表现为打破应用文章说事论事、就理论理的老路，注入怪奇的文学性构思、织进个人的抑郁不平之气。在应用文章中感怀言志、发感激怨怼之辞，这亦是韩柳等人与他们文学前辈所趋之"蹊径"的差别之所在。

钱穆《读姚铉唐文粹》一文有以下一段话颇值得品味，他说：

> 姚书最值注意者，乃是在自四十三卷以下，至第四十九卷，特标一目曰古文，所收多自韩柳以下始有之新文体，若以消纳于萧选旧规之内，则见有格格不入者，此清代四库馆臣所谓"后来文体日益，非旧目所能括也。"（《文苑英华提要》语）故姚书乃不得不别标古文一目以处之。……姚氏尚在宋初，韩柳古文，于时尚未大行，故姚氏亦不能细为辨识其归类所宜也。①

令宋初的姚铉所不能细为辨识的恐怕就是韩、柳等古文作家在应用文章中抒愤寄慨、发感激怨怼之辞的新风气吧——而这一令姚铉"不得不别标古文一目以处之"的新风气无疑也正是"古文"崛起的标志。故此，我们比较独孤及一辈作家与后辈韩、柳等作家的屈、宋论可以看出，独孤及等人尚不具备将韩、柳古文"别标一目"的新趋向，从这个角度来看将其视为"古文先驱"也是有可商榷

---

① 钱穆：《读姚铉〈唐文粹〉》，《中国学术思想史论丛》（四），东大图书公司1983年版，第82页。

余地的。

第三节　独孤及"先道德后文学"主张与
"古文（散文）运动"概念辨疑

如上文所述，独孤及并没有特意地反对骈体文，"他只是反对那些浮华无根的文章，并没有在骈散形式上刻意地分离区隔"①。但是一个不可忽略的事实是，没有刻意反对骈体文的独孤及比起六朝和同时代的作家，甚至比起他一直以来倾慕的前贤萧颖士、李华，留下了更多的散文作品——这也是人们坚定地把他列为古文运动（反骈文运动）的先驱者之一的重要原因。那么我们的问题是，独孤及是否参与了一场唐代的"散文运动"呢？这还需从天宝年间的政治、思想上的新气象来寻找原因。

一　独孤及"先道德后文学"主张与人的觉醒

在《唐故殿中侍御史赠考功郎中萧府君文章集录序》中，独孤及提出了"生以比兴宏道"的文人不朽论，对中国古代文人立言以不朽的观念进行了发挥：

> 君子修其词，立其诚，生以比兴宏道，殁以述作垂裕，此之谓不朽。②

然这里所宏之"道"的具体内涵指的是什么呢？仅仅是抽象的儒学概念吗？梁肃在《〈毗陵集〉后序》中赞颂独孤及为文的态度和业绩时说：

> 天宝中作者数人，颇节之以礼。洎公为之，于是操道德为

---

① 郭树伟：《独孤及研究》，中州古籍出版社 2011 年版，第 141 页。
② 《〈毗陵集〉校注》卷一三，第 293 页。

根本，总礼乐为冠带。以《易》之精义，《诗》之雅训，《春秋》之褒贬，属之于辞。

又在此序中，梁肃回忆与老师独孤及的对话时说：

> 肃仰公犹师，每申之以话言，必先道德而后文学。且曰："后世虽有作者，六籍其不可及已。荀孟朴而少文，屈宋华而无根，有以取正，其贾生、史迁、班孟坚云尔。"①

从"操道德为根本"的创作思想、"先道德而后文学"的文学观念可以看到，独孤及所宏之道本质上是"把道德置于经世原理的中心"。在他看来，虽然不是要压抑文章的文学性，但文章的道德性远远重于文学性，而好文章区别于"华而无根"的作品即在于这种道德性。

这种在儒家教义之外强调道德伦常的思想，在独孤及的时代并不是孤立的现象。萧颖士《江有归舟序》勉励弟子加强自我修养时说："先师孝悌谨信、泛爱亲仁、余力学文之训，尔其志之。"②李华在《赠礼部尚书孝公崔沔集序》中说："有德之文信，无德之文诈。皋陶之歌，史克之颂，信也；子朝之告，宰嚭之词，诈也，而士君子耻之。"③梁肃在《补阙李君前集序》中给文章定位时说道："文之作，上所以发扬道德、正性命之理，次所以财成典礼，厚人伦之义……"④可见，和独孤及一样，这些作家均是将"道德"置于为人、为文的首要位置的。

孙昌武、罗宗强、葛晓音、日本的副岛一郎等学者都注意到了天宝后期的士人把"仁义"的主张推到了极突出位置的特点。葛晓

---

① （唐）梁肃撰，胡大浚、张春雯整理校点：《梁肃文集》，甘肃人民出版社 2000年版，第 37 页。
② 《全唐诗》卷一五四，第 1593 页。
③ 《全唐文》卷三一五，第 3196 页。
④ （唐）梁肃撰，胡大浚、张春雯整理校点：《梁肃文集》，甘肃人民出版社 2000年版，第 41 页。

音《盛唐"文儒"的形成与复古思想的滥觞》一文从李唐王朝文化方针变化的角度加以阐释，她说：

> 由于天宝政治的变化，天宝文儒又显现出与开元文儒不同的特点。首先是在学问修养方面，增加了孝经和老子这两项必修课。开元十年，玄宗曾训注孝经，颁示天下。但到天宝三载，才明确规定"自今以后，令天下家藏孝经一本，精勤诵习。乡学之中，倍增教授"。所谓"自古圣人皆以孝理五常之本，百行莫先"，李华训导子孙说"当学诗礼、论语、孝经，此最为要也"，正与此背景有关。这就在礼乐雅颂之外，更增添了道德伦常的义理。天宝以后文儒从礼乐向道德的转化，亦由此可见端倪。所以元德秀"以德行著于时"而受到大家一致推重。①

日本学者副岛一郎则从礼乐文化自身的局限性与安史之乱后士人的生存状态和精神需要的角度加以思考。他指出，从玄宗朝起就开始了"经世济时不应拘泥于古礼"的议论，安史之乱的爆发更让人感觉到礼乐雅颂的形同虚设，不足以节制人心。他在《从"礼乐"到"仁义"——中唐儒学的演变趋向》一文中，描述礼乐文化在中唐的遭遇时说：

> 礼不能像以前那样确保士人在庶人面前的优越的自我定位，又不能居于经世原理的中心，这就需要一个代替的原理，而且必须是在科举官僚制度中有效用的原理。这就是"道德"，其中心概念则是仁义。②

> 在安史之乱后的社会大变动中，士人们对作为社会存在的自我定位感到迫切需要。作为这种自我定位的基准的，既不是

---

① 葛晓音：《盛唐"文儒"的形成与复古思想的滥觞》，《文学遗产》1998 年第 6 期。
② ［日］副岛一郎：《从"礼乐"到"仁义"——中唐儒学的演变趋向》，《学术月刊》1999 年第 2 期。

门阀也不是礼乐修养，而是科举官僚的身份。而且，这种官僚生活的现实要求他们具备人的内在性一面，即仁义。①

无论是葛晓音自上而下的文化方针视角，还是副岛一郎平视的知识分子视角，都指出了从礼乐转向道德之必然：其一，经世致用原则——当取法天地之"礼"与"人"的社会生活严重脱节之时，"礼乐也失去了作为经世原理的形而上学的依据。这就是礼乐被抛离出经世原则的中心的根本原因"②。其二，个体价值原则——安史之乱后的礼崩乐坏使得士人迫切地需要一个新的参照系来为个体的价值定位，既然人世秩序已经与天地秩序（礼乐秩序）严重阻绝，那么人也就需要抛开以天地为中心的秩序去建立以人为中心的秩序，无疑道德仁义（以人为中心的内在品德）是最方便的一种选择。那么，从礼乐向道德转化的过程不经意间会对文章的语言表达方式产生什么样的影响呢？副岛一郎认为："对天地间秩序与人间世界相关的朴素信仰一旦丧失，或许会动摇骈文形式美的形而上学的基础。因为骈文的产生一方面是出于实用的目的和文学本身的要求，另一方面，骈文的形式美也是取法于天地秩序的，正是这种形而上学基础支撑着这种文体。所以，当人类社会秩序与天之间的关系被否定时，与天地秩序之美相对应的文体'所以能鼓天下者'（刘勰《文心雕龙·原道》）也随之消亡。"③刘勰在《文心雕龙·丽辞》中说："造化赋形，支体必双，神理为用，事不孤立。夫心生文辞，运裁百虑，高下相须，自然成对。……龙虎类感，则字字相俪；乾坤易简，则宛转相承；日月往来，则隔行悬合。虽句字或殊，而偶意一也。至于诗人偶章，大夫联辞，奇偶适变，不劳经营。"可见，骈体文学与天地秩序之间存在关联是毋庸置疑的了。但是副岛一郎认为，骈文的衰落根源于其形而上学基础的破坏，此说是不是过分

---

① ［日］副岛一郎：《从"礼乐"到"仁义"——中唐儒学的演变趋向》，《学术月刊》1999 年第 2 期。

② 同上。

③ 同上。

神秘主义了呢？如果说骈文的衰落果真与礼乐秩序的破坏有关，那么散文的表达方式又何以与以道德仁义为核心的中唐价值观念相合拍呢？下面，我们就从骈文与散文各自的美学特点出发进行具体分析。

刘麟生在《中国骈文史》中颂赞骈体文学之美时说：

> 中国文字中之六书，亦为造成骈文之因素。日月为明，止戈为武；见其字即会其义，指诸事即成诸文。骈文之美者，几如一幅画，再加以音韵之谐美，造句之整齐，使读者易于记忆，直能包举美文中应有之长矣。……要之骈文之为吾国独具之美文，有其光荣之历史，自不可不有专书以记述之。①

骈文作为吾国独具之文学，这是毋庸讳言的，刘麟生赞其"几如一幅画"，全世界哪一个国家的文学都没有像骈文这样以画面之美来打动人心，"落霞与孤鹜齐飞，秋水共长天一色"这样的经典名句就是骈文"几如一幅画"的最精恰的注脚。骈文的画面美既与汉字象形、指事、会意的造字特征密切相关，又与汉字单音孤立便于偶对的特点有直接的关系。同时也正是因为骈文偶对的特点，骈文之美又不仅仅止于画面之美，而是基于可视的画面升腾出无限的联想空间。范文澜《文心雕龙注》说："原丽辞之起，出于人心之能联想。既思'云从龙'，类及'风从虎'，此正对也。既想'西伯幽而演《易》'，类及'周旦显而制《礼》'，此反对也。正反虽殊，其由于联想一也。"②此处虽然给出的是骈文起源的心理学解释，但亦触及骈文之美乃是在类比和对比联想中激发出来的延伸思考。

六朝乃骈文之极峰，六朝之骈文又是缘何发展起来的呢？刘麟生指出赋对骈文的影响，他说："盖汉赋为赋之极轨，其能彷助于

---

① 刘麟生：《中国骈文史》，东方出版社 1996 年版，第 3 页。
② 刘勰撰，范文澜注：《文心雕龙注》，人民文学出版社 2006 年版，第 590 页。

310

骈文发展，至深且钜。"①"以文体论，赋最有助于骈文。骚赋、汉赋、律赋无论矣，即号称散文化之宋人赋，亦不能无偶句。《秋声赋》中之'百忧感其心，万事劳其形'，《赤壁赋》中之'惟江上之清风与山间之明月，耳得之而为声，目遇之而成色。'属对亦极工整，则赋之有助于骈文者大矣。"②朱光潜对赋对于骈文和律诗的影响亦有深刻的论述，他说："意义的排偶和声音的对仗都发源于词赋，后来分向诗和散文③两方面流灌。散文方面排偶对仗的支流到唐朝为古文运动所挡塞住，而诗方面排偶对仗的支流则到唐朝因律诗运动（或则说'试帖诗'运动，试帖诗以律诗为常轨，自唐已然）而大兴波澜，几夺原来词赋正流的浩荡声势。"④其实，验证赋、骈文、律诗三者之间的近亲关系非常简单，它们除了朱光潜先生所说的意义排偶、声音对仗这些外形上的相似之外，还有一个相当重要的共性，即它们共同的美学追求——"几如一幅画"的画面之美。我们只要把王勃骈文名句"落霞与孤鹜齐飞，秋水共长天一色"与庾信的"落花与芝盖齐飞，杨柳共春旗一色"放到一起，就很容易发现相似的语言套路中共同的美学旨归，即建立在自然景物"色"与"蕴"（符号化意蕴）完美组合基础上的情感基调。因为模式化的语言套路和构图技法的存在，这基调不会是激情式的迸发、撕裂式的呐喊，而是含蓄地、平静地、内敛地借助构图的"画外之音"浸润人心。我们只要看一看"大漠孤烟直，长河落日圆""鸡声茅店月，人迹板桥霜""晴川历历汉阳树，芳草萋萋鹦鹉洲""万里悲秋常作客，百年多病独登台""庄生晓梦迷蝴蝶，望帝春心托杜鹃"这些脍炙人口的佳句，就会知道使用名词与名词的拼接所构成的精紧的自然画面和凝练的人生图景以及图景之外绵长的联想空间对律诗的创作有多重要。最后，我们只要考察汉大赋中上下、四方、内外物貌的形象化铺陈，曹植的《洛神赋》中一幅幅楚楚动人的美人仪

---

① 刘麟生：《中国骈文史》，东方出版社1996年版，第22页。
② 同上书，第23页。
③ 此处的"散文"是广义的"文"，不是与骈文相对的散文的语言形式。
④ 朱光潜：《诗论》，上海古籍出版社2001年版，第186页。

态图，江淹的《别赋》中一组组黯然销魂的离别图、《恨赋》中形形色色"饮恨而吞声"的历史人物组合图，就会发现骈文与律诗并非横空出世，直接影响它们的是赋。

闻一多在《律诗底研究》一文中，特指出律诗形而上学的哲学基础。他说："我们的形而上学当然以《易》为总汇。他的道理都是从阴阳（或曰乾坤，刚柔）两个原力变化出来的。《易》所谓'两仪'、'四象'、'八卦'，其数皆双。双是均齐底基本原素。'正'、'负'之名亦见于西方，但究不如中国底'阴'、'阳'用得普遍。……《易》理不独是整齐，而且是有变异的整齐；这也可于八卦里看得出。"①闻一多还是从形式的均齐、对称、变化（变异的整齐）等角度来谈《易》对律诗的影响的，而对《易》到底如何从形而上学的层面影响律诗谈得却不够深透。《易·系辞上》说：

> 易有太极，是生两仪，两仪生四象，四象生八卦。

又《易·系辞下》有言：

> 古者包牺氏之王天下也，仰则观象于天，俯则观法于地，观鸟兽之文与地之宜，近取诸身，远取诸物，于是始作八卦，以通神明之德，以类万物之情。

仅从这两段话里至少可以总结出《易》的三个特点：其一，《易》采用的是观物取象之法"近取诸身，远取诸物"。所以，《易》是建立在天地、自然、万物的基础之上的，《易》之哲学是非人类中心主义的哲学。其二，《易》是从复杂的现象界中抽取两个最基本的线条（阴--、阳—），然后基于这两个线条推演出四象、八卦、六十四卦的图式系统。《易》的每一个卦象都可以说是宇宙、自然、人

---

① 闻一多：《律诗底研究》，《闻一多全集》（十），湖北人民出版社 1993 年版，第160 页。

生某种特定形态或变化形态的图式化表达。以六十四卦之"乾"卦（☰）为例，其招示出的正是"潜龙在渊""见龙在田""飞龙在天""亢龙有悔"等一系列龙的变化形态——这些形态组合起来又是一个"龙向上腾飞"的动态图组。重要的是，这些图组的意义不仅指向龙自身，它通于宇宙、自然、社会、人生之义理。其三，《易》之将无限装入有限的线条、以有限演绎无限的宇宙万象的特征，正是《易》之"以少总多"的特点。

结合以上《易》的诸特点，我们可以对朱光潜先生《易》与律诗关系的阐述作一个更深入的解释。第一，《易》作为非人类中心主义的符号系统，其"近取诸身，远取诸物"的特征对中国传统文学（包括诗歌、赋、骈文）的最大影响即是其"体物"的精神。以景起兴、情景交融、天人沟通、心物交流是中国文学题材上的一大特征。即便在诗、赋、骈文中有对人物的刻画与描写，人物也是类型化的。如《陌上桑》中秦罗敷、《长恨歌》中的杨玉环，人物形象是扁平的。这些女性形象就好比唐代仕女图，我们可以看清楚她们身上的物理形态，如艳丽的裙裳、动人的仪态、传神的表情、独特的言行，却看不到如西方透视法油画蒙娜丽莎那样质感的躯体、深邃的眼神和丰富的内心。第二，与《易》的图式化系统相合，中国传统文学最显著的特征就是借助文字呈现出画面之美。无论《诗经》《楚辞》，还是北朝民歌《敕勒歌》，都是以戏剧化叙事见长的乐府民歌，均以如在目前的唯美画面或以"截图"式的生活横断面取胜。如上文所述，"几如一幅画"的特点在以语句均齐、骈偶、对仗为主要特征的赋、骈文、律诗中表现得尤剧。第三，《易》"以少总多"的特点对中国文学的美学追求有着深远的影响，"言有尽而意无穷""不著一字，尽得风流""此处无声胜有声"都是这一影响的表达。而将《易》"以少总多"的特点贯彻到极致的则是律诗，律诗美就美在通过名词与名词拼接、上句与下句对仗形成的无限想象空间。省略虚字、虚词以求最大化地使用有限的文字符号表达最多量的情感内涵是落笔精工的律诗不可缺少的组成元素。

既然"我们的形而上学当然以《易》为总汇",既然赋、骈文与律诗三者同源,那么《易》非人类中心的天地秩序自然亦是赋与骈文的哲学基础。陆机《文赋》说"赋体物而浏亮",即说明了赋非人类中心的特征。朱光潜认为,赋后来分向律诗和骈文两方面流灌,也就是说,赋"体物"的天地秩序后来流向了律诗和骈文两个方面。同时,他又指出赋向骈文流灌时遭到了古文运动(从上下文语境,朱先生的古文运动当指散文运动)的"挡塞"。如果说骈体文学从六朝到盛唐的发展是《易》之天地秩序经由赋向骈文流灌的必然,那么有朝一日,骈文的衰落与散文的大规模兴起必然是与天地秩序的衰落息息相关的。

通读葛晓音《盛唐"文儒"的形成与复古思潮的滥觞》一文,我们隐约地可以感觉到作者从天人关系的角度将唐代文学划分成三个发展阶段:第一个阶段是初唐时期,此时文人习惯用天运循环的原则来看待世界,因此普遍怀有盈虚有数、好景不长的隐忧和怅惘情绪。第二个阶段是张说执掌盛唐文坛时期,张说提倡的礼乐文化具有以人事合天道的导向,这使得盛唐诗人看待天道人事变化的虚幻之感渐渐消解,从而形成明朗的人生目标和乐观的精神。第三个阶段则是天宝末文人从礼乐向道德转向的阶段。① 礼乐思想终究是"天人合一"的思想,而"道德"则是"人"内在的德行操守。所以从天人关系的角度,唐代文学的整体趋势即是走着一条从天地秩序到人间秩序的发展轨道。故而取法天地秩序的骈文之衰落必是与人自身的觉醒密不可分的!

二 独孤及文学思想的"人学"走向与文的散文化倾向

以上我们反复申说,都旨在证明没有反对骈体文之"故意"的独孤及,生活在一个骈体文学形而上学的基础遭到破坏的年代。而且,对于骈体文学所依托的天地秩序的破坏,他自己也是不自知的参与者。他"以德为本""先道德而后文学"的思想把人的品德置于

---

① 葛晓音:《盛唐"文儒"的形成与复古思潮的滥觞》,《文学遗产》1998 年第 6 期。

天地的中心，无疑是加速天地秩序转向人世秩序的催化剂。从他在天宝至大历文坛作为文坛盟主的地位，从他"以德为本"的思想拥有着众多的同盟，从他课徒讲学培养出众多"比肩于朝廷"的优秀门生，从在贞元文坛有举足轻重地位的梁肃坚定地接受了老师"道德本位"的思想可以想见，独孤及的言谈、思想在从礼乐到道德的中唐文化转型中发挥着多么不可忽视的作用。

安史之乱无疑作为一次政治性的外力加速了文人所信奉的天道（礼乐）的瓦解，礼乐文化的不切实际为经世致用思想所取代，而经世致用的救世精神则催促中唐文人积极地参与"人道"的建设。至此，天道与人道严重脱节。而就在此时，散语文章明显增多起来。下面我们就从正面回答散文的表达方式为何与"人"的崛起密切相关？

我们再来回顾梁肃与老师独孤及的对话。在"先道德而后文学"的审美观照下，独孤及认为，六籍之后独有两汉散文是"有以取正"的文字。从他列举的作家来看，他所欣赏的质文兼备的作品实为两汉的历史散文和政论文。按照今天的学科分类法，二者都不属于文学。前者属于历史著作，后者属于应用文章。值得注意的是，独孤及文推两汉，并没有推崇两汉最具代表性的大赋——而大赋的宏大、滞重、雄富才是大汉盛世最淋漓尽致的表达。

再来看梁肃《补阙李君前集序》的说法：

> 文之作，上所以发扬道德，正性命之纪；次所以财成典礼，厚人伦之义；又其次所以昭显义类，立天下之中。三代之后，其流派别，炎汉制度以霸、王道杂之，故其文亦二：贾生、马迁、刘向、班固，其文博厚，出于王风者也；枚叔、相如、扬雄、张衡，其文雄富，出于霸途者也。[①]

---

① （唐）梁肃撰，胡大浚、张春雯整理校点：《梁肃文集》，甘肃人民出版社2000年版，第41页。

和独孤及一样，梁肃认为，最好的文章是"发扬道德"的文章。在对两汉文学进行评价时，他又将其分为两派：一是源于王风的政论文和史家之文；二是出于霸途的词赋文章。这里很显然隐含着前者高于后者之意。如果前者是最优等的文章，那么自然是"上所以发扬道德"的文章了。与此评价标准相应，词赋的宏大繁复因与道德伦常无关，地位上也就次之了。此处，梁肃虽然是从"王""霸"两种风格角度来谈的，但实际上他不知不觉地把本于"人序"和本于"天序"的文学区分开来了。

与世界各国的历史学研究相比，中国的史学成熟较早且最完备。尽管中国古代文、史、哲不严格分家，但史学毕竟有着自己的独特性和独立性——即非虚构的实录精神。与非人类中心主义的文学传统不同，我们的历史是以如实地（尽管"如实"可能是一种理想或假设）记录人的行动与事件为旨归的。故而在中华大地，并非没有对于人物内心与行动的立体性刻画，并非不存在以叙事为主要表现手法的长篇巨作，但那要到史书中去寻找了。独孤及、梁肃从"以德为本"的思想出发，推崇司马迁、班固的历史散文而不是汉代大赋显然是取法天地秩序的大赋缺少史书中所记载的活生生的人和人的行动，更缺少人在社会与政治立场上优劣、正误的价值判断和道德选择。所以独孤及等人回归两汉历史散文，本质上也就是将兴趣点转向人自身。

贾谊的政论文在独孤及的时代得到了文人不约而同地盛赞（萧颖士、李华、独孤及、梁肃都有过相关论述），这与此时文人参政议政、经世救时的现实需要密切相关。在中国，毕竟没有职业诗人，只有职业政客。而政论文则是职业政客们借以展现思想锋芒、贡献救世良方、劝言导谏的重要渠道。政论文需要被特定的写作对象认同，作者除了要发表高瞻远见之外，还需要其全部激情的投入与放射。显然，含蓄、内敛地防止情感外泄，靠言外之意、境外之境打动人心的骈文在力量上并不占优势。而散文语言灵活自由、舒展自如、流转自然，非常易于表达情感的起伏、内心的波澜，在直接抒情方面有着天然的优势。葛晓音说："应用文由骈转散的缓慢变化首先是在政论文中完成的。"①之所以首先在政论文中完成，也正是因为政论文中作家飞扬的个性、激情与力量需要散语的表达方式。我们只要读一读独孤及、梁肃等人的散体政论，就会看到他们紧迫的救世之情背后丰满的作者形象。政论文是最关切政治兴亡的文体，亦是最张扬作者个性的文体，独孤及时代的贾谊崇拜不能不说是文人自我意识觉醒的集中反应。

与独孤及思想上的"人"学转向相应，他的散文创作也体现为两大特征：一是对"人"（特别是知识分子）的关注；二是叙事性特征。先说第一点，独孤及多篇记述文为我们推出了许多仙风道骨般的儒者形象，他们勤政爱民甚至达到无政可勤、无讼可听的地步，反而有足够的时间来依景建亭、凿石开泉、流连山水、怡心养性。写景当然是这些文章必不可少的一部分，然而写景的目的却是引向慧眼识景的人——美景的发现者身上。文末作者通常从"人与自然"关系的角度对景色之美进行概括性总结："物不自美，因人而彰"（《马退山茅亭记》），"物不自美，因人美之"（《慧山寺新泉记》），"人实宏道，物不自美"（《琅琊溪述》），这无疑在说景物之美美不在其自身，使景物熠熠生辉的是发现美、欣赏美的人及其高尚的人格以及宏道的社会使命感。《慧山寺新泉记》对此解释得最为周详："泉出于山，发于自然，非夫人疏之凿之之功，则水之时用不广，亦犹无锡之政烦民贫，深源导之。则千室襦袴，仁智之所及，功用之所格，动若响答，其揆一也。予饮其泉而悦之，乃志美于石。"②此文与其说记载的是"新泉"，不如说是使此"新泉"从众多自然美景中脱颖而出的无锡令敬澄。景原本没有足够的意义，"人"的参与使景物的价值变得足够充实。在此，我们可以看到在独孤及身上天地秩序向人本思想的转向。宇文所安曾以"特性与独占"讨论中唐文学的嬗变，把这两个关键词用到独孤及身上亦相当贴切。从上举数例可以看到，独孤及对空间的占有意识已经表现得非常明显

---

① 葛晓音：《古文成于韩柳的标志》，《学术月刊》1987 年第 1 期。
② 《〈毗陵集〉校注》卷一七，第 384 页。

了。他笔下的独孤问俗、敬澄、李幼卿，无一不是采撷自然资源、进行人工改造、最后为我所用，并通过为景取名、文人志之、文人唱和等方式为景物贴上文化标签，使文人与被文人化了的景物一起留名的。占有一定的空间成了独孤及表达自我、表现自我个性与精神独立性的一种特殊的方式。他自己亦不例外，从他的《垂花坞醉后戏题序》中记载的"垂花坞"与时人韦夏卿《东山记》中记载的独孤及弹琴读书的毗陵东山，我们可以看到凭借占有一个脱离尘俗的人间仙境来展现超凡脱俗的人生姿态对独孤及有多么重要，而这种人生姿态又以文人特有的方式——文章的书写而名垂千古。

不仅是环境的选择，还有人生态度的选择，都关乎儒家知识分子自我身份的确认问题，这一点在独孤及身上表现得也极为突出。比如说独孤及的奏议文、送序文、论说文、祭文中多处采用"设靶子"以驳之的方式，以"或曰""或谓""议者""彼碌碌者"引出凡夫俗子的庸俗之论，然后以"及以为不然"突然翻转，得出自己不同凡俗的高论。从独孤及对自己价值观上优越性的表述，我们完全可以看到儒家知识分子身上强烈的自我标榜意识——在与"他者"之异中确认自我。

再说独孤及散文的叙事性特征。魏晋六朝以来，骈散就有明确分工。骈文用来描写议论，散文用来记言记事。骈文不擅长叙事与其形式特征有关，成双成对的语言模式会特别影响叙事的进度，而散文则比较擅长使用流转的语言自由地表述因果转承的关系，故而像陶渊明的《桃花源记》《五柳先生传》，刘义庆的《世说新语》因叙事性的需要都采用了散体的表达方式。上文所述，独孤及时代"人"的崛起在文学创作上体现为"记人"艺术的发展。而一旦记人，自然要记录人物的言谈举止，就免不了叙事。独孤及的游宴序、送序、墓志、祭文等作品已经展现出鲜明的叙事性特征，与此前的此类创作相比，独孤及的创作成就未必有多突出，但是却代表着唐代文学史上一次重大的转型。他的游宴序重在写人物酒后的狂态，如《仲春裴冑先宅宴集联句赋诗序》"中和子冠乌纱帽，相与箕踞喑噫，傲睨相视，称觞乎其间。趣在酒中，判为酩酊之客；……歌数阙，裴侧弁慢骂曰：'百年欢会，鲜于离别……'"①将欢会的场面与人物的行动叙述得惟妙惟肖。他的送序长于记录与友人交谊的来龙去脉，如《宋州送姚旷之江东刘冉之河北序》："春叶尉吴兴姚旷至自洛阳，中山刘冉至自长安，俱以文博我，相与交欢於睢涣之涘。……凡旬有五日，而姚适吴，刘济河，余归梁，各有四方之事，将为千里之别。夏四月，抗手于卢门，议别故也。"②通过这里接近于日记式的对生活的记录，我们可以看到作者留住"逝去的时光"的兴趣，而这一兴趣又与作者对个体对生命有限的认知密切相关。此外，独孤及墓志、祭文中亦不乏详细介绍与逝者交谊的事件或者逝者的言行事迹的真情流露之作，都在不同程度上存在着熔事的特点。

　　从文学性的角度来划分，无论是历史散文还是政论文，还是上文所提到的独孤及散体文章中的记、序、议、墓志、祭文，都属于"笔"而不属于"文"。其实，即便是隶属于"笔"的文体仍大量以骈文写作的六朝，议、记、经、史等少数应用文章仍用散文。故而散文的表达方式在天宝后期呈上升之势，乃是散文在"笔"的领域内和骈文争夺本属自己却被骈文长期占据的地盘，让骈文回到其"文"中去。所以，天宝后期在实用文体内部向两汉散文的回归，并不是以颠覆更加接近纯文学的骈文、律诗为前提的。故而，骈俪文学并没有因此消亡。一是她在纯文学领域中仍然占据着绝对的位置。二是她也在适应着大局的变化而做出自己相应的调整。比如陆贽的骈体奏议"切于实用，用白晓畅，纯任自然，一扫用典浮夸之恶习，其气势之盛，与散文相埒"③。三是一个成熟的文人经过一定的训练仍然可以把骈俪的形式美演绎得美轮美奂。可是不管怎样，骈体文学的黄金时代从此一去不复返了，朱光潜说："骈文方面排偶对仗的支流到唐朝为古文运动所挡塞住，而诗方面排偶对仗的支流则到唐朝因律诗运动而大兴波澜。"看起来骈文与律诗似乎有

---

① 《〈毘陵集〉校注》卷一四，第316页。
② 同上书，第307页。
③ 刘麟生：《中国骈文史》，东方出版社1996年版，第76页。

着不同的命运走向，但事实上根本就不需要什么运动，唐以后律诗的发展也难以为继了。宋人的世俗化、市井化趋向进一步加剧着骈体形而上学基础的解体，《清明上河图》为我们提供的人世的画面，与天地中心的艺术越离越远了。鲁迅说"好诗到唐已经做完"，更确切地说好骈文、好律诗到唐都已经做完了。

其实，骈文的排偶对仗也并不像朱先生所说需要一场什么运动来"挡塞"。朱刚先生在《"古文运动"覆议》一文中发出了如下的疑问："除非我们认定已经亡佚的汉魏时期的史料中曾经有过大量反对古文、主张骈偶的言论，否则就有理由发问：为什么当初由古而骈，不需要什么'骈文运动'，后来由骈而古，却需要一个'古文运动'呢？而且，即便是从韩愈（768—824）算到欧阳修（1007—1072），这个'运动'也历时两百年以上。那么，如果以'古文运动'为学术研究的课题，我们首先就应该为它的历时之久感到惊异：为什么需要两三百年的时间的'运动'，才能把人们从对偶句式中解放出来？这样的解放不比近来推翻帝制的革命，比现代的白话文运动还艰难许多倍？"①"运动"具有"人为性""不自然性"的内涵，而我们上文所有的论述都指向文的由骈趋散实则是从天地秩序向人世秩序转向自然而又必然的发展过程，这一过程因缺乏以"解骈复散"为目标导向的外力推动而发展得非常缓慢。如果散文在中唐的复兴是"文"自身发展的缓慢结果，那么把文从"对偶句式中解放出来"需要两三百年的时间就自然可解了。

小　结

独孤及的时代仍然是一个骈俪文学的语言美占优势的时代，独孤及并非有意地违背自魏晋南北朝始即为大盛的审美传统，和他前代的许多文论家诸如隋文帝、李谔、苏绰、魏徵、王勃、萧颖士、

---

① 朱刚：《"古文运动"覆议——研究史和问题点》，《中国古代散文学会简报》第 15 期。

李华等人一样,他只是反对过分地藻饰,反对徒有形式而空洞无物的文章罢了。所以,将独孤及视为古文运动(散文运动或反骈文运动)的先驱是不符合真实情况的。然而,没有反骈文之"故意"的独孤及却比同时代的作家创作出更多的散文作品,这完全不是他参与了某场有共同目标、有相应章程、有计划策略的"运动"所致,而是与其时代从礼乐神学向道德"人学"的转向有着密切关系。独孤及的"先道德而后文学"的文学观念即是他向"人学"转向的理论展现;他在《马退山茅亭记》《琅琊溪述》《慧山寺新泉记》中提出的"美不自美,因人而彰""物不自美,因人美之""人实宏道、物不自美"的主张则是从人与自然的角度对人本思想进行的美学阐释;而他的序文、墓志文、记述文复现人物行动的叙事特征则向我们展明了他挽留往昔、记录生活的人学兴趣。总之,从以礼乐神学为中心的艺术向以人为中心的艺术过渡与独孤及大量散文的创作实绩有着密切关系,但这并不妨碍他以文学家的姿态热爱并创作骈体。

结　论

经过五章的论述之后，我们回过头来回应绪论中所提出的问题：

第一，在前人对独孤及生平、考证研究的基础上，笔者补充了几个问题，并试图探析这些问题背后复杂的政治与文学生态。比如独孤及代北虏姓勋阀贵族的显赫家世，经由罗联添、姚薇元等学者的考证、分析已经取得了显著的成果。但前辈学者的研究对于这个家族如何从勋阀贵族转变成为文人世家的表述却语焉不详。本书对照独孤及的《独孤公灵表》，又充分运用独孤家族的墓志来考察这个家族发展过程中的三次文化转型，并分析独孤及在《独孤公灵表》中所认定的自己家族源于汉武帝刘秀的信念与心态。再如，据《独孤公灵表》，独孤及述其父通理在朝为官时曾触怒萧嵩与李林甫二人，之后官位未能再升迁。然对通理因何触怒了萧嵩，又为何触怒了李林甫却语焉不详。笔者据《独孤公灵表》上的系年，指出通理被贬与裴光庭逝世为同一年，通理政治上的失势必与裴光庭与萧嵩的权争有关。又据《独孤公灵表》载，迫于李林甫专权，当时文人以"臧文窃位"自引，可以看出通理未能东山再起，恐与李林甫为首的"吏能"派排斥"文儒"的政治局面有关。对于《早发龙沮馆寄东海徐司仓郑司户》一诗的归属问题，笔者从独孤及诗中大量的名词、动词、连词的重复现象入手，发现此诗颔联共 14 个字，有四组八字多次重复于独孤及的其他诗中。颈联所使用的意境也重复出现于其他四首诗中。所以，该诗必为独孤及作，非朱放作。

第二，本书从唐以来不同学者眼中看似相同、实则存在细微变化的"唐文三变"说的差异论入手，发现以韩柳为分界线，拿韩柳之前的三变论和之后的三变论比照，独孤及的文学史地位可以用"急跌"一词来形容。然而值得注意的是，不同学者眼中的"唐文三变"可能忽略了陈子昂、四杰、张说，却从未漏掉过独孤及诸儒。不管怎么样，独孤及在宋以后被看成是迈向韩、柳古文"决定性一变"的不可逾越的人物。

第三，本书基于辛文房对独孤及诗题的讨论，指出独孤及诗题创作师承《文选》，又有向元和以来散漫化诗题过渡的倾向。从其诗题与诗歌内容上的"融事"特征可以看到，独孤及的诗歌创作已经渐渐远离诗之源头依靠"言外之意""味外之境"生成联想空间的审美意蕴，而表现为对特定时空中人与事的兴趣。当然，这虽可以说是独孤及诗所呈现出的不同于诗歌传统的新气象，但同时对于具体人与事的"坐实"的描写，也使得其大部分诗歌表现出意露而失远韵的特点。

第四，人们通常截取《赵郡李公中集序》中的表述作为独孤及反对骈文的依据。然而我们细分析该集序上下文的语境，再参之《萧府君文章集录序》中作者对萧立作品"质而不野，丽而不艳"的欣赏，《皇甫冉集序》中"古之比兴"与"今之声律"兼备的美学思想，可以发现独孤及并未有意地反对骈体文，他只是反对南朝骈文末流"俪偶章句，使枝对叶比，以八病、四声为梏拳，拳拳守之，如奉法令"华而不实的形式主义文风而已。他认为，还是文与质、比兴与声律、内容与形式兼顾的作品为好。当然，如果独孤及没有反对骈体文，那么将他列为古文运动（反骈文运动）的先驱之一也是有失妥当的。

第五，为何没有反对骈体文之"故意"的独孤及却创作了大量的散体文章呢？首先，笔者指出，独孤及并非有意地打击一方（骈文），树立另一方（散文）。在他那里，骈文与散文并不是处在对立面上的。所以尽管他进行了大量散文创作的实践，也只是他无意识、不自觉的美学选择的结果。其次，笔者以独孤及"先道德而后文学"的观念为切入点，来分析天宝末年、大历初年出现的从礼乐向道德过渡的伦理转向；并申明在这个转型过程中，人的价值被置于天地的中心，而以人为中心的艺术迫切希望满足叙事性的需要去叙述人的行动，以起伏动荡的论辩锋芒来张扬人的个性，而这样的艺术使命更适合由散文来完成。所以盛中唐之际散文的兴起实在是与"人"自身的觉醒有关的，而无需任何人为的运动来完成。

当然，以上五点对于绪论中所提及的创新点的回应，并不足以概述全书内容。同时，虽然笔者力求全面，也无法还原一个全面的独孤及。在论述的过程中，本书也有所侧重，更侧重于作为文学家的独孤及在唐代文化、唐代文论、唐代诗文创作转型时期的历史功绩。

独孤及生活在安史之乱后以儒家思想强化李唐统绐、儒学主张迫切要求实践化的时期，他自己也是儒家经世致用思想的铁杆信奉者和积极实行者……

他生活在南朝骈文形式主义泛滥，需要对华而不实的文风大动干戈的时期，并且亲自参加了这场反对奢靡浮华的文坛风气战役，但是他通达的文学观念并没有使其走向偏激，对于合乎中道的文饰，他还是喜爱并认可的……

他生活在一个礼乐文化遭到强烈冲击、知识分子的自我认知和道德感被极大激发的年代，其奏议文中抑郁不平的凛然正气、序文中文人自我意识的张扬与精致的叙事写人技巧、碑志文的写实特征、祭文的怨天主题与独特的形式创新，都为迈向韩、柳文章的"文气之盛"做出了绝好的铺垫……

他生活在对于精确如实的记录产生强烈兴趣的年代，大好年华在战火中消逝，挽住逝去的时光成为觉醒了的文人本能的追求与选择。他诗歌的诗题对于简短叙事的爱好、对于生活日记式的记录兴趣，正体现为《文选》精简式诗题向元和冗长散漫长题的过渡。从他诗歌"以文为诗"的特点里，我们亦可看到他对于生活事件记录的兴趣超过了对于诗味儿的追求，而这正是散文化特征明显的韩诗与宋诗的重要特色……

　　他生活在大历诗风与复古诗风发生强烈竞争的年代，但是他却能在"华俗"之风与激切的"复古"之风中找到美学根基，兼顾艺术性和思想性两个方面而不落偏激……

　　以今天的文学史视角，独孤及也许算不上超一流的大家，但是他身上所体现出的文学发展过程中的过渡性元素与新元素则使我们不得不把他当作理解那个时代最特殊的个案来加以重视。

参考文献

爱新觉罗·玄烨：《古文评论》，《圣祖仁皇帝御制文集》第 3 集，文渊阁四库全书本。

白居易：《白居易集》，中华书局 1979 年版。

晁公武：《郡斋读书志校证》，上海古籍出版社 2011 年版。

陈绎曾：《文式》卷上，明刻本。

陈绍箕：《鉴古斋日记》，清光绪二十八年刻本。

陈寅恪：《唐代政治史述论稿》，上海古籍出版社 1997 年版。

陈寅恪：《金明馆丛稿初编》，三联书店 2001 年版。

陈寅恪：《元白诗笺证稿》，三联书店 2001 年版。

陈柱：《中国散文史》，东方出版社 1996 年版。

陈尚君辑校：《全唐文补编》，中华书局 2005 年版。

曹寅：《全唐诗》，中华书局 1960 年版。

蔡世远：《古文雅正》，清文渊阁四库全书本。

岑仲勉：《唐人行第录》（外三种），中华书局 2004 年版。

程千帆：《唐代进士行卷与文学》，上海古籍出版社 1980 年版。

成复旺：《中国文学理论史》，中国人民大学出版社 2009 年版。

褚斌杰：《中国古代文体学概论》，北京大学出版社 1990 年版。

独孤及撰，刘鹏、李桃注，蒋寅审订：《〈毘陵集〉校注》，辽海出版社 2006 年版。

董诰等编：《全唐文》，中华书局 1983 年版。

戴伟华：《唐代幕府与文学》，现代出版社 1990 年版。

戴伟华：《唐代使府与文学研究》，广西师范大学出版社 2007 年版。

邓小军：《唐代文学的文化精神》，文津出版社1993年版。

房玄龄：《晋书》，中华书局1974年版。

费经虞：《雅伦》，清康熙四十九年刻本。

范文澜：《中国通史》，人民出版社2010年版。

傅绍良：《唐代谏议制度与文人》，中国社会科学出版社2003年版。

傅璇琮：《唐代科举与文学》，陕西人民出版社2007年版。

冯志弘：《北宋古文运动的形成》，上海古籍出版社2009年版。

高适撰，孙钦善校注：《高适集校注》，上海古籍出版社1979年版。

葛士濬：《清经世文续编》，清光绪石印本。

葛晓音：《汉唐文学的嬗变》，北京大学出版社1990年版。

葛晓音：《诗国高潮与盛唐文化》，北京大学出版社1998年版。

葛兆光：《中国思想史》，复旦大学出版社2001年版。

葛兆光主编：《清华汉学研究》第3辑，清华大学出版社2002年版。

郭绍虞：《中国文学批评史》，中华书局1961年版。

郭英德：《中国古代文体论稿》，北京大学出版社2005年版。

郭预衡：《中国散文史长编》，山东教育出版社2008年版。

郭绍林：《唐代士大夫与佛教》，三秦出版社2011年版。

郭树伟：《独孤及研究》，中州出版社2011年版。

韩愈撰，岳珍、刘真注：《韩愈文集汇校笺注》，中华书局2010年版。

皇甫湜：《皇甫持正文集》，影印江安傅氏双鉴楼藏宋蜀刻本，1923年。

胡应麟：《少室山房笔丛》，中华书局2012年版。

胡震亨：《唐音癸签》，古典文献出版社2011年版。

胡适：《白话文学史》，百花文艺出版社2002年版。

胡可先：《唐代重大历史事件与文学研究》，浙江大学出版社2007年版。

何焯：《义门读书记》，清乾隆刻本。

何寄澎：《唐宋古文新探》，北京大学出版社2010年版。

何寄澎：《古简论唐代古文运动中的文学集团》，《古典文学》1984

年第 6 期。

华喆：《阴山鸣镝——匈奴在北方草原上的兴衰》，兰州大学出版社
　　2011 年版。

姜宸英：《湛园札记》，清文渊阁四库全书本。

嵇璜：《续通志》，清文渊阁四库全书本。

蒋湘南：《七经楼文钞》，清同治八年马氏家塾刻本。

蒋寅：《大历诗风》，上海古籍出版社 1992 年版。

蒋寅：《大历诗人研究》，北京大学出版社 2007 年版。

居万荣、徐尚衡、徐兴华编著：《中国古代文体总览》，沈阳出版
　　社 2007 年版。

刘勰撰，范文澜注：《文心雕龙注》，人民文学出版社 2006 年版。

刘昫：《旧唐书》，中华书局 1975 年版。

刘克庄：《后村集》，四部丛刊影旧抄本。

刘熙载：《艺概》，清同治刻古桐书屋六种本。

刘国盈：《唐代古文运动论稿》，陕西人民出版社 1984 年版。

刘麟生：《中国骈文史》，东方出版社 1996 年版。

令狐德棻：《周书》，中华书局 1971 年版。

李延寿：《北史》，中华书局 1974 年版。

李白撰，（清）王琦注：《李太白集》，上海古籍出版社 1992 年版。

李翱：《李文公集》，上海涵芬楼借江南周书馆藏明成化乙未刊本。

李肇、赵璘：《唐国史补因话录》，上海古籍出版社 1979 年版。

李昉：《太平广记》，中华书局 1961 年版。

李兆元：《律诗拗体》，清道光二年刻本。

李元度：《天岳山馆文钞》，清光绪六年刻本。

李嘉言：《李嘉言古典文学论文集》，上海古籍出版社 1987 年版。

李德辉：《唐代文馆制度及其与政治和文学之关系》，上海古籍出
　　版社 2006 年版。

卢照邻、杨炯：《卢照邻集杨炯集》，中华书局 1980 年版。

梁肃、胡大浚、张春雯整理校点：《梁肃文集》，甘肃人民出版社
　　2005 年版。

柳宗元：《柳宗元集》，中华书局 1979 年版。

林宝：《元和姓纂》卷十，清文渊阁四库全书本。

林有麟：《青莲舫琴雅》卷二，明万历刻本。

林建中：《文化建构与文学史纲》，北京大学出版社 2005 年版。

陆时雍：《唐诗镜》，清文渊阁四库全书本。

罗根泽：《中国文学批评史》，上海古籍出版社 1984 年版。

罗宗强：《隋唐五代文学思想史》，中华书局 2003 年版。

罗联添：《唐代诗文六家年谱》，（台湾）学海出版社 1986 年版。

孟子撰，杨伯峻注：《孟子译注》，中华书局 1960 年版。

孟二冬：《中唐诗歌之开拓与新变》，北京大学出版社 2006 年版。

马建智：《中国古代文体分类研究》，中国社会科学出版社 2008 年版。

马自力：《中唐文人之社会角色与文学活动》，中国社会科学出版社 2010 年版。

欧阳修、宋祁：《新唐书》，中华书局 1975 年版。

权德舆撰，郭广伟校点：《权德舆诗文集》，上海古籍出版社 2008 年版。

乔亿：《剑溪说诗》，清乾隆刻本。

乔象钟、陈铁民主编：《唐代文学史》，人民文学出版社 1995 年版。

钱谦益：《牧斋有学集》，四部丛刊影清康熙本。

钱基博：《中国文学史》，华中师范大学出版社 2011 年版。

钱穆：《中国学术思想史论丛》，东大图书公司 1983 年版。

司马迁：《史记》，中华书局 2011 年版。

司马光：《资治通鉴》，中华书局 1956 年版。

石介：《徂徕集》，文渊阁四库全书本。

宋翔凤：《过庭录》，清咸丰浮溪精舍刻本。

孙昌武：《唐代古文运动通论》，百花文艺出版社 1984 年版。

孙昌武：《佛教与中国文学》，上海人民出版社 2007 年版。

孙昌武：《中国佛教文化史》，中华书局 2010 年版。

隋唐五代墓志汇编编纂组：《隋唐五代墓志汇编》（陕西卷第三

册），天津古籍出版社1991年版。

唐长孺：《魏晋南北朝隋唐史三论》，武汉大学出版社1993年版。

唐晓敏：《中唐文学思想研究》，北京师范大学出版社2000年版。

魏收：《魏书》，中华书局1974年版。

魏徵：《隋书》，中华书局1973年版。

王通：《中说》卷一，四部丛刊影宋本。

王溥：《唐会要》，中华书局1955年版。

王士禛：《带经堂集》，清康熙五十年程哲七略书堂刻本。

王士禛：《香祖笔记》，上海古籍出版社1982年版。

王之绩：《铁立文起》（前编卷六），康熙刻本影印本。

王玉树：《经史札记》，清道光十年芳椒堂刻本。

王礼培：《小招隐馆谈艺录初编》，民国本。

王运熙、顾易生：《中国文学批评通史》，上海古籍出版社1996年版。

王运熙：《中古文论要义十讲》，复旦大学出版社2004年版。

王水照：《宋代文学通论》，河南大学出版社1997年版。

吴讷撰，于北山校点：《文章辨体序说》，人民文学出版社1962年版。

吴乔：《围炉诗话》，清借月山房汇钞本。

吴文治编：《韩愈资料汇编》，中华书局1983年版。

吴纲主编：《全唐文补遗》第1辑，三秦出版社1994年版。

吴承学：《中国古代文体形态研究》，中山大学出版社2000年版。

吴承学主编：《中国文体学与文体史研究》，凤凰出版社2011年版。

闻一多：《律诗底研究》，《闻一多全集》（十），湖北人民出版社1993年版。

武汉大学中国三至九世纪研究所编：《魏晋南北朝隋唐史资料》第17辑，武汉大学出版社2000年版。

辛文房撰，孙映逵校注：《唐才子传校注》，中国社会科学出版社1987年版。

徐师曾著，罗根泽校点：《文体明辨序说》，人民文学出版社1962

年版。

徐松:《登科记考》,中华书局 1984 年版。

谢无量:《谢无量文集》,中国人民大学出版社 2011 年版。

颜之推:《颜氏家训》,齐鲁书社 2009 年版。

严可均编:《全上古三代秦汉三国六朝文》,中华书局 1958 年版。

姚铉:《唐文粹》,浙江古籍出版社 1986 年版。

姚鼐:《惜抱轩书录》,光绪五年桐城徐宗亮刻本。

姚鼐:《古文辞类纂(序目)》,世界书局影印版,1935 年。

姚薇元:《北朝胡姓考》,中华书局 2007 年版。

永瑢:《钦定四库全书总目》卷一五〇,中华书局 1965 年版。

郁贤皓:《唐刺史考》,江苏古籍出版社 1987 年版。

于景祥:《唐宋骈文史》,辽宁人民出版社 1991 年版。

袁行霈:《中国文学史》,高等教育出版社 1999 年版。

印顺:《中国禅宗史》,江苏广陵书社 2011 年版。

张说:《张燕公集》,上海古籍出版社 1992 年版。

张戒:《岁寒堂诗话》卷上,清武英殿聚珍版丛书本。

张少康、刘三富:《中国文学理论批评发展史》(上),北京大学出
  版社 1995 年版。

张跃:《唐代后期儒学》,上海人民出版社 1993 年版。

张梦新:《中国散文发展史》,杭州大学出版社 1996 年版。

张仁青:《中国骈文发展史》,浙江大学出版社 2009 年版。

郑处诲:《明皇杂录》,中华书局 1998 年版。

朱长文:《琴史》卷四,清康熙棟亭藏书十二种本。

朱熹:《晦庵集》卷八十一,文渊阁四库全书本。

朱光潜:《诗论》,上海古籍出版社 2001 年版。

朱自清:《朱自清古典文学论文集》,上海古籍出版社 1980 年版。

朱刚:《唐宋四大家道论与文学》,东方出版社 1997 年版。

赵秉文:《滏水集》卷第十九,四部丛刊影明钞本。

赵翼:《廿二史札记》,清嘉庆五十年湛贻堂刻本。

赵怀玉:《亦有生斋集》(文卷二序),清道光元年刻本。

赵义山、李修生：《中国分体文学史》（散文卷），上海古籍出版社
　　2001 年版。

湛若水：《格物通》，文渊阁四库全书本。

钟惺：《唐诗归》，明刻本。

周绍良主编：《唐代墓志汇编》，上海古籍出版社 1992 年版。

查屏球：《唐学与唐诗：中晚唐诗风的一种文化考察》，商务印书
　　馆 2000 年版。

［美］倪豪士：《美国学者论唐代文学》，上海古籍出版社 1994
　　年版。

［美］宇文所安：《盛唐诗》，三联书店 2004 年版。

［美］宇文所安：《中国文论：英译与评论》，上海社会科学院出版
　　社 2003 年版。

［美］宇文所安：《中国"中世纪"的终结——中唐文学文化论集》，
　　三联书店 2006 年版。

［日］户崎哲彦：《略论唐代古文运动的第二阶段》，《唐代文学研
　　究》1994 年第 1 期。

［日］副岛一郎：《从"礼乐"到"仁义"——中唐儒学的演变趋向》，
　　《学术月刊》1999 年第 2 期。

［日］弘法大师著，王利器校注：《文镜秘府论校注》，中国社会科
　　学出版社 1988 年版。

［日］吉川幸次郎：《中国诗史》，复旦大学出版社 2001 年版。

孙昌武：《盛唐散文及其历史地位》，《社会科学战线》1982 年第
　　4 期。

汪晚香：《论唐代散文革新中的肖李集团》，《湖北师范学院学报》
　　1987 年第 2 期。

蒋寅：《作为诗人的独孤及》，《河南大学学报》1996 年第 4 期。

葛晓音：《盛唐"文儒"的形成和复古思潮的滥觞》，《文学遗产》
　　1998 年第 6 期。

张安祖：《韩愈"古文"辨析》，《文学遗产》1998 年第 6 期。

莫道才：《唐代"古文运动"概念本质》，《福州大学学报》2010 年第

5 期。

罗书华:《论唐宋古文运动非以骈文为对立面》,《上海师范大学学报》2013 年第 3 期。

朱刚:《"古文运动"覆议——研究史和问题点》,《中国古代散文学会简报》第 15 期。